U0905482

北京汉阅传播
Beijing Han-read Culture

牛津西方哲学史

A NEW HISTORY OF
WESTERN PHILOSOPHY

第二卷
中世纪哲学

MEDIEVAL
PHILOSOPHY

[英] 安东尼 · 肯尼 — 著

袁宪军 — 译

吉林出版集团股份有限公司

内容提要

邓斯
牛津
伦敦
坎特伯雷
德温特
卢万
亚琛
科隆
贝克
苏瓦松
巴黎
桑斯
慕尼黑
普瓦捷
巴塞尔
康斯坦茨
里昂
帕多瓦
米兰
阿维尼翁
拉维那
佛罗伦萨
罗马
弗萨诺瓦
那不勒斯
科尔多瓦
君士坦丁堡
加尔西顿
以弗所
埃德萨
希波
迦太基
马拉喀什
亚历山大城
耶路撒冷
0
500 英里
0
400
800 公里

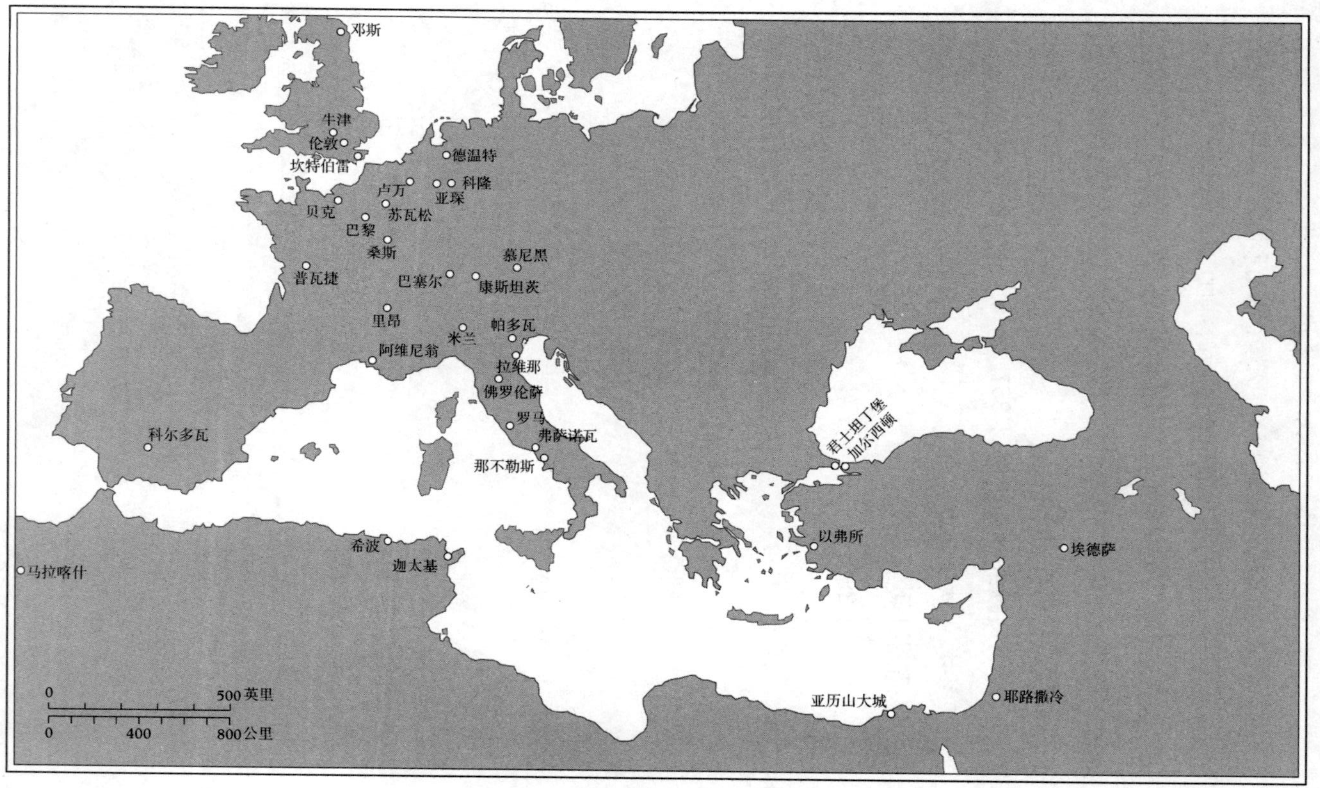

中世纪哲学世界

导言

在这个专业化的时代,大多数哲学史都是出自许多人之手,是不同领域和不同时代专家的作品。牛津大学出版社邀请我单独写一部从最初到现在的哲学史,这表明从一个视点审视哲学的发展流变,把古代、中世纪、近代和当代哲学纳入一个相关主题的叙事,还是会有所收获的。这是四卷本哲学史的第二卷。第一卷涵盖了早期古典希腊和罗马哲学,这一卷论及从圣奥古斯丁皈依基督教持续到人文主义的文艺复兴这一阶段的哲学历程。

读者希望研究哲学史,有两个迥然不同的原因:他们或者对哲学感兴趣,或者对历史感兴趣。我们研究那些已故的伟大哲学家,可能是为了烛照现在哲学探索的命题,或许我们期待了解过去的人和社会,而阅读他们的哲学是为了把握他们思维和行动的思想氛围。我们还可以为了有助于解决我们非常关心的哲学问题,或者为了更深入地进入一个过去时代的精神世界,去阅读其他时代的哲学家。

从职业上讲，我是哲学家，不是史学家，然而我相信，哲学史对于研究哲学自身很重要。认为目前的哲学状态代表了哲学探索的最高峰，这是错误的。这四卷哲学史的写作，目的是表明，那些已故的伟大哲学家的哲学思想在许多方面并没有过时，而且，只要认真阅读我们有幸继承的那些辉煌的著作，就会获得哲思的光照。

在这四卷哲学史里，我努力做到既是哲学史家又是历史哲学家。多数作者写出的历史著作，有的按时间顺序编排，有的按主题思想编排，而我则试图结合两者，在每一卷均首先提供一个按时间顺序的概论，然后按主题思想讨论重要的、特殊的哲学论题。那些其主要兴趣在历史的读者，可以把重点放在按时间顺序的概论，同时参照按主题详细讨论的必要章节。那些更关心哲学问题的读者，可以集中阅读各卷按主题讨论的章节，同时参照按时间顺序的概论，以便把具体的问题置于相应的语境。

xii 这四卷哲学史所面对的主要读者，是大学二年级或三年级的学生。然而，许多对哲学史感兴趣的学生都在修并非属于哲学范畴的课程。相应地，我努力显得对当代哲学方法和术语不是非常熟悉，我同时想以一种清晰的风格和轻松的心情写作，以便让那些不是因为课程而是为了智慧和消遣而读历史的读者喜欢它。

不久以前，在许多大学里，哲学史的课程都是从亚里士多德（Aristotle）直接讲到笛卡尔（Descartes），跳过了古代的晚期和中世纪。这是因为，在学术界有一个非常流行的认识：中世纪的哲学不值得研究。这一认识的产生，常常不是基于对相关文本的熟知，而往往基于对宗教的或者人文学者的偏见不加任何审视的接受。

然而，的确有许多实际的障碍使得中世纪哲学不如其他时期的哲学易于让人接受。如果我们想掌握中世纪哲学家的思想，我们会有四种必须克服的障碍：语言的（linguistic）、职业的（professional）、教会的（confessional）和教派的(parochial)。

中世纪鼎盛时期的哲学,大多是用拉丁语写成的,甚至那些对古典拉丁语训练有素的人也感到很难理解。开始时,就连托马斯·阿奎那(Thomas Aquinas)也会对熟悉利维(Livy)和西塞罗(Cicero)的读者造成困难,而阿奎那与他大多数同代人和后继者相比可以说是简明清晰的典范。只是近年来中世纪作家的英语翻译才比较普遍,然而翻译的任务也并非能够轻而易举地完成。经院拉丁语中专业杜撰词语比比皆是,而要将它们译成其他语言而不加笨拙的释义是难之又难。的确,许多这样的杜撰词语被按照字母发音翻译成现代语言,而且在现代语言中留存,甚至日常生活中也经常使用(例如"intelligence"[智能]、"evidence"[证据]、"voluntary"[自愿的]、"supposition"[假设]),但是这些词汇的现代意义绝不是经院拉丁语中原词意义的对应,而且常常相去甚远。例如"subjective"(主观的、主体的)和"objective"(客观的、客体的)就是两个与它们在中世纪拉丁语的原意基本上相反的词汇。

第一个语言的问题与第二个专业的问题密切相连。哲学研究在中世纪比现代之前任何一个时期都更职业化,因此才会有"经院"(scholastic)一词。哲学基本上是封闭的大学社会的领域,而那时的大学具有共同的课程、共同的文本遗产,以及共同的专业术语词库。在某种意义上,我们今天所能读到的著 xiii
作,大多数都是大学的讲座、练习、辩论,或者其写作者预期他们的听众或读者熟悉那些错综复杂的行话,并有能力理解深奥的广征博引。几乎没有任何哲学著作是为普通读者写的。写哲学著作的和读哲学著作的,几乎全部是男性、牧师、独身。《剑桥中世纪晚期哲学史》(*The Cambridge History of Later Medieval Philosophy*)中的附录,提供了六十六位中世纪最重要的思想家的小传,没有一位是女性,只有两位不是神职人员。

第三个问题又与第二个问题相联系。由于中世纪最著名的哲学家都是天主教教会的成员,所以他们的哲学往往被看做是神学的分支或者辨惑学(apologetics)。这并不公正:他们都非常清楚哲学论证与教义传播泾渭分明。然而确实,既然他们都以神职人员结束学术生涯,那么他们最杰出的哲学思想也就自然而然地包含在他们的神学著作里了,而且,要在他们的神学著作里找出他们的哲学思想,还是需要一些经验的。

再者,很多杰出的思想家都是宗教教派的成员,而且他们常常掌握着其教派的遗产。似乎有很长一段时间,所有当中仅仅多明我会成员(Dominicans)学习研究圣托马斯,而所有当中仅仅方济各会成员(Franciscans)学习研究波纳文图拉(Bonaventure)和司各脱(Scotus)。(有些经院哲学家几乎没有被研究,因为他们不属于任何教派,例如约翰·威柯利夫[John Wyclif],他的精神传人仅仅是与教会有摩擦的、对宗教教义持怀疑态度的牧师阶层。)教皇利奥十三世(Pope Leo XIII)授予阿奎那"天主教神学家"这一特殊地位之后,许多与多明我教派没有关系的人也开始研究阿奎那的著作。然而,阿奎那地位的
xiv 提升,仅仅强化了世俗哲学家的观点,即本质上他是一位教会代言人。甚至,在天主教学术界内形成了这样一种观点:只有阿奎那可以被严肃地看做一位哲学家。中世纪晚期逐渐放弃了他的一些学说,这被看做是教会衰落导致宗教改革的重要因素。从这个观点看,司各脱和奥卡姆(Ockham)之间的争论,就像两个人站立在悬崖边的角斗,他们都有可能掉下悬崖丧命。

经院哲学的职业化和教会化所产生的一个结果就是:与以前的和以后的哲学家相比,中世纪哲学家似乎是默默无闻的人物。这并不是说在某些情况下我们对他们的哲学著作以外的生活知之甚少,而是说他们的著作对他们自己的个性特点揭示得相当少。他们没写几部独创性的专著,他们主要精力放在了评注以及续写其教派或者教会的前人的著作。整个经院哲学的大厦,就像一座中世纪的大教堂:由许多不同的工匠共同创造,尽管他们每个人都很有才华,但是却不屑于指明整个建筑物的哪些部分是在没有别人帮助下他自己完成的工作。往往是在那些被称为"quodlibets"的随意辩论里,我们觉得走近

了一个活生生行动的人。

当然,这种概括仅仅适用于经院哲学占统治地位的中世纪鼎盛时期。在经院哲学以前,我们所遇见的却是个性丰富多彩的——而不是出自任何模板的——哲学家。奥古斯丁(Augustine)、阿伯拉尔(Abelard),甚至安塞姆(Anselm),更接近于作为孤独的天才浪漫主义者范式的哲学家,而不像把自己的石块垒在集体的锥体物上的一个卑贱的模范技工。

中世纪的西方哲学史,必然包括对现代意义上并不属于"西方"的哲学家的讨论,原因是中世纪拉丁语欧洲的思想疆界,有幸渗入了伊斯兰世界以及生活在这个世界的少数民族的影响。阿维森纳(Avicenna)和阿威洛伊(Averroes)的哲学著述的拉丁语文本,对于伟大的经院哲学家的影响,并不亚于他们基督教先驱的著作。这一卷相应地纳入了对穆斯林哲学和犹太哲学的评述,只是范围仅限于融入西方思想主流的哲学家,而不是按照他们自己内在的哲学价值来考虑。

我自己在哲学上的训练和修养,始于罗马的格里高利大学(Gregorian Uni- xv
versity)。20 世纪 50 年代,格里高利大学仍是按照最近几任教皇的指示,在圣托马斯思想的基础上(*ad mentem Sancti Thomae*)讲解哲学。我很感谢两位教授:伯纳尔德·隆内甘神甫(Fr. Bernard Lonergan)和弗里德里克·考普莱斯顿神甫(Fr. Frederick Copleston),是他们让我认识到,圣托马斯自己的著作远比流行的托马斯主义的教材更值得读,而且圣托马斯也不是仅有的值得认真研究的中世纪思想家。

我在格里高利大学毕业之后,到牛津大学读研究生,攻读哲学学位,那时正值普通的语言哲学研究的高峰。我发现,这一点比罗马经院哲学更合我意,而且我很幸运遇到彼德·盖奇(Peter Geach)教授和布道兄弟会的赫伯特·麦克卡勃神甫(Fr. Herbert McCabe)。他们让我明白,那个时期分析传统的哲学家所煞费苦心思考的许多问题,都与中世纪哲学家和逻辑学家所研究的问题非常相似，而且往往其复杂性也并不减少些许。

的确，对普通语言的逻辑分析的强烈兴趣——这是20世纪下半叶牛津大学的特点——在许多方面与中世纪的方法和问题比与文艺复兴后任何其他时期的哲学都更为接近。但是这一点并没有被广泛地认识到。例如，牛津大学逻辑学教授威廉·尼尔(William Kneale)写了一部材料翔实的、持肯定态度的中世纪逻辑学概论，对1200至1400年间中世纪哲学的发展表达了同样的观点：

> 这里，我们不试图确定，结果是否与产生它的伟大思想之努力相辅相成。或许，圣托马斯·阿奎那以及苏格兰人约翰·邓斯(John Duns)的体系所应该得到的钦佩，仅仅是我们给予埃及金字塔和凡尔赛宫的那种不情愿的钦佩。而且很可能，在中世纪大学里与深奥的抽象概念搏斗的成千上万个青年人，更应该从事图书馆研究，而这种工作那时人们普遍认为仅仅适合文法学校。①

实际上，正是在逻辑学领域人们首先认识到，对中世纪文本的研究会有很多收益。中世纪的逻辑学家曾试图回答那些文艺复兴以后被遗忘的问题，而且他们许多真知灼见要等到20世纪逻辑学复兴时才被重新发现。《剑桥中世纪晚期哲学史》一书令广大读者开始对此关注，而且，该书在俗界、学术界，在整个世界开创了接受中世纪哲学的一个新阶段。对中世纪哲学的热情，可以
xvi 用最近出版的《劳特里奇哲学百科全书》(*Routledge Encyclopedia of Philosophy*)中关于中世纪哲学的优秀文章的数目来说明。

在20世纪最后10年，对英语世界中世纪哲学研究的发展作出最大贡献

① 参见 *The Development of Logic*(《逻辑学的发展》)，(Oxford: Oxford University Press, 1962)，226页。

的人是《剑桥历史》(*Cambridge History*)的主要编者诺尔曼·克勒兹曼(Norman Kretzmann),他与他的合作编者让·品波尔(Jan Pinborg)联合把欧洲大陆几个国家所做的工作整合成一体,并把它介绍给美国和英格兰的广大读者。他自己在康奈尔大学(Cornell University)塞奇学院(Sage School)的教学,培养了一批才华横溢的青年学者,这些青年学者近年来就中世纪哲学的许多问题发表了相当有分量的著述。对中世纪新的兴趣所产生的结果之一,是托马斯·阿奎那地位的降低,这似乎是一个悖论。例如在《剑桥历史》,阿奎那在索引中的条目还不如智者(*sophismata*)的长。克勒兹曼已经认识到这个缺陷,并且已经进行了纠正:他一生的最后几年都是在写作他研究圣托马斯的《异教徒驳议辑要》(*Summa contra Gentiles*)的两部权威著作。

就我而言,阿奎那保持着被列为中世纪鼎盛时期最伟大的哲学家的权利。然而,他是有着几座光彩闪闪的山峰的山峦里最辉煌的那座顶峰。总之,中世纪哲学是一个连续的整体,当我们解读任何一位哲学家的时候,无论是阿伯拉尔、阿奎那,还是奥卡姆,我们都是在探索一个连续的过程,而且我们很快就会懂得,在两座主要的巅峰之间还有不容忽视的小山峰:在阿奎那和司各脱之间还有根特的亨利(Henry of Ghent),而在司各脱和奥卡姆之间还有哈克雷的亨利(Henry of Harclay)。

古代世界的史学家,可以阅读全部留存下来的哲学著述,当然不必穷尽。一个辉煌的业绩,不是一个人的才力所能成就的,甚至中世纪哲学最勤奋的史家亦复如此。奥古斯丁、阿伯拉尔以及伟大的经院哲学家,他们的著述如此丰厚,以至于掌握其中任何一人的全部产出也需要数十年的时间。所以,任何人要写出一卷像这部一样的书,都必须大量地依靠二手材料,甚至仅仅是为了引起对研究原始资料最好的方法的关注。这里,我感谢在本书的参考书目中所
列出的所有作者,从我的老师考普莱斯顿神甫(他的哲学史仍然可以与至今写 xvii
成的许多著作相媲美),到最近由诺尔曼·克勒兹曼的同事和学生所写的专

著。在伊斯兰哲学领域,我对他人的借鉴尤其突出,因为我不懂阿拉伯语。在写作本卷的过程中我深深地感到遗憾,我只能阅读阿维森纳的拉丁语著作,今日我更深刻地认识到他的才华以及他的影响。

我特别感谢约翰·玛仁本(John Marenbon)博士和罗伯特·帕斯瑙(Robert Pasnau)教授,他们对该卷初期的草稿提出了许多有益的改进建议,并且纠正了我的许多错误。

第一章

哲学与信仰:奥古斯丁至迈蒙尼德

在本哲学史的第一卷,我们追溯了从古代到公元4 1
世纪圣奥古斯丁皈依基督教这段时间的哲学发展和流变。奥古斯丁的一生,标志着思想史上一个重要时期。早期,他从若干不同传统的源泉吸收了哲学思想,尤其是柏拉图传统,无论是新学园派(New Academy)的怀疑论学说还是新柏拉图主义(Neoplatonism)的形而上学思想。在他皈依基督教后,奥古斯丁在一系列分量很重的论著中综合了犹太思想、古希腊思想和基督教思想,为接着的一千年西方哲学思想奠定了基础。

从哲学的角度看,奥古斯丁一生中最丰产的时期是公元387年复活节他接受洗礼成为基督教教徒之前和之后这段时期。在他皈依和洗礼仪式之间,他曾在米兰北部一个名叫卡西西阿库(Cassiciacum)的乡村别墅与朋友和家人一起度过了几个月,私下里为洗礼做准备。这一阶段产出了一些著作,它们类似现场讨论的逐字记录,著名的有《驳怀疑论者》(*Contra Academicos*),这部著作寻求

2

圣奥古斯丁最早的画像。

筛选怀疑论中的真与伪。

奥古斯丁还发明了一种新的艺术形式，它取名为“独言”(Soliloquies)。他写了一部对话录，其中两个人物分别取名奥古斯丁和理性(Reason)。理性问奥古斯丁，他期望知道什么，奥古斯丁答道："我想知道上帝和灵魂。""没有别的了吗？""没有别的了"（*S* 1.2.7）。

理性允诺让上帝像太阳出现在眼睛里一样出现在他的心灵里。为了达到 3
目的，灵魂的眼睛必须清除一切俗世的欲念。对话录中的圣奥古斯丁弃绝了对财富、荣誉以及性快乐的追求（对追求性快乐的弃绝有生动的描述）。然而，理性并没有实践呈现上帝的诺言，但为奥古斯丁提供了灵魂不朽的证据。真的事物可能会消失，但是真理（truth）自身是永存的。即使世界不再存在，那么世界已经不再存在仍然是真的。然而，真理的寓所是灵魂，所以灵魂像真理一样一定是不朽的（*S* 1.15.28，2.15.28）。

洗礼之后，奥古斯丁在意大利住了一年半。这一阶段他写了另一篇有关灵魂不朽的小册子以及一部内容更充实的著作：《论自由意志》（*On the Freedom of the Will*）。这部书我们在第一卷曾谈过。公元 388 年，他回到非洲，在接着的几年里他在塔加斯特（Tagaste）自己的家里过着一个退隐绅士的生活。公元 391 年，他发现了自己最终的使命并做了牧师，不久成为阿尔及利亚希波的主教（bishop of Hippo），他定居在那里一直到公元 430 年去世。

奥古斯丁的绝大多数著作都是在最后的这一阶段完成的。他是一位丰产的作家，留下了约五百万字的著述，其中许多是布道文、对圣经的注释，以及关于神学或教会教规的论辩性小册子。他没有写出与皈依时期的著作相似的哲学著作，但是有一些重要的著作中包含着高度哲学性的见地。

公元 397 年，奥古斯丁写了一部名叫《忏悔录》（*Confessions*）的著作：充满了与上帝祈祷性的对话，追溯了他自己从孩童到皈依这一时期的生活经历。它不是通常意义上的自传，尽管可以称得上这一体裁的奠基性范本。它是我们了解奥古斯丁任主教之前的生活的主要来源资料，此外，《忏悔录》中还附带了许多哲学的思考,以及一篇完整的关于时间的本质的专论作为该书的结论。①那富有魅力的写作风格,使它一直成为奥古斯丁最受欢迎的著作。

从公元 400 年到 417 年之间,奥古斯丁致力于另一部杰作的写作:由十五
4 卷构成的《论三位一体》(*On the Trinity*)。这部论著的前几卷主要分析与三个位格寓于一个上帝的秘密有关的圣经和教会文本。哲学家更感兴趣的是后几卷中对人类心理的微妙论述,它涉及的是在寻找天上的三位一体的类比过程中男人和女人的心理和思想。②

1. 奥古斯丁论历史

奥古斯丁最宏大的著作当属《上帝之城》(*The City of God*),他从公元 413 年至 426 年一直在撰写这部著作。那时正当罗马帝国不断地受到野蛮民族的侵略,这部著作成了古典思想和基督教思想的综合之力作。这一点已由其名称暗示。基督教福音书已经对上帝的王国讲得很多,但是对于古希腊和古罗马而言,典范的政治制度并不是王国,而是城邦。甚至罗马帝国的历代皇帝也倾向于认为,他们是一个城邦的第一批城民。哲学家皇帝马可·奥勒留(Marcus Aurelius)认为,我们最应该热爱的城邦是宙斯之城。《上帝之城》把耶稣——为犹太人殉难的王——置于异教哲学理想化城邦的顶峰。

像亚里士多德在《形而上学》(*Metaphysics*)中所述的一样,奥古斯丁概述了自早期泰勒斯(Thales)开始的哲学历史,旨在表明早期的哲学家以何种方式接近了但没有能够揭示他现在所呈现的真理。然而,亚里士多德感兴趣的主要是他的先驱的物质理论,而奥古斯丁所关心的主要在于他们的哲学神学,

---

① 参见本书第五章。
② 参见本书第七章。

即他所谓的“自然”神学(natural theology),在讲述了长长的历史之后,奥古斯丁就着力传布这个术语(*DCD* VIII. 1 –9)。奥古斯丁在整部著作中把基督教教义与古代哲学最优秀的理论并置,他尤其喜欢新柏拉图主义者的著作,认为这些人最接近基督徒(*DCD* VIII. 8 –9)。下面是一段很引人注意的话:

> 普罗提诺(Plotinus)用花朵和叶子之美表明,上帝——其美是只能意会不能言表的——的威力甚至在卑微和世俗的事物均可见。他说道,这些被抛弃的事物尽管注定很快就毁灭,但是它们如果没有从一个境界——这 5
> 里有一个精神的和不变的理式(form)使其凝聚为一体——获取其形状,那么就不会展示如此娇美的姿容。而这就是主耶稣所告诉我们的:“你想想野地里的百合花怎么长起来;它也不劳作,也不纺线。然而我告诉你们,就是所罗门极荣华的时候,他所穿戴的,还不如这一朵花呢!你们这缺乏忠诚的人哪!野地里的草今天还在,明天就丢在炉里,上帝还给它这样的妆饰,何况你们呢!”(*DCD* X. 14; 见普罗提诺《九章集》3. 2. 13; 马太福音 6:28 –29)。①

但是,当奥古斯丁准备把柏拉图主义纳入山上宝训(Sermon on the Mount)的时候,他很少倾向于对罗马宗教做哲学的和寓意的解释。写作《上帝之城》(完成它花了13年的时间)最初的冲动,源自哥特入侵者攻陷罗马。异教徒把这一灾难归咎为基督教徒放弃对城邦诸神的崇拜,因此诸神在城邦需要他们的时候没有施援。奥古斯丁在书的开始几卷论证了古典罗马的诸神心存不善而且无能为力,进而得出结论,崇拜他们是令人讨厌的和道德败坏的。

罗马人长久以来把他们的主要神祇与荷马万神殿的主要神祇匹配起来,

---

① 原注有误,应为马太福音6:28 –30。

诸如朱庇特(Jupiter)、朱诺(Juno)、维纳斯(Venus)等,与宙斯(Zeus)、赫拉(Hera)、阿芙洛狄特(Aphrodite),等等。这些神话把神表现得耽于武断的、残忍的和不道德的行为,奥古斯丁沿袭柏拉图和西塞罗的传统,指责这些神话亵渎了神灵。奥古斯丁还嘲讽了罗马普遍的迷信中次要神祇的生殖。他质问道,难道上天如此官僚机构化以至于在人类一个看门人就足够料理的宅院到了天上我们却需要三位神祇:福库鲁斯(Forculus)守卫大门、卡耳迪亚(Cardea)守卫枢纽、利闷蒂努斯(Limentinus)守卫门槛?(*DCD* IV. 18)。这些次要神祇的身份的明确化和个体化,引发了一些哲学问题,奥古斯丁对这些问题作了具体说明。他还用广征博引的嘲讽这一武器攻击罗马晚期的异教,用之频繁超过了一千三百年后以用此法攻击历史基督教知名的吉本(Gibbon)。

对罗马共和国所作的简洁而有说服力的概论足以表明,崇拜古代神祇并不能保证免受灾难。奥古斯丁说道,罗马帝国之无与伦比的伟大,是唯一的真正的神给予公民中最富德行之人的报酬。“与全体公民和公众的利益相比,他
6 们从不重视自己的财富;他们弃绝贪婪于门外,并将自己无私地献给了共和国;如果他们有错,就错在从不违法、从不放纵自己。因而,他们通过一个正当的途径努力走向荣誉、权力和光荣”(*DCD* V. 15)。他们所追寻的报答已经降临于他们:他们能够把他们制定的法律推行到许多国家,他们在许多人的编年史中受到了赞扬。但是,在上天的城邦中并没有他们的位置,原因是他们没有崇拜唯一的、真正的神,以及他们的目的是荣耀自我。

奥古斯丁大部分对罗马宗教的抨击,集中在人们崇敬神祇的观点之败坏道德的本质。毫无疑问,许多现代的自由派人士对当时罗马剧院和圆形露天竞技场的表演所感觉的厌恶,并不亚于奥古斯丁的感觉,他们很可能会对罗马人的娱乐之残忍所感到的震惊,大于罗马人的粗俗下流;而奥古斯丁正好相反。

奥古斯丁并没有把异教神话中的神祇完全看做是虚构的,相反,他认为这

些神祇是邪恶的精灵，他们利用人们的迷信，把本应该给予唯一的、真正的神的崇拜引诱到给他们自己（*DCD* VII. 33）。几位柏拉图主义者曾经讲到理性存在的三层分类：神祇、人类和魔鬼（daimones）。神祇居住在天上，人类居住在地上，魔鬼居住在天地之间的空气中。魔鬼像神祇一样也是不死的，可是又像人一样受感情的控制。许多魔鬼很坏，一些魔鬼是善良的，例如苏格拉底的一位魔鬼知交。[①] 这些柏拉图主义者认为，善良的魔鬼可以充当人和神祇之间的中介（*DCD* VIII. 14，IX. 8，X. 9）。

奥古斯丁没有否认空气中到处是魔鬼的观念，但是他也没有接受一些魔鬼是善良的这一说法，更不认同他们还能在神与人之间起中介作用这种立场。魔鬼在许多方面都比人逊色。“他们完全是恶毒的精灵，完全没有正义感，因骄傲而膨胀，妒忌心理严重，欺骗时狡黠奸诈。他们的确居住在空气中，从上天被抛下后就很适合地囚禁在那里，因为他们犯下了不可饶恕的罪恶”（*DCD* VIII. 22）。换句话说，奥古斯丁把柏拉图的魔鬼与堕落的天使等同视之，至于后者，大多数英语读者是在弥尔顿（Milton）的《失乐园》（*Paradise Lost*）中首次遇到。上帝在创造人类的肉体和血液之前已经创造了有精神的生物的等级，他们有些参与了创始前的叛乱，从而被罚永劫不生。的确，是奥古斯丁把这个故事紧紧地系在基督教的想象力上。

奥古斯丁承认，《圣经》在关于天使的早期历史方面是始终如一的。《创 7
世记》中的七日创世没有提及他们，我们要翻到《诗篇》和《约伯记》才能得知天使也是上帝的造物。如果我们把他们纳入创世的故事，我们得出的结论是，天使是在第一天被创造的：在那一天，上帝创造了光，以及作为神光的分享者的天使（*DCD* XI. 9）。《圣经》告诉我们，上帝把光从黑暗中分出：在这里，奥古斯丁看到了神的远见在酝酿。“只有神能够在事情发生前预见一些天使将堕

① 参见第一卷，43 页（即边码——译者）。

落，将被剥夺真之光明，并被永远弃留在他们骄傲的黑暗里”（*DCD* XI. 19）。“有两个团体的天使，彼此迥异对立：其一本性善良而且意志正直，其二本性善良但意志邪恶。这些在《创世记》由‘光明’和‘黑暗’暗示出来，在其他地方被更明确的证据表明”（*DCD* XI. 34）。这两群天使就是两个城邦的来源，这两个城邦正是奥古斯丁的整部著作加以论述的明显主题，尽管它们的历史直到第十二卷才开始详细论述。有善良的和邪恶的天使，也有善良的和邪恶的人：但是我们没有必要认为有四个城邦；人和天使可以在共同的社会联合起来。

奥古斯丁告诉我们说，在创造天使和创造人类之间创造了动物。所有的动物，无论是如狼一样独居的还是像鹿一样群居的，都是上帝以群种的方式同时创造的。只有人类是以个体创造的：他创造了亚当，从亚当创造了夏娃，再从最先的这一对产生了所有其他的人。这一独特的创造方式并不意味着人类是非社会的动物，正相反，“这恰恰是强调人类社会的统一性。强调人类统一的纽带，诚然，人类被紧密地联系在一起，不仅因为本性的相同，还因为亲属之间的关爱”（*DCD* XII. 22）。奥古斯丁说道，人类在本性上比其他任何物种都更爱交际，但是，他接着说道，人类还会因为邪恶的意志而比其他任何物种更爱争吵（*DCD* XII. 28）。

人类处于天使和呆钝的兽类的中间：人类享有天使的智力，但是同动物一
8 样还有肉体。在神最早的计划里，人类应该更接近天使，应该是不死的。人类在遵从上帝一个时期后就会过渡到天使的同伴，不受死亡的干扰。是因为亚当在乐园犯了罪，人类变成必死的，承受肉体的死亡，肉体的死亡是兽类的本性。堕落之后，死亡就成了所有的人的共同命运，但是死后一些人会凭借上帝的恩典被允许与善良的天使为伴，其他的人则将受到惩罚与罪恶的天使为伍——比第一次更痛苦的第二次死亡（*DCD* XIII. 12，XIV. 1）。

当柏拉图在《蒂迈欧篇》（*Timaeus*）描写宇宙的生成时，他并没有把人的创造归于塑造了世界的大神，而是归于次要的神祇，而这些次要的神祇也是大神

的造物，是大神的代理(*Tim.* 41c)。奥古斯丁没有否认神的这类威严的仆从的存在：它简单地把柏拉图所用的“神祇”(gods)一词处理为天使的误用。但是他坚决反对把这类高级的执行者称为造物者。从空无中创造出存在，是唯一的真正的神所独有的权力，至于在次等的造物发展过程中天使向上帝所做的任何服务，只能说他是一个卫士，或者生产庄稼的农夫，而绝不是造物者(*DCD* XII. 26)。

倘若我们问道：死亡——灵魂与肉体的分离——是一件好事还是一件坏事？《圣经》关于人作为造物的概念与柏拉图关于人作为造物的概念之间的差别彰明皎然。《创世记》说，死亡是一种罪恶：死亡是罪恶的惩罚。在清白无罪的世界，肉体和灵魂将永远结合在一起(*DCD* XIII. 6)。然而，对于许多柏拉图主义者来说，以及柏拉图在一些著作中也认为，灵魂逃离了肉体的束缚从而袒裸在神的面前，只会感到幸福(*DCD* XIII. 16，19；参见 *Phaedo* 108c；*Phaedr.* 248c)。再者，灵魂在人死后可能会被迫进入肉体(或许其他人的肉体，甚至动物的肉体)，以惩罚其前世所犯的罪孽，这是柏拉图的一个普通的观点。然而，根据《圣经·旧约》和《圣经·新约》，有德之人的灵魂最终会回到他自己的肉体，而灵魂与肉体的重聚将会是永远幸福的源泉(*DCD* XIII. 17，22；XXII. 19)。

奥古斯丁没有否认——他反而强调——肉体的欲望和情感会阻碍精神的进步，而且他转引了《智慧书》：“注定腐朽的肉体压倒了灵魂。”然而，这只对于堕落的人在世俗生活的肉体才是真实的。在乐园的人的肉体，没有骚动不安的感情，也没有控制不住的欲望。亚当和夏娃生活得没有痛苦和恐惧，因为 9
他们享有完善的健康，而且从来没有外界的危险；他们的肉体不能受到伤害，如果不是因为堕落，生孩子也不会痛苦。他们仅仅吃维持肉体所需的食物，而且他们的性器官完全受控于冷静的理性，仅仅为了生殖才用(*DCD* XIII. 23，XIV. 26)。然而，尽管他们生活得没有激情，但是他们并不是没有爱。“这一对夫妻生活在真正的、忠诚的伙伴关系中，有着对上帝、对彼此不受任何干扰的爱。这就是无比喜悦的源泉，因为亲爱之人永远在为彼此提供欢乐”（*DCD* XIV. 10）。

2. 奥古斯丁论两个城邦

奥古斯丁从人的起源亚当和夏娃开始追溯人类的历史，将它置于他得心应手的叙事模板——两个城邦。“尽管全世界有许多伟大的国家生活在不同的宗教和伦理体系中，而且他们的语言、行为方式和服装也各不相同，但是可以说只有两种主要的人类社会，圣典允许我们称之为两个城邦”（*DCD* XIV. 1）。一个城邦依据肉体来生活，另一个城邦依据精神来生活；一个是由自我之爱建起，另一个是由上帝之爱创造；一个以自身为荣耀，另一个的荣耀是上帝所赋予的（*DCD* XIV. 280）。一个注定要在最重的惩罚中加入到魔头（the Devil）的阵营，从而城邦彻底毁灭，不再存在；另一个则必然受到上帝的眷顾而永远存在（*DCD* XV. 1，4）。

两个城邦的区分，由最初的夫妻所生的孩子开始。“该隐（Cain）是人类的父母所生的第一个儿子，他属于人类的城邦；他们的次子亚伯（Abel）属于上帝的城邦”（*DCD* XV. 2）。两个城邦的仇恨，首次在该隐谋杀亚伯表现出来；该隐所做的兄弟残杀，由罗马的缔造者罗穆卢斯（Romulus）步其后尘，它杀死了他的兄弟瑞摩斯（Remus）（*DCD* XV. 5）。

在《上帝之城》的第十五和十六卷里，奥古斯丁在论述了《创世记》之后，追溯了上帝的城邦的早期历史，把希伯来祖先——诺亚（Noah）、亚伯拉罕（Abraham）、以赛亚（Isaac）、雅各（Jacob）、约瑟（Joseph）和摩西（Moses）——看做是上帝的城邦的显现。第十七卷试图从先知和《诗篇》的作者的著述对上帝

的城邦进行阐释。既然以色列的政体已经不复存在,赞美大卫的王国以及犹 10
太牧师制度并且允诺让它们永远延续的预言,一定在其他地方已经得以实现。(*DCD* XVII. 7)。

在第十八卷,我们又回到了俗世的历史,奥古斯丁讲述了几个异教帝国的兴衰:亚述、埃及、阿尔戈斯、罗马。奥古斯丁急切地把《圣经》编年史与俗世的编年史协调起来,把摩西领导的走出埃及归于雅典的神秘国王刻克洛普斯(Cecrops)统治时期,并且把特洛伊的陷落定在以色列士师统治时期。他把罗马的建立、爱奥尼亚哲学的出现,以及以色列的放逐看做是同时发生的。奥古斯丁告诉我们说,耶路撒冷神庙塌毁的时间是在罗马皇帝塔奎尼乌斯(Tarquinius Priscus)统治时期,巴比伦囚虏以色列人与诸王被逐以及罗马共和国建立是在同一个时期。奥古斯丁那令人头昏目眩的编年史的目的之一,是强调希伯来先知的说教早于希腊哲学家(*DCD* XVIII. 37)。

在奥古斯丁的叙事体系中,耶路撒冷成了上帝的城邦的象征,而巴比伦则是俗世的城邦的代表。巴比伦是一座混乱的城市,上帝打乱了人的语言的原初统一,以便阻扰巴别塔的建立(Gen. 11: 1 -9)。在俗世的城邦中,哲学家说话的语言与巴别塔的建筑者一样多。一些人说,只有一个世界;另一些人说,有很多很多世界。一些人说,这个世界会永远持续下去;另一些人说,这个世界会消亡。一些人说,这个世界被一个神的思想控制着;另一些人说,这个世界就是偶然性的玩物。一些人说,灵魂是不死的;另一些人说,灵魂与肉体一同消亡。一些人认为至善(supreme good)存在于灵魂,另一些人认为至善存在于肉体,还有一些人则认为至善存在于外部善的事物。一些人说,感官可以相信;另一些人说,对感官应该不屑一顾。在这个俗世的城邦,没有权威来判定这些彼此矛盾的观点谁对谁错:巴比伦不加区别、不加判断地接受所有的观点(*DCD* XVIII. 42)。在上帝的城邦,那是多么的不同呀!所有的人都接受公认的圣典的权威!

哲学家们所争论的最重要的问题，是那些与极善(ultimate good)和极恶(ultimate evil)相关的问题。极善即其他事物所渴望的，而极善所渴望的是极
11 善自身。哲学家试图把极善置于现实生活中：一些人认为极善是快乐(pleasure)，另一些人认为极善是德性(virtue)，还有一些人认为极善是平静(tranquillity)，甚至还有的人认为极善是对自然界所赋予我们的基本的美好事物(goods)之享用。许多派别把极善看做是由这些美好事物这类或那类的结合所构成。然而，上帝的城邦很清楚，永生才是至善，而永死是至恶(supreme evil)，而且，只有凭借信仰和恩典才能获得至善，才能避免至恶(*DCD* XIX. 1–4)。

显然，按照奥古斯丁对两个城邦的描述，我们不能简单地把巴比伦等同于异教的王国，把耶路撒冷等同于基督教王国。上帝的城邦在基督出生前很久——君士坦丁(Constantine)皈依基督教前更久——就已经成为一个社会了。基督教王国中既有圣徒也有罪人，正如奥古斯丁以狄奥多西(Theodosius)一世为例所说明的那样，他于公元391年曾在萨洛尼卡(Thessalonica)残酷地镇压了一次叛乱，为此，圣安布罗斯(St Ambrose)还迫使他做了忏悔(*DCD* V. 26)。也不应该把上帝的城邦等同于地上的基督教教会，尽管奥古斯丁晚年的著作有时被当做处理教会与国家关系的指南。我们只有在思考了它们的最终形态后才能全面地理解两个城邦的性质，而奥古斯丁对其思考是在《上帝之城》的最后三卷。

奥古斯丁梳理了先知的语录、耶稣的道训、使徒的书信以及《启示录》，以便获得关于世界未来的资料。在耶稣复活与历史终结之间有一千年的时间，《启示录》作如是说(*DCD* XX. 1–6)。在这一时期，圣徒与基督一起统治着世界。他们的千年统治以两个阶段演进：圣徒们生活在地球上的时候是包括罪人在内的教会里举足轻重的人物，他们死后仍然以某种神秘的方式与作为上帝的王国的教会密切配合(*DCD* XX. 9)。奥古斯丁不屑于对期待着历史终结后为圣徒举行的酒宴上的狂欢纵乐这一启示作任何解释。无论我们照字面解

释约翰的千年，还是把1000这个数字看做完善的象征，我们都是处于圣徒统治时期的中期(*DCD* XX.7)。

12

《大迫害》(The *Massa Damnata*)，《上帝之城》的这幅画稿表现亚当和夏娃在被逐出伊甸园后遇见死亡，以及人类在去往地狱的途中，只有被上帝选中者才能得到神的恩典。

奥古斯丁告诉我们说，在所列的年份过去之后，最终的戏剧将会自行演出七幕。第一幕，先知以利亚(Elijah)将出场，他将使犹太人民皈依基督。第二幕，撒旦将被解禁，在三年半的时间内敌基督(Antichrist)将迫害诚信者，用歌革(Gog)和玛各(Magog)这两个民族作为他迫害的媒介。圣徒将承受他们的苦难,直到歌革人和玛各人精疲力竭不能再杀戮(*DCD* XX. 11 – 12, 19)。第三幕,耶稣将回到地球上来审判活人和死人。第四幕,死人的灵魂将从他们的休息所在回来并与他们的肉体再次结合,以便接受审判。第五幕,审判将把有德之人与有罪之人分开,圣徒将获得永久的幸福,罪人将永劫不复(*DCD* XX. 22, 27)。第六幕,现世将在一场宇宙大火中被毁灭,一个新的天堂和一个新的地
13 球将被创造(*DCD* XX. 16 – 18)。第七幕,享受天国之福的与被罚入地狱的,将永远居住在他们应该去的上天或地狱(*DCD* XX. 30)。天上的耶路撒冷与地下永不熄灭的烈火,是奥古斯丁叙事体系里两个城邦的结局。

奥古斯丁知道,他的预言并不会那么容易被接受,而且,他从中选择了最困难的观念,即:邪恶之人其肉体将永远遭受刑罚。有人会反对说,肉体早晚要被火烧完,所以遭受痛苦的肉体迟早会遭受死亡。奥古斯丁反驳说,蝾螈会在火中存活,埃特纳火山永远在燃烧。灵魂所遭受的痛苦不比肉体少,而且哲学家都说灵魂不死。自然界中有许许多多奇迹,奥古斯丁列出了长长的一串,石灰、宝石、磁铁等的性能以及四海里的植物果实,这些奇迹完全可以证明全能的造物主可以让人的肉体在极度的痛苦中活着(*DCD* XXI. 3 – 7)。

大多数人对于永劫不复心理的关注,远远超过对肉体机能的关心。在短暂的一生中所犯的罪,怎么会导致无边无尽的刑罚?奥古斯丁这样回答:甚至在人类的法律体系,犯罪与刑罚之间也没有必然的暂时的正比关系。一个人可能会因为一次短暂的通奸性接吻而被鞭打几个小时,一个奴隶可能会因为一时冒犯他的主人而被监禁几年(*DCD* XXI. 11)。出于同情而认为地狱的痛苦终究会结束,这只是谬误的情感在作怪。如果你被这种想法引诱,那么你最终会相信,如离经叛道者奥利金(Origen)所认为的那样(*DCD* XXI. 17),终有一天撒旦也会皈依基督!

奥古斯丁逐步地表明,不仅永劫不复(eternal punishment)是可能的且是正当的,而且要避免它也是极其困难的。只凭有德性的一生是不够的,因为没有

真正信仰的异教徒的德行只不过是表面辉煌的罪过。只凭被洗礼也是不够的，因为最坚定的天主教徒也可能不知不觉地犯罪。全心全意地投入到圣事还是不够的，因为没有人知道他做这些事是否完全是为了证明耶稣所允诺的永生（*DCD* XXI. 19 – 25）。只凭慈善的行为仍然是不够的：奥古斯丁用了许多篇幅为马太福音中的一个篇章进行辩解，这里，人子（the Son of Man）依据它们的行为把绵羊从山羊中分出来，或者说，人子无视一个人对其他人所做的慈善行为（Matt. 25：31 – 46；*DCD* XXI. 27）。

终于在《上帝之城》的二十二卷，我们看到了圣徒在新耶路撒冷所享受的 14
永久幸福。对于那些怀疑人的肉体会居住在上天的人，奥古斯丁提供的是柏拉图意味很浓的回答：

> 假定我们纯粹是没有肉体的灵魂，或者精神，并且居住在上天，不与地上的动物有任何接触。倘若有人对我们说，我们注定要凭某个神秘的联系与肉体合一，以便让肉体复活，难道我们不会拒绝相信这种说法，并且回答说自然规律不允许一个精神的存在受限于一个物质的事物吗？那么，一个地上的肉体为什么不能被创造人的上帝的意志提升为一个天上的肉体呢？（*DCD* XXII. 4）

没有基督徒能够拒绝相信一个上天的肉体的可能性，因为所有的基督徒都相信耶稣死后复活并且升到天国。允诺给享受天国幸福之人的永生，并不比基督复活的故事更不可思议。

> 耶稣以肉体复活并且带着肉体升至上天，这令人不可思议。世人相信这样不可思议的逸事，这也令人不可思议。几个出身卑微、没有地位、涉世不深的人竟然能卓有成效地说服世人以及学者，这同样令人不可思议。我们的对立者

> 拒绝相信这三个不可思议当中的第一个,但是他们不能否认第二个,而且,除非他们接受第三个,否则他们解释不了第二个。(*DCD* XXII. 5)

为了表明所有这三个不可思议之事事实上是可靠的,奥古斯丁诉诸他自己以及他的朋友所目睹的一系列奇迹所显示的神的全能。然而他承认,他必须回答哲学对手为反对肉体复活的整个观念所提出的棘手问题。

人的肉体是由沉重的元素构成的,它如何能够存在于清薄纯明的上天?奥古斯丁说,这就像鸟在空中飞翔以及火在地上突然燃烧一样不成问题。复活的肉体将都是男性吗?不,女人将保持她们的性征,但是她们的器官将不再用来性交或生孩子,原因是在上天不再有婚姻。复活的肉体将都是一样的大小和形状吗?不,如果老年时死亡,他将被赋予他成熟时期的身材,如果年轻时死亡,他将被赋予他成熟时期将会有的身材。那么婴儿时期就死亡的人呢?答案是:升天时会即刻变成熟。

15 所有复活的肉体将是完善和优美的,复活将包括按照宇宙尺度所进行的整容手术。畸形的部位和疤痕缺陷将被割除,截断的肢体将被恢复到被截肢者的身上,被剪掉的头发和指甲也将回到原有者的身上构成躯体的一部分,不过并不是以头发和指甲的形式。“胖人和瘦人不必担心在那个世界他们还会有在这个世界上他们所不喜欢的身材”(*DCD* XXII. 19)。

奥古斯丁提出了一个持续地困扰着信徒的问题,而每个世纪的信徒都认真对待最后复活的信念。设想一个挨饿的人靠吃人肉解除了饥饿:在复活时那些被消化的肉将属于谁的躯体呢?奥古斯丁提供了一个深思熟虑的答案。在甲饿得吃乙的肉之前,甲肯定已经掉了很多重量,因为他一部分肉已经被吸入到空气里。在复活的时候,这部分物质将变回成肉,来为甲提供合适的体重。而被消化的肉将被恢复到乙的身上。整个过程可以比喻为借了一笔钱,在适当的时候又还了回去(*DCD* XXII. 30)。

但是，这些享受天国之福的人要复活的肉体干什么呢？奥古斯丁坦诚地说道："说实在的，我不知道肉体活动——或者肉体的休息和闲适——的本质是什么。"《圣经》告诉我们，它们将看见上帝，这又给奥古斯丁提了一个问题。如果享受天国之福的人不能随心所欲地睁眼闭眼，那么他们比我们在现世更糟糕。但是，任何人看到上帝的时候怎么能闭上眼睛呢？奥古斯丁的回答很微妙。在那种至福的状态下，上帝的确可以被看见，而且不仅仅心灵可以感悟到上帝，而且肉体的眼睛也可以看见上帝。然而，上帝并不是视觉的外部存在物，相反，我们将凭借观察到上帝支配我们周围的物体来看到上帝，这些物体构成事物的物质系统，就像我们观察到我们同伴的行为而看到他们的生活一样。生活并不是我们所看到的外部物体，然而，当我们看到有生命的存在物活动的时候，我们不只是相信他们是活的，而且还看到他们是活的。所以在上帝的城邦，我们将观察到上帝的作为是把和谐和美赋予每一个事物(*DCD* XXII. 30)。

尽管《上帝之城》几乎每一页都没有脱离《圣经》，但是它仍然由于两个原因而在哲学史上占有很重要的位置。首先，奥古斯丁坚持不懈地努力把自己的宗教观点置于古希腊和古罗马的哲学传统当中：一有可能，奥古斯丁便尽力调和《圣经》和柏拉图及西塞罗；一旦这种调和不可能，他认为他的责任是叙述并反驳哲学上反基督教的观点。其次，奥古斯丁用《圣经》和古典材料建构的 16
叙事，为拉丁语世界的哲学探讨奠定了基础框架，一直持续到文艺复兴(Renaissance)和宗教改革(Reformation)，甚至以后。

奥古斯丁是在哲学上著书立说的最引人兴趣的人之一。他有着敏锐而活跃的思想，在全盛时期他写得生动活泼、妙趣横生，很能打动人。与中世纪鼎盛时期的哲学家不同，奥古斯丁不遗余力地用具体的意象阐明核心的哲学问题，而且，他所提供的例子从来不会像常常出现在重要的经院哲学家的著作中那样陈腐、僵化。为了阐明哲学，他会旁征博引：趣闻逸事、格言警句、反语悖论无所不用。而且，奥古斯丁会发现和谐悦耳的语言表层下面深层的哲学问题。然而,他没有步入最伟大的哲学家的行列,因为他作为一位修辞家太突出了:直到他生命的终点,他都说不清楚纯正的逻辑分析与纯粹的语言优美(linguistic pirouette)有什么区别。可是在他成了主教的时候,他的目的再也不是纯粹的哲学:修辞和逻辑都是传播基督的福音的工具。

3. 波伊提乌的慰藉说

公元5世纪,罗马帝国经历了一个外族入侵(主要在西部)和神学争论(主要在东部)的时期。奥古斯丁的《上帝之城》,便是410年西哥特人(Visigoth)攻陷罗马后的产物。公元430年,奥古斯丁在希波去世的时候,汪达尔人(Vandal)又攻到了罗马的城下。奥古斯丁的谢世,没能让他接受邀请参加以弗所(Ephesus)基督教会的公会。公会是由罗马皇帝狄奥多西二世召集的,因为君士坦丁堡和亚历山大两地的教长对于如何阐述耶稣基督为人之神子(divine sonship of the man)的教义分歧巨大。

在这一世纪的进程中,继哥特人和汪达尔人之后的是更为强悍恐怖的入侵者——由国王阿提拉 (Attila) 领导的匈奴人。阿提拉征服了从中国到莱茵河的广大地区,在一位罗马将军和一位哥特国王的联合抵抗下于公元451年在高卢(Gaul)停住了前进的步伐。次年,他侵入了意大利,只是在教皇利奥一
17 世(Leo the Great)的努力下——雄辩和贿赂兼施——罗马才没有被占领。以弗所公会于公元431年谴责了君士坦丁堡的主教聂斯脱利(Nestorius),原因是他宣传说耶稣的母亲玛利亚不是上帝之母。亚历山大的主教西里尔(Cyril)说道:倘若他相信耶稣就是上帝,他怎么能认为耶稣的母亲玛利亚不是上帝之母呢? 以弗所公会决议说道:阐释道成肉身(the Incarnation)教义的正确方法是,基督作为神人一位具有两种不同的本性:一是神性,二是人性。然而,以弗所

公会的决议对于一些亚历山大派并没有解决多大问题,因为他们相信,道成肉身的上帝之子仅仅具有一种唯一的本性。那些极端主义者在以弗所召集了另一次公会,公开宣扬基督唯一本性(monophysitism)这一教义。教皇利奥(他曾提交书面证据赞成两种本性说)谴责这次公会为一群强盗的集会。

君士坦丁堡派在罗马教皇的激励下奋起反击亚历山大派,于公元 451 年在加尔西顿(Chalcedon)召集公会,矢志维护基督双重本性这一教义。基督是完美的上帝,也是完美的人,拥有人的躯体和人的灵魂,同时分享圣父的神性和我们的人性。加尔西顿公会和第一次以弗所公会为绝大多数基督教徒提供了正统的阐释准则,尽管相信聂斯脱利观点和唯一本性论的基督徒在罗马帝国的东部仍然还有牢固的根据地,甚至至今一些基督徒仍然持有这种观念。在思想史中,公元 5 世纪这些公会的意义在于,它们为一些术语创造了专门的意义,例如"本性"(nature)和"神人一位"(person),而且影响了以后的几百年的哲学。

西罗马帝国在击溃阿提拉之后存在了四分之一世纪,但是意大利的权利却大部分掌握在野蛮的军队首领手中。其中一位名叫奥多埃塞(Odoacer),于公元 476 年决定成为名义上的统治者,而不仅仅是实际上的统治者。他把最后一位闲散的皇帝罗穆卢斯·奥古斯图卢斯(Romulus Augustulus)放逐到那不勒斯附近。在随后的半个世纪里,意大利成了哥特人的一个省。哥特诸王虽然是基督徒,但却对近来关于基督的争论没有什么兴趣:他们认同君士坦丁大帝(Constantine I)时期就被宣判为异端邪说的阿里乌教义(Arianism)。阿里乌教义有很多种说法,全部都拒绝承认神子耶稣分享上帝圣父的本质(essence)或本体(substance)。最强力的哥特国王狄奥多里克(Theodoric,493—526 在位)建立了一个宽容的政体,在这一时期阿里乌教派、犹太教徒以及正统的天主教徒平静地生活在一起,而且艺术和文化都得以发展繁荣。

波伊提乌与岳父西马库斯在一起。取自公元 9 世纪一部他论算术的论文的手写本。

狄奥多里克的大臣之一是波伊提乌(Manlius Severinus Boethius),一个有权位 19
的罗马元老院家族中的成员。波伊提乌出生于西罗马帝国结束后不久,童年时期父亲亡故,被执政官西马库斯(Symmachus)收养,后来他与其女儿结婚。波伊提乌于公元510年成为执政官,而且于522年见证了自己的两个儿子成为执政官。在这一年,波伊提乌从罗马来到狄奥多里克的首都拉文纳,成为“政事长”(master of offices),一个权高位重的行政职位,他秉心奉公、克尽厥职,令人交口称誉。

年轻时的波伊提乌曾汲取希腊源泉写过关于音乐和数学的手册,还曾计划把柏拉图和亚里士多德的全部著作翻译成拉丁语,但是没有完成。他写过一些对亚里士多德逻辑学著作的评注,也显示出对斯多亚学派逻辑学的熟悉。他写了四篇关于三位一体(the Trinity)以及道成肉身的教义的论文,表现出奥古斯丁和5世纪关于基督的争论对他的影响。波伊提乌的一生,可以说是希望结合思与行之人的典范。吉本(Gibbon)感到很难把波伊提乌归为哲学家加以赞扬,故而写道:“波伊提乌在名声和财富、公共荣誉和私人交往,以及科学修养和道德觉悟等方面都很成功,所以可以说他一生幸福,倘若这个形容词——它取决于人们如何理解——可以稳妥地用来描述他的一生的最后一段时间之前的生活”(*Decline and Fall*, ch. 19)。①

然而,波伊提乌在这个显要的职位上并没有待长久,因为他(一个天主教徒)被怀疑牵涉到一封敦促君士坦丁堡的皇帝查士丁(Justin)入侵意大利以便结束阿里乌教派的统治的叛逆信函。他被囚禁在帕维亚(Pavia)的一个塔中,并被罗马元老院判处死刑。他正是在被判处死刑后监禁时写出了《论哲学的慰藉》(*On the Consolation of Philosophy*),他也因为此书而传名后世。这部著作因其文辞优美以及哲思敏锐而被后人敬佩,它被多次翻译[成英语]而且翻译成许多文字,尤其曾被国王阿尔弗列德(King Alfred)和乔叟(Chaucer)翻译。

---

① 原文出处有误。吉本的这段话出现在《罗马帝国的衰亡》(*The Decline and Fall of the Roman Empire*)第三十九章,第18段的结尾处。——译者注

《论哲学的慰藉》中有对人的自由与神的先知相关的问题的精妙讨论,但是它不是那种出自一个面对可能殉教的虔诚天主教徒之手的著作。它详细阐述了异教哲学所能提供的宽慰,可是没有提及基督教所给予的慰藉。

20 波伊提乌在《论哲学的慰藉》的开始,描述了一位高个子女士到监狱里看望他的过程。那位女士年事已高但肤色甚佳,身穿的长衣做工精良但破烂不堪:这就是哲学女士(Lady Philosophy)。她的衣服上绣着一个梯子,底端是希腊字母 P,顶端是希腊字母 TH:它们的意思是哲学的实用(Practical)方面和理论(Theoretical)方面,梯子代表两者之间的阶梯。哲学女士所做的第一件事,是驱逐波伊提乌床边的书籍所代表的诗神,但是她自己却很乐意提供诗歌来安慰备受折磨的囚徒波伊提乌。《论哲学的慰藉》由五卷构成,散文和诗文交替出现。诗文有的高雅恢弘,有的疏狂倏然;要发现诗文与发展中的散文叙事之间的联系,常常需要花相当大的力气。

在第一卷,波伊提乌针对对他的指控为自己进行了辩护。他的麻烦完全是由于他担任公职所致,他之所以担任公职,是他听从了柏拉图要哲学家参与公众事务的训喻。哲学女士提醒他,他并不是第一位受难的哲学家:苏格拉底曾在雅典殉难,塞内加曾在罗马遭难。她自己也曾被肆无忌惮地凌辱:她衣衫褴褛是因为伊壁鸠鲁学派(Epicureans)和斯多亚学派(Stoics)试图绑架她,他们撕破了她的衣服并拿走撕下的衣物。她敦促波伊提乌记住:即使邪恶之徒得势,世界也不会受肆虐的偶然之左右,而是在神道(divine reason)的掌控之下。这一卷以一首看起来像一片被斯多亚派撕下的一块布一样的诗结束,主张弃绝情欲:

快乐你必须放弃
放弃的还有恐惧
悲哀全都会消失
希望带不来欢愉

第二卷同样详尽阐述了一个斯多亚主义的命题：与存在于自身的价值相比，命运领域的事物毫无意义。我们所享受的是命运女神的馈赠，其实并不属于我们：钱财会失去，钱财只有在散给穷人时最有价值。一个壮丽的家园，只有在奴仆诚实，且他们的品性出于其自身而不是由于我的缘故时，对我来说才是福分。政治权力可能会以谋杀或者奴役告终；甚至政治权力本身就是微不足道的。有人类居住的世界，只不过是我们地球的四分之一，而我们这个地球与天球(celestial sphere)比起来同样微不足道；一个人吹嘘自己的权力，就像 21
一只老鼠向其他的老鼠吱吱夸叫。最辉煌的荣誉仅仅持续几年，与不朽的永恒相比只不过是子虚乌有。我在财富、权力、荣誉都得不到幸福，只有在最珍贵的自己才能得到幸福。波伊提乌没有充分的理由抱怨命运女神：她给了他很多美好的事物，他也必须接受她送给他的不幸。的确，不幸对于人来说比幸运更好，幸运具有很大的欺骗性，反复无常才是它的长性；不幸可以使人自知，可以告诉他谁是真正的朋友，什么才是最珍贵的财富。

真正的幸福(happiness)不是来自外在的美好事物这一寓意，在第三卷进一步得到强调，波伊提乌还引证柏拉图和亚里士多德进行详尽阐述：

> 幸福(*beatitudo*)是善/美好(the good)，一旦获得，就不再有其他欲求。幸福是美好事物(goods)中最高贵的，它自身包含一切美好事物；倘若缺乏任何美好事物，它就不可能是最高贵的美好，因为可能有什么事物被欲求。所以，幸福是集所有美好事物于一体的完美状态。(*DCP* 3.2)

财富、声望、权力、荣誉，并不能满足这些条件，肉体的快乐也不能满足这些条件。有些躯体很优美，但是如果我们有X光一样的眼睛，我们将发现这些躯体令人恶心。婚姻以及婚姻的快乐可能是好事，但是孩子却是令人头疼的小东西。我们必须停止在这个世界的事物中寻找幸福。哲学女士继续说道：上帝才是一切美好事物中最美好、最完善的,而完善的美好(perfect good)才是真正的幸福,因此,真正的幸福只有在上帝才能得到。所有被人们分别追求的价值——自我满足、权力、尊重、快乐等——都是幸福被误解的形式,而这些价值都集中在上帝独一无二的美善(goodness)。上帝之完美,在第三卷的第九首诗《啊,永恒的主》(*O qui perpetua*)得以赞颂,这是一首常常被基督徒盛赞的赞美诗,尽管诗中几乎所有的思想都是取自柏拉图的《蒂迈欧篇》(*Timaeus*)以及一篇对《蒂迈欧篇》新柏拉图主义的评论。① 既然一切美善寓于上帝,那么人类只有以某种方式成为神才能幸福。"每一个幸福的人都是神。虽然上帝是唯一,但是没有任何事物可以阻止他的神性被人类分享"(*DCP* 3.10)。

22 在第四卷,波伊提乌请求哲学女士回答这个问题:"为什么邪恶之人会得势?"波伊提乌接着说道:宇宙是被理想的统治者——上帝——控制着,但是它看起来像一座房子,里面毫无价值的器皿得到了很好的照料,而珍贵的器皿却被放置一边被尘埃蒙蔽。哲学女士引用柏拉图的《高尔吉亚篇》(*Gorgias*)来阐明,邪恶之人得势只是表面现象,行恶的意愿本身是一件不幸之事,成功地行恶是更糟糕的灾难,而更为糟糕的是做了坏事不被惩罚。一个好人可以获得神性,而一个坏人只会变成野兽:贪婪使他变成一头狼,争吵使他变成一只狗,欺骗使他变成一只狐狸,愤怒使他变成一只狮子,恐惧使他变成一只鹿,懒惰使他变成一头驴子,而欲望使他变成一只猪。

一切都在上帝的天道(providence)的掌控之中。这就是说一切都是命运安排的吗?哲学女士在两者之间做出了明显的区分。天道是把一切事物组织就绪的神道,而命运则是安排分散于时空的事物之运动。命运对事物的错综复杂的安排,源自天道的简单明了。我们只能看见命运运作的表面失序,如果我们能看到天道设计的总体规划,那么我们就会领悟到所发生的一切都是正

① 在乔叟的(散文体)译文中是这样开始的:"啊,圣父,天地的创造者,以永恒的天道统治着这个世界,掌控着自起始以来时间的进程;您岿然不动、万古如斯,却运动着其他一切事物……"

当的，所存在的一切都是应该的。

在前四卷中，哲学女士对幸运女士（Lady Luck）谈论很多。第五卷讨论下面这个问题："在神圣的天道掌控的世界，会不会有运气或机遇这类事情？"倘若相信哲学，那么就不会存在纯粹的偶然机遇。人的选择与机遇不同，然而，自由选择即使不是偶然的，也不能与预见所要发生的一切事情的上帝的存在相提并论。"倘若上帝预见一切而且不可能有错，那么在他的天道中他所预见的事情一定会发生。"答案是：上帝超越时间，因此说天道与预知相关是错误的。这一微妙且深奥的回答，在后世得到深入研究和很大发展。①

我们希望波伊提乌在写作哲学著作的时候得到慰藉，因为他当时受到残忍的折磨——一条绳索拴在他的脖颈上并慢慢拉紧，直到他的眼睛从眼窝冒出来为止。他最终行刑方式是被棍棒打死。许多基督徒都把波伊提乌看做一位殉道者，一些教区还尊他为圣徒（St Severinus）。人文主义者洛伦 23
佐·瓦拉（Lorenzo Valla）在15世纪称他为"最后一位罗马人，最先一位经院哲学家，"吉本说他是"加图（Cato）和塔利（Tully）②会承认为其同胞的最后一位罗马人。"

波伊提乌不仅仅是古老的罗马哲学传统最后一位哲学家：他的《论哲学的慰藉》可以以一部他所推崇的古典希腊哲学选集来读。他从古希腊的异教思想家学到了很多东西，或许，正是由于他对异教思想家的赞颂，他才从他的哲学验证中剔出了基督教的成分。甚至在处理神的预知和人的自由之间的关系——基督教时期非常有影响的问题——的时候，波伊提乌也把它置于天道和命运的关系这一斯多亚式的框架之中进行讨论。

① 波伊提乌的论点将在本书的第九章详细论述。

② 塔利（Tully）为西塞罗（Marcus Tullius Cicero）的英语名。——译者注

4. 古代晚期希腊哲学

然而,在波伊提乌去世的时候,希腊异教哲学并没有走向终结:雅典和亚历山大的学园仍然很活跃。在前一个世纪中雅典学园的执掌人是勤奋博学的普罗克洛斯(Proclus),据说普罗克洛斯每个工作日都能做五个哲学讲座并写出700行哲学文章。他对柏拉图的几个对话写了评论文集,还就普罗提诺《九章集》(*Enneads*)写了一部百科全书式的著作。他的《神学要旨》(*Elements of Theology*)一直被看做新柏拉图主义(Neoplatonism)的便利手册,甚至在当代亦复如此。

普罗克洛斯的体系,是建立在普罗提诺的太一(One)、精神(Mind)、灵魂(Soul)三物一体(trinity)的学说之上的,但是他发展了普罗提诺的学说使三物组合体(triad)成倍增多,而且还建立了一套三物组合体运作的理论(*ET* 25 – 39)。在每一组三物组合体,都有一个发生发展的过程。从原始的三物组合体生出一个新的元素,它分享三物组合体的性质但又与原始的三物组合体不同。这一新的元素既寓于其渊源、经发展超过其渊源,又回归其渊源。这一发展法则,决定了三物组合体浩大的创生过程。从原始的太一,创生了许多具有神性的单元(henads)(*ET* 113 – 165),这些单元集合在一起创生了精神世界,精神世界又被分成存在(Being)界、生命(Life)界和思想(Thought)界。接着低一级的是灵魂世界,普罗克洛斯说,这个世界是传统的异教神殿里诸神的居所。我们所居住的这个可见世界,是这些神灵的造物,他们按照天道操控着它。

普罗克洛斯认为,人类横跨灵魂、精神和太一三个世界(*ET* 190 – 197)。人的灵魂寓于我们的动物躯体,以爱欲(Eros)体现自身,灵魂的爱欲集中在世俗的美,但是它还有一个不朽的、上天的躯体,由光构成。因此,人的灵魂超越

24

受基督教暴徒围攻的异教哲学家希帕蒂亚在圣坛避难。取自维多利亚时期米切尔(C. W. Mitchell)的画作。

25 爱美进而追求真。对真的追求使它接触到精神世界里理想的实在，而且人的灵魂具有比思想功能更高级的功能，使它在神秘的恍惚中与太一融汇一体。

三物组合体学说在一定程度上与基督教的三位一体（Trinity）教义相似，但是实际上普罗克洛斯却对基督教怀有很深的敌意，尽管他对许多迷信都深信不疑。的确，他是公认的18篇反驳基督教创始教义的论文的作者，然而，他的许多观点通过间接的渠道融进基督教的主流思想。波伊提乌常常——尽管没有明确说明——引用他的诸说。当时一位新柏拉图主义者在普罗克洛斯的感启下写了一系列的论文，以亚略巴古的丢尼修（Dionysius the Areopagite）的著作流传于世，丢尼修是圣保罗在雅典的同伴（《使徒行传》17）。普罗克洛斯的思想流入中世纪哲学的另一个渠道，是一部名为《原因论》（*Liber de Causis*）的书，这本书以亚里士多德的名义广为流传，甚至托马斯·阿奎那也很推崇它，尽管他知道书的作者并不是亚里士多德。

异教哲学在公元5世纪的亚历山大比在雅典更难于发展，因为那里的基督教大主教非常强势。希帕蒂亚（Hypatia）——一位女性新柏拉图主义数学家兼天文学家——在男性的哲学界大放光彩，犹如萨福（Sappho）在男性的诗歌界大放光彩。奥古斯丁在希波写作《上帝之城》的时候，希帕蒂亚在亚历山大被一群狂热的基督教暴徒残害致死（公元415年）。[①] 亚历山大学园晚期最重要的哲学家当属阿蒙尼乌（Ammonius），他是波伊提乌的同代人，比波伊提乌长几岁。他的成就与其说是在写作不如说是在教学，他的名望是由于他的两个杰出的学生——辛普利修斯（Simplicius）和菲洛普努斯（Philoponus）。

辛普利修斯和菲洛普努斯都生活在拜占庭皇帝查士丁尼一世（Justinian I）时期，查士丁尼一世于公元527年继承皇位，那是在波伊提乌被处死两三年后。查士丁尼一世是诸拜占庭皇帝中最著名的一位，既以征服者又以立法者

① 可悲的是，关于希帕蒂亚我们知之甚少，查尔斯·金斯利（Charles Kingsley）在他的小说《希帕蒂亚》（1853）中把所有能用的资料全部用上了。

闻名于世。他的将军们征服了原西罗马帝国的大部地区,并一度将其统一于君 26
士坦丁堡的治下。他的法学家把所有尚存的皇家法令和法规收集编纂成一部独具特色的法典,并在法典之后附录了法律条文的解释说明。在他的统治时期流传下来的《民法典》(*The Code of Civil Law*)影响了现代以前的大多数欧洲国家。

然而,查士丁尼一世的统治对于哲学并不像对于法学那么有利。雅典学园(the School of Athens)继续着普罗克洛斯反基督教的新柏拉图主义传统,因而不受皇帝的喜欢。辛普利修斯是尊崇雅典学园的最后一批学者之一,他把很大的精力以及他的博学用于写作对亚里士多德的注解评论,而且他热心于调和亚里士多德的理论与柏拉图的思想,基础是古代晚期对柏拉图所做的解读。后来的学者应该感激他,因为他在完成这项雄心勃勃的事业的过程中从他的先辈们旁征博引,甚至包括苏格拉底以前的哲学家(the Presocratics),他的成果是我们所能得到的许多幸存的残篇断章的来源。公元 529 年查士丁尼一世因为其反基督教倾向而关闭雅典学园的时候,辛普利修斯还在那里工作。查士丁尼一世所颁布的敕令——按照吉本的话说——"使雅典学园永远沉默,使仅有的几位希腊科学(science)和非科学(superstition)的爱好者悲伤,也激起了他们的愤怒"(*Decline and Fall*, ch. 40)。

菲洛普努斯同样在查士丁尼一世治下遭难,但原因不同。辛普利修斯是一位信奉雅典精神的异教哲学家,而菲洛普努斯是一位亚历山大学派的基督教哲学家;辛普利修斯是古典亚里士多德的热烈崇拜者,而菲洛普努斯却是亚里士多德的严厉批评者。诚然,以前的哲学家或是忽视亚里士多德(如伊壁鸠鲁学派和斯多亚学派)或是折中地解释亚里士多德(如新柏拉图主义者),而菲洛普努斯对亚里士多德却非常了解,并针锋相对地攻击他。

作为一个基督教徒,菲洛普努斯抛弃了世界永恒这一教义,并驳斥了亚里士多德和普罗克洛斯大意是说世界没有开始的观点。他就亚里士多德的物理学从头至尾进行批判,彻底抛弃了自然运动(natural motion)和自然位置(natural place)的理论,并完全否定天体与地球上的物体是由不同物理法则决定的这一观点。[①] 他驳斥了太阳、月亮和星辰是超自然之物、它们与上帝的关系与我们生存其上的地球上的物体与上帝的关系不同这一观念,这与他的基督教虔诚精神翕然一致。

27

拉文纳的维塔莱(S. Vitale)家族保存的镶嵌画,描绘的是查士丁尼一世皇帝和他的朝臣。

菲洛普努斯不仅写了有关亚里士多德思想的评注,而且还写了基督教义的论著。他的这些基督教义的论著并没有被信奉早期基督教义的教徒(the orthodox)完全接受,因为他们认为,他对三位一体教义的解读使他容易受到相信有三个上帝的指控。令人吃惊的是,他接受了柏拉图主义的信念,即认为人类灵魂的存在早于创始(conception);更令人吃惊的是,这个信念似乎并没有在他的基督教徒兄弟中引起什么不安。然而,就像以前亚历山大的基督教徒一样,他是基

① 菲洛普努斯的物理学,将在第五章详细讨论。

督一性论者(monophysite),相信在人体化的基督只有一种唯一本性,而不是加
尔西顿公会所确定的两种本性,即人性和神性。皇帝召他到君士坦丁堡,要他 28
就道成肉身的观点进行辩护,但是他没有应召前来。菲洛普努斯比查士丁尼一世多活了几年,然而死后还是因为他关于三位一体的异端邪说而受到谴责。他是古代最后一位重要的哲学家,他死后,哲学休眠长达两个世纪之久。

公元600年至800年间,原罗马帝国萎缩得只剩下希腊、巴尔干半岛各国及小亚细亚部分地区。思想的光芒主要在神学争论上闪耀。菲洛普努斯所归属的基督一性论教派已被信奉早期基督教义认为基督具有两种本性——人性和神性——而不是一种本性的教派排除在教会之外。在公元7世纪,多位皇帝和历任教皇做出很大努力,试图再次联合这两个基督教的教派,说:即使基督具有两种本性,但是他只有一个意志(will);或者,即使基督具有两个意志,一是神的另一个是人的,但是这两个意志融合为一个唯一的意志实施的行为,即一个唯一的实在(energeia)。但是,任何这一类的折中让步,都受到一个名叫麦克西姆斯(Maximus)的退休的朝臣的强烈反对,他大书特书反对"一志论"(monothelitism),即唯一意志的教义。

麦克西姆斯(以"告解神甫"知名)成功地于公元649年在罗马的一次公会上谴责了唯一意志论和唯一实在论,他的做法后来于681年得到君士坦丁堡的承认。基督所具有的人的意志和神的意志永远是绝对一致的,然而它们是两个彼此分离的实体。在说服这一信条的正统观念的卫道士的时候,麦克西姆斯不得不详尽地考察意志(will)和实在(actuality)的概念。英语单词"will"及其同义词与它们在希腊语和拉丁语中的同源词(thelesis/thelema; voluntas),可以指一个功能(如在"人类拥有自由意志,动物没有")、一个意愿的倾向性(例如殉道的意愿)、一个行为(例如结婚仪式上所说的"I will"[1]),或

---

① 按照"言语行为"(speech act)理论的说法,结婚仪式上正在举行婚姻的新郎新娘所说的"I will",本身完成了一个行为,说完了"I will",这个行为已经完成。——译者注

者一个所希望的事物(如在"你的愿望许完了")。麦克西姆斯认真地分析了这些概念,而且带有一些独创性:但是他并没有独创到如一些人所认为的那样是意志的概念的发明者(*PG* 90)。①

29

5. 卡洛林帝国时期的哲学

在罗马帝国之外,世界已经变得认不出来了。先知穆罕默德(Muhammad)的生命于公元633年结束②,而在他去世后10年内,伊斯兰教靠征服从它的发源地整个阿拉伯散播到邻近的波斯帝国和罗马帝国的叙利亚、巴勒斯坦、埃及等地。公元698年,穆斯林人攻陷了迦太基(Carthage),10年后,他们成了整个北非的主人。公元711年,他们渡过了直布罗陀海峡(the Straits of Gibraltar),不费吹灰之力击败了基督教哥特人,并且扫荡了西班牙。他们对欧洲的进攻,直到公元732年才被法兰克人(Frank)领袖查理·马特(Charles Martel)在普瓦捷(Poitiers)打败才停了下来。

查理·马特的孙子查理曼(Charlemagne)于768年成为法兰克人的国王,他把穆斯林人赶回到比利牛斯山脉(the Pyrenees),但是对于他们在西班牙的控制却只不过是虫叮蚊咬。然而在东方,查理曼征服了伦巴第、巴伐利亚,以及萨克森(Saxony),并且使他的儿子在意大利称王。当教皇利奥三世(Leo III)被一次革命逐出了罗马的时候,查理曼帮他恢复了教位。出于感激,教皇利奥三世于800年的圣诞节在圣彼得大教堂为他加冕罗马皇帝:这一天如果说不是历史上最难忘的日子,那么也是最容易记住的日子。从而开始了神圣

① 在下一个世纪重要的神学争论涉及对偶像(image)或圣像(icon)的崇拜。我们可以期望那次反对崇拜圣像的争论会对符号学即符号的哲学理论作出有益的贡献,但是从对文献概览看,我们的期望似乎是徒劳的。

② 一说穆罕默德公元632年去世。——译者注

罗马帝国时期。神圣罗马帝国的版图在 814 年查理曼去世的时候已经覆盖了西欧大陆大多数基督教徒居住地区。

查理曼很急切地在他的统辖地促进教育和文化。他从欧洲各地召集了学者，在首都亚琛（Aachen）成立了一个“宫廷学校”（Palatine School）。学者当中最著名的一位是约克的阿尔昆（Alcuin of York），他对亚里士多德的《范畴篇》（*Categories*）深感兴趣。他所写的逻辑学教科书《逻辑论》（*Dialectica*）采用对话的形式：学生查理曼提问、老师阿尔昆回答。阿尔昆晚年退休，在图尔（Tours）的圣马丁修道院创办了一所学校，后来他还当了圣马丁修道院的院长。他告诉皇帝说，他以向学生传布《圣经》的蜜汁、古典文学的美酒和文法的美味打发时光。对于少数几个有才华的人，他展示天文学的珍宝：这是查理曼最得意的爱好。

当哲学在公元 9 世纪到 11 世纪复兴的时候，在古老的拜占庭罗马帝国并非如
此，它的复兴仅限于查理曼大帝的继承者的法兰克帝国和穆斯林巴格达（Baghdad） 30
的阿拔斯（the Abbasid）王朝。复兴时期的主要哲学家有西方的约翰·司各脱（John the Scot）和东方的伊本·西那（Ibn Sina），又名阿维森纳（Avicenna）。

约翰 9 世纪初出生于爱尔兰。不要错把他当成更为著名的约翰·邓斯·司各脱，后者于 14 世纪非常活跃。有两位中世纪哲学家都叫约翰·司各脱，这的确令人摸不着头脑。更令人糊涂的是，其中一个是爱尔兰人，另一个实际上是英格兰人。那位 9 世纪的哲学家为了避免疑虑给自己加了个姓：爱留根纳（Eriugena），意思是爱尔兰之子（Son of Erin）。

至 851 年，爱留根纳从爱尔兰移居到查理曼的孙子秃头查理（Charles the Bald）的王朝。这或许就是贡比涅（Compiègne），秃头查理模仿君士坦丁堡再次取名为卡洛波利斯（Carlopolis）。秃头查理是一位希腊事物的热衷者，博学得令人吃惊的爱留根纳——他精通希腊语（没有人知道他在哪里学会的）——赢得了秃头查理的青睐，他用希腊语给秃头查理写过不乏溢美之言的

诗。有一段时间他在宫廷教文科七艺(liberal arts),不过他的兴趣开始转向哲学。有一次他在评论一篇关于《文法和逻辑的界限》的课文时写道:"除非通过哲学,没有人能进入天堂。"①

爱留根纳于 851 年开始钻研哲学,当时兰斯大主教欣克玛尔(Hincmar)邀请他写一篇文章驳斥一位博学而悲观的名叫格兹朝科(Gottschalk)的修士的观点。格兹朝科再次捡起了奥古斯丁放弃的得救预定论(predestination)的问题。据说,他从奥古斯丁的文本中推衍出某个没有论述清楚的观点,即得救预定论所涉及的不仅仅是圣徒,而且还涉及罪人。他宣称,不仅享受天国之福的人的最终命运是预定的,而且被罚入地狱的人在出生之前同样是被预定的。这种双重预定论在欣克玛尔大主教看来是异端邪说。至少像奥古斯丁时期的修士一样,他认为这种观点与有益的修行戒律背道而驰,罪人会得出这样的结论:既然他们的命运很久以前就贴上了封条,那么放弃犯罪就毫无意义。所以他邀请爱留根纳让格兹朝科闭上嘴巴。

无论我们认为格兹朝科的说法是否准确,爱留根纳对于他的异端邪说的
31 反驳在欣克玛尔看来适得其反。爱留根纳的论证软弱无力,他在批驳被罚入地狱者预定论的时候,严重地削弱了享受天国之福者预定论。他说道:可以有双重预定,因为上帝处理事物纯一且专一;而且,因为上帝是永恒的,所以根本没有预定这类的事情。第一个论点不能令人信服,因为,如果双重预定背弃了上帝纯一(simplicity),那么预定和预知之间的区分也背弃了上帝纯一,而预定和预知之间的区分正是格兹朝科的反对者所期待的解决方法。第二个论点并没有为罪人提供所想要的忏悔的动力,因为,无论我们给神决定我们的命运施加任何世俗的先决条件,按照奥古斯丁的观点,他都决然独立于我们的任何选择(*CCCM* 50.12)。

① 参见 J. J. O'Meara 著:《爱留根纳》(*Eriugena*),(Oxford: Clarendon Press, 1988),第一、二章。

法兰克王国被这些教义的争端搅得焦头烂额，而格兹朝科和爱留根纳发现自己被教会的会议定了罪。基耶兹（Quierzy）公会于853年——这是一系列会议的第三个——针对格兹朝科作出决议：上帝预定得救者进天堂的时候并没有预定其他人犯罪，上帝只是把他们留在万劫不复的人类世界并预定了他们受罚，而没有预定他们犯罪。855年瓦朗斯（Valence）公会对爱留根纳定罪，声明：就像预定上帝的选民永生一样，的确预定邪恶者永死；区别在于：在被选中得救的人，上帝的恩惠先于他们的德行；而在被罚入地狱消亡者，罪恶的惩罚先于最后审判。参加公会的神甫们不免粗俗卑鄙，说爱留根纳用令人恶心的爱尔兰稀粥弄脏了信仰的纯洁性。

尽管教会给爱留根纳定了罪，他仍然得宠于秃头查理，并且于858年授秃头查理委任把亚略巴古的丢尼修的三部论著翻译成拉丁语：《神圣名称》（*Divine Names*）、《天庭等级制》（*Celestial Hierarchy*）和《教会等级制》（*Ecclesiastical Hierarchy*）。他发现丢尼修的新柏拉图主义观点很投他的意，继而在一部五卷本的著作中就一些相似的问题构建了他自己的体系，这部著作取名《论自然》（*On the Division of Nature*），或者用它的希腊语名称 *Periphyseon*。

爱留根纳认为，自然分为四类：有创造性的和自存的自然（nature creating and uncreated）、被创造的和有创造性的自然（nature created and creating）、被创造的和不具有创造性的自然（nature created and uncreating），以及不具有创造性的和自存的自然（nature uncreating and uncreated）（1.1）。第一类自然是上帝。第二类是柏拉图理念的智慧世界，第二类继而创造第三类自然，即这个物 32
质世界。第四类自然仍然是上帝，不是作为造物主的上帝，而是作为万物回归的终极目的的上帝。

爱留根纳告诉我们，自然中最重要的差别是存在之物（things that are）与非存在之物（things that are not）之间的差别。说上帝属于非存在之物，这的确令人不知所措；然而，爱留根纳的意思并不是说没有上帝，而是说上帝不符合亚里士多德所谓的十项存在(being)的范畴(2.15)。上帝超越存在,他所做的一切都由于存在。对于永不磨灭的无穷无尽的神的仁慈,我们所能赋予的一个名称就是“非存在”(Nothing)。①

爱留根纳的第三类自然,即物质世界,最容易理解(3.3)。同菲洛普努斯一样,爱留根纳相信天和地是由同样的元素构成;天体并不是由特殊的元素构成。他说道,宇宙有三界:地球位于中心,接着是太阳界(离地球大约45000英里远),最外面是月亮以及星辰界(大约90000英里远)。尽管爱留根纳认为太阳绕着地球转,但是他已经朝日心体系迈进了几步:他认为木星、火星、金星和水星是太阳的行星,在围绕着太阳旋转。

那么,在爱留根纳的四重自然体系中,人类归于哪里呢?人类似乎跨越第二类和第三类。作为动物,人类属于第三类自然,然而人类又超越其他的动物。我们可以同样妥当地说,人是动物又不是动物。人同上天的精华一样有理性、思想和内心感受,但是人又与动物一样有肉体,即他外在的自已。人是两次创造而成:一次是在地球与动物一起被创造,另一次是与第二类自然的智慧造物一起被创造。这就意味着人有两个灵魂吗?不。我们每一个人只有一个不可分的灵魂:作为一个整体的生命、作为一个整体的思想、作为一个整体的理性以及作为一个整体的记忆。这个灵魂起着上帝的代理者的作用,它创造了肉体。上帝自己不创造任何会死的事物。甚至在一个人死后灵魂与肉体分开后,灵魂仍然控制着分散在元素中的肉体(4.8)。

作为肉体的创造者,灵魂属于被创造的和具有创造性的自然界。这第二
33 类自然由爱留根纳所谓的“事物的原始成因”组成。爱留根纳把事物的原始成因与柏拉图的理式(Platonic Ideas)等同视之(2.2)。它们是《圣经》中上帝圣父预先创造的。人的理式就是人依据上帝的形象所创造的原型。只是原初的

① 爱留根纳的神学将在第九章详细论述。

形象在堕落的人类已经变形。倘若上帝没有预见亚当会堕落,那么人类就不会分成男人和女人了;人类就会像天使一样繁衍。人类的肉体也会升上天,而且也不会有新陈代谢。复活之后,我们的肉体将重新恢复天上无性的形式。当世界最终消亡时,空间和时间也会消失,而一切造物都会在不具有创造性的和自存的自然界里得到救赎。

爱留根纳不愧为中世纪最富原创性、最富想象力的思想家之一,他借用希腊思想建立起自己独特的思想体系。读懂他并不容易,但是他的著作对于读者富于强烈的魅力。他狂热地喜欢悖论:每当他写一个句子的时候,他总是接着写一个与之对立的句子。他常常别出机杼地表明,两个明显矛盾的命题或说法可以通过某种方式诠释为彼此相辅相成。可是有的时候他那令人难以捉摸的睿智会把自己引向毫无意义,例如他写道:“所有的数字在整数一都同时出现,而且任何数字都不会先于或者后于另一个,因为所有的数字都是一”(3. 66)。

尽管爱留根纳经常引用《圣经》,但是他的体系却更接近异教新柏拉图主义,而不是传统的基督教思想,他的《论自然》受到教会里权威人士的指责也就不足为怪。1225 年教皇红诺留三世(Honorius III)下令把他所有现存的著作送到罗马焚毁。但是传说却把它留在我们的记忆中。言传秃头查理在饭桌上问他是什么使一个苏格兰人与一个醉鬼分开①,他回答说:“只有这张桌子”。而且一度牛津大学难以置信地把爱留根纳尊为它的缔造者。②

6. 穆斯林和犹太哲学家

与现在的伊拉克和伊朗的伊斯兰国家的思想家相比,基督教徒爱留根纳

---

① 爱留根纳的名字司各脱(Scot)与醉鬼(sot)的拼写和读音近似。——译者注

② 见 O'Meara,《爱留根纳》(*Eriugena*),214 - 216 页。

古罗马哲学的庇护者是亚历山大的圣凯瑟琳(St Catherine of Alexandria),传说她在马克塞纽斯(Maxentius)皇帝的宫廷论辩中击败了五十位异教哲学家。平图里乔(Pintoricchio)在梵蒂冈博尔吉亚(Borgia)公馆的这幅壁画中表现她击败两位伊斯兰哲学家。

作为中世纪哲学的先驱就大为逊色了。那些穆斯林思想家除了自身为重要的哲学家外,还为希腊学问最终传播到西方拉丁语世界提供了一条迂回的路线。

在公元4世纪米索不达米亚的埃德萨(Edessa)这个地方,有一所叙利亚基督教学校,而这所学校的基督徒认真研究了希腊哲学和医学。他们不接受431年以弗所公会对聂斯脱利(Nestorius)的指控,而且也不向451年加尔西顿公会妥协。因而,他们的学校于489年被皇帝芝诺(Zeno)关闭。这些学者迁移到波斯,继续他们在埃德萨把亚里士多德的逻辑学著作从希腊语翻译成叙利亚语的工作。穆斯林征服波斯和叙利亚之后,这所学校的学者被邀请到巴格达宫廷,这正是《一千零一夜》所描述的开明的哈里发时期。从750年至900年之间,这些叙利亚人把大部分亚里士多德的著说译成了阿拉伯语,此外还有柏拉图的《理想国》(*Republic*)和《法律篇》(*Laws*)。他们还使伊斯兰世界接触了欧几里得(Euclid)、阿基米德(Archimedes)、希波克拉底(Hippocrates)

和盖仑(Galen)的科学和医学著作。同时,数学著作和天文学著作也从印度传
过来。我们今天所用的“阿拉伯”数字——它们比被其取代的罗马和拜占庭数 35
字在算术上方便了不知多少倍——就是在这个时期从印度引进的。

对希腊哲学的介绍,尤其对亚里士多德哲学的介绍,在穆斯林思想界产生了深远的影响。伊斯兰神学(*kalam*)已经发展了最基本的哲学词语,因此开始时对这一外来的思想体系(*falsafa*)持有敌对态度。例如,伊斯兰神学的思想家(称为 Mutakallimun)征用了一系列的证据来证明世界在时间上有开始;新的哲学家们用亚里士多德的理论来证明时间一直存在。①对于像奥古斯丁这样的西方人,粗俗的拉丁语《圣经》译本使得基督教开始时令人反感,而对于伊斯兰神学《古兰经》(*Quran*)学者来说,正是亚里士多德著作的蹩脚的阿拉伯语译文阻碍了对希腊哲学的接受。一度他们绝不承认逻辑的普遍有效性,只把它看做希腊语法的含糊不清的分支。

金第(al-Kindi, 约 801—866)传统上被认为是穆斯林哲学之父。他是爱留根纳的同时代人,在伊斯兰神学和外来的思想之间起了桥梁作用。他写了一部论著,名叫《排遣悲伤之艺术》(*The Art of Dispelling Sorrows*),与波伊提乌的《论哲学的慰藉》很相似。更为重要的是他的关于第一哲学(First Philosophy)的论著。该著作堂而皇之地阐述了伊斯兰神学关于世界在时间上是有限的这一论点。②人们还因为他写的关于人类理解力的著述而记得他,他在其中一部著作中说道:我们的智力是唯一的宇宙智能赋予了工作的能力,它在新柏拉图主义太一(One)、精神(Mind)、灵魂(Soul)三物一体(trinity)中占据第二位,也就是说或许相当于精神。这个观点被后来的一位哲学家法拉比(al-Farabi)——巴格达学园的一员,于 950 年去世——采用,他用来诠释亚里士多

① 见 William Lane Craig,《伊斯兰神学中的宇宙论》(*The Kalam Cosmological Argument*),(London: Macmillan, 1979)。

② 这一点将在本书第五章展开论述。

德的《论心灵》(*De Anima*)中一段费解的文字,其中讲到有两个精神,一个来创造事物,另一个来适应事物。①

法拉比清楚地区分了语法和逻辑,他把后者看做是哲学的预备工具。他
36 认为,严格意义上的哲学有三个分支:物理学、形而上学和伦理学。心理学是物理学的一部分,神学是完全不同的一个学科,研究上帝作为救赎者和惩罚者的特征。当然,我们可以用哲学论辩来证明上帝作为原动力(first mover)和必然存在(necessary being)之存在。法拉比是伊斯兰教神秘主义派别苏菲派(Sufi)的成员,他坚持认为,人类的任务是从上帝那里获得启迪,从而回归于我们最初从中派生出来的渊源即上帝。

法拉比的一位同时代人叫萨迪亚(Saadiah,882—942),他生于埃及,后移居巴比伦,成为《圣经》研究学校的校长,是中世纪第一位犹太哲学家。他把《圣经》翻译成阿拉伯语,并且就犹太祈祷仪式和犹太传统著述甚丰。萨迪亚热心于调和《圣经》中的教义与理性哲学,他认为这两者是一根树干上的两个树枝。为了完成这个任务,他汲取了新柏拉图主义和伊斯兰神学。他的最有影响的著作取名《教义与信仰之书》(*The Book of Doctrines and Beliefs*)。

萨迪亚说道,人类之信念来自三个渊源:感官、理性和传统。理性有两种:基于理性的直觉和基于理性的推断,前者提供逻辑的真理和善恶的知识,后者从由感官和直觉所提供的前提通过论证导出真理。正是通过基于理性的推断我们得知人具有灵魂以及宇宙具有起因。犹太民族的传统是进一步知识的来源,而《圣经》就是犹太传统最重要的部分。这些知识的有效性业已被先知完成的奇迹所证实。犹太传统是一个独立的来源,但是它仍需根据从其他来源获取的知识审慎地进行诠释。

萨迪亚还说道,感官并不能告诉我们世界是有起始的还是永远存在的,所

① 参见第一卷,246 页。

以我们必须诉诸理性。他提供了四个例证来证明世界在时间上是被创造出来的:(1)宇宙中一切事物在体积上都是有限的,因而使它们各居其位的力也必定是有限的而不可能是永存的;(2)宇宙的元素非常复杂,然而令人惊奇地彼此和谐搭配,因而它们肯定是富有智慧的造物者的作品;(3)自然界一切物质都是偶然的,它们需要一位必然的造物者;(4)一个无限的序列不可能被把握或者全面研究,所以时间必定是有限的。这些论点,有的追溯到菲洛普努斯,有的却是很久以后才被认识(*PMA* 344 - 350)。

7. 阿维森纳及其后继者 37

最伟大的穆斯林哲学家当属伊本·西纳(Ibn Sina),在西方世界以阿维森纳(Avicenna, 980—1037)知名。他是波斯人,生于布哈拉(Bokhara,现在的乌兹别克境内),受阿拉伯语教育,所以他的大多数著作用阿拉伯语写成。据说他十几岁就掌握了逻辑学、数学、物理学和医学,并在16岁开始行医。他在《自传》——由他的学生尤兹加尼(Juzjani)编辑——中描述了他开始研究哲学的经过:

> 有一年半的时间我潜心研究。我重新开始学习逻辑学和哲学。其间,我从来没有睡过一个整夜的觉,白天什么也不做只是学习。每当我对一个问题不解时……我就到清真寺去祷告,祈祷造物主启示我被隐藏的东西并把困难的变容易。晚上我就回到家里,面前点上灯,开始读书写作。①

---

① 转引自 J. L. Esposito,《伊斯兰:笔直的道路》(*Islam: The Straight Path*),(New York: Oxford University Press, 1991),57 页。

他告诉我们说,他因此到18岁的时候已经掌握了所有的学科,20岁时出版了一部百科全书:这只是他一生出版的五部百科全书的第一部,五部当中有四部是阿拉伯语,一部是波斯语。

阿维森纳的医术派上了用场:他曾被召去为布哈拉的苏丹(sultan)看病,他充分利用了苏丹的图书馆。在1015至1022年间,他既是宫廷的医师又是哈姆丹王朝(Hamadan)统治者的大臣(vizier)。后来他在伊斯法罕(Isfahan)的朝廷居同样的要职。他给后世留下了近200部著作,其中100多部幸存了下来。他的《医学大典》(*Canon of Medicine*)不仅总结了许多古典诊疗资料,而且容纳了很多自己的观察经验,欧洲的医师直到17世纪都在用它。

阿维森纳的哲学百科全书,阿拉伯语称为*Kitab-al-Shifa*,或者《医疗之书》(*Book of Healing*)。它分四部分,前三部分分别讨论逻辑、物理、数学,第二部分还包括对亚里士多德《论心灵》的详细阐述。第四部分在中世纪西方以《形而上学》(*Metaphysics*)知名,但是它的阿拉伯语名称意思是"论神圣的事物"(Of Divine Things)。当它于1150年在西班牙的托莱多(Toledo)译成拉丁语后,该书对中世纪的拉丁语哲学产生了相当大的影响。

38 阿维森纳说道:他把亚里士多德的《形而上学》读了四十遍,而且还背过了它,只是不甚理解,只有在偶然读过了法拉比的评注之后才明白了存在之存在(being *qua* being)的理论是怎么回事。① 他的《形而上学》远远超过了对亚里士多德的评注,其体系精心设计、富有原创性。该书由两大部分十篇论文构成:前五篇研究本体论,即一般存在的科学;其余五篇主要讨论自然神学。在前面,阿维森纳论及实质(substance)、物质(matter)和形式(form)、潜在(potentiality)和实在(actuality)等概念,以及普遍性的问题;在后面,他审视了第一动因(the first cause)的性质和绝对存在(necessary being)的概念,以及造物——

① Avicenna,《自传》(*The Life of Ibn Sina*),W. E. Gohlman 译(Albany: State University of New York Press, 1974).

尤其人类——从上帝派生其存在和性质的过程。

为了表明阿维森纳修改亚里士多德的概念的方式,我们可以拿物质和形式的学说为例。他认为,任何物体都由基本形式下的物质构成,这个形式又是物质性的形式(form of corporeality),它使得物体成为其物体(body)。一切形式的造物,都属于某种特殊的类,然而所有这类的造物,例如一只狗,不仅仅具有一种基本形式,而是具有多种形式:如其物质性一样,它具有兽类形式,又有犬科动物形式。对于亚里士多德主义者来说,既然灵魂是形式,那么按照这一理论,人类就有三个灵魂:植物性的(负责营养、成长和生育)、动物性的(负责活动和感知)以及理性的(负责智力活动和思维)。三个灵魂都不会先于躯体而存在,但是,尽管两个低级的灵魂是会死的,但是高级的灵魂是不朽的,而且在躯体死后仍然存活,只是根据它的一生的德行而得到至福或者永久受罚。阿维森纳沿袭法拉比对亚里士多德智力(intellect)论诠释的线路,除了认可人的心灵通过感官吸收信息之外,还接受了存在着唯一的超人的万能智力之说:这一万能智力赋予人类理解宇宙概念和原理的能力。①

阿维森纳在讨论上帝独一无二的本质的时候,提出了一个新颖的观点,而
且这个观点在随后的形而上学理论中占据着至关重要的位置:本质(essence) 39
与存在(existence)之间的区别。②在一切造物,本质与存在不同:甚至对某个种是什么样的事物最详尽的研究,也不能表明那个种里任何个体的存在。但是,上帝完全不同:就上帝而言,而且仅仅就上帝而言,本质与存在合一。上帝是唯一的绝对存在,所有其他事物都是偶然的。既然上帝的存在取决于他的本质,那么他的存在是永恒的;因此,阿维森纳得出结论,从上帝派生的世界也是永恒的。③

① 法拉比和阿维森纳关于心灵的哲学,将在本书第七章详细论述。

② 一些作者认为,本质与存在之间的区别可以追溯到亚里士多德,但是这一点值得怀疑(参见第一卷,224 页)。

③ 阿维森纳的形而上学将在本书第六章详细论述。

尽管阿维森纳在实践中不一致，而且也不细心，但是他却是一位虔诚的穆斯林，而且小心翼翼地把他的哲学体系与先知穆罕默德的教义和戒令调和一致，他把后者看做是万能智力(Active Intellect)之唯一启示。然而，他在《形而上学》第二部分对宗教系统的探讨并没有诉诸《古兰经》之权威。它为伊斯兰宗教仪式和社会习俗(包括一夫多妻和妇女服从)提供了理性主义的辩护，但是，他辩护的基础是一般意义上和哲学意义上的宗教原则。正是这一点致使他的学说对拉丁语西方世界天主教哲学家产生影响成为可能，可是却又使保守的穆斯林对他的著作产生怀疑，由于贵族的庇护，他才逃过了严厉的迫害。他于1037年在哈姆丹去世，正当伊斯法罕的统治者围攻这个城市的时候。据说，他服毒而亡，是为治疗他放荡的生活所患的疾病而误开的药。

一位比阿维森纳年轻名叫所罗门·伊本·加比罗尔(Solomon Ibn Gabirol，约1021—1058)的人，为形而上学作出了显著的贡献。伊本·加比罗尔是犹太教徒、宗教诗人，但是他写了一部哲学著作：《生命之泉》(*The Fountain of Life*)。这部著作丝毫没有显露他的犹太背景，以至于在12世纪中叶翻译成拉丁语时被认为是一个穆斯林人的著作，因此西方人称他阿维塞布朗(Avicebron)。

伊本·加比罗尔的思想体系基本上是新柏拉图主义的，但是其中一个方面是新亚里士多德主义的。一切被创造的实体，无论是肉体的还是精神的，无
40 论是地上的还是天上的，都是由物质和形式构成。有肉体的物质，也有精神的物质：宇宙就像一个金字塔，非物质的神在顶端，无形的原初物质在底部。因为任何人在其思想体系里都不能再把“物质的”(material)等同于“物体的”(bodily)，所以伊本·加比罗尔像阿维森纳一样，采用了物质性的形式来使物体成为其物体。伊本·加比罗尔提出的宇宙多态性(universal hylomorphism)将对13世纪的亚里士多德主义产生相当大的影响(*PMA* 359－367)。

与此同时，11世纪不仅基督教而且伊斯兰教目睹了保守的神学家对哲学

的反动。圣彼得·达米安(St Peter Damiani, 1007—1072)被哲学界对天主教信仰圣体(the Eucharist)的批评所激怒,他说,上帝没有选择通过辩证逻辑来拯救他的子民。然而,他自己在讨论神的秉性时却使用了哲学推理,这使他得出了一些古怪的结论。倘若他的这些古怪的结论与矛盾的原理相悖,这毫不为怪:逻辑学不是神学的女主人,而是神学的侍婢。①

在11世纪结束之际,波斯哲学家和神秘主义者加扎利(al-Ghazali, 1058—1111)写了一部书:*Tahafut al-falasifa*(《哲学家之自相矛盾》,*The Incoherence of the Philosophers*)。加扎利在这部著作中试图表明,穆斯林哲学家的学说——尤其阿维森纳的——不仅对于伊斯兰教是异端邪说,而且就他们自己而言也是错误百出、自相矛盾。他对阿维森纳关于上帝存在和灵魂不朽的论说的批评,常常被认为很精辟,但是现在人们还记得他,是因为他的《哲学家之自相矛盾》引起12世纪一位更重要的哲学家的反应。这位哲学家就是阿威罗伊(Averroes)。

8. 坎特伯雷的安塞姆

尽管逻辑学家和保守派之间有这么多冲突,11世纪产生了一位思想家,他称得上是严格意义上有独创性的哲学家,以及正统得足以被封为圣者的神学家:坎特伯雷的圣安塞姆(St Anselm of Canterbury,1033—1109)。安塞姆出生于爱奥斯塔(Aosta),27岁的时候到贝克(Bec)修道院当了修士。在贝克修道院,他在修道院院长朗弗兰(Lanfranc)的指导下研究奥古斯丁的著作,他自己当时已经是很富竞争力的学者了。在诺曼人征服英格兰后,朗弗兰成为坎特伯雷的首任大主教。安塞姆在贝克修道院做修士、副院长和院长的时候,写 41

① 达米安论全能的奇怪观点将在本书第九章论述。

了一系列简短的哲学著作和沉思性著作。

安塞姆题献给朗弗兰的《独语集》(*Monologion*),目的是教导学生如何沉思上帝的本质。著作的大部分篇幅(第 29 – 80 章)讨论基督教三位一体的教义,而开始的章节论证上帝的存在:从造物之完美程度、从依附的存在相对于独立的存在的角度进行论证。在稍晚的著作《散言集》(*Proslogion*)里,他提出了自己证明上帝存在的著名论点:没有任何所能想象的事物比上帝更伟大了。他在哲学界的知名也正是由于这个论点(常常被称为"本体论论点")。[①]《散言集》尽管是奥古斯丁《忏悔录》式的向上帝倾诉的简短话语,然而却文采斐然、妙语连珠,从而成为哲学文献中持久的典章。

如前所述,安塞姆既以哲学家著称又以神学家闻名,而且,他在著书立说的时候也没有将两者分开。在论证上帝的时候,他没有像后来的经院哲学家那样在自然神学(单凭理性对上帝的了解)和基督教教义神学(仅凭神启所获得的知识)之间做系统的区别。他在《散言集》的开始一段中总括了自己的态度(c. 1):

> 主啊!我并不要透视您的深邃,因为我知道我的智力决不能胜任这一点;但是我在一定程度上想理解我的内心相信且热爱的您的真实。我并不试图理解我竟会相信;但是我相信我会理解。我仍然相信,除非我相信,我将不会理解。(《以赛亚书》7:9)

安塞姆以同样的方式论证上帝的存在和三位一体的神秘性,从一开始就把它们当做他所相信的真理,然而他又希望更全面地理解。倘若在这当中他发现了能够用来说服不相信者的论点,这只是他的探索的意外收获,而不是他的目的。

---

① 安塞姆关于上帝存在的论证,我们将在第九章分析。

42

坎特伯雷大教堂安塞姆塔。安塞姆埋葬在塔的底部一个祈祷室里的石板下。

安塞姆若干篇论著既属于哲学又属于神学。《论真实性》(*On Truth*)分析了“真实”(true)一词的不同用法——用于语句、思想、感官、行动、事物,等等。他得出结论:一切事物只有一个唯一的真实,它与正义(justice)相同。《论自
43 由意志》(*On Free Will*),探讨在何种程度上人能够避免罪恶。《论魔鬼的堕落》(*On the Fall of the Devil*),探讨关于魔鬼问题最令人头疼的各种说法:最初善良慈爱、性灵智睿的天使,在没有肉体的诱惑的情况下,怎么会背叛上帝离开真正幸福的唯一源泉?

安塞姆在贝克修道院的时候,的确写过一部纯粹哲学的著作:《论语法》(*On the Grammarian*),论述文法和逻辑之间的相互关系,以及能指和所指之间的联系。安塞姆以亚里士多德的范畴为背景,分析了名词和形容词、表示具体事物的名称和表示抽象事物的名称,以及实体和性质之间的差别;而且他把这些差别彼此联系起来。

1093年,安塞姆继朗弗兰之后任坎特伯雷大主教,他任这个教职一直到去世。他在晚年忙于处理英王威廉二世(William II)和教皇乌尔班二世(Urban II)之间的辖权之争,但是还是抽暇撰写了一部关于肉成道身的基督教教义富有原创性的辩解,取名《为什么上帝成为人?》(*Why Did God Become Man*?)他说道:正义要求,哪里有罪过那里就有赎罪,犯罪的人必须作相应的赔偿以弥补他的罪过。按照封建的方式,罪过的大小是依照被伤害之人的地位判定的,而赔偿的程度是根据赔偿人的地位判定的。人类的罪孽是无限大的罪过,因为它是针对上帝所犯的罪过,然而人类的赔偿是有限的,因为赔偿是由造物做出的。因此,在无援无助的情况下,人类是不可能为亚当及其子孙的罪过完全赎罪的。只有当他既是人(他必得是亚当的子孙)又是神(能够做出无限大的赔偿)的时候才能完全赎罪。故而肉成道身是必然的。在哲学史上,安塞姆的论说由于其赎罪的概念而非常重要。赎罪以及威慑(deterrence)和报应(retribution)在神学以及政治语境里很长时间支撑着从哲学的角度为惩罚的辩护。

安塞姆就在成为坎特伯雷大主教之前，卷入了一场与一位名叫贡比涅的罗塞林(Roscelin of Compiègne，约 1050—1120)的好斗的神学家的争论。罗塞林因参与关于普遍存在(universals)①的本质的争论而闻名，就这个争论而言，它已有很久的历史。在诸如“Peter is human”(彼得是人)这样的句子里，具有普遍性的词语“human”表示什么呢？几百年来哲学家就这个问题分成两派，一是实在论者(realist)，认为这样的表述语表示心理之外的某个实在；二是唯名论者(nominalist)，认为没有任何实体与一个这类的词语相符就像彼得这个 44
人与“彼得”这个名字相符一样。在哲学史上，罗塞林常常被认为是唯名论的创始人，可是他的观点实际上比大多数唯名论者更极端。他声称，不仅具有普遍性的表述语只是名字而已，而且它们只不过是呼出的气息。倘若我们把这个理论用于三位一体的教义，那么就会产生一个问题。圣父、圣子和圣灵每一位都是上帝。如果表述语“上帝”仅仅是一个词语，那么三位一体中的三位就没有共同之处。安塞姆于 1092 年的一次公会上使罗塞林被判有罪，指控他宣扬三神论的异端邪说，即有三位彼此分开的上帝。

9. 阿伯拉尔

没有任何现存的逻辑著作可以确信是罗塞林的作品，我们所能确定的，是他写的只有一封写给他的学生阿伯拉尔(Abelard)的信。阿伯拉尔 1079 年出生于布列塔尼(Brittany)的一个骑士的家庭，并在罗塞林被判罪之后不久在他

---

① “universal”一词是拉丁语“universalia”的英译，是一个与“存在”(being)相关的概念，意思是同类事物中所共有的某个或某些属性。这一概念在西方哲学有悠久的历史，中世纪经院哲学对它的讨论达到一个高潮，我国一般译为“共相”。“共相”一词系佛教用语，指几种事物的共同相，与“自相”对应。而中世纪经院哲学中 universals 一词多与 individuals(个体存在物)对应。为了避免与佛教用语的联系，本书故译为“普遍存在”。——译者注

指导下学习。约在1100年,阿伯拉尔移居巴黎并在圣母大教堂附属学校学习。那里的教师是香浦的威廉(William of Champeaux)。威廉信奉普遍存在的实在论,反对罗塞林的唯名论。他认为,人的普遍本质一时和同时完全存在于每一个个体的人。阿伯拉尔认为,威廉的说教并不比他以前的校长的观点更投他的缘,因此他离开了巴黎,并在梅伦(Melun)建立了一个学校。在那里,他撰写了现存的他早期的著作:对亚里士多德、波菲利和波伊提乌的逻辑学著作逐字逐句的评论。

后来,阿伯拉尔又回到巴黎,并建立了一个学校与威廉竞争。1113年,他继威廉之后任圣母大教堂附属学校的校长。在这里任教期间,他与教堂里一个名叫富尔贝的教士住在一起,并成为富尔贝的侄女埃洛伊兹(Héloïse)的私人教师。他成了她的情人,那或许是在1116年,而在她怀孕时与她秘密地结了婚。埃洛伊兹不愿结婚,恐怕影响阿伯拉尔的事业。她在结婚生了孩子后不久就隐居在一个女修道院。她气急败坏的叔父派了几个恶棍夜闯阿伯拉尔的卧室并阉割了他。阿伯拉尔在圣丹尼斯大教堂当了修士,而埃洛伊兹在阿让特伊(Argenteuil)女修道院成为修女。

45 阿伯拉尔用他教学的收入维持埃洛伊兹的生活,两人靠富有启迪性的书信恢复了他们的关系。阿伯拉尔几年后写的最长的信函之一,名叫《我的灾难史》(*History of my Calamities*),它成了我们了解他的至此为止的生涯的主要来源,也是从奥古斯丁的《忏悔录》到塞缪尔·佩皮斯(Samuel Pepys)的日记之间生动活泼的自传文学。

阿伯拉尔在圣丹尼斯大教堂的时候继续教书,并且开始撰写神学论著。第一部《至善的神学》(*Theology of the Highest Good*),讨论使安塞姆和罗塞林争论的问题:三位一体中三个神体之间不同之本质,以及"能力、智慧、仁慈"三性一体和"圣父、圣子、圣灵"三位一体在上帝的关系。和罗塞林一样,阿伯拉尔陷入了教会的麻烦,他的著作于1121年被苏瓦松(Soissons)的一个教会法院指责为邪恶的。他不得不亲手烧毁自己的论著，而且还被短期囚禁在一个悔过修道院。

阿伯拉尔回到圣丹尼斯大教堂后旋即再次遇到麻烦，原因是他拒绝承认圣丹尼斯大教堂的庇护者曾经是雅典的主教。他被迫离开，离开后在香巴尼(Champagne)他所建的一个小礼拜堂建了一所乡村学校，并在这里供奉圣灵(the Paraclete)。1125 年至 1132 年间或大约至此，他在圣吉尔达斯(St Gildas)修道院做院长。那是布列塔尼一个腐败而乱糟糟的修道院，当他试图进行改革的时候，他早已遇到谋杀的威胁。埃洛伊兹这时是阿让特伊女修道院的院长。当她和她的修女们 1129 年无家可归时，阿伯拉尔把她们安顿在圣灵小教堂。

在 12 世纪 30 年代早期，阿伯拉尔回到巴黎，再次在蒙圣吉纳维芙(Mont Ste Geneviève)学校教学。他其余的大部分工作都是在这里讲授逻辑学和神学，以及著书立说。他写了一部关于《罗马书》的注释集，还有一部伦理学论著，取了一个苏格拉底式的名称:《认识你自己》(*Know Thyself*)。他继而搜集了有关重要神学命题的权威著作，并把相矛盾的观点编为一对，取名《是与否》(*Sic et Non*)。他在几个连续的版本中发展了他在《至善的神学》中的思想，其中权威性的当属《学者的神学》(*The Theology of Scholars*)，这部书在 12 世纪 30 年代中期完成。

《学者的神学》把阿伯拉尔拖入与圣贝尔纳(St Bernard)的冲突，后者是克莱尔沃(Clairvaux)修道院院长、西多会(Cistercian Order)的第二位创始人，宣扬第二次圣战(Second Crusade)。贝尔纳从阿伯拉尔的书中(有时公正有时不
公正地)选出 19 处异端邪说，并于 1140 年在桑斯(Sens)的一次公会上谴责了 46
这些观点。在这些被谴责的命题中，有的确实非常具有煽动性，例如:“上帝不应该也不能够防止罪恶”以及“使人坚定或丧失信念的能力仅仅赋予了使徒而没有赋予他们的后继者”(DB 375, 379)。阿伯拉尔上诉到罗马，结果是教

皇判他永远闭嘴。现在他只有隐居在克卢尼(Cluny)修道院,并于两年后在那里去世。修道院院长尊敬的彼得(Peter the Venerable)在一封写给埃洛伊兹的信中描述了阿伯拉尔平静的死亡过程。

拉雪兹(Lachaise)神甫的巴黎公墓中的一个坟墓:埃洛伊兹和阿伯拉尔死后结合。

在中世纪所有的思想家当中,阿伯拉尔无疑是最闻名的之一,然而对于普通大众来说,他的名声在于他的悲剧性爱情而不是富于原创性的哲学。不管怎样,他在哲学史上占据着重要的位置,原因有二:一是他对逻辑学的贡献,二是他对经院哲学方法的影响。

阿伯拉尔有三部逻辑学论著幸存于世。前两部都称为"逻辑学",它们的区别仅在于它们拉丁语文本开始的几个单词:一个是《逻辑学基础》(*Logica Ingredientibus*),另一个是《以假定为论据的逻辑学》(*Logica Nostrorum Petitio-*

ni)。第三部取名《逻辑辩证》(*Dialectica*)。学者一般认为,第三部论著写自阿伯拉尔的晚年,是他的权威性著作。然而近来一些学者指出,它写自更早的时期,部分理由是:像"愿我的女友亲吻我"和"彼得爱他的女友"不可能纳入与埃洛伊兹的事件之后的教科书中。这个理由不怎么令人信服。①当阿伯拉尔写作的时候,还没有几部亚里士多德的拉丁语逻辑学著作问世,与以后几百年的后来者相比,在一定程度上他并没有优势,因此,完全是由于他自己的深邃和原创,令他为逻辑学作出了标志着他为中世纪最伟大的逻辑学家之一的贡献。

阿伯拉尔一部对后世产生了最持久影响的著作是《是与否》,他把不同的解经权威和教父的著作中同一个论题相对立的观点并置。他这样做并不是以怀疑的态度为了使人们对教会作家和神职作家的权威性产生怀疑,相反,他把它们系统地并置完全是为了激发他自己以及其他人对这些问题的反思。

后来在中世纪大学的鼎盛时期,常见的教学方法是学术争论。教师往往让一位高年级的学生和一位或多位低年级的学生就一个问题进行辩论。高年级学生的任务是就某一个命题进行辩解,例如,世界在时间上是被创造的,或者,就此而言,世界在时间上不是被创造的。这个命题将受到攻击,相反的命题将被其他的学生提出。教师然后解决争论,指出一方的辩论中哪些是正确的,另一方的批评哪些是合理的。中世纪哲学中许多最著名的杰作——例如托马斯·阿奎那大多数著作——以书写的形式遵循这一口头的论辩模式。

阿伯拉尔的《是与否》就是这些中世纪论辩的鼻祖。彼特·朗巴德(Peter
Lombard)的《句法学》(*Sentences*)这部主要的中世纪神学教科书的结构,与阿 48
伯拉尔的著作的结构相同,它促进了学校里辩论的准则。因此可以说,完全是
由于阿伯拉尔才使得哲学讨论的结构采取了对抗的形式,而不是学生为辩护

① 关于阿伯拉尔逻辑学著作的写作时间,参阅 John Marenbon,《阿伯拉尔的哲学》(*The Philosophy of Peter Abelard*)(Cambridge: Cambridge University Press, 1997),36-53 页。

人、教师为法官那种审判的形式。尽管阿伯拉尔仅仅当过一般校长,然而他的思维方法影响了一直到文艺复兴时期的大学教授。

10. 阿威洛伊

阿伯拉尔的几位同时代基督教徒为哲学作出了贡献,他们大多数属于巴黎的学校或巴黎周围的学校。在沙特尔(Chartres),几个学者促进了对柏拉图研究的复兴:孔什的威廉(William of Conches)为《蒂迈欧篇》写了评述、普瓦捷的吉尔伯特(Gilbert of Poitiers)写了一部关于实在论的语调平和的书。从圣维克托修道院(Abbey of St Victor)出了两位显要的思想家:一位是德国人休(Hugh),另一位是苏格兰人理查德(Richard)。两人都对神秘主义有极大的兴趣,投入了很大的精力去挖掘上帝存在的合乎理性的证据。巴黎的主教彼特·朗巴德在首都模仿阿伯拉尔的《是与否》撰写了一部著作,取名《句法学》。这是一部从《圣经·旧约》和《圣经·新约》、《教会的公会》以及《教会的教父》等著作选辑权威段落编辑成册,并把它们按照支持或反对某些神学命题归类。它后来成为标准的大学教科书。

然而,12世纪仅有的两位研究阿伯拉尔哲学才华的哲学家却出自基督教世界之外。这两位哲学家都出生在科尔多瓦(Cordoba),相差十来岁。他们是穆斯林教徒阿威洛伊(Averroes),其真实名字叫伊本·路西德(Ibn Rushd)和犹太人迈蒙尼德(Maimonides),其真实名字叫莫斯·本·迈蒙(Moses ben Maimon)。科尔多瓦是整个欧洲文化艺术的中心,而穆斯林治下的西班牙为基督教徒和犹太人与阿拉伯人和平相处提供了一个宽容的环境,这种状况一直持续到它被疯狂的阿尔摩哈德王朝(Almohad)践踏为止。

阿威洛伊(1126—1198)是宗教仲裁人,也是宗教仲裁人的儿子和孙子。

而且他还精通医药，曾写了一部诊疗手册，名叫《基本原理》（*Kulliyat*）。他进入马拉喀什（Marrakesh）的苏丹王朝为官。当他看到一颗在西班牙看不见的恒星时，他坚信亚里士多德所谓的世界是圆的是真理。1168 年他回到西班牙 49
后被哈里发阿布·雅库布（Abu Yakub）委以重任：提供一个亚里士多德的著作的总括。1182 年，他除了做法官还被任命为宫廷医师。他利用这些职权做他的亚里士多德研究，直到 1195 年他失宠于哈里发曼苏尔（al-Mansur）。他被短暂拘禁，他的书也被焚毁。1198 年他回到摩洛哥并在马拉喀什去世。

阿威洛伊一生都在捍卫哲学、反对保守的穆斯林人的攻击。为了回应加扎利（al-Ghazali）的《哲学家之自相矛盾》（*Incoherence of the Philosophers*），他撰写了《自相矛盾之抵牾》（*The Incoherence of the Incoherence*），捍卫人类理性探索神学问题的权利。他还写了一部论著，书名《哲学与宗教的和谐》（*The Harmony of Philosophy and Religion*）。他问道：研究哲学是伊斯兰法律所允许的还是禁止的？他的回答是：对于那些头脑简单的信仰者是禁止的，但是对于具有相应智力的人，研究哲学是正当的义务和责任，条件是他们仅仅据为己有而不向其他人传播（*HPR* 65）。

阿威洛伊在《自相矛盾之抵牾》中的学说，被他的一些追随者和批评家误解为双重真理的理论，即某事物在哲学中是真实的在神学中不是真实的，或者相反。然而，他的用意只在于区分某一真理的不同层面，即适合于不同程度的才能和素养的层面。

加扎利的抨击直接对着阿维森纳的哲学。阿威洛伊在回应加扎利的时候并不是作为阿维森纳不加鉴别的辩护者，他自己的态度常常介于两者之间。与阿维森纳一样，他相信世界是永恒的：他说道，这个信念可以与对创世的信念相比拟，而且，他试图反驳从菲洛普努斯演绎出来的证明永恒的运动不可能的论点。另一方面，阿威洛伊逐渐地抛弃了阿维森纳关于从上帝传动（emanation）出一系列的天上的灵物这一体系，而且他拒绝阿维森纳所提出的作为造物和造物者的根本区别的本质与存在之间的二分法。他还否定了阿维森纳关于能动智力产生了可见世界的自然形式这一命题。与加扎利相对立,阿威洛伊坚持认为,被创造的宇宙里存在着名副其实的因果关系:自然的因产生其自身的果,它们不单纯是神之全能实施的触发物。然而,关于人类的智能,阿威
50 洛伊把自然的因果关系的作用减小到很小的程度,甚至比阿维森纳有过之而无不及:他认为,消极的智力与积极的智力一样是独一无二的、超人的和无物质的实体(*PMA* 324 – 234)。[1]

阿威洛伊对于哲学发展最大的贡献,是他对亚里士多德的著作所做的一系列的评注:一共三十八卷。这些评注在长度上分三类:短篇、中篇和长篇。对于一些亚里士多德的著作(例如《论灵魂》和《形而上学》),这三种评注现在都尚存,有的两种尚存,有的只有一种尚存。一些评注现存的是原始阿拉伯语,有些现在只有拉丁语或希伯来语。短篇评注,或曰"梗概",基本上是对亚里士多德及其后继者的论点的总结或文摘。长篇评注可谓细致的著作:全面地援引亚里士多德并对每一个句子做出评注;中篇评注可能是作为这些非常专业的著作之更为普通的文本来做的。

阿威洛伊对于柏拉图的著作也很了解,但是他对柏拉图的崇敬并不像对亚里士多德那样。他把亚里士多德的才华看做是人类智力的最高表现。他的确写过对柏拉图《理想国》的注释,或许只是作为亚里士多德的《政治学》(*Politics*)代替品,因为亚里士多德的《政治学》那个时候在西班牙得不到。他删节了有关柏拉图理念说的某些重要段落,而且他曲解了这部著作以使它更接近《尼各马科伦理学》(*Nicomachean Ethics*)。总而言之,他把自己作为一个评注者使亚里士多德从新柏拉图主义的笼罩下解脱出来当做他的使命之一,尽管实际上他对柏拉图的理论的保存要比他意识到的还多。

---

① 阿威洛伊关于智力的学说将在本书第七章详论。

阿威洛伊对他的同族穆斯林人产生的影响甚少,他的哲学很快就失宠于穆斯林人了。然而,他那百科全书式的著作后来证明是亚里士多德传播到拉丁语中世纪的媒介,而且他还确定了 13 世纪一些主要思想家工作程序。但丁在好人的灵魂居住之处的地狱的边缘给他留了一个体面的位置,而把他的基督教信徒布拉班特的西热(Siger of Brabant)置于天堂圣托马斯·阿奎那的旁边。对于圣托马斯以及几代亚里士多德学者来说,阿威洛伊是唯一的评注者。

11. 迈蒙尼德

迈蒙尼德(1138—1204)重复了阿威洛伊一生的许多特点。两人均出生于
科尔多瓦,其父亲均是宗教仲裁人,两人都在法律和医药方面博学,而且都过 51
着流浪的生活,因达官显贵的宠幸以及宗教的宽容程度而命途多舛。17 岁的时候,迈蒙尼德被信奉基要主义(Fundamentalism)的阿尔摩哈德王朝逐出了科尔多瓦,与父母一起移居到费斯(Fez),然后又移居到阿克里(Acre),最后在开罗(Cairo)定居。在开罗,他做了五年犹太人社区的区长,从 1185 年开始做埃及苏丹萨拉丁(Saladin)的大臣维奇尔(vizier)的宫廷医师。

迈蒙尼德在世的时候的声名,主要是因为他对拉比语文献的研究:他撰写了希伯来圣经(Torah)的文摘,并且总结出一个明确的戒律系列(总共有 613 条,而不是 10 条)。然而,他在世界范围内持久的影响,还是由于他晚年用阿拉伯语写的一部书:《解惑指南》(*Guide of the Perplexed*)。该书旨在调解哲学和神学之间明显的矛盾,这些矛盾令受过教育的信教者很头疼。迈蒙尼德认为《圣经》里的教义与哲学的学问彼此互补;如果一个人想要充分地理解《圣经》,他必须具备哲学的真知;在哲学和神学似乎矛盾的地方,可以通过寓言式

地解读《圣经》来解决问题。

迈蒙尼德非常坦诚地承认自己对穆斯林和异教哲学家的继承。他很早就对哲学产生了兴趣。在16岁的时候,他受法拉比的影响编写了一部逻辑学词汇。他同样阅读了阿维森纳,但是觉得他不那么出色。最使他受惠之人是亚里士多德,他认为亚里士多德的才华是人类智慧的顶峰。然而他写道,如果没有阿威洛伊臻至高峰的一系列评注,理解亚里士多德简直是不可能的。

迈蒙尼德调和哲学和神学的计划,在很大的程度上是由于他关于神学本质的不可知论观念。对于上帝,我们没有什么可以说得非常肯定,因为上帝没有任何方面与我们常人相同:上帝既没有物质又完全地实实在在、永远没有变化且没有质量,他与造物决然不同。上帝就是统一,他没有诸如正义和智慧之类的明显属性。当我们试图表述上帝之名的时候,例如当我们说"God is wise"(上帝是智慧的),我们实际上是在说上帝不是什么(what God is not):我们的意思是说上帝不愚蠢(God is not foolish)。想通过把表示颂扬的形容词附加于上帝之名来赞颂上帝,就像赞颂国库里全是金子的君王拥有很多银子。

52 "知识"、"目的"、"天道",这些词用于我们的时候的意义,与用于上帝的时候的意义是不同的。如果认为两种天道或者知识或者目的具有一种而且相同的意义时,就会产生问题和怀疑。另一方面,当我们认识到用于描述我们自己的词语的意义不同于用于描述上帝的词语的意义的时候,真理就彰明皎然。(*Guide*, 3.20)①

迈蒙尼德认为,除了用否定方式外,我们没有办法描述上帝。如果我们不想堕入盲目迷信,那么我们必须把《圣经》里的每一处人格化的文本(anthropomor-

① S. Pines 译,第二卷(Chicago:Chicago University Press, 1963)。

phic text）解释为隐喻（metaphor）或者寓言（allegory）。

如果要调和宗教和亚里士多德哲学，那么两方面都必须做出让步。为了说明迈蒙尼德实施他的调和计划的方式，我们可以考虑两个例子：创世和天道。就创世而言，亚里士多德的宇宙论应该让步；就天道而论，传统虔敬的信仰应该有所节制。

作为一个相信犹太教关于世界在时间上是被创造的这一教义的人，迈蒙尼德弃绝了亚里士多德宇宙永恒的观念，他对时间可能没有起始的哲学论点展开了批评。然而他并不相信单凭理性自身可以确立创世的真理。人类不可能从现实的世界推断出世界的起源，正如一个从来没有看见过女性的男人不能想象出人是怎么出生的一样。迈蒙尼德还否定了亚里士多德世界由固定的和必然的物种（species）构成这一观点。他说道：认为上帝不能拉长苍蝇的翅膀是耻辱的。

另一方面，我们不应该认为，上帝对宇宙掌控涉及世界上每一个事件：上帝之道关系着每一个人，但是至于其他的造物，上帝只是笼统地掌控。

> 上帝只照管属于人这一物种的每一位，而且仅仅在这一物种，每一个人的一切情况以及他们的祸福都是他们的功过造成的。但是至于其他的动物，甚至植物和其他的事物，我的看法与亚里士多德的相同。我一点也不相信，这一片树叶落地是因为天道的关照；也不相信这只蜘蛛吞食了那只苍蝇是因为上帝颁布了旨意，或者用他的意志力驱动这类关系到个体的事情……我认为，所有这一切都是由于纯粹的偶然，正如亚里士多德所说。（*Guide*，3.17）

无论如何，迈蒙尼德的用意是正统的，而且也的确是虔敬的。他说道：生 53
活的目的就是要认识上帝、要爱上帝、要效仿上帝。先知可以比哲学家更快地得知关于上帝我们所要知道的那么一点点。知识应该导向爱——在《圣经》所记载的先知和律法制定者的一生中才可发现的冷静地效仿上帝的行动中表现出来的爱。那些既不是先知又不是哲学家的人,必须依靠诸如上帝回应了祈祷和上帝被罪恶激怒之类不很真实的故事哄着做好事。

与阿威洛伊一样,迈蒙尼德冒犯了保守的信徒,他们认为迈蒙尼德对《圣经》的阐释亵渎了上帝。法兰西的一些犹太人为了消灭他的异端邪说还积极地加入到支持宗教裁判的队伍中去。然而与阿威洛伊不一样,迈蒙尼德去世后保住了拉丁语世界基督教徒以及他的同胞宗教狂热分子的兴趣和尊敬。

第二章

经院哲学家:从十二世纪至文艺复兴

12 世纪,一批兢兢业业的翻译家为哲学作出的贡献,不亚于该世纪富于独创性的思想家的贡献。世纪伊始,拉丁语世界所知的亚里士多德的著作,只有《范畴篇》和《解释篇》(*De Interpretatione*)波伊提乌的译本,20 多年后波伊提乌的其他亚里士多德逻辑著作的译著从完全遗忘中拯救出来,而且威尼斯的詹姆斯(James of Venice)翻译了《后分析篇》(*Posterior Analytics*),从而完成了《工具论》(*Organon*)。至该世纪中叶,詹姆斯还翻译了《物理学》(*Physics*)、《论心灵》(*De Anima*)和《形而上学》的前几卷,而《形而上学》的后几卷除了第十一卷之外则是由一位匿名的学者翻译。《尼各马科伦理学》仅仅第二卷和第三卷(即"旧伦理学")在 12 世纪被翻译出来。 54

12 世纪下半叶,重要的哲学文本从阿拉伯语翻译为拉丁语:金第、法拉比、加扎利、加比罗尔的著作,以及阿维森纳的鸿篇巨制《医疗之书》的主要部分。其他一些论著的译文也在流行,多是亚里士多德名下的新柏拉图主义的著作。对于拉丁语世界亚里士多德哲学的未来历史最为重要的是,阿威洛伊的主要评注被翻译成拉丁语,这项艰巨任务是由米歇尔·斯科特(Michael Scot)于约1220年后完成的。

因此,13世纪初期,哲学家已经有了亚里士多德的绝大部分著作及其评
55 注。这些早期的翻译,许多被后来的翻译家的译本所取代,尤其莫埃贝克的威廉(William of Moerbeke)于1260年至1280年之间的译本,由于为托马斯·阿奎那以及其他伟大的经院哲学家所使用而被推崇为权威译文。自13世纪最初几十年始,亚里士多德的影响是哲学发展的首要因素。

13世纪可谓思想活跃和激扬之不寻常的时期。新思想发展的氛围,是由两项新事物的出现创造的:新的大学和新的宗教教会(religious orders)。

波伦亚(Bologna)大学和萨勒诺(Salerno)大学声称是欧洲最古老的大学。波伦亚大学于1988年举行了900周年庆典,萨勒诺则是12世纪中叶蒸蒸日上的大学。然而,波伦亚大学直到1565年才有了持久的大学校舍,而萨勒诺大学的学术光芒不久就暗淡下去。此外,这两所大学均为专业化学校,分别以法学和医学见长。大学是在巴黎和牛津才真正地扎根成长。巴黎于1215年获得办学的许可[①],牛津大学则于前一年得到教皇使者的批准。

从本质上讲,如果我们这样界定大学:人们相聚一起在共识的教学大纲、教学方法和专业标准的基础上就不同科目从事专业的、全时的教学和知识的拓展并且将其传授给学生,那么大学就是13世纪的创新。大学和议会大约是在同一个时期产生的,而且也已证明它们均是中世纪最具生命力的创新。

典型的中世纪大学由四个院系组成:普通的本科文学院(faculty of arts)和三个与专业相关的高级学院:神学院、法学院和医学院。学生在这些学院里听高年级学生的讲座,并随着他们的进步提高给低年级学生讲课。在一所大学获准授课的教师,可以在其他任何大学讲课,研究生自由地到任何大学学习,因为所有的学术交流都使用一个共同的语言:拉丁语。

① 巴黎大学始建于1170年,这里(1215年)指教皇正式批准,所以有下文中1210年焚烧亚里士多德著作之说。——译者注

学院里的教学活动，围绕着确定的教科书组织进行。文学院的教材经典
花了一些时间才确定下来：1210年巴黎大学下令禁止讲授亚里士多德自然哲
学并焚烧其著作。然而，尽管这些做法得到教皇诏书的进一步强化，但是这道
饬令似乎很快就成了一个死的公告，到1255年，亚里士多德的《物理学》以及 56
他的《形而上学》和《伦理学》，甚至他所有已知的著作，都成为教学大纲中的必修课。在神学方面，讲座所依据的教材除了《圣经》之外还加进了朗巴德的《句法学》。法学院把查士丁尼一世的罗马法典或者格拉提安皇帝（Gratian）的《教令集》（*Decretals*）作为主要的教材使用。在医学院，使用的教材各大学略有不同。中世纪大学中学院之间的界限，并不像熟悉现代大学的人所想的那样。我们现在认为属于哲学的材料，极有可能出现在中世纪神学家的著说中，同样也有可能在文学院的讲课内容中发现。

对于这个时代的哲学发展，诸如托钵僧的方济各会（the Franciscans）和多明我会（the Dominicans）等宗教教会的成立，并不比大学的创立意义逊色。阿西西的圣方济各（St Francis of Assisi）为他所在的教区的贫穷、流浪的牧师制定的教规，于1210年获得教皇批准。圣多明我（St Dominic）是一位正统思想永不疲倦的斗士，他为了方便修女做祷告和僧侣驳斥异端邪说建立了修道院：他创立的教会于1216年得到教皇的批准。同方济各会成员（“小僧侣”、“灰衣僧侣”）一样，多明我会成员（“布道僧”、“黑衣僧侣”）也靠施舍谋生，但是他们最初的气质不如方济各会成员那样传奇，然而比方济各会成员更具学者风味。但是，在第一代关注来世的僧侣之后，方济各会成员在学术上与多明我会成员同样有成就。至1219年，这两个教会在大学里有了立足之地。黑修士（the Black Friars）和灰修士（the Grey Friars）[①]分别于1221年和1224年来到牛津大学。至1230年，这两个教会各自在牛津大学组建了学院。

---

① 黑修士和灰修士分别指方济各会和多明我会成员，盖因其黑色披风和灰色披风。——译者注

中世纪鼎盛时期伟大哲学家的名单,基本上出自这两个教会,其中最著名的五位是圣阿尔伯图斯(St Albert)、圣托马斯·阿奎那、圣波纳文图拉(St Bonaventure)、约翰·邓斯·司各脱(John Duns Scotus)和威廉·奥卡姆(William Ockham)。前两位是多明我会成员,后三位是方济各会成员。只有到了14世纪出现了约翰·威柯利夫(John Wyclif),我们才遇见了一位具有相当才略的哲学家。威柯利夫不是僧侣,而是普通的教民。他对正统观念的背离,使他在教会的哲学史家的脑海里成了规律的例外,即宗教教会的思想家才享有卓越的名望。

57

阿西西的圣方济各大教堂的壁画,表现教皇英诺森三世批准方济各会教规。

1. 罗伯特·格罗斯泰斯特与圣阿尔伯图斯

13世纪三项创新性推动力——对亚里士多德的接受、大学的发展和托钵僧教会——在罗伯特·格罗斯泰斯特(Robert Grosseteste, 1170? —1253)这位英格兰人的生涯中清晰可鉴。格罗斯泰斯特于1235年成为林肯郡的主教。他曾在牛津大学学习,而且是牛津大学最早的校长之一。1225年至1230年他在牛津大学教书,1230年到新成立的方济各会学院任教,直到五年后接任主教教职。除了写了几部哲学和科学著作外,他还编写了亚里士多德《后分析篇》拉丁语文本的第一部评论文集。他在晚年的时候学了希腊语,并且翻译了《尼各马科伦理学》。

格罗斯泰斯特属于伟大的13世纪经院哲学家前一代人,在许多学者看 58
来,他在科学领域的地位要比在哲学领域重要。他在从事《分析篇》(*Analytics*)的研究时清楚地认识到,把亚里士多德科学概念处理为业已证明的必然真理(necessary truth)的整体之困难。亚里士多德喜欢的论题之一是月食问题。既然月食出现得相对稀少,那么怎么才能得出有关月食的必然真理呢?格罗斯泰斯特回答道:必然真理是有条件的存在形式(conditional form),如果太阳和地球处于这样和那样的位置,就会出现月食。更为重要的是,他指出:有些这样的条件真理是凭借实验确立的,而不是演绎的结论。我们观察到,嚼食某种旋花的根茎便会排泄红色胆汁。要毫无疑问地确定这种植物具有催泄排便功能,我们必须重复给病人食用,同时避免食用其他可能的泻药(*CPA* 214－215,252－271)。

基于这一论断以及其他的论述,格罗斯泰斯特还被称颂为西欧实验科学之父。毫无疑问,格罗斯泰斯特对科学具有强烈的求知欲,表现在他对亚里士多德著作中仅仅作为例证的现象之探讨——秋天树叶落下、夜晚星星闪烁、雷电的起因、尼罗河涨水等。他撰写了独立成篇的论著讨论天文和流星[《论天体》(*The Sphere*)和《论彗星》(*On Comets*)]。在对《创世记》的评论著作[《创世记述》(*Hexaemeron*)]里,他利用许多机会展示自然历史的知识。的确,中世纪的传奇赋予他神奇的能力,例如制造了一个可以回答疑难问题的机械装置、骑马一夜到达罗马。中世纪的流言与现代的传诵似乎均言过其实。就他对人类科学探索的本质的总体看法而言,如他对《分析篇》评注所示,格罗斯泰斯特更接近奥古斯丁,而不是帕拉切尔苏斯(Paracelsus)或弗朗西斯·培根(Francis Bacon)。

格罗斯泰斯特说道,有五种普遍性是人类知识所关注的。第一,是上帝心中的永恒理法(reasons)。(柏拉图称之为"理念"[Ideas],但是认为它们是彼此分离的存在这一观念是一个低级错误。)第二,是上帝铭刻在天使心灵里的理式(forms):这些理式同柏拉图的理念一样作为造物活动的范式或模式。第三,地上的物体具有天上天体之合理的导因(*rationes causales*):天上恒星和行星之理式以导因的形式作用,从而产生地球上的结果。第四,存在着属于地球
59 的实体的理式,将其组合成其相应的物种和属类。第五,存在着物体的偶然理式,为这些物体生来就存在的本质提供依据(*CPA* 224,142–148)。

科学与形而上学之间的紧密关系,在格罗斯泰斯特最富独创性的著述之一《创世记述》得以淋漓尽致的阐述,即他关于光的理论,还见于他的单独论著《光论》(*On Light*)。格罗斯泰斯特认为,光是被创造的第一种物质形式:光与原初物质结合形成一种单一的没有尺寸大小的物体。在时间的最初时刻,这一简单的物体瞬间扩散到宇宙最远的边际,从而创造三维物体。光又从最远的天际返回,逐一创造其余的九大天体,其中第九个是月亮。光又从月亮向地球传送,在抵达我们地球的过程中创造了火、气、水和土四个天球,又在地球产生了这四种相同的元素。

到此,我们谈论了格罗斯泰斯特的物理论;然而格罗斯泰斯特很快地转向了神学。光是最相似地模仿神性的自然本质:像上帝一样,光可以不需要外界的帮助从其自身造物;像上帝一样,光还可以从一个点充满整个宇宙(*Hex*. 8. 4.7)。在所有的造物中,光最接近纯粹的理式和纯粹的实在(*Hex*. 11. 2. 4)。的确,上帝就是永恒的光,天使是非物质的光。上帝是一切事物之普遍理式,

不是以与物质结合的方式，而是作为一切理式的范式。只有凭借上帝之光即至上的真理(supreme Truth)，人的智慧才能获得任何真理。

形而上学和科学，在圣阿尔伯图斯(Albert the Great)这位德国哲学家的著作里同样掺和在一起。但是在圣阿尔伯图斯的著作里，科学占据着更大的篇幅。圣阿尔伯图斯于13世纪之初在斯瓦比亚(Swabia)出生，在帕多瓦(Padua)学习文科，于1223年成为多明我会成员。1245年至1248年间，他在巴黎教神学，年轻的托马斯·阿奎那是他的学生之一。圣阿尔伯图斯在1248年带着托马斯·阿奎那到了科隆(Cologne)，在那里建了一所新的学校。从此之后，科隆就成了他的根据地，一直到他于1280年去世。他作为大主教辗转于德国的多明我会会员当中(1254—1257)，还做过雷根斯堡(Ratisbon)的主教(1260—1262)以及圣路易九世(St Louis IX)的东征十字军的牧师。

阿尔伯图斯是第一位诚心诚意地欢迎亚里士多德著作新译本的经院哲学家。他在以神学家的眼光对朗巴德的《句法学》做完评注后，为亚里士多德的
《伦理学》、《论心灵》和《形而上学》写了评注：阿维森纳式的长篇诠释，而不是 60
阿威洛伊风格的一句一句的注释。他还是第一位用拉丁语对亚里士多德的《政治学》进行评注的人。阿尔伯图斯是一位丰产的作家，他的评论著作目前仍在出版，而且以前的全集已经多达三十八卷。他博览群书，广读希腊语、阿拉伯语以及犹太作家，对以前的学问具有百科全书式的知识。阿尔伯图斯的知识博大但不够精确，而且，尽管他的学生阿奎那曾经提醒过他，他还是把几部伪亚里士多德作品当做亚里士多德的真品而接受，诸如《原因论》，这意味着他的亚里士多德学说保留着新柏拉图主义的色彩。

与后来的中世纪亚里士多德学派哲学家不同，阿尔伯图斯与亚里士多德一样，他的兴趣是对自然进行经验主义的和实验的观察。他撰写了蔬菜、植物和动物方面的论著，还写了一部地理学论著，取名《论地区的自然状态》(*On the Nature of Places*)。他对科学探索的热心——非同于他的同辈们——致使

他与格罗斯泰斯特一样死后获得了炼金术士和魔术家的名声。一些伪造而奇特的著作被冠上了他的名字，例如《女性的秘密》(*The Secrets of Women*)和《埃及人的秘密》(*The Secrets of the Egyptians*)。

2. 圣波纳文图拉

正如方济各会起初比多明我会更具神秘色彩但不如多明我会那样富有学术气息，第一位伟大的方济各会哲学家比多明我会的阿尔伯图斯更关注奥古斯丁而不是一位亚里士多德主义者。菲登扎的约翰(John of Fidanza)1221 年出生于意大利的维泰博(Viterbo)一个医生的家庭里。儿时，他患了一场病，恢复后他的父母把他的康复归于圣方济各的恩惠，所以给他更名为波纳文图拉，他于 1240 年参加了方济各会。

1243 年，波纳文图拉来到巴黎，在黑尔兹的亚历山大(Alexander of Hales)指导下学习。黑尔兹的亚历山大是一位英格兰在俗教士，已经成为教授后加入了方济各会。他还是方济各会学院的第一位院长。黑尔兹的亚历山大是第一位把朗巴德的《句法学》作为标准的神学教科书介绍过来的人。在学生们的大力帮助下，他编纂了一部神学鸿篇巨制《黑尔兹大全》(*Summa Halesiana*)，展示全部亚里士多德著述的知识。他 1245 年去世后，这部巨著常常被以后的方济各会会员用作教科书。

61 波纳文图拉 1248 年获得教师的许可证，并撰写了自己对《句法学》的评论。1253 年，他成为巴黎方济各会学院院长，可是学校的麻烦事使他难于行使院长的职权。在任巴黎方济各会学院院长期间，他写了一部神学教科书，名为《神学概要》(*Breviloquium*)。四年后，他被任命为方济各会的教长，他所面临的是调解各个不同教派这一棘手的使命：自圣方济各去世后，各教派均声称自己是方济各会精神之真正的发扬光大者。他把方济各会再次团结在一起并重新组织了方济各会,他还写了两部《圣方济各传》,他把其中之一确定为唯一的法定传记,并下令销毁其他一切圣方济各的传记。当然,并非所有的方济各会成员都赞成他的变革:一位持不同意见者反对说道:“巴黎呀,你毁灭了阿西西”。然而,如果把波纳文图拉主要看做是一位学者和管理者,那将大错特错。他在作为教长处理诸种麻烦事物的时候,撰写了一篇虔诚的、充满神秘色彩的论著:《通向上帝的心灵之旅》(*The Journey of the Mind to God*)。正是这部书使他留名至今,该书对圣方济各在阿尔沃尼亚山(Monte Alvernia)上的所见进行了诠释。圣方济各曾在阿尔沃尼亚山上得到了圣伤痕(stigmata),即基督伤痕的印记。

波纳文图拉的管理才华广受赞誉,于是他于1265年被教皇选任为约克(York)的大主教。他恳请教皇收回任命,从而使他没有机会在这个教职上与坎特伯雷的圣安塞姆在哲学史上一争高下。然而,他却没能谢绝1273年阿尔巴诺(Albano)红衣主教的任命。这一年,他撰写了最后一部著作:《六日创世论稿》(*Collationes in Hexameron*),讨论《圣经》里对创世的描述。一年后,他在里昂公会宣讲完后去世,这次宣讲标志着东西基督教(短暂的)重新联合。

波纳文图拉在他的著作里把自己明显地表现为一个柏拉图主义者,这在拉丁语中世纪很不寻常。他相信,亚里士多德对柏拉图理念论的批判,很容易反驳。从弃绝理念说这一立足点的错误,导致了亚里士多德哲学的其他错误的命题,例如:不存在天道,世界是永恒的,只有一个唯一的智力(intellect),不存在个人的不死,所以也就没有天堂和地狱(*CH*, vision III. 7)。然而,波纳文图拉并不相信理念存在于神的思想之外。他认为,理念是“永恒的理性”,是造物存在所模仿的原型。理念,而不是自然世界的有形物体,才是人类认知的基本对象。

在波纳文图拉的著作里,如在格罗斯泰斯特的著作里一样,光的观念起着 62

重要的作用。有四种不同的光照亮心灵。其一,是存在于机械技能的劣等的光:这只是隐喻意义上的"光"。其二,是感官感觉的光:在这个意义上我们超越了隐喻。每一个感官都是不同强度的光的接受体:视觉接受纯粹的光,听觉接受掺杂着空气的光,味觉接受掺杂着流体的光,等等。其三,是引导我们追寻思想的真理(intellectual truth)之光:这种光照亮哲学的三个领域:逻辑学、物理学和伦理学。其四,至高无上的光使心灵能够认知具有拯救能力的真理:这就是《圣经》之光。与奥古斯丁一样,波纳文图拉喜欢用数字的象征。他说道:倘若我们把哲学的每一个分支看做一种单独的光,那么这些光的数目加起来等于六,它正好符合创世的六天。"人的一生有六次光照,而且每一次都有其暮光,因为一切学问都将被毁灭;因此,就有了休息的第七天,这一天对于暮晚一无所知,那是天国的荣耀光照的一天"(*PMA* 461 – 467)。

只有当享受天国之福者在另一生与上帝面对面的时候,人类的心灵才能直接认识永恒的理性,即上帝思想中的理念。但是在此生,我们通过真理折射的光芒获得必然真理和永恒真理的知识,正如我们的眼睛凭借太阳的光看见一切而却不能直视太阳一样。我们的确通过感官和经验获得某类知识,但是创造出来的人类智力之光还不足以认识事物的确实性。要获得任何事物的真相,我们还需要神的特别的光照(II *Sent*. 30. 1;Sermo IV. 10. V)。在同一个人,知识和信仰可以并行不悖。①

波纳文图拉熟知亚里士多德的著作,然而,他研究亚里士多德主要是为了反驳他的谬误。他认为,接受世界是被创造的和世界源自无限这两种观点是可能的;进而他提出了一系列的论据——与菲洛普努斯和伊斯兰神学家所用的无甚两样——来证明世界在时间上是有开始的(II *Sent*. 1. 1. 1. 2. 1 – 3)。波纳文图拉接受了亚里士多德关于能动力(agent)和接受智力(receptive intel-

① 波纳文图拉关于信仰与理性的关系的思想,将在第四章详论。

lect)之间的区别,但是他坚持认为这些都是一个人的能力。亚里士多德的阿拉伯评注者指派给独一无二的、独立的能动智力(agent intellect)的各项任务,在 63
波纳文图拉的体系里是由上帝直接的光照完成的。既然每一个人都有与他人不同的智力,那么我们每一个人都是不死的,离开现世后要对我们在现世的行为负责。

波纳文图拉接受了亚里士多德哲学中的形式质料说(hylomorphism),以及人的灵魂是人的躯体的形式这一观点。他用这一观点作为论点反对阿拉伯人的一性论(monophychism)。他说道:“既然人的躯体彼此有别,那么渗透在躯体里的理性灵魂也会彼此有别”(*Brev.* 2.9)。然而,与亚里士多德不同,而是像伊本·加比罗尔一样,波纳文图拉把形式质料说仅仅用于对灵魂的诠释。他说道:除了上帝之外,一切事物都是由物质和形式构成,甚至没有躯体的天使同样包含着“精神性物质”(spiritual matter)。由于波纳文图拉接受了灵魂包含着物质这一观点,所以他就能够把个人脱离了躯体的灵魂之复活与物质是个体化的原则这一普遍接受的命题调和起来。从而,他避免了认为脱离了躯体的灵魂就成了非物质的这些人——例如阿奎那——所面对的难题。另一方面,倘若要使“精神性物质”不成为一个显而易见的矛盾术语,那么它需要非常审慎的解释,这是不言而喻的。

3. 托马斯·阿奎那

托马斯·阿奎那出生在罗卡塞尔(Roccasecca)的一个意大利贵族家庭里,或许是1225年。五岁的时候,他父亲送他到卡西诺山(Monte Cassino)大修道院,由那里的本笃会(Benedictine)修士抚养。这座修道院处于教皇国与腓特烈二世(Frederick II)的那不勒斯王国之间的边境上。

64

多明我会会员阿奎那。菲利普·利比(Filippo Lippi)的这幅罗马米纳瓦(Minerva)山上多明我会圣玛利亚教堂里的壁画,描绘了阿奎那正在向圣母玛利亚引见一位多明我会红衣主教。

当教皇与腓特烈二世不和的时候,1239 年修道院被军队占领,托马斯中止了基础学习。在家里待了一段时间后,他到新建立的那不勒斯大学学习人文科学。在这里,他接触了亚里士多德的逻辑学和物理学,指导他的是爱尔兰的彼得(Peter of Ireland)。①

1244 年,托马斯·阿奎那成为一名多明我会僧侣,这令他的家族大为恼 65
火,因为他们希望他从事更为社会接受的本笃会僧人职业。他想移居巴黎,希望以此摆脱家族的压力,可是在半路上被绑架回去,并被软禁在家族的这个或那个城堡里长达一年之久。他利用被软禁的时间撰写了两部简短的逻辑学论著,一部是论谬误的手册,另一部是关于模态命题(modal propositions)的断章。

阿奎那的家族为使托马斯打消成为托钵僧的决心所作的努力没有成功,他们就在软禁他的房间里安排了一个妓女来引诱他,这更加坚定了他一生保持童贞的决心:他的传记作者说道,托马斯对女人唯恐避之不及,犹如一个人回避毒蛇一样。最后,他还是被放了出来,他也就继续他的巴黎之行。在巴黎,他成了圣阿尔伯图斯的学生。他的家族又做了一次努力,按照他们的选择为他安排了职业生涯:他们获得教皇的任命让他做卡西诺山修道院院长,同时他继续做多明我会会员。托马斯没有接受这个职位,而是跟着圣阿尔伯图斯来到科隆,听圣阿尔伯图斯关于亚里士多德的讲座。学生时期,托马斯沉默寡言、丰腴富态,因而得到了一个"沉默的牛"的绰号。阿尔伯图斯很快就发现了托马斯非凡的天赋,预言这条沉默的牛将会张口吼叫,其声音将响彻整个世界。

1252 年,托马斯·阿奎那回到巴黎,开始攻读神学硕士学位。作为一名学士,他开始讲授《圣经》和朗巴德的《句法学》。他对《句法学》的评注,是他所

---

① 我对阿奎那生平的描述,主要借鉴了 J. Weisheipl 的《托钵僧托马斯·阿奎那》(*Friar Thomas d' Aquino*)(Oxford: Blackwell, 1974)和 J. P. Torrell 的《圣托马斯·阿奎那》(*Saint Thomas Aquinas*) 第一卷(Washington: Catholic University of American Press, 1996)。

留存的重要著作的第一部,已经显示出他独创的才华。在同一时期,他撰写了一个关于亚里士多德形而上学的小册子,取名《论存在与本质》(*De Ente et Essentia*),观点受到阿维森纳很大影响,而这个小册子以后所产生的影响远远不是它的长度所能比拟的。1256 年,他获得了神学硕士学位。

多明我会在巴黎占据了 12 个神学教授职位。托钵僧当时并不受传统教士的欢迎,所以大学 1252 年曾试图把他们的教授职位压缩一个。在接踵而来的争论中,许多教授开始罢课。阿奎那作为学士的第一次课就是顶替罢课的教授来讲的。最终,教授的职位留住了,阿奎那在获得硕士后不久就被聘任到这个神学教授的职位。在他就职演讲的时候,反对多明我会的情绪是如此高涨以至于院长需要皇家卫队长期保护。圣波纳文图拉和他的方济各会同僚在这一时期遭受了同样的艰难困苦。

66 阿奎那在巴黎住了 3 年,讲授《以赛亚书》和《马太福音》。作为教授,他有责任指导学士们的例行辩论。我们现在拥有他所主持的、召集的这些辩论的第一场的论题的文本:《论真之辩论的问题》(*Quaestiones Disputatae de Veritate*)。实际上,它们涉及许多不同的论题:上帝之真实性及其真知、天使之真实性及其真知、人的真实性及其真知、天道和预定、上帝的恩典和他对罪人的赦免、理性、良心、自由意志、感情、魔鬼附体、预言、教育,不一而足。这部集子由 253 篇单独的辩论组成,出版的版本中皆称之为“文章”,它们以主题为组,形成 29 个“问题”。这一系列辩论的文本多达五十多万字。

除了这些结构合理的辩论练习之外,中世纪的课程还要求硕士进行“纯理论”(quodlibetical)辩论练习。这种练习是即席的讨论,讨论过程中,任何听众都可以就任何论题提出问题。它们在基督降临节(Advent)和大斋节(Lent)举行:无疑这是硕士忏悔的经历。在现存的阿奎那居留巴黎期间的纯理论辩论中,一些论题涉及托钵僧修道会(mendicant orders)之争,例如,“托钵僧必须从事体力劳作吗?”其他的问题不像这样与现实联系密切,例如,“地狱里真的有蛆虫吗?”这一时期阿奎那最后的遗产是对波伊提乌的《论三位一体》(*On the Trinity*)的评注,但没有完成,它讨论自然科学、数学和形而上学之间的关系,把这三个学科按照从物质逐渐抽象的程度分成等级。

1259年,阿奎那放弃了巴黎的教职,到意大利度过了一段时间。1261年乌尔班四世(Urban IV)成为教皇,他把教廷搬至奥维多(Orvieto),圣托马斯也来到这里。13世纪60年代早期,他在奥维多、罗马和维泰博(Viterbo)讲学,常常与教皇身边的学者、使者和外交官员交往。在乌尔班四世的教廷,他遇到了莫埃贝克的威廉(William of Moerbeke),后者是当时亚里士多德最准确的翻译者。他们开始了一段很有成效的交往,结果是阿奎那为亚里士多德主要著作撰写了数量可观的评论。阿奎那还被乌尔班四世雇佣撰写祈祷书和赞美诗,尤其是为圣体节(Corpus Christi)举行的新的宴会上礼拜仪式撰写祈祷词和赞美诗。这是在1264年的圣体节圣餐仪式上开始的。按照天主教的信仰,圣餐
仪式上的面饼和红酒会变成基督的肉体和鲜血。圣托马斯为圣餐仪式所写的 67
赞美诗至今在天主教徒中间还很流行,而弥撒中的经文《天国颂》(*Lauda Sion*)把圣餐变体(transubstantiation)这一教义处理成为非常吸引人的、活泼的、容易吟诵的的诗文。

圣托马斯一生里中期阶段最重要的成就是《异教徒驳议辑要》(*Summa contra Gentiles*),这部著作是他在离开巴黎时开始的,于1265年在奥维多完成。题目字面的意思是“驳斥不信仰者的概说或纲要”;而最常见的英语译本的题目为《论天主教信仰之真理》(*On the Truth of the Catholic Faith*)。根据14世纪的一种说法,这部著作是一本布道手册,是在西班牙的多明我会会员佩尼福特的雷蒙德(Raymond of Penafort)的请求下写作而成,后者当时正在西班牙和北非向非基督教徒传播福音。然而,这种说法现在常常被学者否定。

无论这种说法真或假,这部著作与圣托马斯其他的论著不同:他一开始所采取的立场(全书的四篇中全部前三篇),并不是基督教教义,而是谙熟亚里士

多德哲学的犹太和穆斯林思想家所接受的哲学前提。托马斯·阿奎那对他的方法这样解释道:

> 穆斯林以及任何异教徒并不同意我们可能使用的我们所接受的任何经文的权威性来反驳他们,犹如我们能够诉诸《旧约》驳斥犹太教徒、诉诸《新约》驳斥左道旁门者。这些人既不接受《旧约》又不接受《新约》,所以,我们必须诉诸任何人不得不赞成的自然理性。(*ScG* 1.2)

因此,这部书并不是一部启示神学的著作,而是一部自然神学的著作,而后者属于哲学的分支。

《异教徒驳议辑要》是一部论著,不是辩论的记录。全书由四篇论文组成,每篇有100章左右,总共有约30万字。第一篇讨论上帝的性质,仅在理性可认知而不借助于启示之意义上。第二篇涉及上帝所创造的世界以及世界上的产物。第三篇解释富于理性的造物要在上帝找到幸福之途径,因而广泛涉及伦理问题。第四篇专门探讨基督教教义,诸如三位一体、肉成道身、具有神圣意义的事物,以及圣者凭借基督的能力最后复活。在前三篇,阿奎那小心谨慎地使用《圣经》或基督教文本仅仅用来说明,而从不用作论证起始的前提。

68 阿奎那在完成了《异教徒驳议辑要》之后,到罗马建立附属于阿旺蒂纳(Aventine)山上圣萨拜娜大教堂(Church of Sta Sabina)的多明我学院。在做代理院长的时候,主持辩论又一次成了他的责任。这些辩论分为三组,10个取名《论神的能力》(*On the Power of God*),以及较短的系列,名为《论罪恶》(*On Evil*)和《论具有精神的造物》(*On Spiritual Creatures*)。总而言之,这些问题在内容上不如早期的《论天主教信仰之真理》中的问题深刻:可以推定,这反映了罗马小规模学校的学生不如巴黎大学的学生洞察力强。论能力的问题之三,由19篇讨论创世的文章组成,其中的资料具有非常高的价值。与此同时,阿奎那着手撰写围绕着信仰、希望和博爱之德性形成其结构框架的神学纲要，可是从未完成。

正是在罗马，阿奎那着手他对亚里士多德著作进行权威性的系列评论。第一篇便是对《论心灵》的评论。在经过几个世纪亚里士多德研究之后，专家认为阿奎那的评论仍然具有参考价值。接着是对《物理学》的评论，具体时间不详。然而，阿奎那在罗马管理圣萨拜娜多明我学院时期最重要的成果，是开始了他的杰作《神学大全》(*Summa Theologiae*)的写作，这很可能是源自他的教学经历。

《神学大全》可谓鸿篇巨制，超过二百万词，分三部分，第一部分的大部是在圣萨拜娜学院完成的。在写作风格上，它介于《异教徒驳议辑要》和《论真之辩论的问题》之间：它不是活泼的学术辩论的记录，然而它又像辩论一样分成问题和文章，而不是分为章节。无论怎样，就某一个命题肯定和否定的多重论证导入真正的辩论，被一个观点之反面难题的引言结构(常常是三个一组)所取代，而这个观点又是阿奎那意欲在文章主体里讨论的。开始的部分是“似乎……不”(*Videtur quod non*)。反对的观点之后是对其对立面的独立思考，常常引用一段权威话语，开始的几个字是“另一方面”(Sed contra)。之后，在文章主体部分，阿奎那提出自己的观点以及支持它的理由。每一篇文章都以解决引言中提出的反对观点的难题而结束。

这种方法尽管开始时令现代读者摸不着头脑，但是却提供了一个有力的思想准则来防止哲学家认为某事物是想当然的而不必论证。圣托马斯·阿奎那凭借采用这种方法迫使自己思考这样的问题：“我要说服谁什么问题？而 69
且，对方所能提出的最有力的观点是什么？”

为了说明《神学大全》的结构，笔者摘录最短的文章之一，即第一部分第19个问题的第10篇文章，提出的问题是：“上帝拥有自由意志吗？”

似乎上帝不拥有自由**意志**。

1. 圣哲罗姆说道，在耶稣对回头浪子的讲道里，“上帝是唯一没有罪的也不能犯罪的；所有其他的，因为拥有自由**意志**，所以会转向左或转向右。”

2. 再者，自由**意志**就是理性和**意志**的能力，选择善恶依靠它。而上帝，如前所述，绝不会**选择**恶。因此，上帝没有自由**意志**。

然而另一方面，圣安布罗斯在他《论信仰》的著作中说道：“圣灵把他的礼物**随意**送给众人，按照他的自由**意志**的选择，而不是根据任何必然性。”

我回答道：应该说相对于我们不以必然性或自然本能**实施**的事情而言，我们拥有自由**意志**。例如，我们**选择**幸福，这不是自由**意志**，而是自然本能。因此，由自然本能驱动朝某个方向跑的其他动物，我们并不说是由自由**意志**引导。如前所示，上帝必然的**实施**他自身的善，但是其他的却不是必然的，因此，相对于上帝不是必然地**实施**的事情，他享受着自由**意志**。

对于第一个反对的观点，应该说哲罗姆并不是想排除上帝所有的自由**意志**，而仅仅是犯罪的自由。

对于第二个反对的观点，应该说，如业已表明，既然道德上的罪恶是根据违反上帝鉴于**实施**一切的神圣的善来界定的，那么显然上帝不可能**选择**道德上的罪恶。然而，他有在对立事物之间选择的权利，因此他**决定**某物是或者不是，正如我们可以决定坐下或者决定不坐下而不犯罪。（*ST* 1.19.10）①

《神学大全》以其独特的风格成为哲学著作中的杰作。一旦我们习惯了中世纪拉丁语的句法以及经院哲学中的专门术语，我们就会发现其写作风格珠

---

① “自由意志”（free will）中 will 一词可以用作动词，表示意志的实施。原文中 will 多次用作动词，译文中根据上下文译成汉语，特此用黑体标出，请读者明鉴。——译者注

圆玉润、澄清明净、平易近人、力透纸背。这部著作几乎不用修辞手段,而且托马斯·阿奎那从来不让自我显现在行文中。

《神学大全》的第一部分所涉及的领域,大多与《异教徒驳议辑要》的前两篇相同。最初的43个问题讨论上帝的存在和本质。由于托马斯·阿奎那的写作 70
对象是天主教神学学生而不是可能的不信奉宗教的哲学爱好者,所以他就可以在列举了神的属性之后直截了当地提出三位一体的教义,从而不必另辟一卷专门论述信仰的神秘特点来把它隔离开。但是他还是谨慎细心地把通过理性发现的真理与只有通过启示才能获得的真理区分开来。接着15个晦涩的问题,涉及创世的形而上学。接着是15个关于天使的性质的问题。关于人性的那部分(问题75-102),对于一个现代读者来说是这部书最有收获的部分。[①]它比《异教徒驳议辑要》中第二篇相应的那部分写得更充实、更富有条理性,而且它也不那么充斥着对阿拉伯人对于亚里士多德心理学诠释的批判。

圣托马斯在撰写《神学大全》的第一部分时,同时着手一部政治论著《王国论》(*On Kingship*),为指导世俗政府制定下严格的原则,以至于(人们)毫不怀疑国王服从神甫以及教皇享有宗教事务和世俗事务至高无上的权力。由于他去世的时候尚未写完,书稿由历史学家卢卡的托洛梅奥(Tolomeo of Lucca)完成。

1268年,阿奎那被邀请任那不勒斯主教,但是他谢绝了。之后,他被召回巴黎,因为那里的托钵僧会众又一次成了敌意的对象。更为重要的是,一些文科教授,称为"拉丁语阿威洛伊学派",掀起了对亚里士多德思想的争论。他们沿袭阿拉伯评注者的观点,对亚里士多德阐释的结论与天主教正统思想不符。阿奎那写了两部论辩性小册子:《论唯一的智力:驳阿威洛伊派》(*On the Single Intellect:—Against the Averroists*)和《论世界之永恒:驳牢骚者》(*On the Eternity*

---

① 阿奎那对人的心灵的论述将在本书第六章讨论。

of the World:—Against the Grumblers)。他再一次申明他长久以来一直持有的观点:能动力和接受智力都是个人的官能,而且,世界在时间上的伊始这个问题,靠哲学论证既不能被确定又不能被反驳。在后一篇论文里,阿奎那是在两条阵线上战斗:既要反驳阿威洛伊派,他们认为时间上的创世可以被证明是不存在的,又要反对方济各会神学家,他们认为时间上的创世可以被证明是存在的。

这些争论令托马斯·阿奎那坚信:治疗非正统的亚里士多德主义的有效
71 药物,就是对整个亚里士多德体系的完全掌握,因此他继续着为亚里士多德撰写评论这项工作。很可能是在这一阶段,他对亚里士多德的两部逻辑学著作、全部《尼各马科伦理学》以及《形而上学》十二卷做了逐句逐行的评注。尽管他的评注根据的是有错误的原稿的不完善的译本,但是现代亚里士多德的阐释者认为,他的评注至今仍然很有价值。

然而,阿奎那第二次在巴黎主持学院工作这一阶段最重要的著作还是《神学大全》的第二部分。这一部分是三部分当中最长的,往往在出版时又进一步分为两部分:第二部分上部(*Prima Secundae*, 引用时常作 1a 2ae)和第二部分下部(*Secunda Secundae*, 引用时常作 2a 2ae)。这样在主题上就与《异教徒驳议辑要》中第三篇相辅相成,但是谈论的内容要丰富得多,也更多地借鉴了亚里士多德的《尼各马科伦理学》,因为当时阿奎那正在撰写这部书的评注。①

《神学大全》的第二部分上部,如亚里士多德的论著一样,以思考人生的终极目的或目标开始。同样如亚里士多德一样,阿奎那把人生的终极目的确定为幸福。还是如亚里士多德一样,阿奎那认为幸福不等于快乐、财富、荣誉,或者身体健康什么的,而是在于与德性——尤其是思想的德性——相得益彰的行为。满足亚里士多德的幸福准则的思想行为,只有在对神的本质的沉思默

① 阿奎那的伦理学思想将在本书第八章讨论。

想中才能有。那么,真正的幸福——甚至按照亚里士多德的说法——只有在天堂里享受天国之福的人的心灵中才能找到。圣徒在躯体于神的荣光中复活的时候将获得一份幸福,这是亚里士多德做梦也想不到的。

根据亚里士多德的观点,德性是行动和感情中表现的心理倾向。与此相
应,阿奎那论述德性的开始部分也是首先谈人的行动(问题 6 - 21)和人的感
情(问题 22 - 48)。他还对心理倾向(*habitus*)的概念进行了一番总体研究:对
一个论题所做的富有原创性的哲学考察,它的意义在文艺复兴时期当哲学贫
瘠的时候被人们忽视。对德性的性质的论述、对道德之德性和思想之德性之
间的区别的论述,以及对德性和感情之间的关系的论述,皆严格按照亚里士多
德的范式撰写,只是阿奎那对亚里士多德所列举的德性增加了基督教德 72
性——信仰、希望、博爱等"神学"德性,圣保罗著名的那段话里的三品一位
(trio)。阿奎那把亚里士多德《伦理学》中的德性与基督教徒所赞扬的品行中
的天赋德性联系起来,并把亚里士多德《伦理学》中的恶行与《圣经》中关于罪
恶的概念联系在一起。

《神学大全》的第二部分上部的最后两章,涉及法律和神的恩典。问题 80 - 108构成法律体系的论文:法律的性质、自然法和实在法(positive law)之间的区别、人类立法者权利的来源及范围、《旧约》和《新约》中律法的对照等。在问题 109 - 114,阿奎那论及自然与神的恩典之间的关系和神对罪人的赦免及其救赎:这些论题在后来的宗教改革(Reformation)时期将成为很多争论的焦点。在这些问题上,阿奎那采取的立场介于后来天主教理论家和清教徒论辩者之间。

《神学大全》的第二部分上部可谓阿奎那伦理学的总体部分,而下部的内容是阿奎那就个人道德问题的详尽阐发。每一种德性都被轮着分析,与之相对立的罪恶也逐条列举。首先是神学德性:信仰与不信、异端、背信等罪恶对立。正是在这一章,阿奎那展开讨论了他关于迫害异端邪说者的观点。博爱

之德性与仇恨、嫉妒、不和、煽动骚乱等罪孽并置。在讨论这些罪孽的时候，阿奎那区分了他认为发动战争是正当的之条件。

其他的德性在四个“主要”德性的大框架下进行讨论：审慎、正义、坚强和节制，柏拉图早期对话中的四品一组。对于正义的论述，包括了现在会出现在法律教科书中的论题。但是正义之一个特别分支是虔诚：把应该给上帝的给予上帝之德性。这里，阿奎那涉及许多论题，从什一税到招魂问卜无所不有。对于坚强的讨论，还涉及殉教、宽宏大量和高贵庄重。最后一个主要德性是节制，在这个主题下，阿奎那讨论了与吃、喝、性相关的道德问题。

阿奎那所列举的德性，并不与亚里士多德的完全吻合，尽管他竭力把《尼各马科伦理学》中一些异教人物基督教化。亚里士多德笔下的理想人物具有崇高的心灵，也就是说，他是一位比他人优越得多而且意识到自己的优越性之人。这一点怎么与基督教谦卑之德性协调呢？按照基督教谦卑这一德性，每
73 一个人都应该认为他人高于自己。借着匪夷所思的思想障眼法，阿奎那不仅使宽宏大量等同于卑微谦逊，而且还让它成为同一个德性的成分。他说道：有这样一种德性，它是雄心壮志之适度，是基于对自己的才华和缺陷的正确认识之德性。卑微谦逊就是保证一个人的雄心壮志建立在对自己的缺点有正确的评判基础之上的品格，宽宏大量就是保证一个人的雄心壮志建立在对自己的才华有正确的评判基础之上的品格。

《神学大全》的第二部分下部与《尼各马科伦理学》一样，是以积极的生活与沉思的生活之间的比较结束的，结论是后者优于前者。当然了，整个结论被赋予了基督教的基调，而且，当阿奎那谈论宗教教会的时候，他赋予亚里士多德的哲学主题一种特别的多明我会特色。诚然纯粹的沉思生活优于纯粹的积极生活，然而对于一个宗教人士来说，最好的生活是包括教书和布道在内的沉思静观的生活。“正如照亮他人比独自一人放光更好，与人同享沉思静观的成果要比独自沉思静观更好。”

阿奎那第二次在巴黎学院主持工作阶段，是收获非常丰富的阶段。《神学大全》的第二部分和对《形而上学》的评注，均长达近百万词语。当我们看到1269年至1272年之间阿奎那著作厚厚地摞在一起的时候，我们就会相信他的主要秘书的见证：阿奎那的习惯是口述，同时口述给三四位秘书，就像一位象棋大师参加巡回赛。学术界应该感到万幸，事务的压力使他不得不以口述的方式写作，因为他的书写除了受过高级训练的专家外谁都看不懂。

1272年，托马斯·阿奎那最后一次离开巴黎，多明我会授命他到意大利建立一所新的学校。他选择把学校附属于那不勒斯的圣多米尼克修道院院长。他在这里的讲学受到那不勒斯国王安茹的查理(Charles of Anjou)的资助，因为他的弟弟路易九世(Louis IX)在巴黎对阿奎那的才华有很高的评价。阿奎那继续着他对亚里士多德的评注，同时进行着《神学大全》的第二部分的写作。这部分涉及的是严格的神学问题：道成肉身、圣母玛利亚、基督的一生、洗礼仪式、天主教的坚信礼、圣餐、苦行，等等。但是，对这些问题的反思，倒为阿奎那提供了探讨许多哲学问题的机会，例如个人身份和个体化以及谓项(predication)的逻辑等。尤其是对于圣餐的论述，他需要讨论圣餐仪式中面饼和葡萄酒经神甫祝圣后变成耶稣的肉体和血这一基督教教义，因此，需要阿奎那提出 74
自己关于物质的性质和物质的变化的思想。

《神学大全》一直没有完成。虽然还不到50岁，阿奎那开始出现严重的心不在焉。1273年12月，他在做弥撒的时候，突然有一种神秘的感觉，或许是心力交瘁的症状，或者如他所信，是一个超自然的灵视，这令他不得不结束自己的学术活动。他再也不能继续写作或者口述。当他的秘书皮派诺的雷吉纳尔德(Reginald of Piperno)敦促他继续写《神学大全》的时候，他回答道："我写不下去，因为我所写的似乎都是毫无意义的稻草而已。"阿奎阿去世后，雷吉纳尔德和他的同事们从以前的著作选择材料补写了他还没来得及论述的论题，完成了《神学大全》：包括其余的圣礼以及死亡、审判、天堂、地狱这"最后四项问题"。

1274年,教皇格列高利十世在里昂召开教会的公会,希望再次联合东西两教会。圣托马斯被邀请参加。托马斯尽管身体不好但是仍然动身北行。他的身体状况进一步恶化,他不得不逗留在福萨诺瓦(Fossanova)附近他侄女儿的城堡里。几周后,他被送往附近的西多会修道院,在那里,他于1274年3月7日去世。

4. 去世后的阿奎那

在阿奎那去世后的几个世纪里,他的声望上下波动剧烈。阿奎那死后几年,他的一些观点就受到巴黎大学和牛津大学的谴责。一个英格兰的托钵僧徒步到罗马,请求撤销对阿奎那的谴责,结果是他自己被判处永远闭嘴。大概过了50年,阿奎那的著作才被普遍认为从神学的角度是可以接受的。

1316年,教皇约翰二十二世(Pope John XXII)启动封圣程序。当时很难找到对奇迹的合适描述。所能找到的相关奇迹,最好的也只是临死前的事件。在福萨诺瓦,这位久病之人很久不能吃食物,表达了想吃鲱鱼的愿望。地中海不产鲱鱼:但是令人惊奇的是,在第二次呈出沙丁鱼的时候,结果是阿奎那很高兴地以美味的鲱鱼所接受。教皇手下的评判者不认为这足以证明是有说服力的奇迹,但是封圣照旧进行。"《神学大全》里有多少篇文章就有多少个奇迹,"据说教皇这样说道;而且他于1323年宣布托马斯为圣徒。

巴黎大学于1325年撤销了对阿奎那著作的谴责,尽管来得迟了些,但是牛津大学似乎在学术上根本不关心封圣一事,而且在整个中世纪阿奎那都没有享有他将在20世纪所享有的天主教神学家的殊荣,当然在他自己的多明我会除外。的确,在特兰托公会(Council of Trent)的评议过程中,《神学大全》辉煌地与《圣经》并列放置在一起,但是,一直到1879年教皇利奥十三世

赞助阿奎那最后时期的学术研究的安茹的查理在那布拉斯大学。根据一个传说，他认为阿奎那政治上不可靠，所以就毒死了他。但丁认为这传说是真的。

76 (Pope Leo XIII)的一封通谕的信件《先驱的一生》(*Aeterni Patris*),阿奎那才成为整个罗马天主教官方的神学家。

所有研究阿奎那的人,都感谢教皇利奥十三世,因为他的通谕促使《神学大全》和其他著作的学术版本的出版。然而,教会尊奉圣托马斯为官方哲学家同样产生了负面作用:它关闭了非天主教哲学家对圣托马斯哲学研究的大门,因为他们认为他们受到仅仅是特定教会体制的代言人之人的排斥。1914 年庇护十世(Pius X)从阿奎那的哲学著作中选了 24 篇论文作为教会的教科书,这使问题更为严重。

世俗世界对阿奎那哲学圣化的反应,在伯特兰·罗素(Bertrand Russell)的《西方哲学史》(*History of Western Philosophy*)得以恰当的总结。“阿奎那没有什么真正的哲学精神。他不能像苏格拉底一样始终不渝地沿着一个论点探求下去,无论它导向何处,因为他事先已经知道了真相:所有一切已经在天主教的信仰里昭示清楚。为事先已知的结论寻找证据,不是哲学,而是专门辩护。”

实际上,说一位哲学家对他所相信的事实寻找合适的根据,并不是严重的指责。笛卡尔(Descartes)穿着晨衣坐在炉火旁为判断这就是他正在做的事情寻找根据,而且花了很长时间才得到答案。罗素自己也花了很大的力气为他所相信的事实寻找证据:《数学原理》(*Principia Mathematica*)有数百页在证明 1+1=2。

我们评判一位哲学家,主要看他的推理是否正确,而不是看他在哪里确立前提或者他开始时如何确信他的结论。所以,根据阿奎那在天主教官方的地位而对他产生敌意,无论这种做法多么可以理解,甚至对于世俗哲学家也证明
77 是不正确的。然而,利奥十三世的做法还在更严重的方面对阿奎那在非天主教世界的哲学名誉帮了倒忙。

教会给予阿奎那的官方敬重,意味着他的深度和论点常常被崇拜者草率地呈现出来,因为这些人根本就理解不了他的哲学的博大精深。甚至在一些

神学院和大学里，利奥十三世所介绍的托马斯哲学，常常以托马斯思想（*ad mentem Thomae*）教科书和梗概的形式出现，而不是对阿奎那文本的研究。

自从第二次梵蒂冈公会（Vatican Council），圣托马斯似乎已经失去了他在教会曾享有的荣耀，而且在圣职候选人的必读书目中被一些更名不见经传的、更近代的著作家所取代。教皇约翰·保罗在其最近献给阿奎那的通谕《信仰和理性》（*Fides et Ratio*）中对这一状况表示惋惜。另一方面，天主教范围内对圣托马斯的贬抑，伴之而来的是世界各地世俗大学对他的再评价。在21世纪最初的几年里，说托马斯哲学的复兴且不为太过：不是某个教派的托马斯主义，而是对超越了天主教甚至基督教的局限的托马斯的研究。

首先，对阿奎那新的兴趣，比以前教派对他的著作的接受，范围更宽广，更具批判精神。分歧颇大的解读的可能性，是阿奎那未发表的遗作（*Nachlass*）本身所固有的。圣托马斯的产出是巨大的，多达八百万词语，所以任何对他的作品的现代研究，都只能集中在浩繁的著作的一小部分。甚至当我们集中研究宏伟的《神学大全》某一论题的时候（如学者常做的那样），对这些著作中任何一部分的解读都会在一定程度上取决于我们选择解读的其他著作中许多相对应的段落。尤其现在，所有的著作都可以用计算机搜索，那么选择就有很大的空间。

其次，尽管阿奎那的拉丁语本身非常流畅清明，但是其英语翻译却不是一项简单的工作，而且也不是毫无争议可言。阿奎那所用的拉丁语术语，在英语都有相应的词汇，而且都是当代哲学的常用词语，但是，拉丁语术语的意义往往与其英语相应的词汇差距很大。① 这不仅仅是因为英词语汇有几百年独立发展的历史，而且还因为这些词汇是在其哲学用法受到反对阿奎那思想的理 78
论的影响的时候从拉丁语进入英语。例如，我们假定“actus”的意义为“act”、或者“objectum”的意义为“object”、或者“habitus”的意义为“habit”的时候，必

① 这一点 Eleonore Stump 在其《阿奎那》（*Aquinas*）强调指出（London：Routledge，2003），35 页。

须小心谨慎。

再其次，在诸如柏拉图或者亚里士多德这样的哲学家，解读者往往可以集中在用以说明哲学论点的具体的例证来澄清讨论中的歧义。但是，阿奎那使用例证说明问题非常吝啬，这与其他伟大的中世纪经院哲学家非常相似，而且，当阿奎那确实提供了例证时，这些例证也常常是第二手材料或者已经过时无用。因此，一位评注者如果想要现代读者读懂阿奎那的文本，他必须提供自己的例证，而例证的选择本身包含着很大程度的解读。

最后，任何敬仰阿奎那的天赋之人，都希望把他的著作以最恰当的方式提供给现代读者。然而，解读者对于阿奎那所能做的最好的，取决于他自己视什么为哲学中最有价值的。尤其，阿奎那的思想存在着很大的模糊性和歧义性，而且这一点是他的注释者不同的哲学观点的基础。阿奎阿以调和基督教思想与亚里士多德哲学享誉于世，但是，正如我们在以后的章节所看到的，他的著作中还有很浓厚的柏拉图主义因素。许多现代评论者非常认真地对待阿奎那的亚里士多德主义，却忽视他的柏拉图主义积淀，而且，还有一些人强调柏拉图主义的阿奎那而轻视亚里士多德主义的阿奎那。这样的做法的动机或许是神学的：这类方法使得人们更容易接受肉体死后灵魂仍然存活、天使是纯粹的形式、上帝是纯粹的实在等这些教义。实际上，阿奎那自己是一位人世间的亚里士多德主义者、天堂上的柏拉图主义者。

对于那些其兴趣点在哲学而不在历史的人来说，阿奎那思想阐释的多样性是一件好事。阿奎那自己对待他的先驱者的著述的态度，总的说来是非常具有调和作用的：不是攻击表面上看来错误的命题，他总是努力——通过超越历史或然性的界限之“善意解释”——从中挑选出真实的论点或者正确的观点。他对待五颜六色的希腊、犹太、穆斯林学说的广博胸怀，不仅让他的后辈
79 有可能从不同的角度解读他的著作，而且还鼓励他们以他为榜样来评价对哲学真理的普世追求，这一点比追求批判的合理性之忠诚更崇高。

5. 布拉班特的西热和罗杰·培根

在阿奎那刚去世后的那几年，他没有几个追随者。他晚年在巴黎一直致力于与文学院的激进的亚里士多德主义进行战斗。这些哲学家坚持认为，世界一直存在，而且，所有的人只有一个唯一的智力。前者毫无疑问是亚里士多德宇宙论的基本部分，后者是亚里士多德最富权威的评注者阿威洛伊所倾向的对亚里士多德心理学的诠释。为此，这一学派常常被称为“拉丁语阿威洛伊哲学”(Latin Averroism)，其领袖代言人是布拉班特的西热(Siger of Brabant, 1235—1282)。这批巴黎经院哲学家的典型理论，很难与世界是在时间的某一日创造的以及每一个人的灵魂都有来世这样的基督教教义协调一致。一些人声称，他们只是在转述亚里士多德的思想而没有附加自己的观点；西热自己似乎曾经说道，亚里士多德和阿威洛伊德的一些命题是可以在哲学中证明的，尽管信仰所教导的与此相反。

1270 年，巴黎大主教列举了 13 条说教进行谴责，开始两条命题是“所有人的智力是一个而且在数目上为同一个”和“从来没有第一个人”。阿奎那曾写了反驳西热的典型说教的专论，这次谴责在一定程度上是其结果。然而，尽管他们之间有争论，但是在年轻的当代人的脑海里，这两位思想家却常常被放置在一起。一方面，包括取自西热和阿奎那的学说的一组组命题于 1277 年在巴黎大学和牛津大学受到谴责；另一方面，但丁把他们两人在天堂并置在一起，而且让圣托马斯称赞西热深邃思想之光永照。但丁的安排让评论者摸不着头脑，但是，或许但丁认为西热代表了异教和穆斯林思想家对托马斯综合体所作的贡献：一位基督教思想家为了那些禁入天堂的不信教的哲学家而勇敢地站了出来。

但丁自己在专业上没有受过训练，然而他深谙哲学，而他的《神曲》(*Divi-* 80
na Commedia)时常把经院哲学处理成微妙的诗句。例如，《炼狱》(*Purgatorio*)

25 章中对人类灵魂的逐渐发展的描述,就与阿奎那在《神学大全》中的描述有异曲同工之妙。但丁自己对哲学所作的具体贡献,是他的著作《论君主制》(*On Monarchy*)。书中论道,人类的思想只有在和平的条件下才能发展,而在国家间竞争的世界,只有在超国家的权威制辖下才能获得和平。他认为,超国家的权威不应该是教皇,而应该是神圣罗马皇帝。

但丁的另一位当代人是罗杰·培根(Roger Bacon),比但丁岁数大一些,他比布拉班特的西热多活了 10 年。罗杰·培根 1210 年生于伊尔彻斯特(Ilchester),在牛津大学文学院读书后任教至大概 1247 年。之后,他移居巴黎,在大约 10 年后加入了方济各会。他很不喜欢巴黎,并且把巴黎人黑尔兹的亚历山大博士和阿尔伯图斯博士恶意地比作他在牛津的老师罗伯特·格罗斯泰斯特。他所敬佩的唯一的一位巴黎人是马利库尔的彼特(Peter of Maricourt)博士,后者教导了他科学研究中实验的重要性,并令他相信数学是通往哲学确定性的"大门和钥匙"。不知什么原因,1257 年方济各会的上司禁止他继续教书,但是允许他继续写作,而且教皇 1266 年竟然要他把他所写的著作送给教皇。可悲的是这位教皇——克雷芒四世(Clement IV)——没有能活到阅读他的作品。1278 年,培根受到封杀,原因是他在占星学上的异端邪说,他的余生大多在囚禁中度过,1292 年去世。

罗杰·培根常常被看做是 17 世纪同姓的弗朗西斯·培根(Francis Bacon)强调哲学中的实验意义的先驱。罗杰·培根在他的主要著作《大作品》(*opus maius*)中——同弗朗西斯·培根一样——攻击了错误的根源:盲从权威、盲目的习惯、普遍的偏见以及自命比他人聪明。他说道,科学研究有两个前期准备条件。一是人人研读古代的语言:目前流行的亚里士多德和《圣经》的拉丁语译本错误很多。二是真正地掌握数学,如果不掌握数学,根本无法在诸如天文等科学领域取得进步。罗杰·培根自己对科学的贡献集中在光学,他沿着格罗斯泰斯特的一些深刻见解,在光学上作了更深入的研究。的确,他一度被认为是望远镜的第一位发明者。

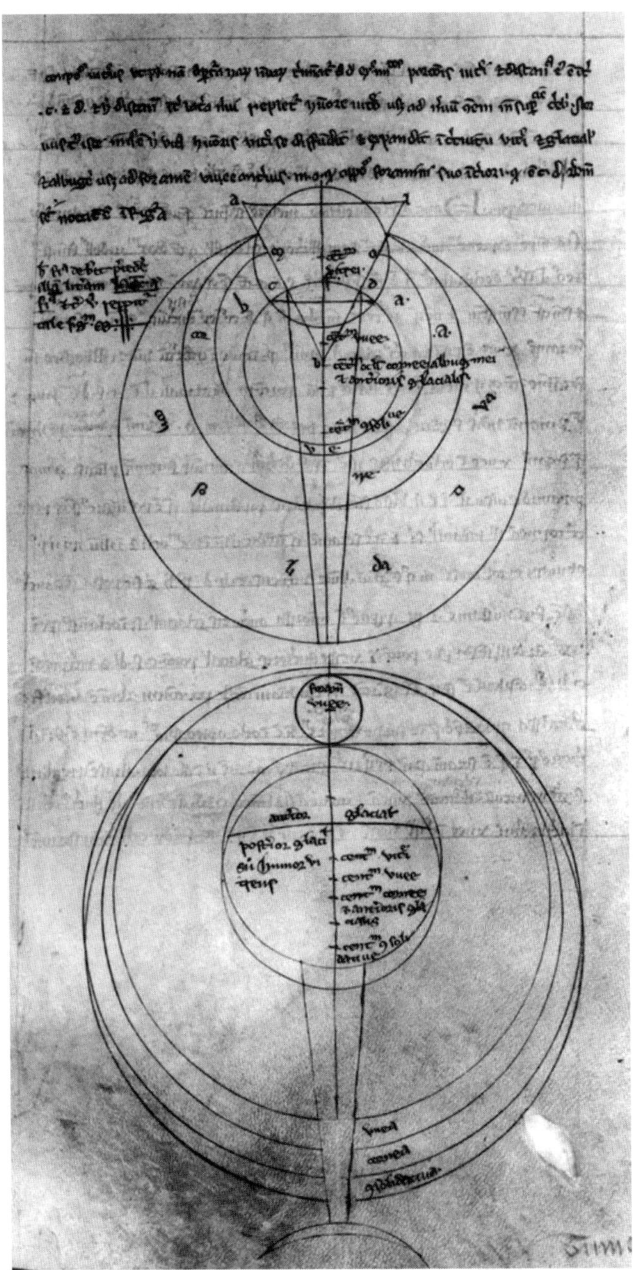

罗杰・培根描绘的视力结构图。

罗杰·培根发现了一种不同的科学:实验科学(scienctia experimen talis)。
82 他说道,先验的推理可以把我们引向正确的结论,但是只有经验才能为我们提供确定性。亚里士多德物理学可以教导我们火会烧伤,但是,只有实际上曾被烧伤的孩子才害怕火。实验同样可以引导我们超越科学描述所达到的业已表明的结论,我们如果看一下行业医生根据经验编纂的药典,就可以一目了然。构造一个星盘一样的天体模型,我们从中学到的要比从演绎科学学到的更多。

虽然罗杰·培根相信炼金术把贱金属变成金子的可能性,而且认为预见未来和创造奇迹的能力是科学研究的报酬之一,但是他严格区别了科学与魔术。确实,他认为,从事科学的一个原因就是为了驳斥魔术的虚假论断。但是,在我们把一个人看做科学与神秘主义战争中的斗士而向他致敬之前,我们必须牢记,他在哲学中强调"经验"的重要性应该包括宗教的洞见和狂喜的神秘状态。

罗杰·培根是方济各会13和14世纪为牛津大学带来荣誉的三位杰出的思想家之一,另外两位是约翰·邓斯·司各脱和威廉·奥卡姆。我们将会看到,这三位彼此差别很大,所以如果认为牛津大学是方济各会某思想学派的发源地将是大错特错。然而,这三位的影响均远远超出牛津甚至英格兰的范围。

6. 邓斯·司各脱

所有伟大的哲学家当中,约翰·邓斯·司各脱(John Duns Scotus)的生平是最鲜为人知的,他的传记几乎全部靠猜测。对他的生涯的任何描述,都必须依赖有记载可查的4个不会错的日期:1291年他被任命为北安普顿(Northampton)神甫,1300年7月26日他作为一名方济各会托钵僧在牛津请求获准为人做忏悔牧师但没有成功,1304年11月18日他被方济各会教长推荐到巴黎一个权威职位任职,1308 年 2 月 30 日 * 他在科隆大学任讲师讲授神学。甚至他去世的日期也未能确定,一般认为他是 1308 年 10 月 8 日去世的。

根据这些残碎的证据,学者建构了司各脱生平的框架,下面是几种可能的 83
重构。①据说,司各脱出生在邓斯(Duns),苏格兰边境内特威德河上贝里克郡(Berwick upon Tweed)几英里远的一个小镇。我们从他被授予圣职的年份推断,他的出生日期应该是 1266 年。他十几岁的时候似乎成了邓弗里斯(Dumfries)方济各会修道院的见习修士,在他的叔父埃里亚斯 · 邓斯(Elias Duns)指导下学习,埃里亚斯 · 邓斯刚从方济各会英格兰分会获得一个自学的学位,时任苏格兰托钵僧会的教长。13 世纪 80 年代,约翰被送到牛津大学,到那里的方济各会"灰衣僧侣"学院学习哲学。"灰衣僧侣"学院这时已经足以容纳约 70 位学生了。司各脱 1288 年开始在牛津大学学习神学:课程持续 13 年,最后 3 年为强制性讲课,一年讲授彼特 · 朗巴德的《句法学》,一年讲授《圣经》。1300 年至 1301 年,他获得了神学学士学位,相当于副教授的身份。

由于只能被猜测到的原因,方济各会管理层决定司各脱不再攻读博士学位,而是作为学士到巴黎任职。或许是因为他作为讲师已经展示出非凡的才华,所以他们觉得应该给他一个在当时最著名的大学——牛津只有到现代才赶上巴黎大学——绽放光彩。然而,巴黎的方济各修会学校是黑尔兹的亚历山大和波纳文图拉的大本营,没有为他提供一个平和的环境。司各脱在讲授《句法学》一年后与其他 80 位僧侣一起被从法兰西驱逐了出来,原因是在法兰西国王美男子腓里四世(Philip the Fair)和教皇卜尼法斯八世(Boniface VIII)的争执中站在教皇一边。②他于 1303 年 6 月离去并回到英格兰,在剑桥度过一段时间,那里有一所方济各会研究生学校。

---

* 原文可能有误。——译者注

① 我这里对司各脱生平的描述,大多来自 AntoonVos 的详细研究,可惜尚未发表。

② 此事通过但丁对法兰西人在阿纳尼(Anagni)对卜尼法斯的虐待的描述而广为人知(《炼狱》,20)。

卜尼法斯八世1303年下半年去世以后，罗马教廷(the Holy See)与法兰西王室的关系有所改善，法兰西对方济各会会员的禁令被取消。司各脱回到巴黎，完成了他对《句法学》的讲座系列，继而攻读博士学位，于1306年至1307年成为方济各会学院的院长。在一次政治动荡中，他又一次被迫离去，在科隆度过了他一生的最后一年——时年42岁。他在科隆去世，并被葬在那里的方
84 济各会教堂里，碑文写着："苏格兰生育了我／英格兰教导了我／法兰西接受了我／科隆现在留下了我。"1993年教皇约翰·保罗二世(John Paul II)宣告司各脱已升入天堂列入"真福品位"。

司各脱的许多著作的书稿都保存了下来，但是它们的真实性和写作的次序同他的生平的细节一样是一个谜。在他去世的时候，大多数书稿都不完整或是残章断篇，后被几代学生潜心努力收集起来并进行加工。以这种方式成就的文本于1639年由卢克·沃丁(Luke Wadding)出版了十二卷，1891年至1895年由维维斯巴黎出版公司再版。这一版最引人注目的是两部《句法学》评注，分别取名为《牛津著作集》(*Opus Oxoniense*)和《巴黎散言集》(*Reportata Parisiensia*)。全集还收入了一些对亚里士多德的评注、一组纯理论论辩问题(quodlibetical questions)及几篇专题论文，重要的有《论第一物质》(*De Rerum Principio*)、《论第一原则》(*De Primo Principio*)和《思辨原理》(*Grammatica Speculativa*)。一直到20世纪后半叶，学者对司各脱的研究依靠的都是维维斯－沃丁版本，至今，它仍然是司各脱一些著作的唯一印刷文本。

然而，20世纪的研究者，完全重新确定了司各脱的真作全集。结果是他名下对亚里士多德的评论大多数出自其他的晚辈之手。真正由司各脱所作的只有对《范畴篇》、《解释篇》、《辩谬篇》(*Sophistici Elenchi*)以及对鲍菲利(Porphyry)的评论。这些逻辑学论著，很有可能是司各脱13世纪90年代初在牛津大学时的著作。①一

① 司各脱的哲学著作在纽约圣波纳文图拉出版公司和华盛顿特区美国天主教大学出版社1999年始由一些编辑陆续出版根据评论家所判定的版本。

组关于亚里士多德《论心灵》的论题以及极有可能对《形而上学》的一部评论，情况也是如此，尽管司各脱晚年似乎曾对它们进行了修改。维维斯－沃丁版本中两部广为研究的著作《论第一物质》和《思辨原理》，经过批评家严格判定结果不是真品。

一部作品的手稿在20世纪20年代被发现，争论了一段时间之后，现在被认可为司各脱1298年至1300年间在牛津大学讲授《句法学》前两卷的笔记。1938年，方济各会决定成立学术委员会，对司各脱的著作做学术鉴定版，这部重要的版本于1950年到1993年由梵蒂冈出版社出版，取名《讲演录：一、二部》（*Lectura I－II*）。《讲演录：三部》（*Lectura III*）于2003年出版，很可能是1303年司各脱从巴黎驱逐期间回到牛津时的讲课稿。原来所认定的《牛津著 85
作集》文本，现在被认为是后来在巴黎一直持续的这一课程讲稿的修改文本的内容。有证据表明，《巴黎散言集》属于后期听课的学生做的修订。当讲课人把自己的草稿与学生的笔记进行比较并把这些材料整理成一个单独的被认可的文本的时候，中世纪讲课稿明确的内容就可以确定，而这个文本就是所谓的"既定讲演录"（*Ordinatio*）。既定讲演录——尽管司各脱本人从未插手——的出版，是司各脱著作委员会的主要任务。1950年至2001年间，这一学术鉴定版有七卷问世，补充完善了《句法学》前两卷的评注。至于《既定讲演录：三部》（*Ordinatio III*）和《既定讲演录：四部》（*Ordinatio IV*），专家学者仍然依赖沃丁版《牛津著作集》的最后两卷。

《讲演录》和《既定讲演录》梵蒂冈版本，是今天哲学家和神学家研究司各脱的主要参考资料。但是，其真实性无争议的两部著作，为司各脱的成熟思想提供了证据。纯理论论辩论题，无疑是司各脱1306年或者1307年任巴黎学院院长短暂时期的作品。简短的论著《论第一原则》自1941年已有若干版本出版，是他一生的最晚时期的作品，一些学者认为是司各脱去世的那一年在科隆所著。最后，有一部名叫《神学思辨》（*Theoremata*）的著作的真实性，至今仍然是学者争论的问题。争论的结果似乎倾向于认为是真作,但是倘若这部作品是司各脱的真作,那么它就标志着司各脱在一个重大问题上态度的大转变:上帝的存在是否可以由理性的自然之光来证明。

司各脱不是一位易读的作家。他的语言晦涩难懂、专业性强,且不迁就他人,他论辩的结构也难于辨认。然而,他是致力于哲学的最敏锐的思想家之一,他的绰号“难以捉摸的博士”恰当地反映了他的特点。司各脱在短暂的学术生涯中,在许多领域改变了哲学思想的方向;他所确立的新路线是以后几个世纪其他人所遵循的路线。

司各脱在许多重大的问题上都与阿奎那的观点相反。倘若不是在历史上,至少在他的思想上,同样重要的是他与另一位前辈的不同观点,这就是根特的亨利(Henry of Ghent)。亨利于1276年至1292年在巴黎大学教书,他为许多奥古斯丁新柏拉图主义观点进行辩护,反对文学院一些人激进的亚里士
86 多德主义。司各脱常常把自己的观点置于与亨利的立场联系中,司各脱是通过亨利的眼光来看待许多先驱的。

司各脱背离了亚里士多德传统,他认为,存在(being)之概念以及其他的可以普遍应用的谓项之概念——诸如“善”——不是类比的,而是只有单一的一个意义,因此可以在用于造物的意义上用于上帝。[①]形而上学就是研究存在之单一意义的概念及其基本属性的科学。亚里士多德给形而上学定义为研究存在之存在的科学。司各脱极大地利用了这一定义,但是却完全以他个人的方式理解它,并把它的范围无限拓展,乃至把无限的基督教上帝包括进存在(being)的概念。所有属于亚里士多德的范畴的东西,如实质、偶然事物等,均为存在的一部分。然而,存在又比这个意义更大:所有能用范畴来界定的都是有限的,而存在涵盖无限。存在的疆域之内要划的分界线,是有限存在与无限

① 司各脱关于单一意义的理论在本书第三章讨论。

存在之间的分界线。①

对于司各脱来说，存在着一个无限存在，这可以在哲学上证明。在这方面，他同意阿奎那以及大多数中世纪思想家的观点。但是他抛弃了阿奎那所提供的关于上帝存在的证据，因为它们太依赖亚里士多德的物理学了。所以，他提出了自己的复杂的形而上学的证据来证明上帝作为第一个有效因、无法超越的终极因以及一切存在中最完美的存在之存在。与阿奎那不同，他认为，神的属性诸如无所不知和无所不能，只有通过启示才能得知，不能只凭借自然理性来确定。②

司各脱利用了亚里士多德的形式质料说，他使用了诸如“质料”(matter)、“形式”(form)、“实体”(substance)和“偶然”(accident)等人们熟知的术语。但是，他赋予这些术语新的和激进的释义。他尤其重新界定了实在(actuality)和潜在(potentiality)这两个亚里士多德概念，在界定潜在存在物(potential being)的时候似乎它们是具有实在存在物(actual being)一切细节个性的实体。例如，在他处理空间和时间的时候可见一斑：与亚里士多德不同，他认为，可以有真空的空间和静止的时间。亚里士多德认为，产生一个空间需要一个物体
的存在；而司各脱则认为，一个物体的可能性就足以使一个真空的四壁彼此分 87
开。亚里士多德认为，如果时间存在就必定有运动，因为时间是运动的计量工具；而司各脱则认为，可以存在没有运动的时间，时间仅仅计量运动的潜势。③司各脱在把可能性当做虚幻的然而明显的个体的时候，暴露出阿维森纳的影响，但是他对这一领域的研究有一定深度，因而他被认为是可能世界的哲学之发端者。

在亚里士多德的传统，质料是个体形成(individuation)的原则：彼得和保罗

① 司各脱关于形而上学的学说将在本书第五章详述。

② 司各脱的自然神学将在本书第九章讨论。

③ 参阅 N. Lewis,《空间与时间》(“Space and Time”)，载 *CCDS*。

两个人彼此不同,不是因为他们的形式,而是因为他们的质料。司各脱抛弃了这种观点:使彼得和保罗彼此不同的不是质料,而是一种每人所独有的独一无二的身份特征,或者叫做“存在的个体性”(*a haecceitas*),或者说“这个”(thisness)。这样,一个人,如苏格拉底,既有一个共同的人性又有一个个体形成的原则。他说道:共同的人性与个人的差异的确是相同的,但是又因为一个特别的不同之处使得彼此区别开,这就是“形式的差异”。司各脱希望以这种方式来保存具有普遍意义的术语的有效性而不落入柏拉图主义:共同的性质已经足够真实,而且它并非仅仅由人类智力所创造,而且,除非伴有一个个体形成的成分,否则它绝不会实际出现。

通过与阿奎那的比较,司各脱把人类智力的范围扩大成两个方面。阿奎那认为,不存在个人的纯粹智力的知识,原因是非物质的能力不可能领会质料,而质料恰恰是个体形成的原则。对于司各脱来说,每一个事物都有一个内在的仅能用智力理解的个体形成的原则,因此,智力可以于其独一无二中领会个体。阿奎那坚持认为,在此生中智力严格意义上的对象是物质事物之性质的知识。而司各脱说道,如果我们考虑到今生和来生,那么我们必须承认,智力严格意义上的对象范围大到存在(Being)本身。他认为,像阿奎那那样界定智力的对象,犹如把视觉的对象界定为烛光下可以看见的事物。

司各脱明确地否定奥古斯丁传统所珍视的、根特的亨利又复兴的一个命
88 题,即:人类的智力领会普遍存在(universals)需要神的特别的光照。但是,上帝并非完全排除在他的认识论之外。上帝的能力是绝对的:他可以做任何彼此不矛盾的事情。相应地,上帝可以使人的心灵坚信个体实在物的存在而不需要那个实在物出现。幸运的是,上帝尽管具有绝对的能力,但是他只是按照自己的条理行事,即按照他的智慧引导的能力行事。所以,他不会行使会让我们上当受骗的绝对能力。这里,司各脱如几百年后的笛卡尔一样,凭借诉诸善良的上帝绝不是骗子这一教义,排除了激进的怀疑主义。

司各脱在描述智力与意志的关系的时候，对心灵的哲学进行了革新。阿奎那认为，意志基本上是一个合乎理性的欲望，其自由源自理性实际运用的灵活性；而司各脱却把意志看做是至高无上的能力，其活动只能源自自身的自我决定(self-determination)，而不是其他任何东西。意志的确是理性的能力，能够以多种形式行使的能力，但是这并不意味着意志的行使受理性的指导。相反，智力是一种自然的能力，一种只能在适应其活动的自然条件下以一种方式活动的能力。大多数亚里士多德主义经院哲学家认为，人类的终极目的是智力极尽之能事，即至福地看见上帝；而司各脱则认为，至福之人在天堂与上帝融为一体完全取决于意志的自由活动。①

司各脱比他的任何一位先驱赋予人的意志和上帝的意志的活动范围都大得多。人的意志是可以实施对立活动的能力，这不仅仅在于人可以在不同的时间运用意志的能力做不同的事情，还在于意志在实施一个活动的同时还保持着实施相对立的活动的能力。一个被创造的仅仅为一个时刻而存在的意志，仍然可以在对立物之间做出自由选择。再者，对于司各脱来说，神的意志所享有的自由，比以前的神学家所赋予它的自由要大得多。例如，上帝有自由摒弃或者删除许多常常被认为属于自然法则的道德戒律。

司各脱在哲学史上是一位重要人物，这不是因为他创建了一个学派，尽管
时至今日每一个时期都有专心致志的司各脱研究追随者，而是因为他的许多 89
创新被后来从未读过他的著作的思想家接受为不容置疑的准则。宗教改革在路德(Luther)和卡尔文(Calvin)之间产生争论，而他们的天主教对手是在基本的司各脱主义背景下出现的。笛卡尔为现代哲学奠定基础的基本框架，实质上是1300年前后牛津大学所建立的结构。从阿奎那的《神学大全》到司各脱的《讲演录》之间的四分之一个世纪，是哲学史上最重要的时期之一。

① 司各脱关于心灵的哲学将在本书第七章论述。

司各脱在专业领域之外并不被广泛阅读：他是哲学家当中的哲学家。然而，非常欣赏他的才华的人之一，是杰拉德·曼雷·霍布金斯（Gerard Manley Hopkins）。霍布金斯在他的诗歌《邓斯·司各脱的牛津》（Duns Scotus' Oxford）中把他的位置置于阿奎那、柏拉图和亚里士多德之上，奉他为：

坦诚地说，最独特的纹理之澄清者；无以
比拟的洞察力，堪与意大利或希腊匹敌之人。

给霍布金斯印象最深的是司各脱关于"这个"的概念，他认为是他自己的独特性（inscape）——每一个人的独一无二的特征——的概念之先声。他在许多诗歌中都歌颂了这种独特性，著名的有《翠鸟开始燃烧的时候》（As kingfishers catch fire）：

每一个必死的人都做一件事情，同一件事情：
在每个人自己居住的房间里处理着那个存在；
自我——按自己的方式行事；言说着、拼写着
我自己：呼喊着**我所做的就是我：为了它我才来。**

在司各脱去世后几十年里，他并没有在牛津大学受到追捧，甚至他的同门方济各会成员也强烈地反对他的观点。

7. 威廉·奥卡姆

威廉·奥卡姆在司各脱最后一次离开牛津大学后不久来到这里。他的姓取自他的出生地，萨里郡的奥卡姆（Ockham in Surrey）。他出生于 13 世纪 80

年代后期,约在 1302 年加入了方济各会,很可能是在伦敦的灰衣僧侣学院接受了哲学训练。在 14 世纪最初 10 年结束的时候,他来到牛津大学开始了神 90
学研究。至 1317—1319 年他讲授《句法学》的时候,一个司各脱学派的学校正在牛津筹建,奥卡姆把自己的理论一定程度上建立在与之对立的基础之上。他不久就受到同门的方济各会僧侣的批判,而且还受到牛津大学校长托马斯·卢特雷尔(Thomas Lutterell)的怀疑,后者是一位托马斯哲学的信奉者。奥卡姆离开了牛津大学而没有继续攻读博士学位,于 14 世纪 30 年代初期居住在伦敦,很可能是在灰衣僧侣学院。[①]他当了哲学讲师,主持了一些纯理论的辩论。他还把他在牛津的讲座写了出来,编了一部系统的逻辑学教材,撰写了对亚里士多德逻辑学和物理学著作的评论,以及一部论及祸福预定和未来偶然性的论著。他最让人们记得的是一句他从来没有说过的话,即闻名的“奥卡姆的剃刀”:“实体不会成倍增加得超过必要。”

奥卡姆在他的著作中提出了一些逻辑学和形而上学的观点,或是发展了或是反对司各脱。尽管他的思想不如司各脱的深刻难解,然而他的语言却是宽厚而清晰。与司各脱一样,他把“存在”(being)作为一个单一意义的术语,在同样意义上用于上帝和造物。然而,它鲜明地减少了创造物的数量,并把亚里士多德的十个范畴减少到两个,即实体(substances)和性质(qualities)。奥卡姆与司各脱最重要的不同观点涉及普遍存在(universals)的本质。他断然弃绝许多个体中有一个我们用一个共同的名称称呼的共同的本质这一观点。心灵之外没有任何普遍存在;世界上任何一个事物都是独一无二的。普遍存在不是事物而是符号(signs)——代表许多事物的符号。

按照奥卡姆的观点,有两种符号:自然符号和传统符号。自然符号是我们

---

① 奥卡姆提前离开牛津大学而没有获得博士学位,可能是他的中世纪绰号“令人尊敬的初学者”(venerabilis inceptor)的原因。这似乎比另一种说法更合理,即他被看做是令人崇敬的创新者。然而无论怎样,这个绰号包含着复杂的文字游戏,因为“incept”一词在中世纪俚语中用来指实际上获得了博士学位,这却是奥卡姆没有做到的事情。他另一个称号“战无不胜的博士”(the invincible doctor)不需要过多的解释。

心灵里的思想,传统符号是我们所造的词汇用来表达我们的思想。我们心灵里的概念构成一个语言体系,即对于所有的人类都相同的、先于诸如英语和拉
91 丁语之类所有不同的口头语言的语言。奥卡姆对真实的普遍存在的否定,常常被称为“唯名论”(nominalism):不过在他看来,作为唯一的真正普遍存在的名称,不仅仅是口头和书写的名称,而且还是我们心灵语言的内在名称。因而,当我们在奥卡姆的理论与他的反对者的唯实论(realism)进行比较时,称他为概念论者(conceptualist)比唯名论者更合适。①

阿维尼翁的教皇宫殿,奥卡姆在这里受审,从这里逃向路德维希皇帝。

奥卡姆在不同的时候对心灵语言与世界上物体联系的方式给予不同的描述。根据他早期心灵形成心理的意象——或者“虚构物”——这一理论,这些

① 奥卡姆的唯名论将在本书第三章讨论。

意象或虚构物与真实的事物相像，并且提供心理陈述的语汇，代替相应的现实
存在物。虚构物在具有与世界上许多不同事物相似性这一意义上，是普遍存
在。之后，在一定程度上由于他的方济各会同事沃尔特·查顿（Walter Chat- 92
ton）的批判，奥卡姆放弃了虚构物的学说。他开始认为心灵语言里的名称只
不过是思想的活动，是一个人心理历程的条目。

奥卡姆接受了司各脱关于直觉知识和抽象知识的区别。正是凭借知觉知识我们才得以知道一个偶然的事实存在与否。然而，奥卡姆明确地表明了这一理论的一个结论，而这个结论在司各脱却没有表述清楚。奥卡姆认为，上帝通过他全能的力量可以直接做他现在通过第二因所做的事情。一般地，上帝通过让白墙与我的眼睛接触使我得知墙是白色的，但是，如果上帝通过正常的感觉的因果关系通常地这样行事，那么他就可以使我同样相信墙是白色的而不需要任何白墙出现。这一命题显然拓宽了司各脱所开拓的认识论裂缝，并且拓宽了怀疑主义的大道。①

奥卡姆的这些观点以及其他的看法，很快就引起了他的方济各会兄弟的关注，于是1323年他被方济各会一个省级大教堂教士大会召去解释他关于亚里士多德范畴论的观点。一年后，奥卡姆为了回应来自牛津大学的指责，不得不面对在阿维尼翁教皇宫廷成立的审查他《句法学》讲座内容是否为异端邪说的委员会。委员会成员主要由托马斯主义者构成，包括原牛津大学校长卢特雷尔。结果，委员会在工作了几个月后没有能对他提出令人信服的控告。

然而，奥卡姆在阿维尼翁的这一阶段却让他的哲学生涯发生了崭新的变化。当时的教皇约翰十二世（John XXII）在涉及贫困的两个问题上与方济各会有矛盾：基督和他的门徒是否曾在赤贫中生活这一历史问题，以及方济各会是否可以合法地拥有财物这一现实问题。圣方济各曾经对贫困拥有极端的理

---

① 奥卡姆的认识论将在第四章讨论。

想:托钵僧不能拥有任何东西,绝不能接触金钱,吃、穿、住完全靠施舍。方济各会的改革者圣波纳文图拉对拥有(*dominium*)和使用(*usus*)作了区分。方济各会的僧侣可以使用财物,但不能拥有财物,个人和作为集体的教会皆然。
93 1279 年,教皇尼古拉三世(Nicholas III)解除了方济各会僧侣所使用的财物的拥有权,并把它纳入教廷的教会财产。

1322 年底,约翰十二世推翻了这项妥协,指责拥有和使用的区别为废话,至少在消费品是如此。翌年,他还弃绝了方济各会关于耶稣和他的门徒声明放弃有生之年的财物拥有权。奥卡姆受方济各会教长塞西纳的米歇尔(Michael of Cesena)——他当时也在阿维尼翁——之邀,研究关于这些指责的教皇教令。他得出的结论是,教皇的指责是不道德的、荒谬的,是异端邪说,并且公开地反对教皇的这些教令。1328 年在教皇颁发诏书宣布他们的教义为异端邪说之前不久,他与米歇尔一起逃离了阿维尼翁。两人逃到慕尼黑,在巴伐利亚的路德维希(Ludwig of Bavaria)寻求庇护。路德维希当时是约翰十二世的敌人,因为约翰十二世反对路德维希称帝。

路德维希于 1324 年被开除教籍,他召集了一次公会,利用教皇与方济各会的争吵为理由宣布教皇为离经叛道者。1328 年,他进入罗马,自我加冕为皇帝,焚烧了约翰的模拟像,并扶持了一位敌对教皇。在罗马,路德维希还得到了另一个哲学盟友的支持,即巴黎大学原神学院院长帕多瓦的玛西琉斯(Marsilius of Padua)。玛西琉斯和奥卡姆一样逃向路德维希寻求庇护,原因是他写了一部书,内容不仅攻击了约翰十二世而且还批判了教皇机构。

玛西琉斯的著作《和平的保卫者》(*Defensor Pacis*, 1324)成为政治哲学的经典文本。著作以指责教皇干涉世俗政体开始。玛西琉斯说道,意大利持续不断的骚乱、腐败、战争,都是教皇的傲慢和野心所致。在论述的过程中,他从地方问题过渡到一般的原则。

国家是一个"完善"的社会,也就是说,在其自身的领域既至高无上又自立自足的社会。有两种政体：统治者的臣民的一致意见之统治，以及违背他们的一致意见之统治。只有前者才是合法的，后者只是一种专制。国家的法律的合法性，既不是来自统治者的意志，也不是直接来自上帝：法律的权威性是公民所赋予的。立法的实际任务可以授权给专门的组织和机构执行，而这些组织机构可以国与国有所不同。君王只是国家的执政首领：如果他是被选上的， 94
那么公民赞成他的统治就得到最好的表达，当然，还有公民的一致意见可以得到合法的体现的其他体制。不合法的或者不能胜任的君主，应该通过法律程序废黜。

玛西琉斯的著作影响非常大，教皇这边没有作者能够在同样哲学的深度和广度上与之匹敌。他影响了正统的天主教徒以及异教人士，波及路德宗教改革。奥卡姆是首批表现出受其影响的哲学家之一，主要表现在他14世纪30年代撰写的一系列政治论著。这些著作与《和平的保卫者》相比稍欠系统性，也不那么激进。

第一部是《九十天的著作》(*Work of Ninety Days*)，1332年仓促写成的长篇论著。接着是《致方济各会会员信札》(*Letter to the Franciscans*)和一系列讨论教会和国家之间的关系的《对话集》(*Dialogues*)。这些著作尽管用意是论辩，而实际上却是“重述性的”，也就是说，它们陈述了(“重述了”)教皇反对者所用的论点，这样，奥卡姆就不必表态与他们的结论观点一致。然而，通过把它们与以第一人称所写的著作(“表明自己观点的”作品)进行比较，我们就可以勾勒出奥卡姆的观点。

奥卡姆关于方济各会贫困的观点的哲学核心，是自然权利的理论。他区分了两种权利：可以从法律上放弃的权利(如拥有私有财产的权利)和不可让予的权利(如拥有自己生命的权利)。在伊甸园，不存在诸如财产这类东西；堕落之后，人类法律确立了拥有财产的权利。私有权自身并没有错，但是，尊敬的约翰教皇，私有权必须与使用权区分开。一位主人允许他的客人在他的餐桌上享用他的食品和美酒,但是他并没有把这些食物的拥有权授予他的客人。方济各会僧侣拥有使用生活必需品的权利,但是这与他们的所有权没有关系,因为这只是一个道德权利,不是任何法庭可以强制执行的(*OND* 6.260–271)。

玛西琉斯关于政体的思想,因他那个时代的意大利城市国家的状况而形成;而奥卡姆的政治思想,更多地受到了神圣罗马帝国的结构的影响。他说道:皇帝不是从教皇那里获得他的权力,而是通过帝国的选举人群体从人民那里获得的。这些权力可以凭借建立一个世袭的君主制来行使;但是君主的任期取决于他善良的行为,如果他滥用他的权力,人民有权力罢黜他。

95 尽管奥卡姆与教皇约翰十二世有争论,但是他对教皇体制却没有玛西琉斯那么敌视。他认为,无论教皇在现实中行事多么专制,他们都确实从神圣的法律获得至高无上的权力。所以,他们应该被看做是合乎宪法的君主而不是专制的君主。他们对最高级公会负责,而公会应该由各地被选上的教士组成。

奥卡姆一生都没有与教廷和解。1331 年,约翰十二世在他 80 多岁的时候,开始宣讲一种被普遍认为是异端邪说的教义,即:够格的人的灵魂离开躯体后直到最后的审判以后与他们的肉体重新结合之后才会享受看见上帝之福。这个教义往方济各会反对者的手中放置了一个新武器。1334 年,约翰教皇在临死前不得不公开认错。新教皇本尼迪克十二世(Benedict XII)宣称,上帝的选民死后不久或者在炼狱一段时间后,其灵魂就会面对面看见上帝。但是本尼迪克十二世并没有撤销对持不同意见的方济各会僧侣的谴责,所以,奥卡姆 1349 年在慕尼黑死于黑死病的时候仍然处于被天主教逐出教会的身份。

8. 对奥卡姆的接受

中世纪鼎盛时期,两所杰出的大学是巴黎大学和牛津大学。巴黎大学无疑在13世纪略胜一筹，而牛津大学在14世纪却高居榜首。学术争论的焦点是奥卡姆的影响在这两所大学各有多大。当然了，如果说有一个奥卡姆学派，这有点夸张，甚至在牛津大学亦复如此，然而另一方面，巴黎大学一些思想家遵循奥卡姆的思想并且发展了奥卡姆的学说。

例如，里米尼的格里高利（Gregory of Rimini），一位于14世纪40年代在巴黎大学教书的奥古斯丁主义僧侣，接受了奥卡姆的自然哲学，尽管他不同意奥卡姆的逻辑学。文学院教授、1328年至1340年索邦神学院（Sorbonne）院长让·布利丹（Jean Buridan），持有奥卡姆唯名论观点，而且他比奥卡姆更坚信进步取决于世界的科学实验。他再次引入了菲洛普努斯的动力（impetus）理论，而且是一代哲学物理学家的老师，包括尼科尔·奥瑞斯姆（Nicole Oresme），他探察了地球每天都围绕着一个轴心旋转这一假设，但是没有被认可。与奥卡姆一样，布利丹也是以他从未说过的话知名。在论及意志在不同 96
选项进行选择时的自由时，据说他曾说过，一头驴子面对两堆同样有吸引力的干草时，它就什么也吃不到，“布利丹的驴子”成了一个不确切的俗语。

有两位法兰西思想家深受奥卡姆认识论的影响：他们是西多会修士弥雷库的约翰（John of Mirecourt）和奥特雷库的尼古拉斯（Nicholas of Autrecourt），后者是一位俗世教士，两人均于14世纪40年代在巴黎大学讲课，而且两人均因其激进的观点受到学术界和教会的批判。1347年，约翰著作中有41项命题受到索邦神学院校监的谴责，而尼古拉斯有50多项命题受到教皇使节的谴责。约翰以致歉的方式为自己的著作辩护；尼古拉斯公开认错，得以继续他的学术生涯。

弥雷库的约翰的认识论，是在奥卡姆的认同（assent）理论基础上的发展。认同的事物可以是显而易见的，或者是伴随着错误的恐惧出现的。逻辑学最重要的原理，在于最高程度的证明，然而，还有基于对世界的经验之自然证明。自然证明不能产生绝对的确定性，除非证明是自我存在，这一点如果被否认必会产生自相矛盾。我们不能对任何其他的实体的存在获得相同的确定性。甚至上帝的存在也不能确定地证明,原因是证明上帝存在的论据的基础是仅仅包含自然证明的这个世界的事实。甚至,倘若除我之外没有任何事物存在,上帝也可以通过奇迹让我觉得外边有一个真实的世界。

可以看得出,约翰非常接近地预示了笛卡尔在他的第二沉思开始所得出的观点。奥特雷库的尼古拉斯,采取了一个更为激进的怀疑主义立场。如果我们把知觉认识定义为包含着"事物存在的判断,无论那事物是否存在,"那么,我们就决不会肯定感官所感觉到的事物是真实的。我们不能确定五官所感觉到的事物之存在。有一个被谴责的而后他又公开认错的命题是这样的:"实际上凭借自然现象不能得到任何事物的确定性。"然而,尼古拉斯又修正了这个怀疑主义的命题,他说道:倘若人们把他们的心灵转向事物自身而不是亚里士多德及其评论者,那么在很短暂的时间之后是可以获得一点确定性的(*DB* 533 ff.)。

与约翰不同,尼古拉斯没有把"我思故我在"看成是走出怀疑主义死胡同
97 的方法:它肯定没有证明任何实质自我(substantive ego)的存在。他说道,甚至"这里有一个智性的想法,所以智力存在"也远远不是一个显而易见的论证。没有任何形式的具有因果关系的论证,能够证明任何种类的任何事物的存在之确定性。尼古拉斯得出结论,只有非矛盾原则能够为知识提供坚实的基础:而这样的基础将不会让一个人远离哲学。他受到谴责的一个命题是这样的:"决不能从某个其他事物的存在用适当程度的证据推定或者证明一个事物的存在,也不能从另一个事物的非存在(non-existence)推定或者证明一个事物的非存在。"这里,进入现代哲学的读者脑海里的不是笛卡尔,而是休谟(Hume)。

无论正确与否,奥特雷库的尼古拉斯的怀疑主义,常常在后来被抬出来作为例子表明对奥卡姆学说所能导向的结论之可怕的超越。他有时被20世纪逻辑实证主义者盛赞为杰出的先驱,这一点的正当性同样受到怀疑。

英格兰对奥卡姆的旋即接受，并非一贯一帆风顺。甚至他亲密的朋友——例如亚当·沃德汉姆（Adam Wodeham）和沃尔特·查顿（Walter Chatton）——也修改他的学说以使之更易被主流经院哲学所接受。沃尔特·博雷（Walter Burley）是当时最重要的英格兰思想家之一，他的学术生涯与奥卡姆的几乎相同而且有的同时发生。他于1301年在牛津大学获得硕士学位，于20年代在索邦神学院获得博士学位。他执教于默顿（Merton）学院，曾为英王爱德华三世（Edward III）的外交使节。他因论著《逻辑学的纯艺术》（*The Pure Art of Logic*，1328）闻名于世。该著作可谓中世纪幸存的最好的逻辑学著作之一。在这部著作里，博雷针对对奥卡姆的批评，为传统的表意观（view of signification）和假设说进行了辩护。①

9. 牛津计算师

1426年至1450年间目睹了牛津大学一个哲学流派的兴起，它对物理学的历史具有重大影响。这一学派站在最前沿的人物是托马斯·布拉德沃丁
（Thomas Bradwardine，1295—1349）。他先后执教于巴利奥尔（Balliol）和默顿 98
学院，后来为爱德华三世的告解神甫，最后为坎特伯雷的大主教。这一学派的其他成员，如威廉·黑特斯伯里（William Heytesbury）和理查·斯瓦因希德（Richard Swineshead），与布拉德沃丁一样执教于默顿学院，因此，这个学派的成员有时以默顿派知名。他们共同的兴趣是用数学的方法解决哲学的和神学的问题，所以，他们还被称为牛津计算师（Oxford Calculators），名称取自斯瓦因希德所写的论著《计算论》（*Liber Calculationum*，1350）。

① 参见本书第三章。

布拉德沃丁于1328年发表了一篇论文,名叫《论运动中速度的比例》(*De Proportionibus Velocitatum in Motibus*)。在这篇论文中,他提出了一个比率的理论,用于论证力、阻力和速度在运动中相互关联的理论。这一理论很快就取代了亚里士多德的运动定律,而且,它不仅在牛津大学很有影响,在巴黎大学影响也很大,还被奥瑞斯姆(Oresme)采用。其他的计算师也发表了重要的自然哲学著作,但是他们把他们的数学天赋贡献于解决逻辑学和神学问题,而不是用于物理学的研究。例如,关于极大值和极小值的问题是朝微积分发展的萌芽;然而,它们最初的提出,与什么是祈祷中完成一个日夜祈祷的指令要度过的最小和最大时间长度这个问题密切相关。如何计量无数量的质量——例如热和冷——的问题,在分析诚信者的灵魂中上帝恩典的增加以及计量天堂里的灵魂幸福的程度时,第一次得以解决。

物理学中许多发展都是作为逻辑难题(*sophismata*)的解决方案出现的。所谓的逻辑难题,是其内容模棱两可或者似是而非的命题,它们被作为整套问题要逻辑学学生解决,最后由文学院的专家解决或者裁定。最富创新性的一套逻辑难题是理查·吉尔文顿(Richard Kilvington)于约1328年提出的。吉尔文顿并不是默顿派,然而他与达勒姆(Durham)主教及大法官伯利的理查(Richard of Bury)组织的研究小组中牛津计算师过往甚密。吉尔文顿自己并不是一位数学家,但是他提出的逻辑难题很快就被黑特斯伯里在他的《逻辑难题解析法则》(*Regulae Solvendi Sophismata*, 1335)赋予数学的形式。在这部书里黑特斯伯里提出了不变加速度理论。

逻辑难题在文艺复兴时期名声扫地,但是在20世纪又红极一时。在法兰西还是一个共和国的时候,伯特兰·罗素就探索过“法兰西国王是秃头”这句话的
99 真实价值。他的探索结果是对限定性描述(definite descriptions)非常有影响的逻辑分析。同样,吉尔文顿在他的这套逻辑难题里提出了一个假设,例如,苏格拉底白得像他所能白的那样,柏拉图至今为止不白,但是此时此刻开始白。吉尔文

顿然后追问“苏格拉底比柏拉图开始白(的时候)更白”这句话的真实价值。一个很自然的反应或许是说,先不管它是真还是伪,这句话不通;但是,吉尔文顿很有耐心地道出一个人说这句话时他想表达什么,而且,他在对这句话以及类似的难题解释的过程中,提供了对程度、比率和比例等概念的一种分析。

牛津计算师的领袖人物托马斯·布拉德沃丁,同样是一位重量级的神学家。他还是牛津大学14世纪另一个学术倾向的主要代表,即奥古斯丁主义的复兴。当然了,在整个中世纪,奥古斯丁一直是人们怀着敬仰的心情来对待的权威,对他引用的频率不亚于亚里士多德。但是,诸如布拉德沃丁和他的爱尔兰同代人理查·菲兹拉尔夫(Richard Fitzralph,1333年为牛津大学校监,之后为阿尔玛大主教)等这些新奥古斯丁主义者,开始更加关注奥古斯丁著作的历史语境,并开始着重研究他晚期驳斥贝拉基主义者(Pelagians)的著作。布拉德沃丁在他的巨著《论神圣起因》(*De Causa Dei*),围绕着神的预知、未来偶然性命题、人类自由等问题提出了奥古斯丁主义的答案。

10. 约翰·威柯利夫

奥古斯丁主义复兴中最杰出的人物,是约翰·威柯利夫(John Wyclif,1330?—1384),他还是针对奥卡姆的唯名论做出唯实主义反应的领袖人物。14世纪中叶,威柯利夫可谓大学里最卓越的思想家。他的平生反映了牛津大学历史上反复出现的模式,例如,约翰·韦斯利(John Wesley)和约翰·亨利·纽曼(John Henry Newman)的一生同样反映了这一模式。14、18和19世纪中叶,牛津大学宗教史上最重要的事件是一个宠儿对教会的背叛。①

① 参见R. A. Knox《热情》(*Enthusiasm*)(Oxford:Oxford University Press, 1948),66页。

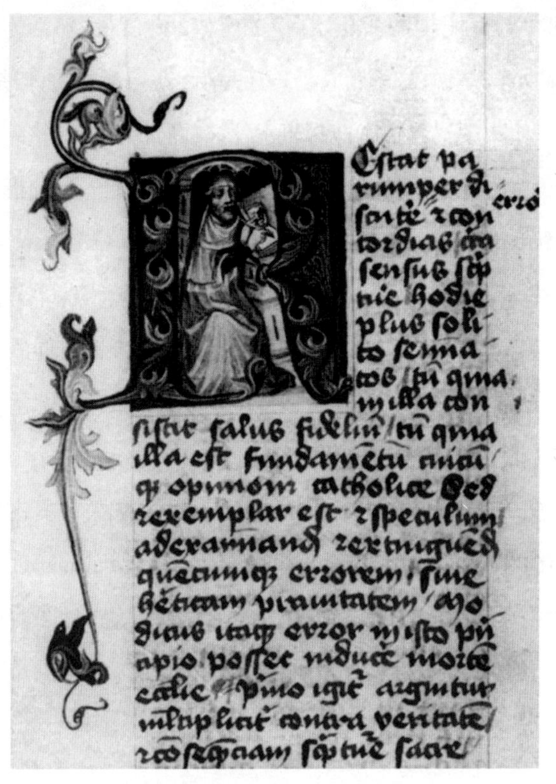

约翰·威柯利夫:1472 年的波希米亚书稿开始的插图。

同韦斯利和纽曼一样,威柯利夫是牛津大学一朵盛开的鲜花,一位在同代人当中勇敢地站出来捍卫学术和生活的严肃性之人。和他们一样,威柯利夫围绕着自己形成了一个由追随者组成的小团体,而且,他似乎以他个人的影响和声望左右着牛津大学的思想和实践的路线。与他们一样,威柯利夫向教义的诠释迈了一大步,这一步疏远了他最亲密的神学界同盟并且证实了他的批评者的怀疑。同他们一样,威柯利夫被逐出牛津大学,之后,他对家乡——他青年时代和满怀希望的家乡——远处的塔尖少有地看了怀旧的一眼,到其他地方继续着他的宗教使命。

威柯利夫 14 世纪 50 年代来到牛津,尽管不时地因公共事务而分心(一度

在一个大使馆工作、一度为议会出谋划策)，然而他一生主要还是在教学、讲道 101
和写作。1360 年他是巴利奥尔学院的院长，1372 年他获得神学博士学位，在此期间，他撰写了《哲学概要》，其中最重要的一卷论及普遍存在。撰写这部《概要》的目的是反驳唯名论者的谬见、维护唯实论的正确。在他的成熟阶段，他撰写了一部《神学概要》，开始两卷为无聊的正统思想，接着几卷显示了大胆的创新，然后进入明显的异端学说，最终以了无趣味的辩论结束。这部著作涉及中世纪神学的各个方面。有三卷论及法律和财产问题，提出颇有争议的命题：邪恶的教士应该被剥夺财产拥有权，甚至世俗之人如果是罪人也没有权利拥有财产。其他几卷论及教会、君主、教皇体制，分析了基督教和基督教社会的结构，严厉批评了腐败现象，提出了改革的动议。最后几卷之一涉及圣餐，他针对弥撒——中世纪精神生活的中心问题——提出了全新的解释。

威柯利夫最令人吃惊的创新之一，是他基于自己所有权(*dominium*)理论提出的共产主义社会。他是这样论说的：一方面，有罪之人没有权利拥有财产。只有在你能够公正地使用某物时，你才能公正地拥有它；但是任何有罪之人都不会公正地使用某物，因为他的一切行为都是有罪的。另一方面，如果你要享受神的恩典，那么你作为上帝的养子就继承了神的王国的一切。所以，如果每一位享受神的恩典的基督徒是一切的主人，那么他就应该把他所拥有的一切与所有其他享受神的恩典的基督徒分享。

> 上帝给予的利益是相同的。这一点可以这样来证明。每一个人都应该享受神的恩典；如果他享受神的恩典，那么他就拥有这个世界以及这个世界所有的东西。因此，每一个人都应该是整个宇宙的主人。但是，这一点与有许多人这个事实不符，除非他们应该共同拥有一切。因此，所有的东西都应该共有。

令人奇怪的是，威柯利夫关于所有权的学说尽管很激进，可是权威人士似乎在他有生之年没有找他什么麻烦。世俗人士用它来支持征收神职人员的税，却忽视了它对俗人的含义。

然而，威柯利夫之越来越大胆的思想，使他在牛津大学的教职越来越不稳固。当他指责教皇以及质疑教皇的教令时，他可以得到同情者，甚至在高层教士也有同情者，因为当时不名誉的宗派正把基督教分裂成两个教会。当他这
102 位享受几个圣俸的俗世教士号召取消教会的财产所有权的时候，许多俗人和乞讨的托钵僧觉得他的话很中听。但是，1379 年，他指责圣餐变体(transsubstantiation)的教义，并且说弥撒时的面饼和红酒只是在《圣经》的纸和墨水是上帝所说的话之意义上才是基督的躯体，这时托钵僧、贵族和主教全都反对他。一个省级的教会会议谴责他的学说为异端邪说，并且把他逐出牛津大学。他在北安普顿郡的卢特沃斯(Lutterworth)的一个乡村居所结束了自己的生命，很自由，却不风光。

威柯利夫去世后的影响比他生前大。在接着的几十年里，他的英格兰追随者罗拉德派(Lollards)以他的名义传布《圣经》的方言版本。威柯利夫自己参与了多少翻译，是一个争论不休的问题，但是，直到近代他都是因这版《圣经》而闻名于世，无论这话正确与否。在外国，如波希米亚，人们由于他的追随者冉·胡斯(Jan Hus)而对他记忆犹新。天主教会在 1415 年康斯坦茨公会(Council of Constance)结束了分裂之后，立即以异端邪说者的名义烧死了胡斯，并且谴责威柯利夫有 260 项命题为邪说。在他的家乡，他的尸体被从坟墓挖出焚烧。

由于威柯利夫与罗拉德版《圣经》的联系，还由于他对圣餐变体以及对教廷的攻击，他被新教圣徒传记作者盛赞为宗教改革的启明星。他的著作在哲学家当中读者面不广：新教的思想家受到经院哲学的排斥，因为——人们认为——宗教改革把我们从经院哲学中解放了出来，而天主教的学者觉得，有很

多天才的圣哲还在等着他们的勘定版本问世,所以他们完全可以忽视一位异端邪说者的著作。但是在最近,阅读过他的著作的哲学家开始认识到他是一位重要的思想家,值得给他的两位伟大的先驱再加一位并驾齐驱者:实际上,他是经院哲学的一颗长庚星。

11. 巴黎大学和牛津大学之外

威柯利夫的一生正好与英格兰开始从欧洲的其他地方孤立出来重合。司
各脱和奥卡姆两人在巴黎如同在牛津一样闻名,而且他们很长时间都居住在
欧洲大陆。威柯利夫除了短暂地到国外之外,基本上居住在英格兰。拉丁语
一直被用于学术的交流,但是方言文学开始在欧洲各国流行,而且拉丁语已不
再是威柯利夫的同代优秀作家的首选,例如乔叟(Chaucer)和朗格兰(Lang- 103
land)。英法之间的百年战争在牛津大学与巴黎大学之间设置了一道障碍,这
两所大学各自走自己的路,但(学术思想)越来越贫瘠。

然而,至 14 世纪末,新的大学开始在欧洲各地兴起。布拉格查理大学(Charles University of Prague)于 1347 年建校;至 1402 年,奥卡姆学派和威柯利夫学派在学校里的争论,开始在全欧洲震荡。海德尔堡大学(University of Heidelberg)于 1385 年由教皇下诏成立,首任校长为原巴黎大学的校长玛西流斯·英海因(Marsilius Inghen)。1399 年,帕多瓦大学(University of Padua)建了首批校舍。1400 年,位于克拉科夫(Cracow)的亚盖洛大学(Jagiellonian University)获准组建。苏格兰最早的大学圣安德鲁大学(St Andrews)于 1410 年建立,此时苏格兰和英格兰分别属于两个闹分裂的教皇的同盟。低地国家的第一所大学是卢万大学(Louvain University),组建于 1425 年。

取代旧的巴黎大学和牛津大学的密切合伙关系的是日益昌盛的新的国际

大学网。例如,在 1500 年前后几十年里,一群苏格兰学者一起就读于巴黎大学,其中主要的一位是约翰·梅杰尔(John Major),或称梅伊尔(Mair),他后来是格拉斯哥大学(University of Glasgow)的校长。他们为逻辑学和认识论作出了重要的贡献,近代学者会毫不犹豫地把他们的贡献与 18 世纪的苏格兰启蒙运动相比较。①

与此同时,一种完全不同的哲学思考正在大学以外流行。两种形式的哲学之间的分歧,以后会对非学术世界产生长期的严重后果。在 14 世纪早期的巴黎大学,当邓斯·司各脱在那里讲学的时候,讲座同时由另一位极有天赋的哲学家提供,他是德国多明我会修士埃克哈特(Meister Eckhardt)。埃克哈特继而到科隆大学做牧师和讲师,获得了极大的荣誉。如果说司各脱是 14 世纪哲学思考分析传统的第一位斗士,那么埃克哈特可以说是另一传统的奠基人,即神秘主义传统。

神秘主义传统思想家的忠实作品,例如埃克哈特的学生约翰·滔勒(John Tauler)和亨利·苏叟(Henry Suso)的《现代虔诚》(*Devotio Moderna*),并不是哲
104 学史的一部分。哲学史家所关心的是,与这一学派关系密切的反理智态度。一位名叫杰拉德·格鲁特(Gerard Groote, 1340—1384)的荷兰人,在德温特(Deventer)成立了一个虔诚的协会,名叫"普通生活兄弟会"(The Brotherhood of Common Life)。他为这个兄弟会起草的章程包括对整个学术体制的攻击。只有浪荡子才会在大学里幸福,争论和学位只会培养极度的虚荣。

德温特兄弟会又衍生了一个新的律修会修士(canons regular)宗教团体,基地设在温德斯黑姆(Windesheim)。温德斯黑姆最有名的律修会修士是托马斯·阿·坎彼斯(Thomas à Kempis),他很有可能是《模仿基督》(*The Imitation of Christ*)一书的作者。该书是描写基督徒虔诚的经典之一,大约写于威柯利

① 参见 A. Broadie《约翰·梅伊尔群体》(*The Circle of John Mair*)(Oxford: Oxford University Press, 1985),以及《观念和物体》(*Notion and Object*)(Oxford: Oxford University Press, 1989)。

夫去世后被谴责为异端的时候。这部书的内容涉及对经院哲学以及神学严厉的指责：

> 倘若你由于缺少谦卑而令三位一体不悦，那么谈论三位一体的深层神秘性对你能有什么益处呢？……我宁愿选择感觉到内心不安也不选择知道它的定义。……虚荣之虚荣呀，除了爱上帝和侍候上帝外，一切都是虚荣……没有认识事物的深层意义的愿望，而宁愿承认你缺乏知识。

德温特和温德斯黑姆的传统一直流行到 16 世纪，而且它正是在 16 世纪导致经院哲学走下坡路的力量之一。年轻的伊拉斯谟（Erasmus）是普通生活兄弟会的学生，而且一度还不情愿地做了温德斯黑姆律修会修士。路德（Luther）也受到这种反对追求学术精神的神秘主义的影响，并且它还为他攻击中世纪亚里士多德主义推波助澜。

有一个人在 15 世纪左右摇摆于分析 - 怀疑传统与神秘 - 信仰传统之间。这就是库萨的尼古拉（Nicholas of Cusa，1401—1464）。他出生于库萨，离摩泽尔河（Moselle）上的科布伦次（Koblenz）不远。他也是德温特兄弟会的学生，因此就读于海德尔堡和帕多瓦。他是 1432 年巴塞尔公会（Council of Basel）的代表。巴塞尔公会标志着反对教皇拥有至高权威主张高级公会的权威性的高潮。后来他坚持站在教皇一方，成为教皇尤金四世（Eugenius IV）的外交使节。1448 年，他被任命为红衣主教，随之于 1451—1452 年是教皇派往德国的使节。他于 1464 年在翁布里亚（Umbria）的托地（Todi）去世。

尼古拉是一位虔诚而慈善的人，一位勇于献身的教会改革者和普世基督
教主义者。他整个一生都在为教会的重新和解而努力：罗马天主教里主张教 105
会会议至上者与主张教皇至上者之间、罗马天主教（Latin Church）与希腊正教会（Greek Church）之间经院主义神学与神秘主义神学之间以及基督教思想与

异教思想之间的和解。他认为,犹太人、希腊人、拉丁人、穆斯林人以及阿拉伯人等名称,一旦用于上帝都是彼此相等的,在上帝所默示的表示上帝的四个字母(Tetragrammaton)中是一致的(Sermo. 1. 6. 14)。

与牛津计算师一样,尼古拉撰写了一些数学问题的著作,但是他最著名的哲学著作是1440年的《论学问者的无知》(*De Docta Ignorantia*),这也是他最早的著作。这部著作的主要观点,是对立物之完美的和无限的综合(coincidentia oppositorum)。每当我们把一个谓词用于描述上帝的时候,我们总能同样合适地用与它相对立的词语进行表述。如果说上帝是最伟大的存在,那么他也是最不起眼的存在:上帝既是极大又是极小,因为没有任何事物比他更大,然而他同时没有任何规模和体积。对立物协调于上帝这一事实,表明我们要真实地认识上帝是多么的不可能。要达到终极真理之理性的努力,就像嵌在一个圆的多边形:无论我们给这个多边形增加多少边,尽管它非常近似圆的边,它也不会与圆的边完全吻合。①

文艺复兴时期的柏拉图主义

库萨的尼古拉常常被认为是中世纪到文艺复兴的过渡性人物。他《论学问者的无知》的写作,确实与文艺复兴的萌芽事件相吻合:1439年的佛罗伦萨公会(Council of Florence)。君士坦丁拜占庭希腊帝国受到奥特曼土耳其强大的军事力量的威胁,所以求助于西方基督教徒。教皇威尼斯人尤金四世(Eugenius IV)把神学的统一作为一次十字军东征的一个条件,而且,皇帝约翰八世(John VIII)和君士坦丁堡的宗主教为了重新统一罗马天主教和希腊正教会

① 尼古拉的神学将在本书第九章讨论。

还参加了在费拉拉(Ferrara)和佛罗伦萨举行的公会。贝诺佐·戈佐利
(Benozzo Gozzoli)在美第奇－里迦第宫殿(Palazzo Medici-Ricardi)的东方三博
士(the Magi)装饰壁画描绘了参加公会的主要人物,这使得他们在佛罗伦萨的
出现永垂不朽。东西教会的统一,在教令《统一敕令》(*Laetentur Caeli*)中公开 106
声明,1439 年得到教皇、皇帝和宗主教的认可,可是结果证明如同它 1270 年的
前身一样是短命的。然而,这次公会对哲学史的影响却更为久远。

佛罗伦萨当时已经成为古代经典学术复兴之乡:这就是“人文主义”(humanism),不是在关注人类的意义上,而是在投身于“人文学术”(human letters)的意义上。最早的一个表现特征,是对古典罗马作家的崇尚以及相应地对拉丁语经院学问的冷淡。佛罗伦萨的一位高层公务人员列奥纳多·布诺尼(Leonardo Bruni),把亚里士多德的著作翻译为更优美的拉丁语。随着对希腊经典新译本的强烈愿望,许多受过教育的人都很想学希腊语以及阅读柏拉图、亚里士多德和其他古代思想家的原始语言著作。自从 1396 年,佛罗伦萨大学定期给少数特选的人讲授希腊语。

东方学者在佛罗伦萨公会的出席,进一步推动了这场运动。出席公会的学者包括重要的柏拉图主义哲学家普莱东(Georgios Gemistos Plethon,1360—1452)、他的学生贝萨利翁(Bessarion, 1403—1472),以及亚里士多德学派哲学家特莱比松的乔治(George of Trebisond, 1395—1484)。他们三位只有反对教会统一的普莱东会后回到希腊:另外两位留在了罗马,乔治当了教皇的秘书,贝萨利翁成了红衣主教。

佛罗伦萨公会期间,普莱东作了讲演,对柏拉图和亚里士多德的成就进行了比较。他说道,拉丁哲学家过高地看中亚里士多德,柏拉图应该是首选:柏拉图相信有一个造物主,而不仅仅是一个原动力,而且他还相信有一个真正的不朽的灵魂。亚里士多德关于理念的理论是错的,错在认为德性是一种手段,错在把幸福等同于沉思冥想。

普莱东对亚里士多德的抨击，吸引了希腊人和拉丁人的回击。乔治·斯科拉里奥（George Scholarios）———一位阿奎那的崇拜者和佛罗伦萨公会上教会统一的支持者——后来醒悟了过来回到君士坦丁堡，并成为君士坦丁堡的宗教主。1445 年，他撰写了《为亚里士多德辩护》（*Defence of Aristotle*）反对柏拉图主义者。尽管亚里士多德认为世界是永恒的，但是他却认为上帝是世界的有效因，而且他还相信人的灵魂是不死的而且是不可毁灭的。亚里士多德是比柏拉图思路更清晰、理论更系统的哲学家。斯科拉里奥相信，普莱东根本不是基督徒，而是一个新柏拉图主义异教徒。或许斯科拉里奥是正确的。普莱东去世后，斯科拉里奥下令把他的著作公开焚毁。

107 特莱比松的乔治发起了对亚里士多德的暴风骤雨般的辩护。特莱比松的乔治这时正在为教皇尼古拉五世（Nicholas V）翻译柏拉图和亚里士多德以及许多希腊先辈的著作。他在《柏拉图和亚里士多德指南》（*Comparison to Plato and Aristotle*）中把亚里士多德说成是基督教英雄，把柏拉图说成是异教邪说的无赖。他声称，亚里士多德相信从无到有的创世、天道以及神位的三位一体。反之，柏拉图提出了令人厌恶的说教，例如男色关系（pederasty）之美以及灵魂转生为畜生，他还鼓励男女裸体进行体魄锻炼。对柏拉图的热心，导致了希腊正教会走向异端邪说和分裂；古罗马亚里士多德主义者则把哲学与正统思想整合统一。只有那些更关心写作风格而不关心内容的学者才喜欢柏拉图而不喜欢亚里士多德。

有两位红衣主教加入了争论，目的是恢复平衡。库萨的尼古拉——特莱比松的乔治为他翻译了柏拉图的《巴门尼德篇》（*Parmenides*）——撰写了一部对话录，书名叫《论非他者》（*On the Not Other*），这里，他强调了亚里士多德《逻辑学》和柏拉图《形而上学》的局限性，同时努力在两者之上构建认知上帝的途径，即神圣的非他者（Not-Other）。贝萨利翁更为严肃持重地撰写了一部论著，取名《柏拉图诽谤者一驳》（*Against the Calumniator of Plato*），以希腊语和拉丁语两种语言发表。他指出，许多基督教圣徒都敬佩柏拉图。然而，柏拉图和亚里士多德均不是完全地符合基督教教义，他们之间的对立点很少，柏拉图和亚里士多德之间的相似处与亚里士多德和基督教之间的相似处同样多。

108

红衣主教贝萨利翁的画像很少见。在真蒂利·贝里尼的这幅画中，贝萨利翁在他呈献给威尼斯兄弟会的精致的圣骨盒下几乎看不到身影。

贝萨利翁说道:请尊敬的特莱比松的乔治阁下原谅,亚里士多德并不相信上帝自由地从空无创造了世界,而柏拉图更接近基督教关于天道的信念。再者,亚里士多德并没有证明个人的灵魂不死。亚里士多德解释能动智力的作用下概念形成的方式,非常接近柏拉图关于人在回忆(recollection)中与理念相连的理论。贝萨利翁平衡了特莱比松的乔治从柏拉图对话录里引用的放荡轻薄的段落和其他劝诫节制和德行的段落。柏拉图和亚里士多德都是杰出的思想家,是天道派送下来从不同的途径把人类引向真理。贝萨利翁认为,柏拉图的人类学更接近没有原罪情况下的人生;亚里士多德对堕落后的人类给予更现实的描绘。

至15世纪60年代,西方的天主教学者已经普遍认为研究柏拉图是合适
109 的。1453年君士坦丁堡被土耳其人攻陷,从而有大批避难者流入,他们带来的不仅仅是他们自己研究古典希腊的学问,还有古代作家珍贵的书稿。他们的知识以及他们所带来的书稿受到罗马和佛罗伦萨的欢迎。科西莫·德·美第奇(Cosimo de' Medici)委任他的宫廷哲学家玛斯利奥·菲西诺(Marsilio Ficino)翻译了柏拉图的所有著作。这项工作于1469年完成,同年科西莫的孙子伟大的洛伦佐(Lorenzo the Magnificent)即位为美第奇家族的首领。洛伦佐在他新建的劳伦兹亚那图书馆收集希腊手稿,像以前教皇尼古拉五世和他的继任者曾经在重新修建的梵蒂冈图书馆做过的一样。

玛斯利奥·菲西诺在佛罗伦萨附近的卡雷基(Careggi)聚集了一批富有的学习柏拉图的学生,他称之为学园(Academy)。除了柏拉图外,他还翻译了普罗克洛斯和普罗提诺以及一部有关古代炼金术和占星术著作的选集《炼金术大全》(*Corpus Hermeticum*)。他撰写了关于柏拉图四部主要对话录以及普罗提诺的《九章集》的评注。他自己还写了一些短篇论文和一部重要著作《柏拉图神学》(*Theologia Platonica*,1474)。在这部著作里,他对灵魂及其渊源和命运提出了自己的新柏拉图主义的看法。他的目的是把经院哲学传统中的柏拉图

因素与对其古代世界的起源之文学和历史鉴赏结合起来。他认为，异教柏拉图哲学传统是受到神启的，并且相信，倘若要使基督教合乎新兴的人文主义知识分子的胃口，就必须把柏拉图哲学传统融进神学的教义中。因此，他把圣保罗在《哥林多前书》所说的仁爱与《斐德罗篇》(*Phaedrus*)中的厄洛斯等同起来，并且认为基督教上帝与《理想国》(*Republic*)中至善的理念相同。

菲西诺的热衷柏拉图的同志中，最出色的是米兰多拉(Mirandola)伯爵乔瓦尼·皮科(Giovanni Pico，1463—1494)。皮科早年学习希腊语和希伯来语，所以他深谙拉丁语和希腊语，而且，除了《炼金术大全》，他还认真研究了犹太神秘哲学。他想把希腊、希伯来、穆斯林和基督教思想全都融汇成一个折中的柏拉图主义大综合体。他琢磨出900项命题，并于1487年邀请所有感兴趣的学者与他一起在一场辩论中讨论它们。教皇英诺森八世(Innocent VIII)禁止了这场辩论，并且指派了一个委员会审查这些命题中的异端邪说。被谴责为异端邪说的命题有“没有任何科学的领域比魔法和神秘哲学能为我们提供基督神性更多的确定性”。

皮科准备为那场流产的辩论开场的演讲，以《论人的尊严》(*On the Dignity of Man*)的名称幸存下来。皮科相同数量地援引《创世记》和柏拉图的《蒂迈欧 110
篇》来描述创世，并设想上帝以下面的话向刚被创造的人类讲话：

> 其他存在物的本性局限于并限制于朕(Us)所颁布的律法的范围内。朕(We)凭自由意志创造了汝等，汝等不受任何限制约束，汝等将按照汝等自己的自由意志为汝等自己规定本性的限制。朕把汝等置于世界的中心，便于汝等从那里更容易地观察世界上所有的事物。朕把汝等创造得既不属于天又不属于地，既不是必死的又不是不死的，因此汝等拥有自由选择和寡廉鲜耻，似若汝等为汝等自己的创造者，可以以自己喜欢的样子塑造汝等自己。汝等将拥有能力贬降为低等生物，亦即畜生

一样。汝等将拥有能力因汝等灵魂的判断再生为更高级的生命，亦即神灵一样。①

皮科认为人生来就包含着许多生命形式的潜力，因而生来就是全能的。你可能成为一棵蔬菜、一头牲畜、一个有理性的精灵，或者上帝的儿子，这取决于你开发哪种生命的潜力。你甚至可以内聚于自身并在孤独的黑暗中与上帝合二为一。

皮科著书立说始终一贯的目标是推崇人性的力量。为了达到这个目的，他为炼金术的运用和象征仪式辩护：这些都是合法的法术，必须严格地与召唤魔鬼帮助的巫术区分开。但是，并非所有古代的科学断言都可信。皮科写了十二卷书反对占星术：天体可能会影响人的身体，但影响不到人的心灵，没有人会如此了解星辰的运动和力量以至于能够根据星象算命。一定要反对星象学，因为星象学所声称的决定论限制了人的自由；一定要实施乞灵于天使的法术，因为它使人成为造物的“君主和主人”。

皮科对人的尊严的召唤，可谓哈姆雷特对人的尊严的赞颂之先祖：

人类是一件多么了不起的杰作！多么高贵的理性！多么伟大的力量！多么优美的仪表！多么文雅的举动！在行为上多么像一个天使！在智慧上多么像一个天神！宇宙的精华！万物的灵长！②

尽管皮科的观点非正统而且与教会权威的观点冲突，而他还是受到圣托
111 马斯·莫尔（St Thomas More）的敬佩，所以年轻的莫尔写了一部《皮科传》，把

① E. Cassirer 等编，《文艺复兴时期人的哲学》（*The Renaissance Philosophy of Man*）（Chicago：Chicago University Press，1959），225 页。

② 《哈姆雷特》（*Hamlet*），第二幕。第二场，303－307 行。朱生豪译。——译者注

他誉为俗人追求虔诚的楷模。的确,皮科去世前很虔诚。美第奇家族被逐出佛罗伦萨后,萨奥那洛拉(Savonarola)把佛罗伦萨变成一个宗教共和国,皮科成为萨奥那洛拉的忠实追随者,而且还想加入多明我会成为一个托钵僧。然而,他在能实现这个计划之前就去世了,享年 31 岁。临死的时候,他在撰写一部著作,试图调和柏拉图和亚里士多德形而上学。

13. 文艺复兴时期的亚里士多德哲学

在 15 世纪 90 年代,柏拉图主义者对亚里士多德哲学显示出和解的胸怀,与此同时,亚里士多德主义在帕多瓦正酝酿着强劲的复兴。亚里士多德主义的复兴呈两种形式:阿威洛伊主义者和托马斯主义者。1486 年,多明我会在其学校里用圣托马斯的《神学大全》取代了彼特·朗巴德的《句法学》为讲授的基础文本,从而伊始了文艺复兴时期的托马斯主义的复兴。但是在帕多瓦,开始的时候阿威洛伊派势头强劲。两位主要的教师是尼克莱托·维尔尼亚(Nicoletto Vernia, d. 1499)及其学生阿戈斯蒂诺·尼佛(Agostino Nifo, 1473—1539),两位均撰写了阿威洛伊评注,而且均坚持阿威洛伊的立场,认为所有个体的人都享有唯一的一个不朽的智力。但是在 1491 年,历史上最伟大的托马斯主义者之一来到了帕多瓦,这就是多明我会的托马斯·德·维奥(Thomas de Vio),他以盖伊塔(Gaeta)的拉丁语卡杰坦(Cajetan)知名,盖伊塔是他的出生地以及后来做主教的城镇。

卡杰坦对亚里士多德的多部著作进行了评论,其中包括《论心灵》,然而他还是以对圣托马斯的评注闻名,最早的一部是 16 世纪 90 年代初期①在帕多瓦

① 原文为“1590s”,疑有误,应为“1490s”。——译者注

撰写的对《论存在和本质》(*De Ente et Essentia*)的评注。卡杰坦对圣托马斯的评注包括了整个《神学大全》。尽管他的评注并不易读,但是时至今日仍然受到托马斯主义者的很高评价。影响尤其大的是关于比喻的一个小册子,他把散见于亚里士多德和圣托马斯著作中各种各样的比喻进行分类并体系化。在1495年至1497年间,卡杰坦在帕多瓦大学任讲授托马斯主义形而上学的教授。[①] 尽管卡杰坦是一位与圣托马斯投契的评论者,但是他并不怕表现与圣
112 托马斯不同的观点,而且他得出结论,亚里士多德并不认为个人不死,且只凭借自然理性是不能认知这种不死的。[②]

持有同样观点的还有温文尔雅、学识渊博的学者皮埃特罗·庞波纳兹(Pietro Pomponazzi),他作为亚里士多德学派的领袖人物出现在帕多瓦。他是《论心灵不朽》(*De Immotalitate Animae*)的作者。庞波纳兹在这部书中论道,如果我们认真地思考亚里士多德关于人的灵魂是人的躯体的形式这一理论,我们就不可能相信它会在躯体死后继续生存。[③] 庞波纳兹认为自己是一个基督徒,并且准备接受个人不死作为信仰的一条,但是,他以及他在帕多瓦的亚里士多德主义者,不久就意识到他们成了教会敌视的对象了。

1512年,斗士教皇尤利乌斯二世(Julius II)在冲突中受到了打击并且健康不佳,在罗马拉特兰宫(Lateran)召集了一次高级公会,想对教会进行改良:至此为止普遍认为教会改革势在必行。公会召开不久,尤利乌斯二世就谢世了,继位的是美第奇的教皇利奥十世(Leo X)。利奥对改革没什么兴趣,故而这次公会除了一项敕令声明开当铺未必犯高利贷罪之外实际上没什么收效。一些和教会相关的弊病被禁止,可是,这个敕令到路德把这些问题重新提出来骚扰教廷为止,一

---

① 帕多瓦大学还设立了一个讲授司各脱主义的职位,此时由方济各会的安东尼奥·特罗姆贝塔(Antonio Trombetta)任教。

② 1501年,卡杰坦被召至罗马,继之成为多明我会教长、红衣主教以及派往德国的教皇代表,任此职时于1518年在奥格斯堡(Augsburg)与路德有过一次闻名的争论。

③ 关于庞波纳兹的论点,我们将在本书第七章详细讨论。

直是死文一张。与此同时，利奥教皇觉得把公会参加者的思想转向不这么令人烦恼的哲学问题——例如帕多瓦大学里关于不朽的说教——很有益。

113

在拉斐尔的画里，柏拉图和亚里士多德友好地把哲学帝国划分为不同的领域。

1531 年 12 月颁发的教皇诏书痛惜地说道:魔鬼近来在天主的田地里播下了罪恶的种子,即相信有理性的灵魂是必死的或者所有的人共有一个灵魂,而且一些草率的哲学家断言,这一点“至少在哲学中”是真实的。诏书还声称:与灵魂自身以及在本质上是人体的形式这一信念相反,灵魂是不死的,而且它被按比例生成到众多的躯体,并且,上帝把它融汇在每个人的躯体里。再者,既然真理不能与真理抵牾,那么任何与神启真理相抵牾的言论都要以异端邪说受到谴责。

114 灵魂之不死几个世纪来一直是基督教的教义,而且这一宗教教义已经于 1311 年在维也纳公会上与亚里士多德的形式质料说结合在一起。拉特兰公会声明值得注意的是,它对神启真理与哲学真理之间的关系的坚持,以及它声称灵魂不死不仅是真理而且可以用理性证明。教会有史以来第一次不仅在制定有关宗教真理的法令,还在制定宗教认识论的法令。这个诏书像那些改革的诏书一样有其名而无其实。几年之后,庞波纳兹发表了他关于灵魂的论著:它被掐头去尾,留下了信仰的表白以及对罗马教廷的恭顺,但是著作的精华部分却是对个人不死说的猛烈抨击。

正是在拉特兰公会召开之际,拉斐尔(Raphael)在梵蒂冈为教皇尤利乌斯二世接着为利奥十世绘画了宫廷的签字大厅(Stanza della Segnatura),墙壁和天顶分别代表神学、法律、哲学和诗歌。在艺术史上,壁画《雅典学园》(The School of Athens)拥有一些对哲学家和哲学论题最细致的描绘。在这幅画中,柏拉图和亚里士多德之间的和谐被赋予空间广阔、色彩浓重的形式。两位哲学家肩并肩主持着一个由希腊和伊斯兰思想家组成的金碧辉煌的宫殿。柏拉图身披易挥发的元素空气和火的色彩一手指着天空,亚里士多德身披水蓝色和土绿色两脚坚定地站在地上。在拉斐尔看来,两者因划分不同的影响领域而和谐。亚里士多德在女神密涅瓦的庇护下站立在临近法律壁画的那一边,俯瞰着一群伦理哲学家和自然哲学家。柏拉图在太阳神阿波罗的庇护下站立在一批数学家和玄学家的上方。令人惊讶的是，或许因为柏拉图把诗人逐出了他的理想国，以至于他被放置在临近由荷马领导的诗歌壁画。大厅的对面是《圣餐之争》(*The Disputation of the Sacrament*)，画中杰出的基督教哲学家安然就座：奥古斯丁、波纳文图拉和阿奎那。整幅壁画把神启真理与哲学真理如此密切地融合一起，以至于——如拉特兰公会的教父们所声称的那样——没有人能够分裂它们。这是赞颂天才和解的杰作。

第三章

逻辑与语言

1. 奥古斯丁论语言

奥古斯丁在《忏悔录》中讲到自己童年的时候，描述 115
了他学习语言的经过。有一段话非常闻名：

> 当他们（我的长辈）称呼某个物体，并且相应地走向某物，我看到了这一切，并领会到那东西被称为他们想说它的时候所发出的声音。他们的意愿由他们身体的动作表达出来，正如各民族的自然语言所表达的一样：他们脸上的表情、他们的眼睛左顾右盼、身体其他部位的动作，以及声音的高低，这一切都表达我们的内心感情，或要求某事物、或占有某事物、或拒绝某事物、或回避某事物。这样，随着我再三听到词语于它们合适的场所在各种语句中使用，我逐渐明白了这些词语所指的事物。在我努力鼓舌弄唇发出这些声音之后，我便用它们表达我自己的意愿。（*Conf.* I. 8. 13）

这段话被维特根斯坦(Wittgenstein)置于他的《哲学研究》(*Philosophical Investigations*)[1]的开始,用以表明某个根本上错误的语言观:即认为称呼事物是语言的基础以及词语的意义就是它们所表示的事物。所引用的这段话,极其强调学习词语的例证作用,对语言行为不同的方面不加区别。尽管如此,奥古斯丁被维特根斯坦挑选来作为他批判的命题的代言人,这很奇怪,因为在很多方面奥古斯丁所说的话都与维特根斯坦的观点很相似,而不是接近维特根斯坦所批判的观点。

如维特根斯坦一样,奥古斯丁相信,语言常规的确立在人类预先设定了一
116 个一致性,即他们对诸如手指之类的东西——“各民族的自然语言”——之自然而然的、常规确定之前的反应的一致性。用例证表明的释义,自身并不能教会一个小孩子一个单词的意义:小孩子还必须要“再三听到词语于它们合适的场所在各种语句中使用”。整个语言习得过程,是从小孩子语言前努力表达自己的感觉和需要开始的。就在所引用的这段话之前,奥古斯丁说道:“用哭叫、用各种声响、用四肢的动作,我表达出我内心的感受,让我的意愿得到满足。”这样,他道出了一个要点,而这个要点被维特根斯坦着重强调:“词语与感受之原始的、自然的表达方式密切相关而且被用于适当的场合。”[2]

《忏悔录》里对语言的描述,在早期的《论教师》(*On the Teacher*)里有过更丰富的描述。这部著作是奥古斯丁与他的儿子阿迪奥达图(Adeodatus)的对话录,其主题比题目所示的狭窄:它并不是讨论一般意义上的教育,而是集中在词语的教和学。开始是对我们使用语言的各种用途生动的回顾。我们使用语言不仅仅是为了信息的交流,还为了其他很多目的,从向上帝祈祷到洗澡的时候唱歌等等。当我们在脑海里形成词语的时候,我们使用语言但不发出声音:在这种情况下,我们把词语作为记起它们所表示的事物的方法使用。

---

① (Oxford: Blackwell, 1953)。

② 《哲学研究》(*Philosophical Investigations*), I. 244。

奥古斯丁并没有放过所谓的词语是符号这一肤浅的看法。他引用了维吉尔的一句诗：

> If naught of such a city is left by heav' n to stand,
>
> (倘若上天没给这座城市留下任何站立的东西)

并问他儿子前面三个单词分别表示什么。“if”表示什么呢？阿迪奥达图最好的回答是，它表达怀疑。“naught”的意思是没有什么，所以每一个词都意味着什么这不可能是对的。那么，“of”怎么样呢？阿迪奥达图说道，它是“from”的同义词。但是奥古斯丁说，他的回答只不过是用一个符号替代另一个，这并不能把我们从符号引向实际(*DMg* 2.3–4)。

用例证表明的释义似乎可以提供一条走出死胡同的道路，至少一些词语是这样。如果我问“wall”(墙)这个词什么意思，你可以用手指指指墙。不仅实物，甚至颜色也可以用例证的方式进行释义。然而，它作为一种一般的描述方法，有两个反对意见。首先，像“of”这样的词不能用例证的方式进行释义； 117
其次，而且更为重要的是，用手指这样的动作与一个单词的发音一样仅仅是一个符号，而不是所表示的实际存在。

奥古斯丁对这两个反对意见作了回答，他说，有些词，如“walk”(走)、“eat”(吃)和“stand”(站立)，可以凭借产生一个它所表示的意思的实例来解释：我用实际的走动来解释“walk”的意思。然而，假设有人问我“walk”是什么意思的时候我已经在走动，那么我怎么去解释它呢？阿迪奥达图回答说，我要走得更快些。然而，它表明，用例证表明的释义甚至在这个大家都喜欢用的例子里也是无可救药地模棱两可：我怎么能知道他所提供的意义是“walk”还是“hurry”(赶紧)呢？

最后，奥古斯丁从用例证法学习失败得出结论，词语的意义并不是作为老师的人所教的东西，而是内在于我们的教师，他的寓所在天上（*DMg* 14.46）。这是以特殊的语言学习为例来用基督教观点阐释柏拉图在《美诺篇》（*Meno*）里的命题，即一切学问实际上都是回忆。然而，奥古斯丁在推导结论的过程中讨论了一些语言哲学的重要问题。

首先，奥古斯丁用基础符号学的方法把符号分类。一切词语都是符号，但是并非所有的符号都是词语，例如：字母和手势。一切名称都是词语，但是并非所有的词语都是名称：除了诸如“if”和“of”之类的单词外，还有指代名词的代词，以及动词，即表现时态的单词（*DMg* 4.9，5.13）。

脑子里把符号和它的所指（奥古斯丁所谓的“能用符号表示的”）区分开是很重要的。没有人会把一块石头与表示一块石头的词混为一谈：但是一些词语是表示词语的词语，在这种情况下的确有把符号与能用符号表示的相混淆的危险。

在现代英语，我们靠使用引号来把这种混淆的危险降到最小。阿迪奥达图是人，在“人”这个英语单词“human”里有两个音节。在古代拉丁语不用引号，当我们正常地把这个词用作表述语的时候以及特殊情况下我们用它指代它自己的时候，并没有这么清楚的区别。阿迪奥达图必须小心谨慎以避免陷入他父亲挖的陷阱：你不是由两个音节组成，因此你不是人（*DMg* 8.22）。奥古斯丁用了若干篇幅来说明：在一个层面，并非所有的词语都是名称；在另一
118 个层面，每一个词语都是一个名称，因为它可以用来指称自己。甚至“verb”（动词）也是一个名称。奥古斯丁在这篇对话录中所阐述的问题，被中世纪那些发展了假设理论的经院哲学家进行了详细的讨论。[1]

然而，奥古斯丁自己却对形式逻辑没作出什么贡献。他从来没有对亚里士多德进行过认真的研究，他只是在《上帝之城》以屈尊俯就的态度把亚里士

① 参见本书130页（即边码——译者）。

多德描写为“一位智力杰出的人，与柏拉图不可比拟，但是高于一般哲学家。”他一度对斯多亚学派很感兴趣，但是他主要关注的是他们的哲学的自然领域和伦理学领域，而不是逻辑学。

奥古斯丁年轻的时候的确阅读过亚里士多德的《范畴篇》，是他在迦太基的时候他的修辞学老师布置的任务。他在《忏悔录》中吹嘘自己很快就掌握了著作中的内容，但是又抱怨说他没有得到一点益处。他说道，这部著作非常清晰地论证了实体以及属于实体的概念，但是从神学的视角看，它毫无用处。

> 当这部书碍我的事儿的时候，这一切对于我有什么用呢？我以为这十项范畴包括了一切，我试图同样理解您我的上帝如您一样神妙的纯一和不变，好像您也是一个伟大和美好为其属性的主体。我设想伟大和美好是您作为一个像一个物体一样的主体所固有的属性，其实您就是您本体的伟大和您本体的美好。(*Conf.* IV. 16. 28 – 29)

在传统上被认为是奥古斯丁的著作中，有一部对《范畴篇》①的拉丁语阐释，至少从阿尔昆(Alcuin)的时代起就这么认为。然而，奥古斯丁在他未发表的遗作(*Nachlass*)《要目》(*Retractationes*)里并没有提到这部著作，而且，现在学者普遍的看法是，这部著作不是奥古斯丁的真作。其实，说它是奥古斯丁的著作，结果是把中世纪学者的注意力吸引到亚里士多德逻辑学的这一方面。另一部一直被认为不是真作的著作《论逻辑论证》(*De Dialectica*)，最近被鉴定为奥古斯丁的著作。②这部著作有斯多亚主义的影响，但是它所关注的与其说是逻辑学或语言哲学，不如说是语法。

119

---

① 在 L. Minio-Paluello 所编的《亚里士多德拉丁文本》(*Aristotles Latinus*)(Bruges：Desclée，De Brouwer，1953)中，它出现在第一篇。

② Darrell Jackson 所编的奥古斯丁著作全集(Dordreche：Reidel，1985)。

2. 波伊提乌的逻辑学

逻辑与语言之间的密切关系,在第一个千年中最重要的拉丁语逻辑学家波伊提乌得到着重强调。他写道:“整个逻辑艺术与语言相关。”波伊提乌翻译了大多数——或许全部——亚里士多德的逻辑学著作,还在《范畴篇》的拉丁语译本加了一篇对鲍菲利(Porphyry, 约233—309)的《逻辑学导论》(*Isagoge*)评论性序言(应该说是两篇评论)。鲍菲利是波伊提乌的学生和传记作者,他把亚里士多德的逻辑学纳入新柏拉图主义学校的课程中,而他的《逻辑学导论》也成了一部标准的逻辑学入门性文本。多亏有波伊提乌的著作,《逻辑学导论》一直到中世纪鼎盛时期都保持着这个荣誉。

鲍菲利《逻辑学导论》的一个重要特点,是谓项(predicables)理论,即一个谓词(predicate)相对于一个主词(subject)的关系的种类。他把谓项归为五种:种(species)、类(genus)、特异属性(*differentia*)、固有属性(property)和偶然属性(accident)。这五种谓词都是亚里士多德在《论辩篇》(*Topics*)所用术语,但是,鲍菲利的谓项理论与亚里士多德的范畴理论有很大不同,尽管两者的分类相近。“斯蒂格是一只纽芬兰拾猎”向我们表明斯蒂格所属的种;“斯蒂格是一只狗”表示它的类。特异属性说明类里区别种的特征,例如“斯蒂格是一只金毛拾猎”。通常我们说,人构成动物类的一个种,以特异属性“理性的”区别于其他动物。

当谓词“人”和“动物”用于表示一个人的时候,例如苏格拉底,它们在实质的范畴内对命题的主项阐述:它们全部或部分表示苏格拉底的基本种类。谓词“理性的”(rational),即特异属性,看起来似乎跨越实体与偶然属性之间的区别:作为定义的一部分,它似乎属于实体(substance)的范畴;但是另一方面,理性的确是一个性质(quality),而性质是偶然的。固有属性(*proprium*)是一个特殊的种所特有的属性,尽管不是决定性的:辨认玩笑的能力在中世纪一般被认为是人类的一个固有属性。偶然属性是属于或者不属于某个特定的个人的一个谓词,对于那个人的存在并不带有偏见。

谓项理论使我们在范畴的内部能够构建分级系统。类与种之间的区别是相对的:相对于一个高级的类为一个种的,同时相对于一个低级的种则是一个

120

在《论哲学的慰藉》这个 14 世纪的书稿中,波伊提乌被描绘为一位中世纪的逻辑学教授。

类。然而,有一些不是类下的终极的种,例如人。也有一些类不是任何更高级的类的种,例如十项范畴(它们不是诸如“存在”等某个高级的类下的种)。如果我们把实体(substance)这一范畴作为基础,那么我们就可以凭借区别附加特异属性“物质的”(material)和“非物质的”(non-material)从中导出两个类,即躯体和

灵魂。从类“躯体”,我们又可以凭借区别附加特异属性“有生命的”和“无生命的”进而导出两类,即生物和矿物。以同样的方式,生物类将产生植物类和动物
121 类,而动物类将因特异属性“理性的”产生最终的人类,①包括彼得、保罗、约翰,等等。以图表形式表示的分级系统,被称为“鲍菲利之树”(Porphyry's Tree)。

在《逻辑学导论》中,鲍菲利使用了他的分级策略提出了三个有关种(species)与类(genera)的问题。种与类不是像彼得和保罗一样的个体:它们在一定意义上是普遍的。鲍菲利问道:种与类存在于心灵之外吗?或者它们仅仅存在于心灵里吗?如果它们存在于心灵之外,那么它们是物质的还是非物质的?如果它们是非物质的,那么它们存在于感官可感知的事物里,还是与这些事物分离?鲍菲利没有回答这些问题,但是它们为许多中世纪的讨论安排了日程。它们成了普遍存在问题(Problem of Universals)的经典陈述。

波伊提乌自己是这样回答这些问题的:它们存在于心灵之外;它们是非物质的;除了在思想里,它们与个人分不开。一个种或者类,是从具体事物抽象出来的相同性,如我们从个体的人搜集出来人性的相似处(*similitudo humanitatis*)。波伊提乌说道,这就是亚里士多德的观点,但是为了形式逻辑的缘故,没有必要排出柏拉图关于存在于分离事物的普遍性命题(PL 64. 835A)。

波伊提乌撰写了对亚里士多德的《范畴篇》和《解释篇》的评注。这些评注显示出他对斯多亚主义逻辑学也比较熟悉,尽管他从来没有认为斯多亚主义逻辑学胜过亚里士多德逻辑学。例如,他说道,斯多亚派对于未来偶然事件的观点是错误的:当“*p*”为一个对某个偶然事件之将来时的假设时,“或者 *p* 或者非 *p*”是真命题,然而,“*p*”和“非 *p*”均不需要确切无疑地真实。因此,“或者明天将发生一场海战或者明天将不发生一场海战”是真命题,那么,“明天将发生一场海战”和“明天将不发生一场海战” 今天均不需要确

① 原文为“species human”(人的种),为汉语习惯译为“人类”。——译者注

切无疑地真实。

除了对鲍菲利和亚里士多德进行评述外，波伊提乌还撰写了关于三段论的著作，一部是关于直言三段论(categorical syllogisms)的，另一部是关于假言三段论(hypothetical syllogisms)的。一个假言三段论必须包含至少一个假设前提，也就是说，一个从原子的直言命题由连接词“if”(如果)、“or”(或者)或者“since”(既然)建构的分子命题。一些假言三段论，包含着假言三段论以及直言三段论：一个例子就是斯多亚主义逻辑学中很熟悉的建构式假言三段论(modus ponens)①：

如果是白天，那么太阳就照射；现在是白天，所以太阳在照射。

然而，波伊提乌更感兴趣的是前提和结论都是假言的，例如： 122

如果它是A，那么它就是B；如果它是B，那么它就是C；所以如果它是A，那么它就是C。

他精心设计了包括含有“if”除外的连词的肯定式前提以及否定式前提的格式(schemata)，例如，“或者是白天或者是黑夜”。他说道，假言三段论寄生于直言三段论，因为假言前提以直言前提为其构成要素，而且假言三段论依靠直言三段论建立其前提的真实性。波伊提乌又一次滑向了亚里士多德来反对斯多亚学派，不过这一次是关于谓项与命题逻辑(propositional logic)的关系。

波伊提乌在讨论假言三段论的时候，对两种不同的假言三段论进行了很有意义的区分。他用“推论”(consequentia)一词说明真正的假言三段论，或许

---

① 一译“肯定前件式”。在这种假言三段论中，小前提肯定前项，结论肯定后项。“肯定前件式”只译出推理的前半部分，没有译出它的后半部分。此处按照英语的译文“constructive hypothetical syllogism”译出。——译者注

现代英语中最接近的同义词是“implication”(蕴涵)。他说道,在一些推论中,前项(antecedent)和推论未必有联系,他举的例子是:“既然火是热的,那么天是球形的。”这似乎可谓现代逻辑学家所谓的“实质蕴涵”(material implication)的例子;波伊提乌的话是“跟着偶然的推论”。另一方面,有些推论里后项(consequent)必然是前项的结果。这一类不仅逻辑真理,即包括现代逻辑学家所谓的“形式蕴涵”(formal implications),而且还包括其真理凭借科学探索才能发现的假言陈述,例如“如果地球碍了事,那么天上就出现月食”(PL 64.835B)。

波伊提乌相信,真实的推论可以从一套终极普遍命题[①](universal propositions)即他所谓的“loci”衍生出来,而波伊提乌的“loci”沿袭西塞罗对亚里士多德所用的希腊语“topos”的处理方式。他心里想的这类命题由他所举的例子之一阐明:“定义不同的事物自身是不同的。”他写了一篇论著,名为《论不同的命题》(*De Topicis Differentiis*),提出了一套终极命题的分类原则。尽管这部著作对于现代读者读起来很枯燥,但是它在中世纪却很有影响。[②]

123

3. 作为逻辑学家的阿伯拉尔

波伊提乌作为著作家和评论家所做的工作,为逻辑的研究提供了一个基础,这一直持续到中世纪鼎盛时期对亚里士多德全部逻辑学著作的接受。在此之后,他所遗传下来的逻辑学被称为“旧逻辑学”,与大学里的新逻辑学形成对照。旧逻辑学于12世纪初期在阿伯拉尔的著作中臻至高峰:阿伯拉尔才华横溢,以至于他的逻辑学包含了以后的中世纪逻辑学家的著作中所没有的那

① 也称“全称命题”和“一般命题”。本书中根据上下文译名有变动。——译者注

② 《论不同的命题》,Eleonore Stump 译(Ithaca, NY: Cornell University Press, 1978)。

种深邃与洞见。

阿伯拉尔论及逻辑时喜欢用的一个词是"dialectic"(逻辑论证),而《逻辑论证》(*Dialectica*)正是他主要的逻辑学著作的题目。他相信,逻辑与语法密切相关:逻辑是语言的艺术(*arts sermocinalis*)。像语法一样,逻辑处理的是词语,是被认为有意义(*sermones*)的词语,而不是作为声音(*voices*)的词语。所以,倘若我们欲使逻辑令人满意,那么我们必须从对语言的语法成分令人满意的描述开始,诸如名词和动词等。

亚里士多德曾对名词和动词进行过区分,他的立足点是后者——而不是前者——包含着时间的表示。阿伯拉尔抛弃了这种观点:动词的确与时态同行,但是名词同样暗含着时间的参照。主语基本上表示现在所存在的事物,当你考虑下面这样的命题时就很清楚了:"苏格拉底[过去]是一个孩子",这是在苏格拉底老了的时候说的话。如果时间仅仅属于附加了时态的动词,那么这句话就会与"一个孩子[过去]是苏格拉底"意思一样;当然了,后面的这句话是错的。相应的正确的句子应该是"[过去是]一个孩子的某个东西[现在]是苏格拉底"。①这就把名词所暗含的时间参照显示出来了,而这一点可以用逻辑清楚的语言加以说明,方法是用代词取代名词接着是描述性短语;例如,"水正在流进来"可以重写为"是水的某个东西正在流进来"。

动词的界定特征不是它们与时态同行,而是它们使一个句子完整;阿伯拉尔说道,没有动词,一个句子的意义就不会完整。可以有没有名词的不完整的句子(例如,"到这里来!"或者"正在下雨"),但是没有没有动词的不完整的句子(*D* 149)。亚里士多德认为句子的标准形式是"S 是 P";他很清楚有些句子没有系
词,例如"苏格拉底喝酒",但是他认为这样的句子永远可以重写为"苏格拉底是 124
一个喝酒的人"。然而,阿伯拉尔却把名词-动词形式看做是标准的,并且认为

① 原文"Something that was a boy is Socrates",英语"something"意义很泛,汉语没有完全对应的词,权且译为"某个东西"。另外,汉语的动词没有时态,原文中动词的时态这里译成汉语时用方括号表示。——译者注

“是”的出现仅仅是把每一个动词所隐含的联系功能清楚地表现出来。我们应该把“……是一个人”看做是一个单位,一个单个的动词(*D* 138)。

动词“to be”不仅可以用来连接主语与谓语之间的关系,还可以用来表示存在。阿伯拉尔十分关注这一点。他说道,拉丁语动词“est”(is)可以以附加于一个主语的形式出现在一个句子里(如在“Socrates est”,“苏格拉底存在”),或者作为一个第三个额外的成分出现在一个句子里(如在“Socrates est homo”,“苏格拉底是人”)。在第二种情况下,动词不表示存在,如下面的句子清楚所示:“Chimera est opinabilis”(“吐火女怪是可以想象得到的”)。如果我们把诸如“……是可以想象得到的”这类表达法看做一个单个的单位,而不是看做由表述语“可以想象得到的”以及没有意义的词“是”组成的,那么,设想它表示存在的任何企图都是与之背道而驰的。

阿伯拉尔对于表示存在的句子提出了两种不同的分析。他说道,一种分析是,“Socrates est”应该扩展成“Socrates est ens”,即“Socrates is a being”(苏格拉底是一个存在物)。但是这并不能令人满意,因为动词“esse”(be)的含糊性延续到它的分词形式“being”。在其他的地方,例如一部非逻辑学著作里,阿伯拉尔倒是更有灵感。他说道,在“一个父亲存在”这个句子里,我们不应该认为“一个父亲”代表什么;反之,这句话相对应的是“某个东西是一个父亲”。这样,“存在”作为谓语完全消失,并且被一个量词加一个动词所取代。在这一创新中,以及他所谓的“……是人”这样的表达式应该看做一个单个的单位,阿伯拉尔预示了19世纪弗雷格(Gottlob Frege)的洞见,而弗雷格的见解在现代逻辑学是至关重要的。①

对于阿伯拉尔的同时代人来说,最亟待解决的逻辑问题是普遍存在这一问题。阿伯拉尔对于他前面的两位老师唯名论者罗塞林和唯实论者香浦的威

① 伯特兰·罗素认为,存在判断命题(existential proposition)向量化命题(quantified proposition)的转换是一项逻辑学的创新,它给了上帝存在之本体论论证致命的一击。参见后文293页。

廉的理论不甚满意，故而提出了一个两者之间的折中。他说道，一方面，说亚当和彼得除了“人”一词之外没有任何相同之处，这是很荒谬的；名词根据他们彼此的相同之处用于对他们每一个的表述，而且这个表述是客观的。另一方面，说一个实体——人类——以其整体性存在于每一个人，这是荒谬的；这就 125
意味着苏格拉底必须与柏拉图相同，而且他必须同一个时间处于两个地点。相同之处并不是一个像一匹马或者一棵白菜一样的实体之物，只有个体的事物存在。

> 当我们说事物之间的相同之处并非一个事物的时候，我们必须避免使它们看起来似乎我们认为它们没有什么相同的；因为我们实际上所说的是，一个和另一个在他们是人这一点上彼此相同，也就是说，他们都是人。我们的意思只是说他们是人而且在这一点上没有一点区别。（*LI* 20）

阿伯拉尔说道，他们是人，不是一个事物，而是一种状况，这就是我们把这个名词用于个人的普通原因。

唯名论和唯实论均依靠对一个词语所指之不充分的分析。词语以两种方式意指：它们意味着某物，它们还表达思想。它们正是凭借唤起相应的思想来意味着某物，也就是心灵记起世界上的事物的概念。我们凭借关照脑海里的意象来形成这些概念，然而概念并不是意象（*D* 329）。正是这些概念使我们能够谈论事物，并且把声音转换成有意义的词语。离开了普遍的名词“人”，就没有普遍的人：这就是唯名论的真理方面。但是，尊敬的罗塞林，名词“人”并不仅仅是吐出的一口气：它因为我们的理解而成为一个普遍的名词。正如一位雕刻家把一块石头变成一尊雕像一样，我们的智力把一个声音变成一个词语。在这个意义上我们可以说，普遍存在是心灵的产物（*LNPS* 522）。

词语确实意指普遍存在，这在于词语是普遍概念的表达。但是，它们并非以意指世界上个体事物的方式意指普遍存在。阿伯拉尔在一个词语所意指(signify)的和一个词语所指代(stand for)的之间作了区别。词语"男孩子"出现在一个句子里的时候,不管出现在什么位置,其意义是同样的:年轻的男人。当这个词语出现在一个句子的主语位置的时候,例如在"一个男孩子正顺着路跑过来",它还指代某一个男孩子。然而,在"这位老人曾经是一个男孩子","男孩子"这个词语是谓语的一部分,这时它什么都不指代。粗略地说,只有在问"哪个男孩子?"产生意义的时候,"男孩子"才在那个语境中指代什么。

126 我们不仅可以问单个的词语意指什么,也可以问整个句子意指什么。阿伯拉尔把命题界定为"一个意指真理或者谬误的语句"。又一次,"意指"一词具有两层意思。一个正确的句子表达一个正确的思想,而且它陈述事实状况(*proponit id quod in re est*)。我们在逻辑中,正是"意指"的第二层意思非常重要,因为我们关心的是什么样的状况接着其他什么样的状况,而不关心任何人的脑海里思想的次序(*D* 154)。一个命题所陈述的事实状况的阐述(*rerum modus habendi se*),被阿伯拉尔称为该命题的断言(*dictum*)(*LI* 275)。一个断言不是一个世界上的事实,因为它可以是真实的或者谬误的:如果相关的状况证实在世界上存在,那么它就是真实的;否则,它就是谬误的。所谓的事实,就是所谈论的状况被证实存在(或者证实不存在,如有时情况是这样)。

与其他一些中世纪的和现代的逻辑学家不同,阿伯拉尔区分了对主项属性的断定(predication)和对事实状况的断言(assertion)。一个主项和一个谓项可以置于一起而无须作出断言或者陈述。"上帝爱你"是一个陈述;但是,在"如果上帝爱你,你就会上天堂"以及"愿上帝爱你",同一个主项和谓项被置于一起而无须作出陈述。

阿伯拉尔把逻辑学定义为对逻辑正确的和逻辑不正确的论证以及推论

(inference)进行判断和鉴别的艺术(*LNPS* 506)。他没有把推论局限于三段论:他的兴趣在于逻辑推论更一般的概念。他也没有使用拉丁语词语"consequentia"指逻辑推论:他与大家一样用这个词表示"条件命题"(conditional proposition)——"如果 *p*,那么 *q*"形式的句子。他所用的词是"consecutio",我们可以译为"衍推"(entailment)。两词的概念相关,但不相同。当"如果 *p*,那么 *q*"是一个逻辑真理的时候,那么 *p* 衍推 *q*,而且 *q* 从 *p* 导出;可是"如果 *p*,那么 *q*"常常是真实的而无须 *p* 衍推 *q*。

为了使 *p* 衍推 *q*,必要的条件是:"如果 *p*,那么 *q*"是一个必然的真理;然而,对于阿伯拉尔这还不够。"如果苏格拉底是一块石头,那么他是一头驴"是一个必然的真理:苏格拉底不可能是一块石头,所以不可能苏格拉底在不是一头驴子的前提下是一块石头(*D* 293)。阿伯拉尔要求不仅"如果 *p*,那么 *q*"是一个必然的真理,而且其必然性还应该从前项和后项的真意中导出。推论在于衍推的必然性:也就是说,逻辑推论的意义由前项的意义决定(*D* 253)。然而,衍推的必然性并不要求前项和后项所涉及的事物的存在: 127
无论世界上是否还有玫瑰,"如果 *x* 是一朵玫瑰,那么 *x* 是一朵花"都会是真命题(*LI* 366)。正是断言实施了衍推,而且断言既不是我们大脑里的思想又不是像玫瑰一样的事物。

阿伯拉尔在模态逻辑(modal logic)中最有益的贡献,是区分了(他声明是从亚里士多德的《辩谬篇》[*Sophistici Elenchi*, $165^{b}26$]导出)对主项属性断定的可能性的两种方式。想一想这样一个命题:"这位国王不做国王是可能的"。如果我们认为它的意思是"这位国王不是那位国王"可能是真命题,那么该命题显然是伪命题。以这种方式对主项属性的断定,阿伯拉尔称其为理解断定(predication *de sensu*),或者合成断定(predication *per compositionem*)。我们可以以不同的方式理解这项命题:这位国王可能被罢黜;而且这样理解很可能是正确的。阿伯拉尔把它叫做参考意义(sense *de re*)或者分离意义(sense *per divi-*

sionem)。后来的哲学家发现这一区分在各种语境中都很有意义;他们通常不是把参考断定(predication *de re*)与意义断定(predication *de sensu*)对照,而是与断言断定(predication *de dicto*)对照。

4. 十三世纪名称的逻辑学

在12世纪后半叶,亚里士多德的《工具论》(*Organon*),或称逻辑学著作,已经在拉丁语世界可以得到,而且从此成为逻辑学课程的核心,用以补充的有鲍菲利的《逻辑学导论》和波伊提乌的两部著作,以及一部唯一的中世纪著作——《原初六日之书》(*Liber de Sex Principiis*)——12世纪一位不知作者姓名的作品。这部书是《范畴篇》的补充,它详细讨论了亚里士多德漫不经心地谈论的范畴。亚里士多德的《辩谬篇》是这个时期被如饥似渴地研读的著作,这在一定程度上是因为这部著作最近才可获得。似是而非之论(sophisms)——倘若不引向荒唐的结论那么也需要认真研究的令人费解的句子——从而成为中世纪逻辑学餐桌的主要菜肴。研究最多的似是而非之论的一个例子是谎言悖论(liar paradox):“我在撒谎”,如果它是真实的那么它就是谬误的,如果它是谬误的那么它就是真实的。这类似是而非之论以不可解问题(*insolubilia*)知名。

亚里士多德的逻辑学著作的再发现,导致产生了一个后果,这就是对《工具论》不熟悉的阿伯拉尔的著作大失光彩,甚至被忽视。这太不幸了,因为在几个重要的方面,阿伯拉尔的逻辑学比亚里士多德逻辑学更胜一筹。他有一些卓见在不知所属的情况下于中世纪晚期再次出现;其他的还要等到19世纪被独自再发现。

13世纪中叶,出现了两部逻辑学手册,以后产生了长期的影响。一部是

128

逻辑学在中世纪的课程中很受重视。在这幅插图中，哲学女神正在主持一场柏拉图与苏格拉底的辩论，周围是七艺，而逻辑学构成哲学女神皇冠的一部分。

《逻辑学导论》(*Introductiones in Logicam*)，由牛津大学一位名叫威廉·舍伍德 129
的(William Sherwood)①的英格兰人所著；另一部是《讲道集》(*Tractatus*)，后来

① 原文为 William of Sherwood，原著第 142 页再次提到此人，为 William Sherwood，中世纪时有时两者不分。这里按后者译出。——译者注

取名《逻辑学概要》(*Summulae Logicales*),著作者为西班牙的彼得(Peter of Spain),巴黎大学的哲学教授,与1276年成为教皇约翰二十一世(John XXI)的彼得是或者不是同一个人。这些探讨逻辑学论题的著作者并没有约定俗成的程序,但是,一种可能的模式是与《工具论》中的思路一致——《范畴篇》、《解释篇》、《前分析篇》。轮流探讨单个词语的逻辑("名称的属性")、完整的句子(命题的语义学)以及句子之间的逻辑关系(推论的理论),有其合理性。

名称(term)不仅包括书写的和口说的词语,而且还包括这些词语在大脑里的对应物,然而,这些都须待认同。在实践中,概念被表达它们的词语认同,所以中世纪对名称的研究本质上是对单个词语的意义的研究。在研究的过程中,逻辑学家创造了一套严谨的术语。表达"意义"最常见的词语是"signification"(含义),但是并非每一个有意义的词语都有含义。按照它们具有自身的含义(例如名词)还是它们仅仅与其他有含义的词语连用时才意指,词语又分为两类。前者称为范畴词(categorematic terms),后者称为依附范畴词(syncategorematic terms)(*SL* 3)。连词、副词、介词都是依附范畴词,如在"仅仅苏格拉底在跑"一句中的"仅仅"。范畴词为句子提供要义;依附范畴词是展示句子结构和论证形式的功能词。

粗略地说,我们可以认为一个词的含义是其词典意义。如果我们从一部词典里了解到一个词的意义,我们就获得了一个能够成倍使用的概念。(什么构成词语、概念和外在于大脑的现实世界的明确关系,取决于我们接受什么样
130 的普遍存在理论。)依附范畴词除了具有意义之外,仍然具有一些其他的语义特征,这取决于词语在特定的语境中使用的方式。请看下列四个句子:"一只狗在用爪子抓门"、"一只狗有四条腿"、"我要为你买一只狗作圣诞礼物"、"这条狗生病了"。"狗"一词在四个句子里的意义相同,即与词典里的词条释义相应,但是它其他的语义特征却是在句子里各自不同。

中世纪逻辑学家把这些语义特征在"指代"(*suppositio*)的总标题下分类

(*SL* 79－89)。含义与指代的区别,在一些功能上与现代哲学家对意义(sense)与指涉(reference)所作的区别相同。西班牙的彼得把最基本的一类指代称为"类指代"(natural supposition):这就是,一个有意义的一般词语在指代(即表示)任何该词语所用于的事物时所具有的性能。这一性能在不同语境使用的方式,导致指代的不同形式。

开始的一个重要的区别,是意指代(simple supposition)与个指代(personal supposition)之间的区别(*SL* 81)。这一区别在英语比在拉丁语容易区分,因为它对应于英语的名词前有没有冠词。在"Man is mortal"(人是必死的),名词"man"前面没有冠词,所以它是意指代词;在"A man is knocking at the door"(有个人在敲门),名词"man"为个指代词。然而,个指代又分为几种,即离散的、确定的、外延的、模糊的。

一个词语可以以三种不同的形式出现在主项的位置:它们对应于离散的、确定的、外延的和模糊的指代。在"这条狗生病了","狗"一词是离散指代:谓项表述"狗"一词所用于的事物中一个明确的事物。这类指代连用于专门名词、指示词和明确的描述。确定指代可见于例句"一只狗在用爪子抓门":谓项连用于"狗"一词所用于的某一个事物,一个不再进一步明确的事物。在"一只狗有四条腿"(或者"每只狗都有四条腿"),指代是外延的:谓项连用于"狗"一词所用于的每一个事物。要区分确定指代和外延指代,我们应该问"哪一只狗?"这个问题是否有意义。

然而,一个词语可以是个指代词,不仅仅当它出现在主项位置的时候,而且还当它作为谓词出现的时候。在"巴菲是一只狗"(或者"达克斯猎犬是一 131
只狗"),"模糊"的名称送给了"狗"一词的指代。在模糊指代,如在外延指代,问"哪一只狗?"这个问题是没有意义的(*SL* 82)。

我们所列举的所有指代——意指代以及个指代的各种形式——都是"他指代"(formal supposition)的实例。他指代很自然地与自指代(material supposition)

形成对照,其言下之意就是:一个词语的声音是其[内在的]物质,而它的意义是其[外在的]形式。"'Dog' is a monosyllable"("狗"是一个单音节词)的拉丁语就是一个自指代的例子,"'dog' is a noun"("狗"是一个名词)也是一个自指代的例子。实际上,这就是一个词用来指自身,也就是说,它用来表示其符号特性而不是它意味着什么或者指代什么。现代英语的言说者又一次比中世纪拉丁语学者更胜一筹。一般说来,鉴别自指代不需要专门的哲学训练,因为我们从孩提时期就受到教育,当我们只是提及一个词语、而不是正常地使用这个词语的时候,我们必须使用引号,写"'狗'是一个单音节词"。但是在更为复杂的情况下,符号与所指的事物之间的混淆经常发生,甚至在受过严格训练的哲学家亦复如此。[①]

指代是名称之最重要的语义属性,然而还有其他的一些属性得到了中世纪逻辑学家的承认。其中之一是称谓(appellation),它与名称和句子的范围相关。且看下面这个句子:"恐龙具有长长的尾巴"。既然现在没有恐龙,那么这是真的吗?假如我们判断一句话的真伪所根据的是世界的目前状况,那么似乎这句话不可能是真实的;而且我们也不能简单地把动词的时态改为过去时来弥补这个问题。倘若我们希望认定这句话是真实的,那么我们就得把真理看做是根据世界一切——过去的、现在的、未来的——状况来确定的东西。中世纪的人把它作为一个关于名称"恐龙"的称谓的问题提了出来。

132 两个思想学派对这个问题采取了不同的方法。一个学派(威廉·舍伍德就是属于这个学派)认为,名称之标准的——或者蹩脚的——称谓,仅仅用于现存的物体。假如我们希望一个名称指代一个不再存在的东西,那么我们必须给这个名称加一道叫做扩充(*ampliation*)的程序。另一种观点(西班牙的彼得赞同)认为,名称之标准的称谓包括所有它所用于的事物,无论是过去的、现在

① 读者一定要注意,尽管多数逻辑学家作出了上面所鉴别的区分,可是用于这些区分的术语却有很大差异。甚至,为了简单明了的缘故,本书中缩写了一些专业术语。我所谓的"模糊指代",严格地讲应该是"完全模糊",而"外延"应该是"模糊而外延"。参见 Paul Spade, *CHLMP* 196 以及 W. Kneale,《逻辑学的发展》(*The Development of Logic*)(Oxford : Oxford University Press, 1962),252 页。

的，还是未来的。如果我们希望把一个名称的指代仅仅限于世界的目前状况，我们必须使用一个称为限定(*restriction*)的程序(*SL* 199 – 208)。如情况可能是这样，这两个学派均制定了复杂的条条框框，说明什么语境使用扩充或者限定。

5. 逻辑命题与三段论

如果我们从名称的逻辑转向命题的逻辑，我们会发现，正如中世纪人们认为名词表达大脑里的概念一样，他们也认为句子表达大脑里的信念。沿着亚里士多德所走的路，他们也区分了简单思想(单个的词语所表达的思想)和复杂思想(词语结合在一起所表达的思想)。同样遵循亚里士多德的观点，他们说道，智力有两种运作方式：一种是理解非复杂的事物，另一种是理解命题的合成和分离(参见阿奎那，I *Sent*. 19. 5 ad 1)。我们时常被告知，一个命题是词语的结合，它表达某种真实或谬误的东西。

要调和对命题的性质的这些描述，还有一些困难。首先，一旦我们区分了对主项属性的断定和对事实状况的断言(如在阿伯拉尔)，那么很清楚，由一个主项和一个谓项构成的复合命题就不需要是一个断言或者表达一个信念。(一些中世纪逻辑学家说，并非每一个命题都是可阐明命题。)①其次，亚里士多德的"合成推断和分离推断"(composition and division)似乎意义与"肯定判断和否定判断"相同，但是，是否主项和谓项同置于一个的简单复合命题的否定判断并不比肯定判断少呢？托马斯·阿奎那对这个问题是这样回答的：

> 如果我们考虑到心灵里自动发生了什么，[我们很清楚心灵里]总是有真 133

① L. de Rijk，《现代逻辑学》(*Logica Modernorum*)(Assen：van Gorcum，1962 – 1966)，II. 1. 342.

和假之难解难分;因为,除非心灵把一个简单的概念与另一个混合在一起,那么它是不会产生任何真的或假的事物的。然而,如果我们考虑到与实际状况的关系,那么心灵的运作有时被称为"合成"有时又叫做"分离":在心灵里把一个概念与另一个置于一起以便呈现它们为其概念的事物之混合或相同的时候,曰"合成";在心灵里把一个概念与另一个置于一起以便呈现相应的实际状况是不同的的时候,曰"分离"。我们以同样的方式谈论句子:肯定句被称为"合成句",因为它表示实际状况中有联系;否定句被称为"分离句",因为它表示实际状况中事物是分开的。(*In I Periherm.* 1.3, p.26)

一个命题,无论是断言的与否,都将是真实的或者谬误的;也就是说,它实际上是否与实际状况相应。对应的想法也是如此,无论是一个信念,还是完全为了娱乐的臆想。然而,只有断言这一话语行为——或者判断这一相应的心灵活动——才使思想者或言说者接触到命题的真理。

在这个背景下,我们可以提出下面的问题:命题表示什么呢?如果我们认为"表示"就是"表达"的同义词,那么答案就很简单:口说的和书写的命题表达了大脑里的思想。但是,仍然还有进一步的问题:心理命题表示什么呢?这里,"表示"与其说与"表达"接近不如说与"意味着"更接近。似乎命题不能表示世界上任何事物,因为一个命题无论真命题还是伪命题都必须表示同样的内容;如果一个命题是伪命题,那么世界上没有任何事物与其对应。对这一问题19世纪最常见的回答基本上是阿伯拉尔提供的:是实际状况——倘若确实存在——验证命题的真伪性。阿伯拉尔称它为命题的断言(*dictum*);其他的人称它为可阐明命题(*enuntiabile*);可是大多数人发现很难对它的形而上学的性状加以清晰的描述。有一位著作者说道,可阐明命题既不是实体又不是性质,它们自成一类,在亚里士多德的范畴中找不到。它们不是有形的事物,而是仅仅能被理性理解。[1]正如我们将会看到的，这类事物的存在将在 14 世纪受到质疑。

还有进一步一个相关的问题：到底什么样的事物才是真实的或者谬误的 134
呢？句子、思想以及命题的断言都可以说是真实的。然而，它们到底哪一个才是真理价值的基本承载者呢？当我们考虑到真理与时间的关系时，这个问题尤其突出。一些哲学家相信，我们凭借自然语言使用加了时态的句子所说的，都可以用一种不包含时态的逻辑语言说出来，但是这种逻辑语言的句子须包含不受时间限制的动词加上一个清楚的时间参照词或者时间量词。按照这种观点，在时间 t_1 说出来的一个如"将要下雨"之类的句子，将会被理解为表达了一个取得下面结果的命题：在晚于 t_1 的某个时间 t 下雨（不受时间限制）。把加上时态的句子转换成不受时间限制的命题是否会失去某些内容，这仍然是一个在争论的问题。

中世纪的学生在教室学习逻辑记忆方法。

在中世纪，几乎没有做这种转换的兴趣。常见的是，可阐明命题同句子一样被认为是加了时态的。因此，句子和可阐明命题可以改变真理价值。亚里士多德常常被引用，说他说过一句同样的话：当苏格拉底坐着的时候，"苏格拉底在坐着"才是真实的；而当苏格拉底站起来的时候，它就是谬误的。[2]在中世

① 同上，II. 1. 357－359。关于时态命题（tensed proposition）的含义，有一个特殊的问题，这个问题反复出现于对神的预知的讨论中。参见本书第九章。

② 这个问题，在与上帝对在时间中的事件永恒的知识联系起来时，得以专门论述。参见本书第九章。

纪逻辑学家的思想里,与不受时间限制的命题最接近的是选言式(disjunction)时态命题。因而曾有人说过,希伯来先知和基督教圣徒同样相信唯一的信仰目标,即命题"基督将出生或者基督在出生或者基督已经出生"。①

135 13世纪的逻辑学手册,除了探讨名称和命题外,还包括大量的推理理论。他们研究的核心是亚里士多德的三段论方法。逻辑学家写了打油诗以便使三段论的规则容易记忆和操作。下面就是众所周知的一首:

Barbara celarent darii ferio baralipton
Celantes dabitis fapesmo frisesomorum;
Cesare campestres festino baroco; darapti
Felapton disamis datisi bocardo ferison.

每一个单词代表有效三段论的某一个论式(mood),其中元音暗示构成三段论的三个命题的性质。字母"a"代表全称肯定命题(universal affirmative proposition),字母"i"代表特称肯定命题(particular affirmative proposition)(这些字母被选择,因为它们是"affirmo"——"我肯定"——开始的两个元音)。字母"e"代表全称否定命题(universal negative proposition),"o"代表特称否定命题(particular negative proposition)。("我否定"的拉丁语是"nego",故而选择了其中的元音。)因此, Barbara 的三段论包含三个全称命题(即:"所有的小猫都是猫,所有的猫都是动物,所以所有的小猫都是动物")。与之相反, Celarent 的三段论则包含一个全称否定命题和一个全称肯定命题作为前提,以及一个全称否定结论(即:"所有的猫都不是鸟,所有的小猫都是猫,所以所有的小猫都不是鸟")。

① 参见 G. Nuchelmans,〈命题语义学〉("The Semantics of Propositions"),载 *CHLMP* 202。

三段论的前四种论式，被认为是条理最清晰的有效论证形式。相应地，后边的论式的记忆歌诀中的单词，包含着转换成前四种论式的论证的说明。每一种论式的项开始的字母，表示要转换成前四种的哪一种。“Cesare”一词开始的字母“C”表明，它要转换成 Celarent 的三段论。其他的字母表明如何进行转换：在“Cesare”，第一个“e”后边的“s”表明，该前提中项的顺序要改变。这样在“所有的鸟都不是猫，所有的小猫都是猫，所以所有的小猫都不是鸟”，Cesare 的三段论经过第一个前提的项变化就转换成上面所示的 Celarent 的三段论。

记忆歌诀中单词里“c”的出现表示，向所选的论式转换必须经过非常复杂而且困难的方式，这种转换这里无须例示。但是它的运作方式给逻辑学学生留下了很深的影响，以至于他们给有字母“c”的两个单词一个取了一个精美绝伦的建筑风格的名字巴罗科（Baroco），另一个则取了牛津大学犯过失的学生 136
关禁闭的监狱的名字伯卡尔多（Bocardo）。这类的三段论记忆方法尽管很富独创性，但是受到文艺复兴时期的作家的嘲讽，说它们字面上鄙俗拙劣；而在现代的初期还给中世纪逻辑学背上了不光彩的名声。

6. 阿奎那论思想和语言

托马斯·阿奎那对于形式逻辑没有作出什么贡献，但是他对语言的性质以及语言与思想的关系进行了深入的思考：他为话语行为（speech-acts）以及相应的我们可以称之思想活动（thought-acts）提供了各种分类。他从亚里士多德对两种智力活动进行区别的一部著作开始。

> 正如亚里士多德在《论心灵》所示，我们的智力有两种活动方式。一是对

> 简单的本质形成认识,如人是什么以及动物是什么:从其自身而言,这种活动既不获得真理也不构成谬误,与不复杂的言语类似。另一种在于凭借肯定和否定进行合成与分离:这一活动中有真理和谬误待我们发现,正如表达它的复杂的言语。(*DV* 14.1)

这两种思想的区别关系到语言中单个词语的使用和完整句子的构成之间的不同。这个观点的产生,是在阿奎那解释任何思想活动都可以看做内心词语或句子的产生的时候。

> 我们智力的“词语”……是我们智力活动的终点的那东西,这就是思想本身,被称为思想概念:可以是一个由不复杂的言语所表达的概念,如智力对事物的本质形成认识,或者由一个复杂的言语所表达的概念,如智力进行整合和分离。(*DV* 4.2c)

如我们所知,智力“合成和分离”的概念并不是一蹴而就的。合成和分离的范例是形成肯定判断和否定判断。可是还有其他种类的复杂思想。除了判断哪个东西为 p 和非 p,我还可以判断它是否是 p,或者只是心里想着 p 是一个故事的一部分。试想一下任何命题,例如,“吸烟引起耳聋”,或者“沙特阿拉
137 伯拥有核武器”。针对这一类的命题,可以做出或者拒绝做肯定判断或者否定判断;如果做出判断,那么,基于论证或者根据自明性,判断可能是真实的或者谬误的,无论做判断的时候犹豫还是不犹豫。

阿奎那根据下面这些不同的可能性把智力的实施进行分类:拒绝做判断是怀疑(dubitatio);因为允许错误的可能而不爽快地赞同是看法(opinio);基于自明性对真理没有疑问的赞同是理解(intellectus);基于理性给出毫无疑问的赞同是知识(scientia);没有强制性理性之毫无疑问的赞同是信念(credere)

或者信仰(fides)。所有这些皆是合成或者分离的例子。

另一种智力活动——不复杂的言语的概念——又怎么样呢?阿奎那在不同的场合似乎提供了两种描述。有时他似乎把它等同于对一个词语的用法的掌握。在这种情况下,如果某人知道单词“黄金”的意思,他就会有黄金的概念。然而在另一个场合,阿奎那把一个概念等同于对事物的实质或本质的知识:在这个意义上,只有化学家会拥有黄金的真实概念,因为他可以把黄金的性能与它在圆周率中的原子数和所处位置联系起来(*ST* 1a 3. 3; 1a 77. 1 ad 3)。阿奎那很清楚两种概念之间的不同:例如他指出,我们可以知道“上帝”一词的意思,但是我们不知道也不能知道上帝的本质(e. g. *ST* 1a 77. 1 ad 3)。

对于阿奎那来说,语言与思想之间的关系是多么密切呢?这些各种各样的智力活动与其相应的言语行为之间的关系是怎样的呢?阿奎那相信,任何可以做出的判断都可以用句子表达(*DV* 2. 4)。这并不是说每一个做出的判断都用语言表示,无论是公开地还是想象中私自地,而且阿奎那也没有这样认为。再者,即使每一个想法都可以用语言表达,然而只有很少的思想是有关语言的。

至于普遍存在,阿奎那从对柏拉图主义的否定开始。他对柏拉图主义的观点作了如下描述:

> 柏拉图为了维护我们对真理能够拥有一定程度的思想认识这一观点,除
> 了普通的有形物之外还设想了另一种没有物质和变化的事物,他称这种
> 事物为源种(species)或理念(Ideas)。每一个有形的物体,正是由于分享
> 了这些源种或理念,才被称为“人”或者“马”等等。相应地,柏拉图认为 138
> 定义、科学真理以及与智力活动相关的其他一切,并不是关于普通的有形
> 事物,而是关于另一个世界里的非物质的东西。(*ST* 1a 84. 1c)

阿奎那认为,柏拉图受了下面这一教条的误导,即:相同之物只能靠相同之物而认知,因此已知事物的形式在知者与在被知者必须完全相同。毫无疑问,智力所思想的事物是普遍的以及非物质的;但是这类普遍存在仅仅存在于智力,之外哪儿也没有。

阿奎那准备同意柏拉图所谓的理式(form)使事物成为它们的样子,例如有一个“人”的理式使苏格拉底成为人。但是,阿奎那否认物质之外存在着这样的理式。在心灵之外,没有任何诸如人性——即绝对的人性——之类的东西。只有诸如彼得和保罗这样个体的人的人性。不存在不是个体的人的人性,而且无论天上还是地上也没有所谓的普遍人(Universal Man)(*ST* 1a 79c)。人性存在于人的心灵里,从个人的特征中抽象出来,与存在于心灵之外的每一个人一律相关。没有人的理念,只有人们关于人性的观念。柏拉图的理念被否定,代之是张三、王五和李四心里的概念(*DEE* 3. 102 - 107)。

阿奎那说道,个体的人的人性是(由于一个理念而)“可想象的”,但是(因为存在于物质)而并非是“实在地可想象的”。为了达到实在地可想象,一种特别的智力必须运作其上,这就是“能动智力”。在我们探讨阿奎那关于心灵的哲学时,我们将追寻阿奎那关于智力运作的理论;目前,我们要探讨阿奎那为了名称(name)和述词(predicate)的缘故反对柏拉图普遍存在说的意义。

阿奎那详细地阐释了与一种普遍存在相关的推论,即:一个种。“狗”之种不存在于现实中,而且成为一个种与作为一只狗也没有关系,尽管狗是一个种。然而,如果作为一个种就是分享了成为一只狗所是的,那么叫“费多”的这只狗就是一个种。如果阿奎那是正确的,那么当我们说狗是一个种的时候,我们不是真的在说狗的什么,其实我们是在就我们的概念做二阶陈述。首先,我们在说狗的概念是普遍的:它可以用于任何数目的狗。其次,我们在说正是一
139 个复合概念具有其他的概念作为其成分:例如,动物。类和种是根据命题主项的阐释而定义的,而述词就是大脑在形成肯定命题和否定命题时构想的东西

(*DEE* 3.133－135)。

阿奎那对语言逻辑所做的最闻名的贡献，是他对类比话语(analogical discourse)的阐述。他在讨论关于福音的可能性时常常引入这个话题，然而它的应用却很广泛。凭借亚里士多德几段意义含糊的文字，阿奎那区分了两种类比。第一种(一些学者称为“属性类比”[analogy of attribution])可以参照“健康的”一词来说明。严格地讲，只有诸如动物和植物等才是健康的；但是一顿餐饭或者一副面容也可以自然而然地描绘为健康的。“我们将‘健康的’一词既用于餐饭又用于面容，因为这两者都与人的健康有联系，前者作为原因，后者作为症状”(1a 13.5)。另一种类比(一些学者称为“相称类比”[analogy of proportionality])可以参照类比词“好”来说明。一把好刀是一把快且顺手的刀；一个好草莓是一个软且美味的草莓。显然，刀之好与草莓之好有很大不同；但是说刀和草莓都“好”似乎不是一个双关语，而且，人们似乎也不用从刀提取的隐喻来形容某些草莓好。

7. 类比与一义性

阿奎那认为，我们用来描述上帝和造物的词语并非在彼此同样意义上使用。同样采用他的例子，当我们称太阳“亮”以及称一片漆的颜色“亮”的时候，我们的意思并不完全相同。另一方面，当我们说上帝有智慧和苏格拉底有智慧的时候，我们并不是在使用双关语或者在用隐喻。阿奎那说道：“使用词语的这种方法，处于纯粹的歧义性(equivocation)和简单的一义性(univocity)之间，因为词语既不是像一义用法那样在同一个意义上使用，又不是像模棱两可那样在完全不同的意义上使用”(*ST* 1a 13.5)。

这一类比(analogy)理论被邓斯·司各脱否定，一是就其理论本身而言，二 140

是把它用于宗教语言的时候。司各脱论说道,如果有可能谈论上帝,那么一定会有一些词语在用于上帝和用于造物的时候意义相同。并非我们所有的神学话语都可以类比,肯定有一些是一义的。司各脱集中探讨诸如“好”这样的词语:这些词语可以称为“超越的”词语,因为它们用亚里士多德范畴来界定时超越了这些范畴的界限。正如亚里士多德自己指出的那样,我们可以说好时光和好地方以及好人和好质量(*NE* 1. 5. 1096ª23 - 30)。司各脱说道,这样的超越性词语都是一义的:无论这些词语是用于造物的不同种类还是用于造物以及上帝本体,它们都是具有单一的一个意义。最重要的超越性词语是“ens”(being,存在)。实体和偶然事物、造物和造物主,都是完全同一个意义上的存在。

司各脱探讨类比和一义性所针对的目标,不是阿奎那,而是根特的亨利。亨利曾说过,我们关于上帝之无反思的概念遮蔽了两个不同的概念,一个是用于上帝无限的存在,另一个是用于各种不同的范畴所涵盖的造物。反思可以说明,不存在既用于上帝又用于造物的单一的、一义的概念;但是存在着两个概念之间的相似性,这足以使我们能够对上帝进行类比的断言,从而说他不仅是存在,而且还是善的、智慧的等等。

司各脱否定了在一义性和歧义性之间有一个中间场所的观点。当然了,如果我们是在处理没有构成部分的简单概念,那么就不会有其意义部分相同部分不同这样的词语。如果我们用于上帝的名称其意义是模棱两可的,即与它们用于造物时所具有的意义差距很大,那么我们就不可能从造物的属性得出任何有关上帝的结论。任何用类比的谓项作为三段论的中项之尝试,都会犯模棱两可谬误之过失(*Lect*. 16. 266)。

在下面的情况下,司各脱告诉我们说概念是一义的:

它自身具有圆满的统一,以至于肯定和否定一个以及同一事物的概念将会构成矛盾。它还具有圆满的统一,以便用作三段论的中项,以至于每当

> 大项和小项(extremes)由一个这样的中项统一的时候,我们就可以推断大 141
> 项和小项自身的统一。(*Ord.* 3. 18)

为了表明有存在的一义性概念,而且这个概念既可以用于上帝又可以用于造物,司各脱是这样论证的:如果你可以确信 S 是 P 而同时不能确信 S 是否是 Q,那么 P 和 Q 一定是不同的概念。可是你可以确信上帝是存在的,尽管你不能确信他是无限存在还是有限存在。因此,存在之概念不同于存在之概念存在之概念(亨利的两个原本概念),而且存在之概念在以同一的意义用于有限和无限时是一义的(*Ord.* 3. 29)。所以对于司各脱,诸如"存在"、"好"、"一"这样的概念是超越的,这不仅在超越了亚里士多德范畴的界限之意义上,而且在超越有限和无限之间的鸿沟之意义上。

司各脱并不否认有些概念以类比的方式用于上帝和造物。然而他认为这些概念是建立在更为基本的一义性概念基础之上的,而且不能脱离了一义性概念而存在。

> 以"智慧"、"智力"或者"意志"之形式概念为例。这样的概念首先被认为自身是简单的而且是绝对的。由于这个概念形式上不包含缺陷和局限,所以与之相关的造物的缺陷被排除。我们在保持"智慧"和"意志"的这种同一的概念的同时,把它们用于上帝,然而是在非常完善的程度上用于上帝的。这样,每一个与上帝相关的探讨,都是基于这个前提:智力具有源自造物的同样的一义性概念。(*Ord.* 3. 26 – 27)

或许,阿奎那、根特的亨利及司各脱三人之间的不同观点,并非像一开始表面上显现的那样尖锐,原因是"同样的意义"和"同样的概念"它们之间的差别就不那么鲜明。我们可以说,如果一部词典给两个单词提供两个分别的定义，那么这两个单词就是有两个不同的意思。可是当阿奎那说“好”是一个类比的词语时，他不必说明“好”一词每个不同的用法就产生一个新的词条。不同的造物具有不同的好的属性，但是这并不意味着“好马”中“好”的意思不同于“好时光”中“好”的意思。的确，谁如果不知道“好”——用阿奎那的话说——有类比的意义，他就一点也不会理解在该语言中它的意思。另一方面，司各脱是正确的：当我们学会把“好”一词用于一个新的事物，我们并没有上一堂新单词的课。

142 “存在”(being)一词是类比的还是一义的，是一个模糊的问题，这不是因为类比的种种困难，而是因为中世纪对“存在”的观念普遍的模糊性。如前所示，如果我们在讨论存在，例如在“存在着一位神”的句子里，那么存在是一个类比的谓词还是一义的谓词这一问题并不会出现，因为说存在着某事物并不是在把一个谓词用于一个主词。然而，至少司各脱认为，“to be”——一句话——似乎等于谓项一系列的析取：“to be a horse, or a colour, or a day, or. . . ”(“是一匹马，或者一种颜色，或者一天……”)，无穷无尽。以这种方式理解，“to be”似乎显然是一义的。假设整个世界只有三项：甲、乙、丙，谓项“……或者是甲，或者是乙，或者是丙”似乎完全在同一个意义上用于这三项的每一项。

8. 中世纪语法学家的逻辑学

司各脱对形式逻辑并没有作出什么重大的贡献，尽管他关于能力和潜力的性质的形而上学思想会对模拟逻辑学具有相当大的长久影响。然而，在很长一段时间里，他被认为是关于逻辑学与语言学界限的一部很有意思的著作的作者：年轻的海德格尔(Martin Heidegger)作为博士论文研究对象的《思辩语法》(*Grammatica Speculativa*)。现在,学者认为这部著作不是出自司各脱之手,而是司各脱的同时代人、很少为人所知的厄弗特的托马斯(Thomas of Erfurt)的作品,大概写于1300年。

这部著作的意义是,它是逻辑学新方法的代表作,这个方法被布里托(Radulphus Brito, d. 1320)以及13世纪后期一批思想家所采用,后者以"中世纪语法学家的逻辑学"(modistic logic)闻名,与我们在西班牙的彼得和威廉·舍伍德的著作所见到的"名称逻辑学"(terminist logic)相对立。这些语法学家兼逻辑学家,不是研究单项的属性而是研究一般的语法范畴:例如名词、动词、格、时态等,他们称之为"指代方式"(*modi significandi*)。

按照中世纪语法学家的观点,意义是由人的习惯赋予声音的,他们称之为"附加意义"(imposition)。意义的单位是"词"(dictio)。一个单个的词可以容纳许多不同的动词形式:例如,拉丁语的格加上与之相关的形容词和副词。一
个常用的例子是疼痛,它包括名词"dolor"及其不同的格、动词感觉疼痛"do- 143
leo"以及副词"dolenter"(意思是"痛苦地")。确定疼痛的词的主要习惯方式被中世纪的语法学家称为第一附加意义,继之的习惯方式以第二附加意义的形式确定这些指代方式,而这些指代方式把不同的词形连接到使用的不同形态。①

一些指代方式比另一些更为基础。基础的指代方式决定一个词某一特定词性,即名词还是动词。其他附带的指代方式决定词的格、数、时态、语气等。复杂的规则被制定出来确定哪些词用哪个指代方式搭配一起构成合适的句子。

广义上讲,可以说对指代方式的研究是句法的研究,而对语义的关注则是指代关系(*ratio significandi*),即由第一指代方式所附加的指代关系。其实,思

---

① 参见 J. Pinborg,〈思辨语法〉("Speculative Grammar"),载 *CHLMP* 254 – 269。

辩语法学家试图找到与指代方式相关的语义因素。一个表达方式的意义，由关系和方式的结合固定下来：它被称为“形式意义”，即它借助于语言的意义(*virtus sermonis*)。在现代术语中，我们可以称之为一个表达方式的词汇意义，即由词典确定的意义。

然而，在实际应用的语境里，一个表达方式还具有它的本义确定的指涉意义。遇到拉丁语句子“Homo appropinquat”的时候，有人会告诉我们，这个句子由意思是“人”的阳性名词“homo”的单数主格加上意思是“走来”的动词“appropinquo”的第三人称单数构成。我们的解释是根据语言的意义作出的，可是在现实生活的语境里，我们会问哪个人在走过来？这一事实又开掘了一个新的研究领域。中世纪语法学家兼逻辑学家对此问题提出了很多建议，但是这些建议并没有被后来的思想家采纳。反之，出现了一次名称逻辑学的复兴助成了假设理论的发展，从而精确地解决了意义与指涉的关系问题。

9. 奥卡姆的心理语言

14 世纪最重要的名称逻辑学家之一，是威廉·奥卡姆。奥卡姆提出了一
144 种崭新的体系：名称逻辑学是唯名论的，而不是唯实论的。奥卡姆说道，所有的符号都表示个体事物，因为世界上并没有诸如普遍存在(universals)这样的东西需要它们表示。他提出了一系列的形而上学论证，反对普遍存在是存在于个体的真实的共同性质这一观点。如果个体包含着普遍存在，那么没有任何个体可能从空无中被创造出来，因为个体中的普遍成分必须已经存在。另一方面，如果上帝毁灭一个个体，那么他也会由于彻底消灭那个共同性质而同时毁灭同一个种的所有其他个体(*OPh*. 1. 15)。

一个普遍存在是一个单一的东西，只有通过指代才是普遍的，即成为许多

剑桥大学一部书稿中的这幅涂画是所知的最早的奥卡姆画像。

事物的单一符号。普遍存在有两种:自然的和习惯上认可的。自然的普遍存在是我们心灵中的思想(*intentio animae*);习惯上认可的符号通过我们对词语的确定而是普遍的,即词语造来就是为了表达这些思想和指代许多事物的。我们心灵里的符号被放置在一起以便产生心理的命题,犹如口说的符号被放置在一起以便产生口述的命题(*OPh*. 1. 12)。

奥卡姆认为这些心理概念就是语言系统的形成。除了口说的、习惯的语
言,如英语和拉丁语,所有人类共有着一种共同的自然语言。正是从这一普遍
的语言,地方的语言导出它们的意义。心理语言(mental language)包含着一 145
些——而不是全部——中世纪语法学家所研究的语法特征。因而,心理语言
包含着名词和动词,但是不包含代词和小品词。如像拉丁语语法那样,名词具
有格和数,动词具有语态和时态,但是没有不同的名词变格和动词的词性变

化。如果两个拉丁语表达法或者不同语言的两个表达法彼此同义，那么，按照奥卡姆的看法，它们将符合一个心理语言的成分，而不是两个。似乎心理语言自身没有同义表达方式。

后来的逻辑学家不时地试图构建没有含糊和累赘的理想语言。现代形式逻辑学可以被看做是自然语言的某些残片之理想化反映：命题连接词如“和”、“或者”、“如果”等，量词如“所有”及“一些”等，以及设计时态和语气的各种表达方式。奥卡姆无愧于把形式逻辑用于自然语言这一理想化的开拓者，尽管我们会笑他随时准备把中世纪拉丁语中的习语特点转化成心理的普遍语言。

一个逻辑学家为了某个特别的目的建构一个理想的语言，把它作为一个比较的对象以便引起对自然语言模棱两可的或引起混淆的特征的关注，这是一回事儿；逻辑学家——中世纪的或者现代的——坚持认为他们的理想语言在某种程度上已经存在于我们自然语言的使用中，并且包含了我们每天使用词语的方式的丰富意义之终极解释，这完全是另一回事儿。倘若这就是奥卡姆的目的，那么他的心理语言的目的则是徒劳的，因为它并不满足这样的解释性目的。

首先，相应于口说的和书写的名词的心理事物的性质是个问题。奥卡姆似乎对此很担心，他至少一次就这个论题曾改变过想法。开始时，他把心理语言的名称等同于心理意象或心理图像。这些是心灵的造物：用做心理命题的成分的“虚构物”代替它们所相像的事物。虚构物在其与许多不同的事物相像之意义上可以是普遍的。

146 这些虚构物的状况呢？奥卡姆认为，在这个阶段它们并不真正地存在，而只是他所谓的“客观性存在”，也就是说，作为思想的对象而存在。它们毕竟只是虚构物，不仅仅是世界上真正存在的事物的虚构物，还是诸如“吐火女怪”和“羊身鹿首怪”之类的——在普通现代意义上——虚构事物的虚构物。当我们思想的时候,有两种事物要区分开:我们思想的行为与我们的所思所想,也就是说,我们思想的内容或对象。后者才是虚构物,其作用是心理命题中的名称。

晚些时候,奥卡姆开始认为这一区别是不真实的。没有假设思想对象的必要:支持心理语言所需要的要素仅仅是思想自身。和吐火女怪不一样,我思想一个吐火女怪本身就是一个实体——我的心灵暂时的品质、我的心理历史的一个经历。当心理名称出现在心理句子里的时候,它是思想句子的要素。奥卡姆看起来还没有确定,它们是思想句子过程的连续阶段,还是一系列同时发生的思想,还是一个单个的复杂思想。

这里,奥卡姆的犹豫不决有其充分的理由,原因是,当我们考虑到时间延续的时候,言语与思想之间的类比就会破碎。言说的词语言说出来需要时间,而且一个单词接着另一个单词被言说出来。词语的心理意象情况相同,如我们在想象中向自己背诵一首诗歌。但是思想却是很大不同:如果要作出一个判断,那么这个判断的全部内容必定同时出现,而且,一个思想内容的时间次序可能毫无问题。①

按照奥卡姆的观点,无论心理名称怎样形成,它们都指涉或指代个体的事物,因为在现实中根本没有普遍存在。然而,这些个体事物可以包括个体的思想。奥卡姆的唯名论意味着,他必须修正我们在如西班牙的彼得等更早一些逻辑学家所见的指代理论。②奥卡姆重新界定了指代的主要形式:意指代和个指代。

意指代原来被定义为一个单词指代它所指称的事物,而且这一点一般被
认为是在诸如"Man is mortal"(人是必死的)这样一个句子里主语"人"指代一 147
个普遍存在。但是,奥卡姆认为,当一个单词指代一个心理事物的时候就会出

① 见 P. T. Geach,《心理活动》(*Mental Acts*)(London: Routledge & Kegan Paul, n. d.),104 – 105。

② 见本书 130 页(即边码——译者)。

现意指代,如在“man is a species”(人是一个种)这个句子里,“man”(人)指代一个心理名称,即唯一可以是一个种的事物。这并不是在说一个单词指代它所指称的事物,因为“人”这一名称除了个体的人之外并不指称任何事物。

在个指代里,的确是一个名称指代它所指称的事物。在“Every man is an animal”(每个人都是一个动物)这个句子里,单词“man”指代它所指称的事物,因为人就是它的所指——不是指人所共有的特点,而是指人本身。但是,甚至当一个名称不是指代世界上某事物的时候,也会有个指代。“个指代是一个名称指代它所指称的事物,无论那事物是一个心理之外的事物、一个单词、心灵里一个概念、书写的东西,或是可想象的什么东西”(*OPh*. 1. 64)。

对于奥卡姆来说,个指代是基础,而且它既可以用于主词又可以用于谓词。一个谓词,指称或者指代任何与其相符的事物。因此,如果彼得、保罗和约翰都是现实中的人,那么在“每个人都是必死的”和“每一个使徒都是一个人”这两个句子中,单词“人”指代彼得、保罗和约翰。这似乎意味着前一句话等同于“彼得、保罗和约翰都是必死的”,而后一句话等同于“每一个使徒或者是彼得,或者是保罗,或者是约翰”。换言之,一个普遍的名称等同于一串专有名称——在前者是合取的(conjunctive),在后者是析取的(disjunctive)。

10. 奥卡姆论真理和推论

奥卡姆用指代的概念来界定真理。诸如“苏格拉底是人”这样的命题,在而且仅仅在主项“苏格拉底”与谓项指代同一个事物的时候,才是真实的。这有时被称为真理的二名论(two-name theory):一个肯定的直言命题(affirmative categorical proposition),当它把同一个事物的两个名称作为主项和谓项置于一起的时候,是真实的。然而,奥卡姆的理论稍微复杂一些,至少在我们认为名称是专有名称的时候是这样。如我们所见,对于奥卡姆来说,一般的名称并非专有名称,但是却等同于一串专有名称,而且,他根据指代的等同原则所确定的真伪情况,等于要求一个名称而且同一个名称必须同时出现于主项串和谓 148
项串,这样,一个肯定的直言命题才是真实的。

简单的二名论很容易被瓦解。如果“苏格拉底是一位哲学家”由于苏格拉底可以被称为“苏格拉底”和“哲学家”而是真命题,那么很难看出如何解释“苏格拉底不是一只狗”的真伪情况。为了弄清楚“狗”不是苏格拉底的一个名称,我们必须知道它是什么的名称,而且似乎对“苏格拉底到底不是哪一只狗?”这一问题没有答案。奥卡姆的更为复杂的理论的确对这个难题提供了答案:与“狗”相应的名称串以及与“苏格拉底”相应的(一项)名称串两者之间并没有一个共同的名称。然而,这却产生了自身的相应的难题。如果每一个一般的名称都是一串专有名称的缩写,那么每一个命题必定或者是真命题或者是伪命题。“苏格拉底是人”无疑不单单是啰唆的身份陈述。如果它的意思是“苏格拉底或者是苏格拉底或者是柏拉图或者是亚里士多德”,那么这就是它的本意。①

奥卡姆十分关注不同的命题之间的逻辑关系:14 世纪称为 *consequentiae*(推论)理论。更早的著作家曾在“条件命题”(conditional proposition)的意义上使用该词。在这个意义上理解 *consequentiae*,那么它的实例就是:

如果苏格拉底是一个人,那么苏格拉底是一个动物。

这里,“苏格拉底是一个人”为前项,“苏格拉底是一个动物”为后项。

在这个意义上理解 *consequentiae* 可以是真实的,也可以是谬误的,而且可

① 见 Kneale 和 Kneale,《逻辑学的发展》(*The Development of Logic*),268 页。

以是必然的,也可以是偶然的。过去的逻辑学家尤其对必然真理的 *consequentiae* 感兴趣,例如上例。在这种情况下,我们可以建构一个相应的论点,即:

苏格拉底是一个人。所以,苏格拉底是一个动物。

这里,我们不是有一个命题,而是两个:前项成了前提,后项成了结论。论点与命题不同,它们不能说是真的或伪的;它们以好坏论,也就是说,它们以论据充分还是论据薄弱来判定,取决于结论是否紧扣前提。

149 14 世纪关于 *consequentiae* 的论著,关心的是从论据薄弱的论点选出论据充分的论点,而不是把真值赋予相应的条件命题。论点可以包含任何数量的前提:仅仅包含两个前提的亚里士多德三段论,是唯一的一类 *consequentiae*。前提和结论在形式上可以是各种各样的:它们不仅包括诸如三段论里的定性命题(quantified propositions),还可以包括单称命题(singular propositions)。

奥卡姆以区分"简单推论"(simple consequences)和"现存推论"(consequences as of now)开始。如果前项在后项不真实的条件下永远不会真实,那么简单推论成立,例如,"没有动物在跑,所以没有人在跑"。如果前项在后项不真实的条件下现在不会真实——即使在其他时间可能是真实的,那么现存推论成立,例如,"每一个动物都正在跑,所以苏格拉底正在跑",这里,一旦苏格拉底死了,即使后项不存在,前项也可以是真实的(*OPh.* III. 3. 1)。

奥卡姆所作的第二个区别是内在根据推论(*consequentiae per medium intrinsecum*)与外在根据推论(*consequentiae per medium extrinsecum*)。一个推论,如果其根据的有效性不取决于前提和结论任何一项的意义,那么它就是外在地有根据。在这种情况下,推论可以以图式的形式陈述,即使用变项:例如,"If only As are Bs, then all Bs are As"(如果仅仅 A 都是 B,那么所有的 B 是 A)。一个推论,如果其根据的有效性取决于前提和结论任何一项的意义,那么它就是内在地有根据：例如，“苏格拉底正在跑，所以一个人正在跑”之根据的有效性，取决于苏格拉底是一个人这一事实。“如果 X 正在跑，所以一个 A 正在跑”没有普遍的原则（*OPh.* III. 3. 1）。

最后，奥卡姆区分了实质推论（material consequence）与形式推论（formal consequence）。根据他所提供的例子，似乎他把外在根据推论和内在根据推论看做是形式推论。另一方面，在实质推论中，无论是外在的还是内在的，在没有后项的真实的条件下前项真实之不可能性，并非取决于前项内容和后项内容之间的任何联系。它产生于前项之必然地谬误或者后项之必然地真实。因此，“如果一个人是一头驴，那么上帝就不存在”以及“如果一个人正在跑，那么上帝就存在”，均为逻辑上正确的实质推论（*OPh.* III. 3. 1）。

下面的第一个是普遍规则的例子：“无论任何东西都是任何不可能的事物 150
之结果”；第二个是“必然的事物是无论任何东西之结果”的例子。奥卡姆构想出一套这样的规则用于任何种类的推论。它们包括下列六个：

1. 谬误的不是正确的之结果。
2. 正确的可以是谬误的之结果。
3. 任何是后项之结果的是前项之结果。
4. 任何衍推前项的事物衍推后项。
5. 偶然的不是必然的之结果。
6. 不可能的不是可能的之结果。

奥卡姆的许多规则来自早期的哲学家，然而他是把这些规则进行系统阐述的第一人，而且它们基本上被以后的逻辑学家所接受。

11. 沃尔特·博雷与约翰·威柯利夫

在沃尔特·博雷的《逻辑的纯粹艺术》(*The Pure Art of Logic*),推论的理论被置于更为重要的位置,而亚里士多德三段论却被草草论述。种类繁多的推论都被归于“假言推论”(hypothetical consequences)的名下。这些推论的前提,不仅包括条件句(包含“如果……那么”的句子),还包括合取以及析取句(用“和”或者“或者”连接的句子)以及排他句和除外句(例如,“只有彼得正在跑”和“除了彼得所有的人都正在跑”)。一个重要的类别——还被牛津计算师当中博雷的同事们深入地研究——是这一形式的句子:“A begins to w”(A 开始为 w)和“A ceases to w”(A 停止为 w)。

博雷接受了奥卡姆对不同类型的推论的区分,并且添加了他自己所做的亚类。他所做的一切都是以支持的态度继续着奥卡姆的工作。但是当我们把目光从推论的理论转向更为老式的名称的性质的时候,画面就迥然不同了。博雷抛弃了奥卡姆建构于自己的逻辑学中的唯名论,而是以接近传统的唯实论方式重新阐释了指称理论及指代理论。

首先,博雷抛弃了奥卡姆关于一个名词指称它所用于的所有事物的观点。

151 > “人”这个名词具有基本的指称,而且其基本的指称并非苏格拉底或者柏拉图。假如是这样,那么听到这个名词并知道它的所指的人将会确切无疑地想到苏格拉底,然而这是错误的。因此,“人”这个名词并非具有任何唯一的事物为其基本的指称。所以,其基本的指称是某种共同的东西,而这共同的东西就是种。这共同的东西是外在于心灵的事物还是内在于心灵的一个概念,我此时并不太关心。(*PAL*. 7)

博雷这样定义"指称"就可以恢复意指代的传统定义:一个名称指代它所指称的事物。以上引文的最后一句,使他的定义与奥卡姆对意指代的定义在实践中并行不悖开启了大门,即一个名称在意指代中指代一个心理概念。

博雷不仅辩护了而且扩展了传统的指代理论。如奥卡姆在他之前所做的一样,他鉴别了西班牙的彼得和威廉·舍伍德列入个指代的结构严谨的句子。这类句子之一是"每一个人都爱自己":至此所进行的分类不会阐明这个句子推衍出"苏格拉底爱苏格拉底"这一事实。博雷说道,在这样的句子里,"自己"具有个指代的特殊形式,处于含混指代(confused supposition)与外延指代(distributive supposition)中间,他给它取了一个新的复杂的专业名称。另一个句子在传统的方法处理得不得当,它就是"一匹马被应允给你"。为了分清一匹特定的马被应允给你的状况和任何一匹老马都可以兑现诺言的状况,博雷不得不再次引入新的指代方法来阐述这里的"马"。

作为奥卡姆唯名论的批判者,博雷很快就被约翰·威柯利夫所超越。约翰·威柯利夫的论著《论普遍存在》(*On Universals*)可谓对唯实论的持久辩护。威柯利夫相信,理解普遍存在的关键是抓住对主项属性断定(predication)的性质。对主项属性断定最明显的形式是主词和谓词均为语言项即句子的成分的断定。这是被讨论的最多的对主项属性断定的形式,而且现代著作者认为没有其他的形式。威柯利夫说道,实际上,它模拟了另一种不同的对主项属性断定,一种真正的对主项属性断定,它"被许多共同的事物所共享或者阐述了许多共同的事物"(*U* 1.35)。

真实的对主项属性断定,并非词项之间的关系,如"班柯活着"中"班柯"和"活着"之间的关系,是实体之间的关系,即班柯和世界上任何与"活着"相 152
应的事物。然而,到底什么是与"活着"相应的心灵之外的实体呢? 世界上到底有没有与谓项相应的什么东西呢? 威柯利夫对第二个问题的回答是这样的:如果没有,那么逻辑正确的句子和逻辑谬误的句子之间就没有区别。他对

第一个问题的回答是他的普遍存在(universals)的理论。

威柯利夫关于唯名论的论点很简单。他说道,任何人只要相信客观真理就已经在相信真实的普遍存在了。假设有人观察到个人A与个人B相像,一定存在着A与B相像的某一方面C。看到在C方面A像B与看到A的C和B的C征是一回事儿,它包含着对C征的构想,而C征就是A和B所共有的普遍性。所以,任何能够做出相似性判断的人不假思索就可以知道什么是普遍存在。

普遍存在的例子,请考虑作为种的狗和作为类的动物。一位唯实论者会把类简单地定义为许多事物中可以作为命题谓项的而在种的意义上又不同的东西。一位唯名论者会被某种迂回的表述所纠缠,例如,“类是一个可以作命题谓项的——或者其对应物可以作为命题谓项的——许多指称种上不同的事物的名称之名称”。他不能说,一个名称实际上可以作为命题谓项是必然:或许周围没有人对主项属性进行语言的断定。他不能说,任何特定的名称——任何特定的声音或者图像或者纸页上的符号——必须是可以作为命题谓项的;多数符号不会留存长久到用于多重断言。因此,他必须谈论对应物,即属于同一类的其他符号。他不能说,在种的意义上不同的名称中这个名称可以作为命题谓项的:“狗”一词在种的意义上与“猫”一词没什么不同,即它们都是这个纸页上的英语单词。这样,唯名论者不得不说,这些名称指称在种的意义上不同的事物。当然了,这样一来他就违背了规则:他在特意地区别所指称的事物,而不是纯粹属于符号的事物。所以,唯名论者的咬文嚼字并不能帮他什么忙。

威柯利夫的论证,明确地指向比奥卡姆激进得多的唯名论者。奥卡姆体系中的“名称”并非口说的声音或者纸页上的符号,它们是心理语言中的词语。
153 但是,威柯利夫的抨击确实击中了奥卡姆的软肋,即没有能明确地解释他想象的心理语言里的词语与真实世界里实际符号的关系。奥卡姆似乎感觉到他凭借构想一个心理对应物来解释拉丁语的特点;然而,构想心理语言具有解释性力量的唯一原因,是它以心灵里无人知晓的方式运作。威柯利夫通过强迫血肉声音与笔墨符号对话,预示了维特根斯坦把隐藏不露的无意义变为显而易见的无意义的哲学方法。

12. 卢万大学的三值逻辑学

中世纪最后的一项发展是三值逻辑学(three-valued logic)初露端倪。真实与谬误之间一个第三值的可能性,在亚里士多德对海战的几次讨论中被大肆渲染。然而,这个问题一度引起了一场回荡于整个欧洲的争论。

1465 年,年轻的卢万大学(University of Louvain)文学院的一个名叫彼得·德·里沃(Peter de Rivo)的教员,被学生请求谈论下面的问题:在基督对圣彼得说"你将三次否认认识我"之后,不否认认识基督仍然是彼得力所能及的吗?彼得·德·里沃说道:"是的。"但是,这并不等于接受了基督说话的时候所说的是逻辑上正确的。反之,我们必须认为这样的预言既不是逻辑上正确的又不是逻辑上谬误的,而是有一个中性的第三值。

神学院的教授反应非常强烈。他们说道,圣经里到处都是有关单一事件的未来时态的命题,即预言。说这些预言将在以后的某个时间里成为现实,这是毫无疑义的:除非预言在做出的时候已经成为现实,那么预言家就成了骗子。彼得·德·里沃回应道,任何否认第三个真值的人都必定陷入决定论的异端邪说。他受到卢万大学的权威人士的支持。

神学家们从罗马的朋友那里寻求帮助。方济各会的一位名叫弗朗西斯科·德拉·罗维尔(Francesco della Rovere)的逻辑学家设计了一些三值逻辑体系的逻辑关系。很明显,真命题的对立物是伪命题;他坚持说,中性命题的

154

弗朗西斯科·德拉·罗维尔和教皇西克斯图斯四世接受梵蒂冈图书馆长普拉蒂纳的敬拜(梵蒂冈美术馆,梅洛佐·达·福尔利作)。

对立物不是伪命题,而是中性命题自身。然而,那些否定信经(the Creed)中未
来时态条文的人,如果在口说虚假言辞,就可以理所当然地被斥责为异端邪 155
说。因此,与它们对立的条文肯定是逻辑正确的,而不是中性的。

卢万大学的神学家们在这一支持的鼓舞下,向梵蒂冈指控了下面的命题:

> 一个有关未来要真实的命题,它所说的应该是实际情况尚且不够:它必须不可避免地成为实际情况。我们应该说下面两种情况的一种:或者在关于未来信仰的条文中没有现在以及实际的真理,或者他们所说的是甚至神力也防止不了的事情。

这些命题于1474年被教皇指责为异端邪说。

直至20世纪,三值逻辑才被逻辑学家认真地研究。然而,这段插曲表明,在哲学史上对中世纪和文艺复兴划一条明显的界线是多么的不可能,因为干预这场卓越的学术争论的人不是别人,而是1474年颁布谴责令的教皇:典型的文艺复兴时期的人物西克斯图斯四世(Pope Sixtus IV),他用自己的名字命名了西斯廷教堂。

第四章

知识

1. 奥古斯丁论怀疑、信仰和知识

奥古斯丁在皈依基督教之前一段时间,受到西塞罗 156
的影响,一度对新学园(the New Academy)的怀疑主义论点很感兴趣。他在卡西西阿库所写的第一部哲学论著是《驳怀疑论者》(*Contra Academicos*),其中,他为获得各种知识的可能性进行了辩护。我们知道许多逻辑真理,例如排中原则,即是 p 或不是 p(*CA* 3. 10. 23)。我们还知道直接现象的一些真理。怀疑论者不能反驳说下面话之人:"我知道这看起来是白色的、这声音好听、这味道好闻、这个东西尝起来是甜的、那东西摸起来是凉的"(*CA* 3. 11. 26)。这些话不可能是错的。但是,难道感官不会欺骗我们吗?比如一棵垂直的橡树在水里看起来是弯曲的,这种现象里并没有欺骗;反之,如果水里的橡树看起来是直的,那么这就形成了我的眼睛欺骗我自己。当然了，橡树在我看起来是弯曲的，并不等于我做出树弯曲的判断。

然而，有许多命题处于逻辑真理与经验的直接表达之间，奥古斯丁整个一生都在回归这样的命题的分类和评价。他为确定性之可能所做的最充分的辩护之一，出现在他的晚期著作《论三位一体》（*De Trinitate*）。为了论证的缘故，他打算承认，当眼睛看到橡树是弯曲的或者航海家看到路标在移动的时候，感官可能被欺骗。但是，当我说“我活着”——一个非感官的判断而是理性的判断——的时候，我不可能出错。“或许你在做梦。”可是，即使我在睡眠中，我仍
157 然活着。“或许你神志不清。”可是，即使我神志不清，我仍然活着。再者，我知道我活着，我知道我知道我活着，等等等等，无穷无尽。怀疑论者可能大费口舌反对心灵通过感官感受到的事物，但是不反对心灵独立感受到的事物。“我知道我活着”属于第二类（*DT* 15. 12. 21）。

阅读过笛卡尔的著作的人，这时肯定会想起第二沉思，而且的确与“我思故我在”类似的论点可见于奥古斯丁的若干部著作里。例如在《上帝之城》，在回答怀疑论者的诘问“难道你就不会出错？”的时候，奥古斯丁说道：“如果我出错，那么我存在。”不存在的事物不会出错，所以，如果我出错，那么我就存在（*DUC* IX. 26）。我们每一个人不仅知道我们自己的存在，而且还知道有关我们自己的其他事实。“我想要幸福”同样是我所知道的事情，“我不想犯错误”亦复如此。

但是，除了笛卡尔式的确定无疑的事物外，成熟的奥古斯丁接受了许多命题的真实性。我们不应该怀疑我们通过感官感受到的事物，正是通过它们我们才了解到天和地以及和它们相关的事物。我们大量的信息都是从其他事物的见证导出，例如海洋的存在、遥远的陆地的存在、历史上英雄的生平，甚至我们的出生地和父母等（*DUC* 2. 12. 34）。奥古斯丁的整个一生都非常看重数学真理，他称之为“真理的内在规律”：没有人说 7 加 3 应该是 10，我们就是知道它们是 10（*DLA* 2. 12. 34）。

我们从哪里以及如何获得我们的数学知识以及我们周围的造物的真实性质的知识呢？奥古斯丁在《忏悔录》强调指出，事物的本质的知识不是来自感官。

> 我的眼睛说："如果它们有颜色，我们会告诉你的"；耳朵说："如果它们发出声响，我们自会传递"；鼻子说："如果它们有气味，必会通过我"；味觉说："如果它们没有味道，不必问我"；触觉说："如果它没有形状，我便触摸不着，我无话可说。"算术中的数字亦复如此：它们没有颜色、没有气味，不发出声响，也不能被品尝或者触摸。几何学家的线条与建筑师图纸上的线条迥然不同，即使它画得比蜘蛛网的线还细。然而我心中记得纯粹的数字和几何线条。它们来自何处？(*Conf.* X. 11. 17 – 19)

柏拉图在他的《美诺篇》(*Meno*)曾试图表明，我们关于几何学的知识可以追溯
到怀孕以前的生命，所谓学习几何实际上是回忆起被埋葬的对我们已经知道 158
的东西的记忆。早期，奥古斯丁曾被这种说法吸引(见 *Ep.* 7. 1. 2)，但在他成熟时期的著作中，他冷静下来，认为灵魂的存在先于肉体的形成。他在《论三位一体》中写到，即使有这样的先前生命，它也解释不了几何学知识的获取，因为很难想象我们每一个人在先前的生命里都是几何学家。

> 我们应该相信，有智力的心灵的本质是这样构成的，以至于它凭借一种独一无二的、无形的光芒，看见在自然的秩序中它所从属的智慧实体，犹如肉体的眼睛在这有形的光芒中看见周围的事物。(*DT* 12. 15. 24)

奥古斯丁这里所谓的"智慧实体"(intelligible realities)，他在其他地方称为"无形的、永恒的理性物"。它们亘古不变，因此比人类的心灵更高一级；可是它们

又以某种方式与人类的心灵联系着，因为否则将不能使用它们作为判断有形事物的标准（*DT* 12. 2. 2）。

例如，当我们确定某个车轮子圆得不完善的时候，或者当我们用毕达哥拉斯的定理测量一块土地的时候，我们就使用它们。然而，我们并不是仅仅限于涉及算术的和几何的标准时用它们，还有智力的美的准则。奥古斯丁回忆起他在迦太基曾看见过的一个特别装饰的拱门。他告诉我们说，他认为这个拱门令人产生美感的快乐这一判断，是基于他通过理性的心灵眼睛看到的一种永恒的真理（*DT* 9. 6. 11）。

奥古斯丁的"智慧实体"显然与柏拉图的理念很相似。奥古斯丁否定了《美诺篇》的基本观点，他所不同意的不是永恒标准之存在，而是人认识它们的能力。他沿袭新柏拉图主义思想家如普罗提诺的观点，认为理念存在于神的心灵。

奥古斯丁对柏拉图的基督教化，在他的著作《论理念》（*De Ideis*）中彰明较然，它构成奥古斯丁的《问题解论》（*Eighty-Three Different Questions*）中第 46 个问题。他给理念（Idea）提供了三个拉丁语词语："formae"（理式）、"species"（理类）和"rationes"（理道）。理念除非存在造物主的心灵，不能认为存在于其他任何地方。如果造物是智慧的行为，那么它肯定符合于永恒的理性物。然而，认为上帝在按照理念创造世界的时候参照他自身之外的任何事物，这是
159 亵渎神灵的。因此，独特的、永恒的、亘古不变的理念存在于上帝独特的、永恒的、亘古不变的心灵。"理念是原型的形式，事物之稳固不变的本质，不是被创造的，而是永恒地、亘古不变地存在于神的智力"（83Q 46. 2）。

2. 奥古斯丁论神的光照

人类获得思想观念并不是通过回忆（如柏拉图所言），也不是通过抽象

(如亚里士多德所言),而是通过神的光照(divine illumination)。“在神的智慧的光芒照耀下,灵魂凭借最卓越的智力,而不是通过肉眼,看见其灵视构成其终极幸福的理性物”(*83Q* 46. 结尾)。

关于奥古斯丁的光照理论,我们已经说得很多。是否对于一切知识光照都是必需的?还是仅仅限于逻辑和数学的先验知识?如果理念是神的心灵的内容,那么人类的心灵又怎么在看不见上帝的情况下与它们接触呢?就此而言,理解几何学必需的灵视上帝又怎么与享受天国之福者最终的、独有的权利之灵视上帝区别呢?

在我看来,这样的讨论没有意义。奥古斯丁并没有一个思考缜密的光照理论,如他的一些中世纪追随者所发展的理论那样。他只是在使用一个隐喻,甚至这个隐喻也没有系统地、连贯一致地得到阐述。

用身体的活动表现智力的活动,是人类语言自然而普遍的特征。在英语中,我们说“抓住”[领会]一个概念,说一个命题“听起来是真的”或者“闻起来有臭鱼味儿”[靠不住];然而,在所有身体的感官中,视力最经常用来比喻智力的活动。当我们不是被其论点或雄辩所引导而同意一个命题的时候,我们会说我们“看清”[明白]它是真实的;我们用同样的隐喻表示直觉的知识。奥古斯丁可以非常自然地用这一方法谈论智力的目光或者理性的眼光。

然而,讨论光照又给这一自然顺畅的隐喻添加了额外的特征。它暗示,当我们理解的时候,存在着我们理解的媒体,正如当我们看见颜色的时候光就是我们的视力的媒体一样。它暗示,存在着这一媒体发生的源泉,犹如太阳以及较小的发光体是我们借以看见事务的源泉。它还暗示,存在着被光亮揭示的 160
物体,也存在着可能被黑暗遮蔽的可视物体。

要给关涉这一隐喻的各项提供一套连贯一致的对应物,从而理顺奥古斯丁对光照的论述,这还颇为困难。诚然,最清楚的部分尚属上帝是智力光照的源泉,正如太阳是可见光的源泉一样。这种神的光照,被用来解释我们人类如何拥有与柏拉图的原型相应的思想观念。但是,理念并不是需要光照的那种被遮蔽的存在物,它们被认为是最明亮的存在物。如果我们接受存在着理念这样的事物这一观点,那么为什么还需要媒体来认知它们呢? 为什么不说——如笛卡尔后来所说——上帝在创造我们的心灵时直接在我们的心灵里创造了理念的复制品呢?

要评价奥古斯丁的论述,我们必须忘记我们对于光的物理知识以及我们认为我们对光的所知,我们仅仅思考(字面上)光照之枯燥的事实,即如对于我们一样对于奥古斯丁熟悉的事实。光照射在要被看见的物体上的时候,它有助于我们看见事物。直接照射在我们眼睛上的光——尤其太阳光——不但不会有助于视力,反而会阻碍视力。可是奥古斯丁阐释的神的光照不是照射在智力视域的物体上,而是照射在我们理性的眼睛上。这一隐喻所代表的智力的探索,似乎犹如黑夜里驾驶一辆前大灯向后穿过风挡玻璃照射的汽车,是毫无希望的冒险。

光照的语言同样给信仰和理性之间的区别——这对于后来的基督教哲学家是如此重要——平添混乱。把此生通过无助的理性对上帝的所知与相应于启示和神的恩典对上帝的所信区别开,成为不言而喻的习惯。奥古斯丁显然意欲把光照与创造区分开,这样就使得光照成为超自然的而不是自然的。另一方面,心灵理解如三位一体等神秘事物以及日常经验的基本真理,似乎都需要光照。

奥古斯丁对于信仰(*fides*)有很多话要说,然而他并没有把这个词的意义局限于后来的专业用法,即相信上帝的启示话语基础上的命题之意义。一度,他给信仰定义为“赞同地思想”(*DPS* 2.5)。这个定义成为经典的定义,但是它似乎在两个方面不完备。首先,任何时候我们脑海里相信任何东西——无论是否是宗教的——我们都会赞同地思想。其次,如奥古斯丁常常指出,任何时候都有我们相信的许多东西,即使我们根本不在思想它们。一次思想(cogitatio),是我们心理生活中可确定日期的事件;相信(包括信仰这一特殊的相信)与此不同,它是一个心理倾向,而不是一段心理经历。

161

在梵蒂冈圣尼古拉教堂里安吉利科(Fra Angelico)的这幅壁画中,波纳文图拉——被不确切地描绘得长了胡须——仰望苍天祈求光照。

162 当奥古斯丁讲信仰的时候，他关心的与其说是对信仰认知的阐述，不如说是对信仰作为感恩的德性这一性质的强调，即保罗所谓的上帝倾注于我们的信、望、爱之一的德性。当他硬语盘空地阐释信仰的作用时，他再一次使用了光的隐喻，然而其方式却与阐释我们对永恒真理的认知大相径庭。我们在《上帝之城》读到："人类的心灵，理性和知解力的基础，被顽固不化的罪恶之黑暗力量削弱了能力。它太羸弱了以至于不能承受永恒不变之光，更不用说拥抱和享受它了。要想得到这样的幸福，它需要日复一日地沉思和革新。它必须经过信仰的净化"(*DCD IX*. 2)。

3. 波纳文图拉论光照

信仰与理性的关系，在中世纪鼎盛时期奥古斯丁的后继者的认识论中，一直占据着重要的位置。圣波纳文图拉如奥古斯丁一样倾心于柏拉图的哲学，而对亚里士多德哲学却不感兴趣，但是他相信，即使柏拉图最伟大的继承者西塞罗和普罗提诺在人类幸福的性质方面也都错了。没有信仰，没有人会得知三位一体的秘密或者人死后超自然的命运(I *Sent*. 3. 4)。但是波纳文图拉认为，哲学家无论多么有天赋，都是处于比无知更糟糕的处境：他关于那些要被认知的最重要的事物都是极其错误的。"哲学是通往其他学科的途径，可是谁希望停留在哲学上，那么他无疑是堕入了黑暗里"(*De Donis*, 3. 12)。

一个基督教哲学家，因为受到信仰的恩典的启迪，所以可以很好地利用哲学家的论点来拓宽他对具有拯救力量的真理的理解。波纳文图拉自己就做到了，他为上帝的存在提供了各种各样的证据：他论说道，有缺陷的存在暗示完
163 备的存在，依赖性存在暗示独立的存在，运动的存在暗示恒定的存在，等等。
他用柏拉图主义方法把这些证据解释为完全意识到认知上帝存在的刺激物，

而上帝存在的知识原本是植根于人类的心灵(*Itin.*, c. 1)。他对安塞姆的本体论论点提出了自己的阐释,以便表明,要明确地意识到上帝的存在,除了反思已经存在于我们心灵的事物之外,什么都不需要。①反思对幸福的渴望——这是人人皆有的——将会表明,这一渴望如果不拥有至善是不可能满足的,而至善正是上帝(*De Myst. Trin.* 1. 17, 结论)。

波纳文图拉认为,与生俱有的关于上帝的观念,是一种特殊的情况。总的来说,他不相信我们的思想意识是与生俱有的,他同意亚里士多德的观点;心灵最初只是一块白板,甚至最一般的理性原则也是在感官经验之后获得的(II *Sent.* 24. 1. 2. 4)。关于上帝的观念是独特的,它与生俱有是因为心灵自身就是上帝的映像,即上帝的特征可以隐约看见的镜像(*De Myst. Trin.* 1. 1)。在与生俱有的关于上帝的知识和习得的关于理性原则的知识之间,是我们关于德行的知识:既不是与生俱有的观念、又不是从感官经验的抽象,而是区别对错的自然能力(I *Sent.* 17. 1)。

从感性对变化的、不经久的事物的认识所获得的知识,自身会导致怀疑和错误。如果我们要获得固定的确定性事物的知识,那么我们需要永恒不变的真理的帮助,即上帝的帮助。上帝心灵里的理念,即"永恒的理性物",是我们在此生看不见的,可是它们对我们的思想施加着无形的、随意的影响。这就是神的光照,它使我们能够理解世界倏忽即逝现象下面固定不变的本质(*Itin.*, 2. 9)。

4. 阿奎那论概念的形成

这样,波纳文图拉沿着其前人长长的线路走,他诉诸超自然事物来阐释人

---

① 参见本书第九章。

类心灵活动的方式。他的同时代人阿奎那抛弃了这种方法。阿奎那的确使用
164 了光的隐喻来解释智力的活动:能动智力发射光,光把世界上蛰伏的可思的个体物体转变成实际上可思的物体。但是阿奎那坚持认为,能动智力是个体人自身具有的自然能力,而不是超自然的存在从外部作用于人的心灵,如阿维森纳和阿威洛伊所认为的那样。①

阿奎那在《神学大全》(1 a 79. 3 – 4)强调指出,能动智力是人的心灵自然有之。毫无疑问,有一种比人的智力更卓越的智力,即神的智力,人的思想需要有一个源自那卓越智力的人的能力。如圣约翰所言,上帝照亮(启迪)来到这个世界的每一个人,只是作为普遍本源给予人的心灵特征性能力(4 ad 1)。

阿奎那在第一部中84问确立了他对如波纳文图拉的理论的态度。他问道:智力的心灵是否知道"处于永恒本质的"(*in rationibus aeternis*)事物。他在书中"与此相反"(*Sed contra*)部分说道:

> 奥古斯丁说:如果我们两人都明白你所说的是正确的,而且我们两人还明白我所说的是正确的,那么,我们是从何处明白的呢? 不是我从你那里,也不是你从我这里,而是我们从我们心灵之上的永恒不变的真理那里明白的(*Conf.* XIII. 25. 35)。然而,永恒不变的真理处于永恒的本质体。因此,智力的心灵知道永恒本质体内的一切事物。

阿奎那以他通常的温文尔雅的风格在续篇中抛弃了神的光照这一教义,但是他遣词造句委婉含蓄,只在迫不得已的时候才批评圣奥古斯丁。②

毫无疑问,阿奎那不是一个经验主义者;也就是说,他否认感官经验自身

---

① 参见本书第七章。

② 这里,我谈论的是 R. Pasnau 在其《托马斯·阿奎那论人性》(*Thomas Aquinas on Human Nature*)(Cambridge: Cambridge University Press, 2001)所论述的论题,我从该书获益匪浅。

足以满足智力思想(*St* 1a 84.6c)。除了感官经验之外,还需要能动智力的活动。但是,如果阿奎那不是一个经验主义者,那么他也不是一个光照论者。只凭能动智力不足以获得理性的知识。“如果我们意欲获得物质世界的知识,除了我们自身理性之光以外,还需要从外部事物获得可思的形式”(*ST* 1a 84.6c)。人类此生的智力是理解物质客体的官能。如果没有感官,我们就对
外部事物一无所知;如果没有能动智力,我们将对外部事物一无所思。没有心 165
像的思想是空洞的,没有形式的心像对于心灵是黑暗。

阿奎那认为,能动智力并不是超自然的,它是人的本质的一部分。当他讨论事物的本质的时候(*ST* 1a 111.1),他说道:“每一个人自身都有一个知识的原理,即能动智力之光,自世界伊始凭借能动智力之光才有了一切学科确切的普遍原理。”阿奎那把教育中能动智力的作用比作医学中我们身体机能的作用。医师的技术模仿机能,从而借控制体温、帮助消化、排除毒素等方法治疗病人。当一个小学生学习的时候,老师帮助他利用智力的自然光学会新的知识。这个比喻要告诉我们,能动智力的活动同消化系统一样根本不是超自然的。它们同样是造物主上帝的产品,但是,如果作为上帝的造物使得什么成为超自然的,那么整个世界就是超自然的,而且自然与超自然之间的界限区别也就没有意义。

然而,难道上帝作为能动智力的创造者就没有[向人类]注入一种特别的洞察力,如他在创造其他物种时没有注入一样?在《异教徒驳议辑要》(3.47)中,阿奎那区别了每一个造物都有的与上帝的相同点以及智力因其认知真理的能力而具有的特殊相同点。有些真理是所有的人都认同的,例如思辨推理和实践推理的基本原则。正是这些真理在心灵里的存在,才使得心灵成为上帝的影像。这些真理并非是与生俱有的,也不是通过经验或归纳获得的。与生俱有的是经验向我们呈现事例时认识它们的官能。

能动智力本质上是概念形成的能力,它作用于心像。它把潜在的可思的感官经验的资料转换成实际上可思的形式。概念的形成包含诸如不矛盾等原

则的使用:X 概念的掌握,包含着把什么是 X 与什么不是 X 区分开的能力。在这种情况下,可以说能动智力意识到这类原则:当然,仅凭能动智力自身而没有任何感官经验的输入,这样的意识对于完成我们今生智力的确切任务——即认识物质客体的实质——毫无帮助。

166 正是能动智力本身才是非造物神智之光的反映或者反射。阿奎那是这样说的:当能动智力使用其原则从感官经验形成概念的时候,它不再需要神的光照。

> 人的心灵要完全意识到真理,必须信仰神的作用。但是,在自然而然地认识事物的过程中,不需要任何新的光照,只需要神的活动和指导(*IBT* 1. 1c)。

当然了,圣托马斯的确相信,人的心灵的活动伴随着超自然的神的光照:这就是神的恩典,它在那些幸运者造就信仰时为之拥有。但是,他小心翼翼地把它与内在的、自然的光——即能动智力——区分开。“只要我们的智力之光——无论它是自然的产物还是恩典的创造——是原初真理之印象,无论我们理解和判断什么,我们都凭借原初真理之光理解和判断”(*ST* 1a. 88. 3 ad 1)。

5. 阿奎那论信仰、知识和科学

在凭自然之光可认知的真理与仅仅凭超自然的信仰之光可获得的真理之间的严格区别,确实是圣托马斯对中世纪认识论的主要贡献之一。他相信,自然理性能够获得关于上帝有限的几个真理:上帝存在,上帝无所不知、无所不能、仁慈博爱,等等。诸如三位一体和道成肉身等教义,只能凭借启示获知,而且是无助的理性证明不了的。在神学的意义上,信仰是对福音的内容之坚信。信仰与相信上帝存在不同,后者可以从成功的哲学论证导出。虔诚的信仰者用福音解释许许多多事物,但是不能拿福音作为上帝存在的依据。在这个意义上,相信上帝存在不是信仰的一部分,而是信仰的前提。阿奎那称之为信仰的“引子”。

凭自然理性获得的关于上帝的真理，属于自然神学的范畴。信仰的秘密是天启神学的题目。但是“无助的理性”(unaided reason)这个词语具有含混性。它可以意味着，自然神学在为其结论做论证时仅仅依靠从经验或反思导出的前提，以及它不需要借助于任何从宗教经典或特别启示导出的前提。在 167
另一种意义上，它可以意味着，自然神学家不需要神的恩典的帮助就可以得出结论。当我们在第一种意义上讨论“无助的理性”的时候，我们在讨论理性从中得出结论的前提，而且我们在讨论逻辑关系。另一方面，当我们把无助的理性与恩典的帮助作比较的时候，我们已经从前提的范围移到原因的范围：我们在讨论推理过程的因果前项而不是逻辑前项。

根据阿奎那的观点，甚至那些原则上可以凭理性得出的真理，例如上帝存在和灵魂不死，在实践中许多权威人士也必须接受。通过哲学论证确立这些真理，需要智慧、闲暇和精力，这是人类绝大多数人所不具备的。圣托马斯在确立自然哲学的结构时，把学者的信念与普通人的信念作了区别。普通的信者不必有能力沿袭诸如哲学家(如果成功)产生上帝存在这一知识的五种原则(the Five Ways)等论证①。普通的信者仅仅相信上帝存在就够了。这一信念不是信仰，理由如上所述。它是基于人的权威的信念，而不是基于神的权威的信念。但是它无可挑剔地合情合理，因为信众都可以接受上帝存在的论点，尽管仅仅有学识的人才可以理解它们(*ScG* 1.3–6)。

阿奎那对于信仰和理性以及自然神学和天启神学的区别，标志着中世纪认识论的转折点。认识论是研究知识和信仰的哲学学科：什么样的事物我们可以认知以及我们如何认知它们，什么样的事物我们应该相信以及我们为什么应该相信它们。阿奎那的贡献明显区分了知识和信念。他比以往任何一位先贤都更加强调地指出，基督徒理解三位一体的神秘性不是知识或理解的问

① 阿奎那关于上帝存在的五种证明原则，见《神学大全》，1：2：3。另见本书342页。——译者注

题，而是信仰的问题。在信念的领域，他区别了信仰和基于不同程度的确信之观点：信仰，而非观点，包含着对所相信的命题真实性的认可，它等同于对知识真理的认可。与确信存在的不同相应，在证明的类型上也有不同：信仰依赖超自然的证明，观点依靠日常的证据。

168 阿奎那区别了信仰和知识之后，描述了深受亚里士多德在《后分析篇》确立的演绎科学之理想影响的知识（*scientia*）。他认为，每一个能够被不折不扣地认识的真理，都是一个能够通过从自明的前提进行三段式推理得出的结论。有些命题被理解仅仅是为了达到认同：例如不矛盾律以及其他类似的基本原则。能够掌握并实施这些基本原则是智力的根本能力：它称为严格意义上的知解能力（*intellectus*）。人类的智力同样具有通过三段式推论从这些自明的原理推导出结论的能力：它称为推理能力（ratio）。基本原则对于推理的结论的关系，犹如公理对于定理的关系。对于基本原则的掌握称为原则拥有（*habitus principiorum*），对于从此导出的定理的知识称为知识拥有（*habitus scientiae*）（*ST* 1a 2ae. 57. 2）。

圣托马斯在任何地方也没有提供那些为一切科学知识之前提的自明原理，他也没有试图如斯宾诺莎（Spinoza）一样把自己确立的哲学命题作为从自明公理导出的结论陈列出来。然而他告诉我们，科学的任何发现都构成演绎体系里有序的一套定理，其公理或是更高一级科学的定理或者自身就是自明的原理。一个定理可能不止在一个体系可以证明：例如，地球是圆的可以既被天文学家证明又被物理学家证明。科学如果具有不同的形式，客体就会彼此不同：我们可以说，天文学家和几何学家可以认知在两个不同的形式描述下的同一个物体：例如作为天体的太阳和作为圆形固体的太阳。可以从不同的科学导出的结论，将会从具有不同的中项的三段论演绎出来。不止一个推理链可以从基本原理引向某个特定的定理，但是从任何定理至少有一个推理链可以引回到相关的公理。以这种方式确立的科学理想，似乎非常明显地被欧几里得（Euclid）的几何学实现。

这样的知识理论,显然不足以充当普遍的认识论。首先,许多我们通常且
正确地说知道的事物,并不是任何演绎体系里的命题。可以说这一点只是翻
译的问题:拉丁语动词“scire”和名词“scientia”涉及的不是知识而是科学。事 169
实上,阿奎那常常使用动词作为“know”(知道)的对等词,但是他的确也使用几个其他的词语,例如动词“cognoscere”和名词“cognitio”的意义范围更宽泛而不那么专业。这些词语在各种不同的语境中使用,来表示非常不同的事物:智力理解以及感官感知、通过学习获得的知识以及通过描述获得的知识、获取概念以及使用概念,等等。认真研读上下文是必需的,以便找到它们在不同语境的合适译法。可悲的是,近年来一些研究中世纪的学者放弃了翻译而选择了直译,这不仅导致了糟糕的英语,还产生了思想的混乱。准动词“cognize”(认知)看起来像一个偶发动词,因而各种各样的认知状态、认知活动、认知行为等被造了出来,以至于它们看起来好像表示一个可能有着心理快照的暂时事件。然而,的确,如果我们意欲在阿奎那得到一个有价值的认识论,我们就应该审视他如何使用“cognitio”而不是他的知识理论。

然而,让我们暂时看一看阿奎那作为对科学的阐述的理论,而不把它看做一个普遍的认识论。我们认识到他的理论不是用作科学方法的阐述,这一点很重要:其用意不是让我们认为,科学家的研究从自明原理开始进而通过展开先验的演绎得出对世界的结论。程序是逆向进行的:科学家从现象开始,例如一次月食,进而探索它的起因。发现起因与发现三段论中的中项是同一回事儿,它将把月食的发生作为结论。当这个三段论通过其他的三段论回溯以便达到基本的原理的时候,科学的任务才得以完成。然而,以这种方式得出的基本原理形成科学探索的结局,而不是始点。①演绎链不是投资活动的媒介物,

① 阿奎那在《神学大全》(1a 79.8)清楚地区分了这两个程序,可是却令人疑惑地称演绎程序为“探索”、探索程序为“判断”。而他在对《后分析篇》的评注中却清楚地表明,这部著作关注的是判断。参见 Eleonore Stump,《阿奎那》(*Aquinas*)(London: Routledge,2003),525,我从中受益匪浅。

而是产出。

阿奎那理论的严重问题是,科学中经验和实验的作用没有表述清楚。的确,“scientia”一词意义宽广,足以包括数学和形而上学。然而从阿奎那的实例
170 看,他的论述意欲涵盖天文和医学等学科。他告诉我们说,*scientia* 涉及普遍的和必然的真理:但是我们感官经验里变化不定的世界怎么能够提供这样的真理呢?人类又怎么能够——如阿奎那自己所言(*ST* 1a 101. 1)——依赖感官来获得真知呢?

十五世纪一位光照说者想象中的邓斯·司各脱。

在科学研究中,阿奎那赋予感官的作用涉及习得概念和理解原理,而不是确立自然界偶然性规律。他描述了感官的中介作用为什么对于抽象普遍概念是必需的,他阐释了我们如何通过反思特定的实例理解普遍原理。在这些情况下,他用了“*inductio*”一词来描述这一过程(*CPA* 1. 30, 2. 30)。可是这个词

如阿奎那所用的许多拉丁语专业词语一样,不是一个始终如一的朋友。在 *inductio*,个例说明一个命题,而不是论证一个命题,命题一旦被理解清楚就是自明地真实。这与我们自培根(*Bacon*)时代起理解的归纳(*induction*)有很大不同,在后者,个例为科学概括提供统计学的支持。

自现代初期,认识论一直呈现为对怀疑论之反应的形式:我们有什么理由依赖感官的证据、接受外部世界的存在、相信其他心灵(minds)的存在呢? 阿奎那对这样理解的认识论没有什么兴趣。他接受了普遍的对感官依赖的观点,把物质客体的本质看做我们所知的人类智力的适当对象,并阐释人类心灵 171
和超人类心灵的性质和数量,而不是它们的存在。在阿奎那时代的思想氛围,心理学与认识论之间没有清晰的界限,也就是说,对心理功能的活动的描述与明证之间没有明确的界限。阿奎那自己没有如在信仰和理性之间明确地划界那样试图在心理活动的描述与明证之间画一条界线。因此,读者如果希望顺着他关于感官和智力运作的思路继续走下去,应该翻到讨论心灵哲学的那一章(第七章)。

6. 邓斯·司各脱的认识论

现代所理解的认识论起始于邓斯·司各脱的著作,这一说法颇有争议。这么说似乎令人惊奇。乍一看,司各脱比阿奎那更远地离开了怀疑论。阿奎那认为,人此生的智力的适当对象是物质客体的本质,而司各脱相信智力的力量大得足以囊括天上和地上一切事物,范围包括全部无限的存在和有限的存在。甚至,阿奎那相信物质个体是感官知识的缘由而不是智力知识(intellectual knowledge)的起因,而司各脱却很乐意给智力赋予对个体直接的认知(*Quodl.* 13,p. 32)。但是,司各脱拓展了智力的范围,却削弱了智力可以获得确定性的程度。

司各脱在其对《论心灵》的评注中论证说(22.3),一个特定的个体能够被人类智力理解,甚至在现世其官能被罪孽遮蔽的情况下亦复如此。如若不是这样,我们将永远不能通过演绎获得普遍存在的知识,我们也不能对个体的人拥有合乎理性的爱。但是,我们对个体事物的知识是含糊的、不完备的。如果两个个体在感觉性能上彼此没有差别,智力就不能区分两者,即使它们具有两个不同的“此性”(haecceity),而且因此是两个不同的个体。我们认知个体的含糊性导致了我们认知普遍存在的含糊性,因为“没有前期的对单一事物的知
172 识而从单一事物抽象出普遍存在,那是不可能的。因为在这种情况下,智力将在不知道从什么进行抽象的状态下进行抽象”(出处同前)。

对于司各脱,知识涉及心灵里其客体呈现的在场。如阿奎那一样,他用认知主体中理类(species)或理念(idea)在场的方式来描述知识。但是,对于阿奎那来说,理类只是一个概念,也就是说,正在讨论的智力的一个能力;而对于司各脱来说,它是知识的直接客体。他说道:对于知识,“客体自身并不需要在场,但是需要客体借之呈现的事物。理类的性质就是如此,因而,要被认知的客体并非有效地或者真实地存在其中,而是通过表象”(*Ord.* 3.366)。

对于阿奎那,智力的客体自身的确在场,因为它是一个普遍存在,其存在本身正是心灵里的在场。但是,由于司各脱相信智力对个体的知识,所以他模拟感觉意识设想了智力知识。当我看见一堵白墙的时候,墙的白色对我的视觉和心灵产生影响,但是白墙自身并非于我的眼睛或心灵里在场,它只是某种呈现。

司各脱在直觉知识(intuitive cognition)和抽象知识(abstractive cognition)之间作了区分。“我们应该知道,可以有两种智力意识和智力活动:一种智力活动鉴于它从一切存在进行抽象而可以[认为]在智力自身,另一种智力活动鉴于其存在于其存在而可以[认为]属于一个事物”(*Lect.* 2.285)。直觉知识

和抽象知识之间的区别，不同于感觉和智力之间的区别。千万不要被“抽象”一词误导，尽管司各脱的确相信此生的智力知识依赖抽象活动。可以既有智力知识又有感官的直觉知识（intuitive knowledge），想象尽管是一个感觉功能，但可以具有抽象知识（abstractive knowledge）（*Quodl.* 13，p. 27）。司各脱进一步区分了完备的和不完备的直觉知识：完备的直觉知识是关于现在存在的客体的知识，不完备的直觉知识是关于过去或将来存在的客体的知识。

抽象知识是关于事物本质的知识，它使该事物是否存在这一问题悬而未决（*Quodl.* 7，p. 8）。我们应该记住，对于司各脱，本质包括个体本质，因此抽象知识并非仅仅抽象真理的知识。这个概念比较难：当然，如果 p 不存在，就不
会有 p 知识。或许，我们可以说“知识”并非“cognitio”正确的翻译，这样就绕 173
过了这个难题。然而，我们心里还是在想 p 的 cognitio，它（a）共有 p 知识的心理状态，（b）它可比拟为 p 不存在。甚至，另一问题随之出现：我们怎么确定我们的心理在任何特定的情况下是直觉知识还是抽象知识呢？难道这两种知识是通过某个决不会出错的内在标记来区分？如果是这样，那内在标记又是什么？如果不是这样，我们又如何确定我们真正地知道什么呢？

7. 奥卡姆关于直觉知识和抽象知识

关于抽象知识的这些观点给怀疑主义打开了大门，这使司各脱很烦心（*Lect.* 2. 285）。由于司各脱去世后若干年两种知识的区别很具影响，所以他的后继者沿着被开拓的道路旅行，而且走得更远。我们从威廉·奥卡姆开始说起。

奥卡姆在介绍直觉知识和抽象知识的概念的时候，对理解和判断作了区别。我们理解各种各样的单一的词语和命题，但是我们仅仅认同复杂的思想。

我们可以思考一个复杂思想而不必认同它,这就是说不必判断它是否正确。另一方面,我们如果不理解判断的内容就不能做出判断。知识既包含理解又包含判断,而且理解和判断均包含进入所讨论的复杂思想的单一词语的知识(*OTh.* 1.16-21)。

非复杂事物的知识可以是抽象的,或者是直觉的。如果是抽象的,它从该事物是否存在以及它是否具有偶然性特征抽象出来。奥卡姆如此界定直觉知识:“直觉知识是这样的知识以至于能够使我们知道一个事物是否存在,从而,如果该事物的确存在,智力立刻判断它存在并明确地意识到它存在,除非它或许因为知识的不完备而受阻”(*OTh.* 1.31)。直觉感知的存在,可以涉及事物的存在以及事物的属性。如果苏格拉底是白色的,我对苏格拉底以及白色的
174 直觉知识是偶然真理(contingent truth)的知识的基础。没有任何偶然真理可以通过抽象知识获得(*OTh.* 1.32)。

初读起来,我们可能会认为,奥卡姆所谓的“直觉知识”意味着感官意识。接着很自然地把他所谓的偶然真理仅仅通过直觉知识获得看做直截了当的经验主义,即一切关于事实的知识都来自感官感觉。然而奥卡姆认为,有一个直觉知识的纯粹智力形式。他说道,只有感觉还不能够产生智力的判断(*OTh.* 1.22)。再者,有许多关于我们的心灵的偶然真理,关于我们的思想、感情、快乐、痛苦等等,这些真理是感官感觉不到的。然而,我们知道这些真理:它肯定是通过智力直觉认知(intellectual intuitive knowledge)获得的(*OTh.* 1.28)。

在事物的自然次序里,对客体的直觉知识是客体自身引起的。当我仰望天空看星辰的时候,那些星辰引起我对它们存在的感觉的和智力的意识。但是,一颗星的存在与我意识到它的存在是完全不同的两回事儿,上帝可以毁灭一个而保存另一个。无论上帝通过第二因做什么,他都可以用他自己的力量直接做。所以,通常由星辰引起的意识,可以由上帝引起而无须星辰在场。

但是,奥卡姆说道,这样的知识不是明确的知识:“上帝不会让我们产生这

样的知识,即一个事物实际上不在场却使其似乎明确地在场,因为这样做造成矛盾。明确的知识意味着物体实际上如被认同的命题所陈述”(*OTh*. 9.499)。对于大多数思想家,只有正确的才被认知。而对于奥卡姆,似乎我们可能正确地或者错误地认知,但是,只有正确的才能被明确地认知。奥卡姆说道,如果上帝令我判断某物不在场时它的在场,那么我的知识不是直觉的,而是抽象的。可是,这似乎意味着我甚至说不出来我的知识的哪一部分是直觉的、哪一部分是抽象的(因为没有神的启示)。①

如果直觉知识是我们通往经验真理的唯一途径,而且直觉知识兼容谬误, 175
那么我们如何才能确信经验真理呢?的确,至于我关于星辰存在的错觉,只能是一个奇迹导致的。上帝可能创造另一个奇迹,搁置直觉知识和认同之间的正常联系,以便我能够遏制有一颗星在视野里这一错误的判断(*OTh*. 9.499)。可是,它似乎对下面我的启示没有什么安慰:我永远不会有任何方法说明一个直觉知识是否是明确的,甚至说明不了一个知识是直觉的还是抽象的。

应该指出,奥卡姆的态度与一些后来的经验主义者迥然不同,后者试图保持知识与真理之间的联系,他们说,知觉意识的直接客体不是外部物体,而是内在的事物,如一个感觉资料。奥卡姆清楚地说道,如果一个颜色不在场时对它的视觉仍被上帝保存着,感官视觉和智力视觉的直接客体将会是颜色自身,尽管它不存在(*OTh*. 1.39)。

① 奥卡姆论述的关于知识、认同和真理的关系,在当前颇有争议。至于两种对立的观点,见 Eleonore Stump,〈认知的机制〉(“The Mechanisms of Cognition”)及 E. Karger,〈奥卡姆被误解的直觉知识和抽象知识〉(“Ockham's Misunderstood Theory of Intuitive and Abtractive Cognition”),载 *CCO*。

第五章

物理学

1. 奥古斯丁论时间

在《忏悔录》第十一卷，有奥古斯丁对时间著名的探 176
讨。讨论的契机是一位持异议者的问题：创世之前上帝在干什么？奥古斯丁打趣地但反驳地回答说："为那些非常好奇地探微索隐之人准备地狱"（*Conf.* XI. 12. 14）。难度是很大的：如果上帝先是无所事事然后创世造物，那么这样回答无疑牵涉到永恒不变的上帝的变化。奥古斯丁的回答是，在天地被创造之前是没有时间的，没有时间就不可能有变化。说上帝造物之前已经过了数不胜数的年代，这是愚蠢的。由于上帝是年代的创造者，所以创世之前是没有年代的。"是你创造了时间，所以在你创造时间之前没有时间。但是如果在天地之前没有时间，那么为什么还问那时你在做什么？既然没有时间，也就没有'那时'"（*Conf.* XI. 13. 15）。同样，我们也不能问为什么世界没有更早创造,因为创世之前没有更早。甚至说上帝在创世之前某一时间就存在也是错误的,因为上帝没有延续。在上帝那里,今天不取代昨天,也不会递让给明天,只有唯一的永恒的现在。

把时间看做造物,似乎奥古斯丁在把时间看做与构成宇宙的事物相类似的实体。但是随着他展开论证,结果是他把时间看做本质上的非实在物。“时间是什么?”他问道,“没有人问我,我很清楚,要是我想向一个提问者解释,我
177 便茫然不解。”时间是由过去、现在和将来构成。但是过去已经不存在,将来还没有来到。所以,唯一真实的时间是现在。但是,除了是现在什么都不是的现在并不是时间,而是永恒(*Conf.* XI. 14. 17)。

我们说时间长和时间短:十天前是过去的一段短时间,一百年后是将来的一段长时间。但是过去和将来均不存在,那么它们又怎么能长或者短呢?我们如何测量时间呢?假设我们说过去的一个阶段长:我们是说它在过去的时候长呢,还是它在现在长呢?只有后者有意义。可是,既然现在是瞬间的,现在又怎么能长呢?一百年可谓很长一段时间,但是一百年怎么能是现在呢?一百年里任何一年都有许多年在过去以及许多年在将来。或许我们处在一百年的最后一年:即使那一年也不是现在,因为一些月已经过去一些月还未来到。同样的论点可以用于天和小时:一小时也是由短暂的时刻构成。唯一能够称为“现在”的,不过是一个看不见的时间原子,不断地从将来飞往过去。然而,不能分成过去和将来的东西是没有延续的(*Conf.* XI. 15. 20)。

时刻的结集并不能使一个时刻延长。时间里任何阶段也绝不能同时发生。那么,它们怎么能够累加起来构成一个整体呢?我们所做的任何度量都一定是在现在,我们怎么能度量已经逝去的或者还没有来到的呢?

奥古斯丁对这些困惑提出的解答是,时间仅仅真实地存在于心灵。他过去的童年现在存在,存在于他的记忆。明天的日出现在存在,存在于他的预料。过去不在,但是我们现在看到它,是因为此时此刻它在我们的记忆里。将

来不在,将来的一切都是我们现在的预见。不是说有三个时间,即过去、现在、将来,我们应该说(记忆里)有一个过去事物的现在,一个现在事物(这是所见)的现在以及一个将来事物(这是预料)的现在。一个时间长度并不是一个时间长度,而是一个记忆长度或者预料长度。当我度量时间的阶段的时候,我所度量的正是现在的意识(*Conf.* XI. 27. 36)。

这当然不是对奥古斯丁雄辩地建构的悖论之令人满意的反应。考虑一下我现在对童年一个事件的记忆。我的回忆仅仅占据一个时刻吗?在这种情况
下它没有时间的延续,所以没办法度量。它花时间吗?在这种情况下回忆中 178
的一部分应该是过去,一部分是将来,而且在哪一种情况下它也是不可度量的。如果我们把这些搁置起来,我们仍可以问目前的记忆怎么能够用来度量一个过去的事件。当然,我们可以短暂地记忆过去一个很长的、令人厌烦的事件。而且另一方面,我们也可以长时间地回忆过去一个短暂但令人十分痛苦的事件。

奥古斯丁自己的文本表明,他对这个解决方案并不满意。我们的记忆和预料是过去的和将来的事件的符号,但是,他说道,我们所记忆的和预料的与这些符号不同而且不在场(*Conf.* XI. 23. 24)。对付他的悖论的方法,不是提出一个主观的时间理论,而是解开编织进去的线团。我们关于时间的概念利用了两个不同的时间序列:一个是通过早晚的概念构成,另一个是通过过去和将来的概念构成。奥古斯丁的悖论来自把两个体系的线编织在一起,所以只能通过解开线团来解决。哲学家花了几百年来解这个线团,而且一些哲学家的确相信,这项任务尚未令人满意地完成。①

奥古斯丁对时间的兴趣,是受他意欲澄清基督教创世说的引导。他写道:“有些人赞成世界是由上帝创造的,但是拒绝承认时间也由此开始,而是在世

① 见 A. N. Prior,〈事件的变化和事物的变化〉(“Changes in Events and Changes in Things”),载《时间和时态论文集》(*Papers on Time and Tense*)(Oxford: Oxford University Press, 1968)。

界被永久地创造的意义上承认那是个开始”(*DCD* IX.4)。他对于这些人有点同情:他们想避免赋予上帝任何突然的、仓促的行为,而且某物可能缺少开始却在起因上与他物相关也是可以想象的。他转引他们的话说:“如果一只脚从永恒植于土壤,脚印将永远在那里;然而没有人会怀疑脚印是由脚引起的,尽管两者并没有时间的先后”(*DCD* X.31)。

奥古斯丁认为说世界一直存在的那些人接近正确。如果他们的意思是没有被创造的世界就没有时间,他们就是正确的,因为时间与创世同时开始。认为世界结束的地方之外有空间是错误的,认为世界伊始之前有时间同样是错
179 误的。所以,我们不能说,多少多少年代过后上帝创造了世界。这并不是说我们不能为创世确定一个日期,只是我们应该从现在往前数,而不是从永恒的第一时刻往后数。实际上《圣经》告诉我们,世界的创造不过六千年(*DCD* IX.4, 12.11)。

2. 菲洛普努斯:亚里士多德的批评家

有一系列著名的论点论证宇宙不可能有开始,这些论点源自亚里士多德。奥古斯丁很清楚若干这类论点,所以试图反驳它们,但是对亚里士多德的推理大张旗鼓地进行批判的首先是约翰·菲洛普努斯。

菲洛普努斯的著作《驳亚里士多德及论世界的永恒》(*Against Aristotle*, *On the Eternity of the World*)得以幸存,只是因为他的敌手辛普利修斯在评注里的引用。然而,这些片段如此充实以至于足以使他的论证被信心十足地重构。①这部著作的第一部分,对亚里士多德第五原质(quintessence)理论进行了批判,

① 重构由克里斯蒂安·维尔伯格(Christian Wildberg)完成,他翻译并重构的文本取名《菲洛普努斯:驳亚里士多德论世界的永恒》(*Philoponus*: *Against Aristotle on rhe Eternity of the World*)(London: Duckworth, 1987)。

即除了土、气、火、水四种元质上下自然运动之外,还有第五种原质以太,其运动方式是循环。他说道,宇宙的天空和月下区域本质上是同样的,由同样的原质构成(卷1-3)。

亚里士多德曾说,天肯定是永恒的,因为一切事物的形成源自其对立物,第五原质没有对立物,因为循环运动没有对立物(*De Caelo*. 1. 3. 270^{a} 12-22)。菲洛普努斯指出,行星运动的复杂性,可以通过天体绕圆运行的趋向解释。更重要的是,他否认一切事物的形成源自其对立物。创世就是造物于子虚,然而这并不意味着非存在(non-being)是造物构成的材料,如木材是造船的材料那样。它的意思是,有一个非物质,物质就是由此造出。菲洛普努斯说道,世界 180
的永恒并非始终如一,这不仅在基督教创世的意义上,而且在亚里士多德所谓的没有任何事物可以更多地穿过时间阶段的有限次数这一观点的意义上亦复如此。原因是,如果世界没有开始那么它必定经过了无限的年代,而更糟糕的是它要365次经过无数的日子(卷5,残篇132)。

菲洛普努斯在他对亚里士多德的《物理学》的评注中,批判了自然的、剧烈的运动之动力学。亚里士多德在解释抛射体运动的时候遇到了一个难题。如果我扔出一个石块,是什么使它在离开我的手的时候向前方和上方移动?它的自然运动是向下,而我的手也不再接触它以便给它剧烈的向上的动力。亚里士多德的回答是这样的:石块在一个特定的点被紧接着它后面的气推动。菲洛普努斯认为,这个答案有理由证明是荒谬的。菲洛普努斯自己的答案是:继续的运动是由于抛射体自身内部的力——投掷者把一个无形的动力施加于石块,后来的物理学家给予它专业名称“推动力”(impetus)。推动力理论后来很有影响,直到伽利略(Galileo)和牛顿(Newton)提出了令人震惊的原理,即不需要任何内在的或外在的动因来解释一个运动物体的继续运动。

菲洛普努斯把他的推动力理论用于整个宇宙。例如,天体沿着其轨道运行不是由于它们具有灵魂,而是由于上帝在创造它们的时候给予它们合适的

181

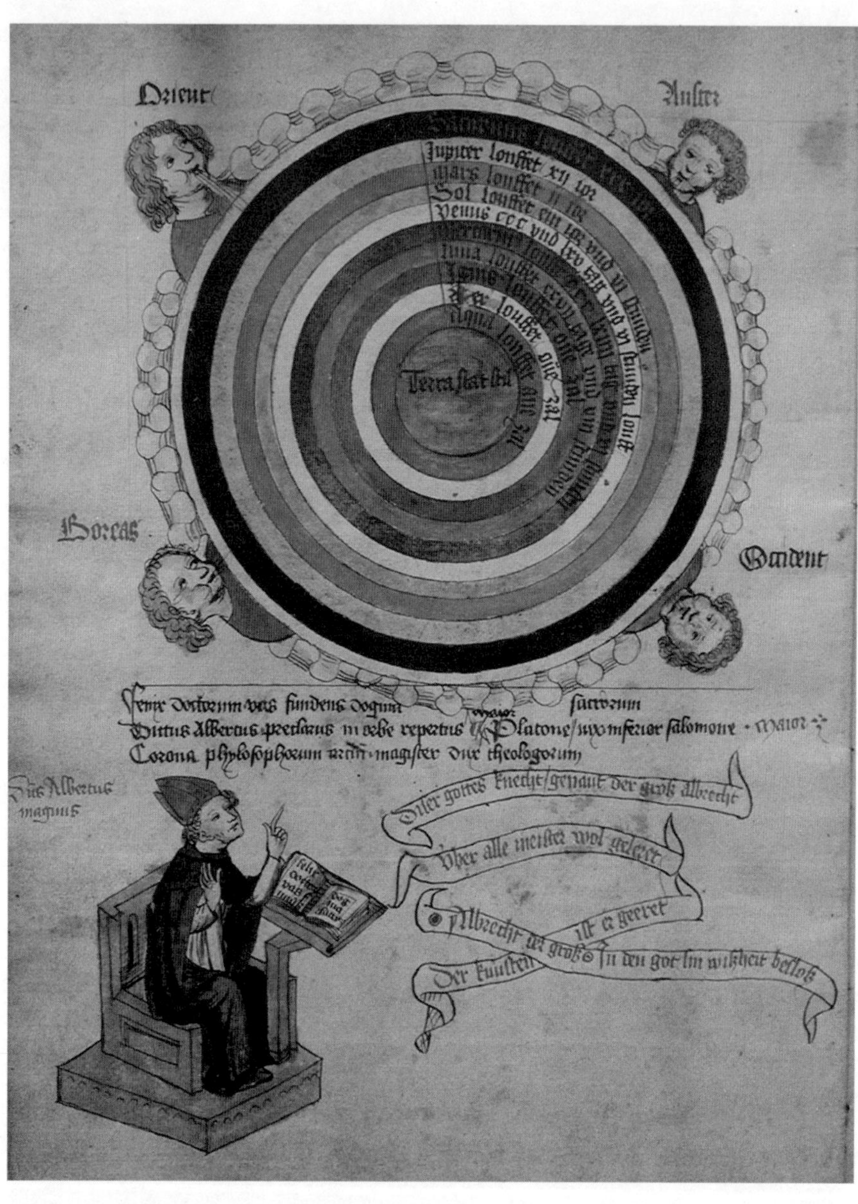

圣阿尔伯图斯讲解天文学，自萨尔茨堡大学图书馆的一部书稿。

推动力。尽管推动力的观念被惯性(inertia)的发现所淘汰,它自身却是对亚里士多德主义先哲们的一大改进。它使得菲洛普努斯摒弃了亚里士多德天文学中物理学和心理学奇怪的混合。

3. 十三世纪的自然哲学

然而,亚里士多德的自然哲学,在以后的几个世纪中仍然很有影响。在伊斯兰和拉丁哲学里,对自然的研究是在对亚里士多德的著作尤其《物理学》评注的框架中进行的。诸如罗伯特·格罗斯泰斯特和圣阿尔伯图斯等人,以对某些科学问题详细的研究拓展了亚里士多德的科学。但是,普遍的观念框架直到 14 世 182
纪一直是亚里士多德的。我们可以通过考察运动、时间和因果律来说明。

亚里士多德定义运动(motion)为"处于潜在的东西——只要它处于潜在状况——之实现"。[①]阿拉伯评注者竭力把这个定义与范畴的体系联系起来。阿维森纳把运动置于变化(*passio*)的范畴里:自然界的一切变化都是由于天上智能的行为,如它们在自然世界的肉汤里搅动一样。阿威洛伊强调亚里士多德"运动"一词所涵盖的变化的种类:有地点运动,即地点的变化;增长,即体积的变化;以及各种各样的性质的变化。任何运动的实例都属于与其终端相同的范畴:地点(location)、数量(quantity)或性质(quality)。从变化是天上智能的作用之被动结果看,自然物体——有生命或者无生命——的任何变化都是一个内在能动力(*a motor conjunctus*)的活动。

圣阿尔伯图斯广征博引亚里士多德的文本,试图融合两种伊斯兰论述:运动同时是能动者(agent)的活动和接受者(recipient)的变化:当一个园丁翻动

① 参见第一卷,184 页(即边码——译者)。

土壤的时候,土壤的翻动同时是园丁的活动和对土壤发生的事情。他同意阿威洛伊的说法,即运动是一个类比的术语,它涵盖几个范畴。但是他认为,阿威洛伊没有充分地掌握亚里士多德关于完备实现和不完备实现的区别。A 点移动的物体具有移到 B 点的潜在性。到达 B 点是这一潜在性的完备实现。当移动的物体处于朝向 B 点的途中且尚未到达 B 点,朝向 B 点的运动是不完备实现。圣阿尔伯图斯认为,亚里士多德广义的运动定义,即处于潜在的东西——只要它处于潜在状况——之实现,可以扩展其类比的意义至发生(物质的变化)和创造(造物于子虚)。①

对于亚里士多德,时间和运动彼此密切联系:时间是运动的度量,时间从运动的延续中导出其延续。运动和时间是否有开始,尤其与上帝存在的证明联系
183 起来,是 13 世纪基督教哲学家激烈争论的问题。一些神学家沿袭金第和伊斯兰神学哲学家的传统并利用菲洛普努斯的论点,认为哲学可以证明自然世界有开始,因此需要有一位超自然的能动者即上帝创造它。另一些神学家认为,世界的开始尽管《创世记》说得很明白,但是并不能通过纯粹的哲学推理来确定。

阿奎那采取了第二种观点,他在《神学大全》第一部第 46 个问题总结了双方的论点。在第一条中,他提供了旨在表明世界("几千年的宇宙")一直存在的论点 10 项;在第二条,他提供了旨在表明世界有开始的论点 8 项。他对双方的论点逐个提出反驳,并得出结论:尽管世界的确有开始,但是它并不能被证明或者科学地认知,而纯粹是信仰的内容。

下面是一个典型的论点,表明世界一直存在:它采取归谬法(*reductio ad absurdum*)的形式。

无论什么开始存在,在其形成之前都有可能存在,否则它的存在是不可能

① 参见 J. Weisheipl,《亚里士多德〈物理学〉解析》("The Interpretation of Aristotle's *Physics*"),载 *CHLMP* 526–529。

> 的。所以,如果世界开始存在,在它开始之前必定有可能存在。但是,具有存在的可能性的是物质,物质处于存在(通过形式)和非存在(通过剥夺形式)之潜在性里。所以,如果世界开始存在,那么世界开始之前应该有物质。但是,物质没有形式不能存在,而世界的物质加上形式才是世界。所以,世界在其开始存在之前已在,这是不可能的。(46.1, obj.1)

阿奎那对这个论点回答道,在世界存在之前,其可能性并非构成物质的被动可能性。前存在的可能性由两个成分组成:世界存在的逻辑可能性加上无所不能的上帝之能动的力量。

阿奎那就另一方的论点之一是已经有了很长历史的论点:"如果世界已经存在,那么今天之前已经有无数的日子。可是,穿越任何无限的东西是不可能的。因此到达今天将会是不可能的,这显然是错误的"(46.2, obj.6)。阿奎那的回答简短但斩钉截铁。穿越必定是从一端至另一端。但是无论你把最早的哪一天确定为穿越的起点,它都会是以前有限数目的某一日。反对的观点假定,你可以确定两个端点,其中有无限数目的日子。

除了逐个回答支持或反对世界一直存在的论点之外,阿奎那还提出了普 184
遍的理由说明为什么我们凭纯粹的理性不会得知世界是否有开始。我们凭借普遍概念以及从时空抽象的全称命题推论世界的存在,这些都不能说明开端与结尾。就上帝进行推理也不会有帮助:推理可以告诉我们有关上帝必然的真理,而不能说明他至高无上的自由之不可思议的程度(46.2c)。

尽管阿奎那关于宇宙起源的哲学思考的局限性之令人崇敬的不可知论,然而他对实际存在的宇宙之发生结构却不适当地轻信。一方面,他接受了亚里士多德天体本质上与地球上的事物迥然相异的理论;另一方面,他又相信,同样的天体直接产生地球上一切复杂事物的自然活动。他认为,四种原质以及它们诸如冷热等物理性能,不足以解释地球上自然现象的丰富多样。因而

他引用亚里士多德《论动物的生殖》(*De Generatione*)说道:

> 我们应该假设某个能动的原则在运动中,它因其在场和不在场导致地球上生成和朽灭的各种变化。这个原则由天体制定,所以,无论什么在地球上生成其种类的其他事物,皆作为一个天体的工具运行。这样《物理学》的第二卷中说道,人类和太阳生成人。(1a 115a 3 ad 2)

在一个后来的段落,阿奎那阐述了他如何理解了亚里士多德这一含糊不清的断言。他说道,精子具有能动的力量,来自造就它的人的灵魂。能动的力量具有精液里的泡沫为其媒体,精液又有其自身的热量,它并非来自男子的灵魂,而是来自天体的活动。因此,在人类创生的最早阶段,人类力量和天体力量同时起作用(1a 118. 1 ad 2)。

虽然阿奎那相信地球上的程序有天体密切的参与,但是他并不相信占星术士所有的断言。他不否认天体会影响人的行为——总之,炙热的太阳会让我脱掉外衣——然而他认为,天体作用的方式不会决定人的选择、也不会使占
185 星术的语言成为现实。如果人的智力和意志纯粹是肉体的功能,那么星辰将确实能直接作用于它们;但是,既然这些功能是精神的,所以它们会逃离天体的决定性影响。至于那些占星术士声称成功地预言战争的结果,阿奎那回答说,这是因为绝大多数人没有实施他们的自由意志而是放纵于肉体欲望。所以,占星术士可能做出统计学上可信的预言,但是他们不可能预言个人的命运。他说道,占星术士自己也承认,智慧的人可以战胜星辰(1a 115. 4)。

4. 实在的无限和潜在的无限

大多数中世纪哲学家接受亚里士多德的观点,认为一个实在的(actual)无

限数量的观念是前后不一致的。他说道,物质对于无限是可分的:这不是说物质可以分成无限的部分,而是物质无论分多少次都可以再分。他认为,无限(infinite)仅仅具有潜在的(potential)存在。

亚里士多德自己仅仅反对共时的实在的无限。他相信,宇宙一直存在,这就意味着无限数量的时间阶段已经过去。然而,中世纪哲学家把他的定理不仅用于连续体的可分性,还用于被创造的宇宙的延续。

希望证明世界在时间里被创造的那些人申辩道,对永恒的宇宙之信念包含着对实在的无限之信念。波纳文图拉说道:

> 为无限增加任何东西都是不可能的。这很清楚,因为无论什么加上去都会使之更大,可是什么都不能比无限更大。但是,如果世界没有开始,它就已经延续了无限;所以什么也不能相加于它的延续。可是显然这是错误的。每天都有一轮新的太阳相加于太阳过去的所有循环。或许你会说,就过去而言它是无限的,但是就目前所达到的现在而言,它是实在的、有限的,而且,仅仅是就当前的、有限的部分而言,我们可以发现更大的。然而我们可以表明,就过去而言可以发现一个更大的。如果世界是永恒
> 的,太阳就一定已经有了无限的循环,而且每出现一次太阳,月亮就循环 186
> 12次,这是毫无疑问的真理。因此,月亮比太阳旋转的次数多。但是太阳循环了无数次,而且不可能有什么能超过无限意义上的无限。可是这是不可能的。①

如果有实在的无限,即使不是共时的,那么它们也会是可数的,如年月是可数的一样。可是,如果有可数的无限,将会有不相等的无限,这当然是胡言乱

① II Sent. 1. 1. 1. 2; 引自 J. Murdoch,〈无限与连续〉("Infinity and Continuity"),载 *CHLMP* 570。

语了。

中世纪哲学家对这种胡言乱语的反应不尽一致。一些否认“与……相等”和“比……更大”可以用于无限的数量。另一些同意说可以有相等的和不相等的无限,但是否定“整体大于部分”这一公理用于无限的数量。

无限可分的连续物(continuum),如亚里士多德所审视,没有引起不相等的无限这一问题,因为连续的部分只是潜在的彼此区别,而且潜在的事物不是在同一种意义上与实在的事物一样可数。然而在14世纪,一些思想家开始认为,连续物是由不可分的原子构成,而连续物的原子在数量上是无限的。这些人当中著名的是哈克雷的亨利(Henry of Harclay),他1312年是牛津大学的校长。

亚里士多德曾说,一个延续不可能由没有大小的点构成。既然一个点没有部分,所以它不可能有与自身分别的界限;两个点不可能彼此接触而又不变成一个点。然而哈克雷的亨利却试图说明两个点可以接触:它们的确可以完整地接触,但是它们可能在位置上彼此不同,所以它们叠加在一起。这个理论很难理解,而布拉德沃丁能够表明它搅乱了欧几里得几何学。如果你画一个平行四边形,然后从一个边的每一个原子画一条平行的线到对边,有多少在边线相接的原子就有多少线与对角线相交。然而这与对角线与四边形的边不可通约是无法比拟的。

奥卡姆采取了更激进的反对亨利的态度。作为他普遍的简化论方案的一部分,他说点没有绝对的存在。甚至上帝也不能使一个点独立于其他一切事物而存在。就一条由点构成的线而言,如亨利所认为,一个点除了是一条线上的一个极限或刻度之外什么都不是。

187

> 点,与实体、性质以及现代著作者所列的其他数量相同,不是一个绝对物,因为假使它是的话,它就会成了某物而不是一个线段。然而这是错误的。它是一条线的一部分?或者不是?不是一部分,因为,如亚里士多德试图

表明，一条线不是由点构成。如果它是一条线的部分，而一条线显然不是一个点的部分，那么线和点是完全不同的东西，哪个也不是另一个的一部分。(*OPh.* 2. 207)

奥卡姆同意亚里士多德的一个实在的无限之不可能性，而且他使用这一定理来表明，点不是一个确实与可分事物不同的不可分物体。如果点是这样的原子，那么将会有无限多的点实际存在。在任何一块木板你都可以确定线的数目，线的每一端在一个点上。如果点是真实的，那么将会有无限多的实际存在的物体，这是不可能的而且与一切哲学对立(*OPh.* 2. 209 - 210)。

14 世纪的逻辑学家和哲学家，不仅对空间延续很感兴趣，而且对时间和运动的延续颇为热心。理查·吉尔文顿的逻辑难题之一(第 13 号)，是穿越一个距离的问题。当苏格拉底穿越一段距离 A 时，我们是说他整个过程的任何一个时间穿越这个距离呢？还是说他完成了这个过程之后穿越这个距离呢？似乎两种说法均有问题。如果我们采取第二个观点，那么苏格拉底仅仅是在停止这个行动后穿越了距离 A。如果我们采取第一个观点，那么苏格拉底无限多次穿越距离 A，因为运动是无限可分的，可是他只穿越了一次。

吉尔文顿解决这个难句"苏格拉底将穿越距离 A"的方法，是在解释动词形式"将穿越"的两种方式之间画一条界线：

一种解释的方式是这样的："苏格拉底将穿越距离 A"即"苏格拉底将处于穿越距离 A 的过程中"。以这种方式解释，逻辑难题是真实的。而且，最后的结论，即苏格拉底将无限多次穿越距离 A，得以承认。这个逻辑难题可以用另一种方式解释："苏格拉底将穿越距离 A"即"距离 A 将被苏格拉底穿越"。这样，在 C[到达终点的时刻]之前苏格拉底将不会穿越距离

A。(*Sophismata*, 328①)

“解释”动词的方法自西班牙的彼得开始就一直很受逻辑学家的欢迎。常见的
188 “可解释的”动词有“开始”(incipere) 和“停止”(desinere)。吉尔文顿和他的
同事们主动解释这样的动词,以便解决诸如是否有运动的最初时刻和最后时刻之类的问题。常见的答案是,没有运动的最初时刻和最后时刻,只有运动开始之前的最后时刻和运动结束之后的最初时刻。

沃尔特·博雷撰写了一部完整的论著《论最初时刻和最后时刻》(*On the First and Last Instant*),把各种各样的词项和过程分解,其中一些只有最初时刻而没有最后时刻,另一些只有最后时刻而没有最初时刻,等等。他还把持续和可分的概念扩展到性质和数量的变化上。他的著作《论形式的增强和缓和》(*On the Intension and Remission of Forms*),探讨诸如热和颜色等属性持续变化的本性和度量方法。

探讨物体变热的经院哲学家,习惯上采取两种立场之一。一种观点认为,当一个物体变热时,那是因为增加了热元素。另一种观点认为,温度的变化可以解释为热和冷的掺和。博雷引进了第三种选择:他引进了热的程度的概念,在同一个尺度测定冷热,他称之为“浮动”。冷和热不被认为是两种性质,而是一个。浮动的一端是极热;浮动的另一端是极冷,这样,他引进了我们现代的温度概念为物理学的重大发展奠定了基础。

① 引言、翻译和评注:Norman Kretzmann 和 Barbara Ensign Kretzmann (Cambridge: Cambridge University Press,1990)。

第六章

形而上学

在晚期新柏拉图主义者和奥古斯丁的著作里，关于形而上学的思考并不鲜见。然而，他们的著作里对神的本质的思考层见叠出，以至于很难从他们的自然神论完全脱身，这个问题在这卷书中是在关于上帝的一章中讨论。当我们讨论阿维森纳的哲学时，这一状况发生了急剧的变化。阿维森纳无疑是公园第一个千年里最伟大的形而上学哲学家。 189

我们可以回忆起亚里士多德为第一哲学提供了两个定义：其一，它是神的实质的科学；其二，它是关于存在之存在(being qua being)理论的科学。我曾说过，这两个定义彼此重合。第二个定义从下面将要讨论的领域的角度描述形而上学，即一切存在。第一个定义从它所提供的原理的角度描述形而上学：参照神的原始动力(unmoved mover)。因此，神学和存在之存在的科学是一个而且是同一个第一哲学。①

1. 阿维森纳论存在、本质和存在②

但是，亚里士多德的评注者通常把这两个定义看做对形而上学的性质的不同的、对立的描述。阿维森纳接受了形而上学研究存在之存在这一命题，但是抛弃了形而上学研究的对象是上帝这一观点。他的理由如下：没有任何科
190 学能够证明其自身的主题的存在。但是形而上学，而且只有形而上学，证明上帝的存在。所以上帝不能是形而上学的主题（*Metaph.* 1.5－6）。

存在（being）——形而上学研究的对象——是其存在（existence）无须证明的东西。形而上学研究作为存在的存在，而不是存在的特殊类型，例如物质客体。它研究亚里士多德范畴所涉及的内容，它们是存在的类种（species）。它探讨诸如一和多、潜在（potentiality）和实在（actuality）、普遍和特殊、可能和必然等问题，那些超越了自然、数学和伦理学科学的问题。它被称为神的科学，因为它探讨“在其定义和存在上独立于物质的事物”（*Metaph.* 1.13－15）。

按照阿维森纳的说法，施加于心灵的最初的观念是事物（thing）、存在（being）和必然（necessary）。这些观念不能被任何更为熟悉的观念解释，而且，试图对这几个观念进行解释会导致恶性循环。每一个事物都有使其为其自身的本质。一个三角形具有使其为三角形的本质，白色具有使其为白色的本质：这个本质可以称其为 being，但是一个更为合适的专业术语是“quiddity”（本质、

① 参见第一卷，227 页（即边码——译者）。

② 存在、本质和存在的原文分别为 being、essence 和 existence。being 在吴寿彭译的亚里士多德《形而上学》中译为“是”（北京：商务印书馆，1995 年），而现在译为“存在”是通识，尽管不能涵盖希腊语和拉丁语的原意，故本书中译“存在”，勉强为之。与 essence 相对照时多用 existence，译为“存在”为普遍接受，且意义与原文基本相符。有的学者为了区别译“此在”，译者认为不便。为了方便读者，在必要时附英语单词。——译者注

实质)。[①]这个词更好,因为"being"还包含着"existence"的其他意义。

存在(being)的类型最重要的区别,是必然存在与可能存在之间的区别(没有不可能的存在这类事物)。可能存在,就其自身而言,是没有实在的必然性存在;必然存在,就其自身而言,是必然实在的存在。其自身必然的,没有原因;其自身可能的,有其原因。具有起因的存在,就其起因的抽象而言,将不再必然;因此它将不会是自身必然的。

> 任何事物,就其自身而言,可能具有一个其存在的和非存在的原因。当它具有存在,它已经获得与非存在不同的存在。它不可能是别的,只能是或者从自身之外的东西获得的或者不是从自身之外的东西获得的。如果它是从自
> 身之外的东西获得的,那么那个他物是其原因。如果它不是从自身之外的 191
> 东西获得的,那么它一定是从其自身的本质获得的。如果其本质足以在其自身使其获得,那么它就不是一个可能存在,而是一个必然存在。如果其本质不充足,而是需要外部的帮助,那么外部的元素就是存在的真实原因,或者是可能存在的非存在的真实原因。(*Metaph.* 1. 38)

阿维森纳使用这一论证来表明其自身必然的第一因的存在(existence),并且进而列举这一必然存在(necessary being)的属性:它是没有起因的、盖世无双的、独一无二的,等等。然而,我们有必要停下来反思一下上面的引文。

这段引文假设,有一个主体,唯一的且同一个主体,首先拥有非存在,然后在晚些时候拥有了存在:一个 X 其最初的 X 不存在而后 X 存在。这显然与一个潜在的物质起初具有一种形式而后具有另一种形式迥然相异,后者如在亚

① 这个阿拉伯语单词源自疑问词"什么?",拉丁语译者制造了一个相应的单词"quiddity"来表示回答"X 是什么(*quid*)"这个问题。我们可以制造一个英语单词"whatness",只是经过了几个世纪"quiddity"已经完全英语化了。

里士多德体系里，一块泥土呈不同的形式，或者一个元素通过变形进入另一个（参见 *Metaph.* 1.73）。可是，我们却不清楚到底产生了什么样的形而上的物质。难道是一个主体从非存在变成存在（还是相反）？是宇宙？类种？还是个体？我们阅读这一段文字时，阿维森纳想让我们脑子里想着“一度宇宙并不存在”，还是“过去曾有恐龙但是现在没有了”，还是“起初没有苏格拉底可是后来有了”呢？这里的每一个想法都涉及形而上的问题，还是让我们集中讨论三个当中最后一个吧，它既是最清楚明了的，又是最成问题的。

确实，在苏格拉底存在之前，没有这样的主项与相应的谓项对其说明，或者，如果你愿意，我们可以说，周围没有苏格拉底之类的人在从事非存在。讨论非存在的个体看起来很困难，原因是把不存在的事物个体化是不可能的。那么，我们如何把确实存在的事物个体化呢？亚里士多德相信，某一特定的种的一个个体与另一个个体彼此区分，原因是不同的物质包（parcel of matter）。可是不存在的并不是物质宇宙的一部分，因而不能被物质个体化。可是，阿维森纳需要接受物质是唯一的使事物个体化的东西这一观点吗？

为了回答这个问题，我们需要看一看关于普遍存在和个别事物的关系阿维森纳是怎么说的。他说道，一个概念可以在不同方式上是普遍的。它可以在实际上真实地阐述许多事物，例如“人”。它可以在逻辑上可能阐述
192 许多事物，但是实际上并非真实地阐述许多事物。这里有两种可能的情况。他说道：“七角形房子”这一概念并非真实地阐述任何事物，可是没有什么能够阻止这个普遍存在被多次举例。但是，“太阳”这一概念仅仅真实地阐述一个事物，它不能真实地阐述多于一个事物；然而他说，这一不可能性是物理问题，不是逻辑问题。个体却截然不同。“一个个体不能被设想可以阐述多于一个事物，如扎伊德（Zayd）的本质，它不能被设想属于他自己之外任何事物”（*Metaph.* 5.196）。

现在我们看“马”这一概念。我们可以用三种方式考虑它：我们可以认为

它在个体具有存在(being),或者从它在心灵里所具有的存在的角度,或者我们可以把它看做绝对的,即抽象地、不参照前两种存在地考虑它。

> **“马质”**(horseness)的定义避开了**普遍存在**(universal)的定义,而普遍性(universality)不包含在马质的定义之内。马质具有一个不需要普遍性的定义;普遍性是额外的。马质自身只是马质,除此之外什么都不是;在其自身它既不是一又不是多,在其自身它既不存在于可感知的个体又不存在于心灵……马质是普通的,这在于许多马共有它的定义;但是如果你把它用于特定的本质属性和明确的偶然属性,它又是个体的。然而,马质其自身除了马质之外什么都不是。(*Metaph*. 5. 196)

阿维森纳不是在说,存在着柏拉图式的马质这样的东西与任何个体的马分离。马质正是个体的马——叫贝勒罗风也好、叫埃克利普斯也好——所具有的东西,而且我们可以通过考察个体的马所表现的马质来研究它。我们还可以从它存在于我们的心灵的角度来考察这个概念,如我们说马这一概念是一个很容易理解的概念。而且我们还可以抽象地考察作为一匹马所包含的东西,这就是在其自身考察马质(*Metaph*. 5. 207)。

阿维森纳说道,一匹个体的马所蕴涵的马质,以及一个个体的人所蕴涵的人性,会伴随着“特定的本质属性(particular property)和明确的偶然属性(designated accident)”。对于亚里士多德,正是这些明确的偶然属性——标示出特定的物质包的属性——使得苏格拉底成为个体。而对于阿维森纳,个体的人所蕴涵的人性自身被个体化了。尽管扎伊德的人性和阿米尔(Amr)的人性并非彼此不同,但是认为它们在数量上是同一个是完全错误的:它们不是一个人性,而是两个人性。对于阿维森纳,个体的本质与属的本质一样多。

个体本质(individual essence)的构想,提出了非存在事物个体化的可能 193

性。正如蒸汽由水形成可以看做往原先是水的先在物质添加蒸汽形式一样,苏格拉底的形成可以看做往一个本质添加原来所缺少的存在。先在的本质(pre-existent essence)可以被看做一个潜在性,其实在性(actuality)就是存在。因此,本质和存在以第三个潜在性出现:实在性与物质－形式(matter-form)和实体－偶然属性(substance-accident)成双成对地出现。阿维森纳有时似乎在说,存在是添加于本质的偶然属性。①

在一个其自身是必然的存在的情况里,非存在(non-being)之后形成存在(being)这是毋庸置疑的,所以本质与存在(existence)的区别不会出现。但是在其他所有事物,按照阿维森纳的观点,两者彼此区别。自从阿维森纳时代之后,有些哲学家同意除上帝之外在一切事物本质与存在有根本的区别,另一些哲学家否认这一观点,但是所有的哲学家都认为这个问题很重要。在这个语境里,问题的意义取决于"本质"的意义是属类本质(generic essence)还是个体本质。

如果我们在属类的意义上理解"本质",那么存在和本质的区别与"存在着X吗?"和"X是什么?"两个问题之间的区别相应。"存在着夸克"与"夸克是什么"并不是一回事儿。如果这就是区别所在,那么这个区别就无可否认。②然而,如果我们认为区别是关于个体的本质,那么区别似乎涉及尚未与存在结合的个体本质的可能性,即可能的但非存在的个体之个体本质。例如,亚当的本质是来自一切永恒;上帝创造亚当的时候,为这一点已经在场的潜在性赋予了实在性。

对个体本质的假设,尽管其影响将一直持续到现在,在当时是解决混乱的一副良药。我们现在讨论一个个体的人性——例如亚伯拉罕的人性——其自

① 至少在拉丁语中世纪他是被这样理解的。参见 *CHLMP* 393。

② 如果这个解释被接受,那么"在上帝本质与存在没有区别"就等于说对"上帝是什么?"(What is God?)这个问题的回答是"存在着一"(There is one)。一些神学家似乎很高兴接受这种说法。

194

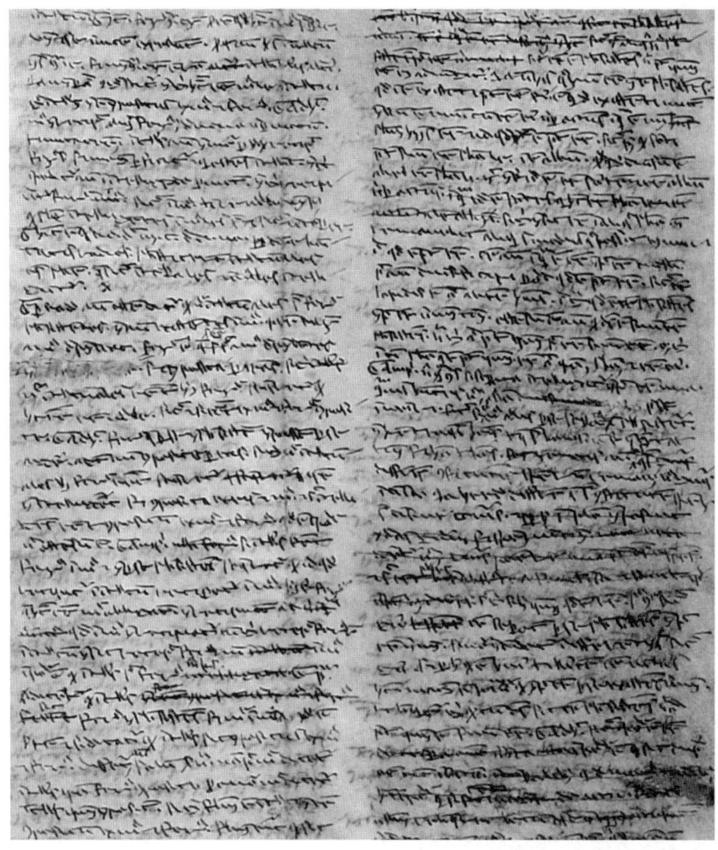

阿奎那的一个手稿。

身是如何被个体化的。它不是作为人性被个体化的:人性是所有的人所共有的东西。它不是通过属于亚伯拉罕被个体化的:设想,人性可能存在,而且是 195
同一个个体,即使亚伯拉罕从未被创造而仍然是一个永久的可能性。如阿维森纳所言,它只能通过伴随着它的本质属性和偶然属性来确定:也就是说,通过实在的亚伯拉罕所有真实的东西——他从迦勒底人(Chaldee)的吾珥(Ur)迁徙过来,服从了神的命令献出自己的儿子作祭品等等。当然,既然亚伯拉罕的本质在他存在之前已经存在,所以它不可能被这些东西的实在性个体化,而只能被它们的可能性个体化。

然而,在其母怀上亚伯拉罕之前,没有任何东西是这些可能性的主体。只有应该有一个人从吾珥(Ur)迁徙过来并献出自己的儿子作祭品等等之抽象的可能性。它不是这一个人的可能性。同样,在其母怀上诺亚之前,并没有他将会制造方舟的可能性,而是只有有个人将会制造方舟的可能性。阿维森纳反对柏拉图说道,没有个体化就没有实在,就没有存在的、实在的普遍存在。可惜的是,他没有接受没有实在就没有个体化这一逆原则。

2. 阿奎那论实在和潜在

阿维森纳的思想在整个中世纪鼎盛时期非常有影响。阿奎那的著作里常常会发现他的思想痕迹,阿奎那的早期形而上学宣言《论存在与本质》(*On Being and Essence*)就是以阿维森纳的引言开始的,表明存在和本质是智力首先要掌握的。随着阿奎那思想的成熟,他发展了自己的亚里士多德形而上学,但是从来没有完全摆脱阿维森纳的影响。

阿奎那的形而上学关键的概念是实在(actuality)和潜在(potentiality)。显然,他从亚里士多德以及亚里士多德的评注者得出这两个概念,但是,他把它们用于新的领域并发展了新的含义。在亚里士多德,这一对简单的概念已经被第一实在和第二实在的区别而改造:阿奎那把这一区别发展为潜在和实在的分层,尤其对 *habitus*(气质)——或曰倾向(disposition)——的概念所进行的
196 系统研究。在亚里士多德,潜在 - 实在结构两个主要的例子是主体对偶然性与物质对形式的关系。阿奎那接受并阐述了阿维森纳所增加的第三个两分法实例:本质(essence)与存在(being)。

阿奎那在《神学大全》第二部分上部提出五个问题讨论 *habitus* 的概念。

这篇论文(尽管在精神上是亚里士多德哲学,但是绝大部分为独立思想)的直接目的,是阐述德性的概念。可是 *habitus* 的概念的应用范围更为广阔:的确,它特别在人类行为和经验的特征表现上是本质的因素,尽管伟大的哲学家有时似乎没有注意到这一事实。阿奎那享有抓住这一概念的重要性之荣誉,他也是第一位试图全面解释它的伟大哲学家。

habitus 的例子——以及节制和仁爱等德性——包括生病和健康、优美和坚韧、逻辑知识和科学知识、任何种类的信念、概念的掌握,等等。各种各样的例子表明:*habitus* 一词很难翻译,当代最接近的哲学词语是“倾向”(disposition)。倾向的概念通过能力(capacity)和行为(action)的概念最易理解。人类具有许多动物所缺乏的能力:例如,学习语言的能力、慷慨大方的能力等。这些能力在行为中得以实现,如特定的人类群体讲特定的语言,或者践行特定的慷慨行为。然而在能力和行为之间还有一个可能的中间状态。当我们说一个人可以讲法语,我们的意思既不是他正实实在在地讲法语也不是他讲法语只是一个逻辑的可能。当我们说一个人慷慨大方,我们的意思不只是他与其他人一样具有慷慨大方的能力,而是他目前正在做慷慨大方的事情。懂法语和慷慨大方的状态就是倾向。阿奎那说道,倾向居于能力和行为的中间,居于纯粹的潜在与完备的实在之间(*ST* 1a 2ae 50.4)。

对于阿奎那,并非每一个活动都是倾向的表现。上帝的思想和行星的运动就不是出自倾向的活动。自然的行为者践行其活动时不需要倾向。火有热度、水可以把东西弄湿,这些是自然现象:这是火和水的自然活动,也是它们仅仅拥有的活动能力。在能力和活动合一的,如上帝,或者在能力仅仅在唯一活 197
动实现的,如行星和自然行为者,能力与活动之间没有第三项的余地。

倾向是性质:它们作为偶然性归于九个亚里士多德范畴之一。偶然性本质上属于实体,而且这也具有倾向的意义。阿奎那强调说,在最后的分析中,一切属性都是实体的属性,而一个人的一切倾向都是作为存在的人的倾向。

所谓相信、慷慨、健康，严格说来都是一个人的，而不是他的心灵、感情或肉体的(1a 2ae 50.2)。再者，问撰写历史著作的技能基本上是记忆的天赋还是想象的天赋这个问题，并非毫无意义。问某物是心灵的倾向还是肉体的倾向，就是问它属于作为智力存在的人还是属于作为某一特定本性的动物的人。

而且，在把倾向归于特殊的功能，以及把它们归于作为偶然属性根本上属于的实体，阿奎那是在把分层体系用于亚里士多德原初的实在和潜在两分法。其结果有时是令人吃惊的。阿奎那说道，没有任何人的活动源自纯粹的肉体倾向。肉体活动或者受自由意志的控制，或者不受自由意志的控制。如果它们不受自由意志的控制，那么它们就是自然的活动，就不需要用倾向来解释它们。如果它们受自由意志的控制，那么用于解释它们的倾向一定基本上处于心灵里。因此，阿奎那认为，跑马拉松的能力与阅读希伯来语一样是心灵的倾向(1ae 2ae 50.1)。

总的来说，阿奎那对实体和偶然性之间的关系的分析，是他的亚里士多德主义独立思想的自然发展。但是，对这些概念一个具有高度创新的使用，是阿奎那对圣餐的论述：天主教徒相信，在圣餐仪式上教士颂唱弥撒的时候，面饼和红酒会变成基督的肉体和血。他说道，面饼的实体让位于基督的肉体的实体，这是实体变换(transubstantiation)，圣坛上所留存的可见物和可触物，只是面饼和红酒的偶然属性。面饼的形状、颜色等依然如故，因为没有实体固在其中(*ST* 3a 75－77)。

本质上不固在于任何实体的偶然属性之概念，很难说是否连贯一致。一
198 方面，柴郡猫咧嘴笑而猫并不显得荒唐；另一方面，天空的蓝色不是任何真实物体的蓝色，因而或许是没有实体的偶然属性。但是，圣托马斯的描述，似乎没有能解释清楚基督于圣坛在场的目的：亚里士多德式的偶然属性之一是场所，“处于圣坛上”与“是白色的和圆形的”一样，仅仅记录一个本质上不固在于任何实体的偶然属性的在场，并不说明基督所在的场所。实体和偶然属性的概念在所有这些例子中之特殊应用，肯定会使亚里士多德大吃一惊。

但是,如果亚里士多德不大可能赞成存在于实体之外的偶然形式的说法,他的确给后人留下了疑虑:存在于物质之外的实体形式的可能性。阿奎那如亚里士多德一样,经常反对柏拉图对彼此分离的理式的设想。但是与波纳文图拉不同,阿奎那否定了普遍的形式质料说,而且他认为天使是纯粹的形式。与床的理念和善的理念不同,如米迦勒(Michael)和加百列(Gabriel)这样的天使是活生生的、有智力的存在。然而只要涉及形而上学的问题,柏拉图的理式与阿奎那的天使之间似乎没有什么区别。阿奎那的立场典型的含糊性,表现在下面他关于创世的论述:

> 创世是从无到有的一种途径。什么从无到有取决于存在是什么。所以,那些事物被确切地创造了而从无到有,从而确切地拥有存在(being)。那些独立存在的物体…… 存在确切地所属的东西,是拥有存在的东西:它是一个拥有自身存在的东西。形式、偶然属性等等叫做存在,不是因为它们本身是存在,而是因为其他的东西凭借它们成为它们所是。这样,白色被叫做存在,因为他物凭借它成了白色的。这是为什么亚里士多德说一个偶然属性并非**存在**(*is*)而是**与存在有关**(*is of*)。所以,非固在的偶然属性和形式等等,是共在的而非存在的,因而它们被称为共造的而非创造的。真正被创造的是固在的事物。(*ST* 1a 45.4c)

上段引文作为亚里士多德主义直截了当地反驳柏拉图主义物化形式——无论是实质的还是偶然的——的声明,是令人敬佩的。然而就在这一段文字里,在一个我故意省略的句子里,阿奎那把固在的事物(subsistent entity)——只有固在的事物拥有存在并被创造——分为两类:一方面是形式质料合一的实体,另一方面是形式和质料分开的实体。可是,按照阿奎那的理解,形式和质料分开的实体,如天使般的精灵等,是并非任何事物的形式之形式,而且,他

199 构思它们的方式，似乎易于招致亚里士多德主义者反驳柏拉图主义者一样的所有反驳。使阿奎那关于这个论题的思想连贯一致，看起来有些困难，除非说他是地上的亚里士多德主义者、天上的柏拉图主义者。

阿奎那拓展亚里士多德潜在和实在体系的最重要的方法，好也罢坏也罢，是把它用于本质(essence)和存在(existence)这一对他从阿维森纳拿过来的概念。对于阿奎那如对于阿维森纳一样，不仅有属类的本质，如人性，还有彼得和保罗的个体人性。同样有两种不同的存在，或者“存在”(esse)的两种意义，esse即“to be”的拉丁语动词用作“to exist”的对等词。首先，是属类的存在，即一类事物的存在，如“存在着天使”或者“有天使”。还有特定事物的个体存在，如“大金字塔依然存在，但是亚历山大的法老已经不存在”。(在拉丁语，这样的语境里使用“est”和“non est”非常自然，但是在英语“Rome is, but Troy is not”[罗马还存在，但是特罗伊已经不存在]是古风。)自康德始哲学家认为，属类存在“不是一个谓项”；在现代逻辑中，它通过使用特定的限定量词来表达(对于某个x，x是一个天使)。另一方面，个体存在是完备的真实的谓项。①

就属类存在而言，阿奎那的思想很是清晰明了。一段经典的论述是在《论存在与本质》(*De Ente et Essentia*)：

> 任何[属于一个事物而且]不是本质或者实质这一概念的部分的东西，是来自外部的并且是附加于本质的，因为，如果没有本身为本质的部分的因素，就不能构成本质。但是每一个本质或者实质就其存在而言，是可以被领悟的而无须理解任何事物，例如，我可以理解什么是人或者什么是凤凰却不知道他们是否存在于自然界。因此，显然存在(existence)不同于本质或者实质……(*DEE* 4.94－105)

① 我在《阿奎那论存在》(*Aquinas on Being*)(Oxford: Oxford University Press, 2002)一书，列举了“esse”的12种不同的意义。

是否存在着某一类的事物与那类事物是什么,是截然不同的两个问题:是否存在着天使与“天使”意味着什么,两者决不可同日而语。如果这就是本质与存在要区别开的意义所在,那么这一论点毫无疑问是正确的。

对于阿奎那来说,解决个体本质与个体存在的关系并非一件易事。彼得 200
的存在与彼得的本质之间,或者这两者任何一个与彼得本人之间,确实有区别吗?当然没有了:似乎彼得、彼得的人性以及彼得的存在都具有同样的延续性。粗略地说,它们在彼得出生之前几个月一起开始,在彼得死的时候一起结束。

可是我们可以以下面的方式为本质和存在之间真正的区别申辩。任何造物的存在与其本质持续同样的时间长度,这是真的,然而有这样的不同:它一度的存在并不对其以后的存在具有任何因果关系,而它一度的本质却对其以后的存在具有因果关系。一个人趋于持续活一段时间,而一个放射性元素却趋于以某个速率灭亡。这些趋势是相应的本质的部分:正是由于这些造物的种类,它们才趋于继续存在或者停止存在。因此,本质与存在不同,正如起因——在这种情况下形式起因——与结果不同。

阿奎那关于本质和存在的关系的思想含糊不清,部分原因是“esse”一词在其两种意义上除了“存在”(existence)的意思外,还有与“being”一词相应的多种意义。例如圣托马斯告诉我们说,有的时候宇宙各种各样的事物——老鼠和人、暴风雨和季节、美德和邪恶、时间和空间等——有一点是共同的,这就是他们**是**他们所是。“being”在这个意义上是一个空泛的且全称的谓词。(吉尔伯特·赖尔[Gilbert Ryle]一度把它的特征描述为“像呼吸一样,只是更清细”。)而在其他的时候,动词“to be”被用来表示从潜在到实在的过渡。一个毛毛虫具有变成一只蝴蝶的能力,但是只要它仍然是毛毛虫,它就不**是**一只蝴蝶。只有在那变魔术般的一天到来时我们才可以说:现在它**是**一只蝴蝶了。

只有在阿奎那用它们来澄清在上帝——与造物不同——没有存在和本质

的区别这一命题时,"be"的这些意义在他的体系里才是很重要的。他声称,上帝是纯粹的存在(Being)。当我们想描述上帝的时候,不仅本质与存在的区别,而且潜在与实在之其他形式之间的区别,均无处可见,因为上帝是纯粹的实在。这些思想将在本书的最后一章讨论,即关于宗教哲学的那一章。

201

3. 邓斯·司各脱的形而上学

在邓斯·司各脱的体系里,形而上学占据着一个非常重要的位置。它是一个在亚里士多德主义的意义上陈述的形而上学,但是司各脱给它赋予了个人的独特阐释。像亚里士多德一样,司各脱把形而上学界定为研究存在之存在(being qua being)的科学。但是在亚里士多德,研究作为存在的东西是一种特别的研究方法;而在司各脱,存在之存在是研究的特别对象。存在之存在确实是研究的最宽广的可能对象,包括有限的和无限的存在、实在的和可能的存在。

在司各脱如在阿奎那,确定上帝的存在和特征是形而上学的主要关注,这样,自然哲学就成了形而上学的分支。但是对于司各脱,自然哲学的范围——因此形而上学的范围——比对于阿奎那来说既更宽又更窄。更宽是因为司各脱相信指称存在之存在基本特性的名称,例如"善"、"真"、"一"等,不仅类比地用于上帝以及造物而且在一义的意义上用于上帝以及造物;更窄是因为许多阿奎那认为通过自然理性可以获得的真理在司各脱却是只能凭借信仰才能认知。阿奎那曾认为,理性可以证明上帝无所不能、无所不在、无限永恒,等等。司各脱与此相反,认为理性没有能力证明上帝的无所不能。他说道,一个基督教徒知道无所不能的上帝之诸能力之一是为耶稣的父亲,可是这个能力就不是纯粹的理性可以证明上帝具有的。这样,许多阿奎那认为是形而上学家研究范围的论题,却被司各脱归于教条的神学家研究的对象。

说“存在”(being)是一个使用范围超出了亚里士多德范畴的超验的名称,以及进一步说每一个种类的每一个存在都具有诸如善和完整这样的属性,对于经院哲学家来说是老生常谈。司各脱在这一方面的创新,在于他认为诸如“存在”和“善”等超验的谓词是一义的,而不是类比的。[①]但是,有另一种不同的超验司各脱给予了极大的重视:超验的析取(transcendental disjunction)。他拟就了成对的名称,一对名称中这个或者那个可以用于任何存在的事物:每一个存在必定或者是实在的或者是潜在的,或者是有限的或者是无限的,或者是必然的或者是偶然的。“必然”不是一个用于每一个存在的名称,但是“必然或 202
者偶然”这一析取必定全方位适用(*Ord.* 3.207)。

司各脱不仅强调指出了必然 - 偶然这一析取的新内涵,他还对偶然提出了全新的概念。经院哲学家一般相信,许多事实是偶然的。我正在坐着,这是偶然的,因为我站起来是可能的:我可以就在此时此刻站立起来以证明这个可能性。司各脱与其他的经院哲学家一样接受这种可能性,但是他进一步说道,我正在坐下的那一时刻就存在着我在同一时刻站起来的可能性。这就涉及一个全新的、更加极端的偶然形式,他恰当地命名为“共时偶然性”(synchronic contingency)(*Lect.* 17.496 - 497)。

当然了,司各脱并不是在说在同一时刻我可以同时既坐下又站起。他是在“时间的时刻”(moment of time)与“性质的时刻”(moment of nature)做出区别。在一个单一的时间时刻我在坐下,但是在这同一个时间时刻还有一个性质时刻,在这个性质时刻里我在站起来。性质时刻就是共时的可能性。

司各脱不仅仅是在谈论逻辑可能性:性质的一个瞬间是一个真实的可能性,它与逻辑的条理不同。它是物质世界的本质依然如故的同时可能发生的

---

① 参见本书第三章。

事情。共时可能性不需要彼此协调,如上所述;一位现代哲学家会说,共时可能性在不同的可能世界是可能的,而不是在同一个可能世界。

司各脱关于性质的瞬间说,的确是可能世界的当代哲学概念的先祖。他自己关于可能世界的起源的论述,认为是上帝在无限数目的可能宇宙中选择了一个并把它实在化。后来的哲学家把创世的概念与可能世界的概念分开,并且开始在更加抽象的意义上讨论"世界"一词。这一抽象的词语后来被用作澄清各种能力和可能的方法。这个概念的创始人往往被认为是莱布尼茨(Leibniz),但是实际上应该是司各脱,不管采用这个概念是个好事还是坏事。

共时偶然性这一概念的始创,引发了对亚里士多德潜在和实在概念的根
203 本改造。对于司各脱来说,与亚里士多德或阿奎那不同,但与阿维森纳相同,非存在事物可能具有存在的潜在性:司各脱称之为**客观**潜在性,以区别于亚里士多德的潜在性,他称后者为主观潜在性。

> 有两种方式可以用来称呼潜在之存在。一种是一个潜在能力的终端,也就是该潜在能力的指向,它称为客观上的潜在之存在。因此,现在据说《圣经》里所说的在世上传布罪恶而终将在救世主复临之前被救世主灭绝的基督大敌是处于潜在状态,而其他的事物也可以说是处于潜在状态,例如将被创造而存在的白色。在另一种方式,可以说事物是处于作为潜在能力的主体之潜在状态,或者说该潜在能力本质上所属的潜在状态。在这种情况下,可以说事物是处于主观上的潜在状态,因为它相对于某事物潜在但是并没有完成(例如将要被涂白的表面)。(*Lect*. 19.80)

司各脱解释道,非存在事物由其客观潜在个体化:非存在 A 不同于非存在 B,因为如果而且当它们确实存在,A 和 B 彼此不同。

亚里士多德《形而上学》弹药库里其他的名称术语,被以同样的方式再解

释。例如，物质(matter)与形式(form)之间的关系，被司各脱以一种全新的方式进行了阐释。对于亚里士多德在分析实体的变化中，物质是一个基本的术语。实体的变化是一种要素变成另一种要素所说明的那种变化，例如水变成蒸汽(空气)，或者一个活着的物体出生或死亡，例如一只狗死去而且其尸体腐烂。当一个种类的一个实体(substance)变成另一个种类的一个或多个实体的时候，亚里士多德认为会有一种形式来决定该实体变化前的性质，而且有一种不同的形式或多种不同的形式决定变化后的实体的性质。变化中保持原状的要素是物质：物质之作为物质不是一种实体而是另一种实体，并且不具有属性。虽然形式决定一个实体是何**种**事物，然而是物质决定一个实体是**哪一个事物**。我们可以说，物质是个体化的原则，形式是种类化的原则。

司各脱既抛弃了物质没有属性的观点又否定了物质是个体化的原则这一命题。他认为，物质具有诸如数量等属性，而且物质在具有这样的属性之前已
经具有其自身的本质，只是实际上人类不可能认识到这个本质是什么 204
(*Lect.* 19.101)。物质的确可以在没有任何形式的情况下存在。物质与形式确实不同，创造并保持没有物质的形式以及没有形式的物质完全在上帝的能力范围内，它们两者均凭其自身而被个体化。

实在的物质实体由物质和形式构成，在这一方面司各脱同意亚里士多德和阿奎那的观点。例如，苏格拉底是一个个体的人，由人的个体物质和个体形式形成。但是，司各脱对个体实体及其物质和形式被个体化的方式提供了一个新的描述。对于阿奎那，人的形式是一个个体形式，因为它是**苏格拉底的**人的形式，而苏格拉底被他的物质个体化，而其物质接着被确定为或标志为一个特定的物质包(*materia signata*)而个体化。另一方面对于司各脱，形式以其自身的本质为一个个体，与苏格拉底的物质和苏格拉底的实体没有关系(*Ord.* 7.483)。

使苏格拉底成为个体的，既不是他的物质也不是他的形式，而是另外一个

东西，它有时被称为“存在的个体性”(*haecceitas*)，或者说“个质”(thisness)。司各脱说道，在每一个事物都有一个个体本质(*entitas individualis*)。“这个本质——在它们都是性质的意义上—— 既不是物质又不是形式也不是复合体；但是它是物质或者形式或者复合体之存在的终极现实”(*Ord*. 7.393)。

根据亚里士多德主义正统观点，形式自身既不生又不灭；生灭的主体是实体，而不是形式。严格地讲，我们不应该说苏格拉底的智慧生成了：这只是说“苏格拉底变得聪明了”的一种复杂方式。与之相反，在司各脱的思想体系里，至于独立地个体化的实体形式，我们可以提出它们是如何生成的这一问题，以及它们是否产生于空无这一问题。它们是被创造的吗？还是它们从先在的某物进化而成？司各脱否定了这两种观点。形式不是从胚胎形式或者种源(*rationes seminales*)进化而成，如奥古斯丁及其追随者伯纳文图拉所认为的那样。设定这样的东西，并不能回答形式的起源问题，因为，一旦涉及区分一个完备的形式与一个胚胎的形式问题又会出现。另一方面，我们也不想说形式是被
205 创造出来的；可是，如果我们为“创造”重新定义，不是从空无中形成某物而是在没有任何前期条件的情况下形成某物，那么我们就可以避免这样说(*Lect*. 19.174)。

阿奎那曾说道，包括人类在内的所有物质实体只有一个单一的形式。司各脱否认了这一观点，而且在这一点上，他是唯一的一次得到中世纪大多数经院哲学家的支持。他同意阿奎那的说法，认为没有生命的物体只有一个单一的实体形式：一个化合物并不保持构成它的元素的形式。但是有生命的物体——植物、动物、人类——除了具有属于其种类的特定形式外，还拥有一个共同的物质(corporeality)形式形成它们各自的躯体。他为之论证的基础是，一个人的躯体在他刚死后与刚死前是同一个躯体，尽管死后的躯体已经没有了灵魂。同样的道理可以用于动物和植物。

尽管司各脱认为灵魂不是人的唯一实体形式，但是他也并不相信——像

他的一些前辈那样——在每一个人同时存在三个不同的灵魂,即一个理智的、一个感觉的和一个植物的。如果人的形式除了灵魂和躯体的形式之外还有其他的,那么它们是个体的人的器官的形式——司各脱曾考虑过这种可能性。[1]一个实体除了物质和形式外还有另一种东西,它既不是物质又不是形式,而是使其成为个体的"存在的个体性"(haecceity)。这是因为物质的个体性和形式的个体性还不足以使它们之间的复合实体形成个体(*Lect.* 17. 500)。

所有这些东西——物质、形式、存在的个体性——又是怎样在具体的有形实体合成一体呢?认为一个有形实体是一个这些东西都为其组成部分的聚合体是错误的。按照司各脱的说法,组成部分是可以单独存在的。再者,完整的实体其属性与上述各部分的属性是不同的:例如,一个统一的整体的属性。司各脱认为,除了上述的组成部分,还应加上一个额外的东西,即它们之间的关系:他准备把它看做另一个组成部分。可是,甚至在加上了这个部分之后,我
们仍然得说一个个体的有形实体是一个与物质、形式以及关系(或者这些东西 206
中任何一对或三重体)不同的独立体(*Oxon.* 3. 2. 2 n. 8)。

这些不同的东西——整体及其几个组成部分——又是怎样彼此区分呢?司各脱说道,实体与其物质和形式以及它们的关系之间存在着确凿的差别。他说这些东西的确不同,其意思是其中任何一个单独存在至少在逻辑上是可能的。另外他还说,如果我们说一个实体的本质或者实质等于它的物质加形式,那么我们必须说本质同实体一样确实有别于它的组成部分。

我们不得不问,本质与存在的个体性之间是什么关系呢?它们两者的确不同吗?根据司各脱的说法,在诸如苏格拉底这样的个体,既有一个共同的人性又有一个个体化的原则。人性是苏格拉底和柏拉图都具有的实实在在的东西。如果人性不是实实在在的,苏格拉底就不会看起来像柏拉图而不像黑板

---

[1] 参见 R. Cross,《邓斯·司各脱的物理学:神学视域的科学语境》(*The Physics of Duns Scotus: The Scientific Context of a Theological Vision*)(Oxford: Clarendon Press, 1998),68 页。

上画的一条线。同样,个体化原则也是实实在在的东西,否则苏格拉底和柏拉图就会一模一样。人性和个体化原则必须彼此融合,而且一个离开了另一个哪一个都不会在现实中存在:我们不可能在世上遇到一个不是其他人的人性的人性,也不可能遇到一个不是某一类个体的个体。可是我们区分不开人性和存在的个体性:如果驴子的性质与名叫布朗尼的驴子的个体性是同一个东西,那么每一头驴都会成了布朗尼。

为了解决这个费解的问题,司各脱引进了一个新的难题。他说道,任何被创造的本质都有两个特征:可复制性和个体性。我作为人的本质是可复制的:存在着其他的人,也可以有其他的人,他们在本质上与我一样。但是我的本质还是个体的:它是**我的**本质,因为它包含着一个能个体化的存在个体性。本质与存在的个体性之间的区别(*Ord.* 2. 345 – 346)并不是一个实实在在的区别,但是也不是心灵的虚构或创造。司各脱说道,它是一种特别的形式区别,一个"在现实方面的形式区别"(*distinctio formalis a parte rei*)。本质与存在个体性并非真正地不同,如苏格拉底和柏拉图那样不同,或者如我的两只手那样不
207 同。它们也不是仅仅在思想中不同,如苏格拉底和柏拉图的老师那样不同。他还说道,在思考它们之前,它们在形式上是不同的:它们是同一个事物中的两种不同的性质。我是弄不清楚,正如司各脱的许多后继者弄不清楚一样,引进这个术语怎么能澄清它本来要解决的问题。按照司各脱想让他所做的区别被理解的那样确切地理解它,问题之一是它所提供的说明例证以及他使用它的语境都是来自极其含糊的领域:神的不同属性之间的区别以及人类植物的、敏感的和理智的灵魂之间的区别。

4. 奥卡姆的简化论纲领

维廉·奥卡姆是第一位否定司各脱在现实方面的形式区别之人。他

说道：

> 在有差别或者非同一性的地方，所讨论的事物肯定有某些矛盾。但是，除非这些事物——或者它们所指称的事物——是不同的东西，或不同的概念，或不同的心理存在物，或一个事物和一个概念，那么矛盾实实在在地存在于任何事物是不可能的。可是如果差别来自事物的性质，那么它们就不是不同的概念，也不是一个事物的另一个加上一个概念：因此它们是不同的事物。(*OTh*. 2. 14)

但是这段话假定能成为差别的选项仅仅是(a)事物(things)、(b)心理存在物(*entia rationis*)和(c)概念(concepts)。这就以假定作为论据来反驳司各脱，而司各脱认定的是一个不这么狭义的本体论。但是奥卡姆的这一手反映了他的简化论的冲击力。

"实体不会成倍增加得超过必要"(Entia non sunt multiplicanda praeter necessitatem)。这就是著名的"奥卡姆的剃刀"(Ockham's razor)，目的是剃掉哲学家不必要的模棱两可。事实上，这句话在他现存的著作里找不到。①他的确说过类似的话，例如"用少量就可以解决的，多用是徒劳的"，以及"没有必要就不应该设定众多"，可是他并不是第一个说这话的人。不管怎样，这些口号的确总结了他对待他的先辈的技术哲学发展的简化论态度。

被剃掉的第一批多余的实体之一，就是司各脱的存在个体性，或者个体化 208
原则。司各脱曾说，除了苏格拉底的人性外，还一定有什么东西使它成为**这个**(this)本性。因为，如果他的人性自身就是**这个**，那么每个人的人性都会是**这个**，也就是说每个人的人性都会是苏格拉底的人性。奥卡姆既不相信共同的

---

① 似乎第一次说奥卡姆说过这句话是在1639年沃丁版奥卡姆著作的一个脚注里。

本性也不相信个体化原则。现实中存在的一切事物都是个体,而且它们恰恰就是个体:它们不需要额外的原则来使它们个体化。需要解释的——确切地说是通过解释而消除的——不是个体性而是普遍性。

但是奥卡姆的唯名论,是他形而上学简化论纲领的一部分。除了普遍存在之外,奥卡姆还想剃掉个体的大类。对于他的先辈来说,每一个范畴都有个体:不仅诸如苏格拉底和驴子布朗尼等个体实体,而且诸如布朗尼的行踪下落和苏格拉底与柏拉图的关系等许多种类的个体偶然性亦复如此。奥卡姆把亚里士多德十项范畴简略为两项。只有实体(substance)和性质(quality)是真实的。

奥卡姆认为,对其他种类的个体的信念,是由于一个幼稚的假设,即相对于每一个词语世界上都有一个相应的事物(*OTh.* 9.565)。这个信念导致人们发明了"时间关系"(whenness)和"空间关系"(whereness),他们甚至还会发明"并列关系"(andness)和"转折关系"(butness)。实际上,中世纪的哲学家并没有把大力气投入到亚里士多德所列的后面一些范畴。奥卡姆的革新的严重性,在于否定了数量(quantity)和关系(relation)这两个范畴的实在性。

奥卡姆并不是在否定不同范畴之间的区别,他所否定的是区别超出了概念的范围:

> 实体、性质和数量是不同的范畴,即使它们并不指称与实体和性质不同的绝对现实,因为它们是以不同的方式指称同样的事物之不同的概念和词语。它们并非同义的名称,因为"实体"以一种指称的方式——即直接地——指称它所指称的一切事物;"数量"指称同样的事物,但是以不同的指称方式,即直接地指称实体而婉转地指称其部分;因为它指称整个实体并延指它具有远离其他部分的部分。(*OTh.* 9.436)

奥卡姆反对数量的实在性的主要哲学论证,来自扩张和收缩、稀释和冷凝 209
等现象。如果一块金属板加热并从 80 毫米长扩张至 90 毫米长,那么根据他所批判的理论,它所发生变化是从具有 80 毫米长的偶然属性到具有 90 毫米长的偶然属性。奥卡姆说道,很难令人信服地解释第二个偶然属性是从哪里来的,以及第一个偶然属性又发生了什么变化。再者,如果变化是连续不断的,以至于这块金属板是从 80 毫米长扩张至 81 毫米、82 毫米等等,那么将会有无限数目的倏忽即逝的偶然属性不断地产生又消灭。奥卡姆声称,这是令人难以置信的。一部分从另一部分移开的局部运动足以解释这样的现象。因此,数量的真正的偶然属性确实是多余的,所以应该从哲学的思考中消除。

有人会认为,同样的考虑可以用来说明性质也不是真正的偶然属性。亚里士多德曾列出四类性质:(*a*)倾向性,例如德性和健康;(*b*)固有的能力;(*c*)感官属性,例如颜色、味觉、冷热;(*d*)形状。奥卡姆欣然删去第一类中一些性质,例如健康和优美,而且他还非常明确地把他的剃刀用于第四类的性质:

> 当一个命题对于实际情况是真实的,如果一个东西足以说明它是真实的,那么假设两个东西就是多余的。但是,诸如"这个实体是方的"、"这个实体是圆的"这类命题,对于实际情况是真实的。以这种方式阐述的实体,已经足以表明它的真实性。如果一个实体的部分沿着直线展开,既不局部地移动也不增长或缩减,那么它先是方的接着是圆的这是矛盾的。所以,方和圆对于一个实体以及它的部分并不添加什么。(*OTh.* 9.707)

但是他坚持认为其他的性质——尤其颜色——是不同的:

> 一个东西从矛盾的一方转到矛盾的另一方而既不获得也不失去真实的因素,实际情况是时间的流过和空间的变化都不能解释这一现象,这是不可

能的。可是一个人先是不白的而后来变白了,这个变化不需要由时间的流过和空间的变化来解释。因此,白色与这个人确实是不同性质的。(*OTh*. 9. 706)

然而,有的人会认为颜色的逐渐变化与体积的逐渐变化是性质相同的:这一例子
210 还可以明确说明,倏忽即逝的偶然属性之无限序列是不可置信的。对于奥卡姆来说,这两种情况的区别,似乎简单,就是是否局部运动可以拿来解释要被解释的变化。

经院哲学的鼎盛时期过后,奥古斯丁的影响在中世纪的后期得以复兴。在阿西西教堂上部的一幅壁画上,奥古斯丁正在向一个多明我会僧侣口授教义。

奥卡姆关于关系这一论题的论点,要比他反对真正的数量的论点有力得多。如果关系是与关系的名称不同的实实在在的存在物,那么它们的名称不存在时关系也应该存在。假设苏格拉底是柏拉图的父亲,柏拉图是苏格拉底的儿子。那么,苏格拉底与柏拉图之间就有一个父子关系。如果苏格拉底从来没有生柏拉图,说这一父子关系存在是很荒唐的;或者苏格拉底生了柏拉图但是上帝从苏格拉底拿走了做父亲的关系,说这一父子关系存在也是很荒唐的(*OTh*. 4. 368)。

相似性的关系,由于与真正的性质的联系而对于奥卡姆是一个重要的关 211
系:任何具有某个真正的性质 P 的东西,都与其他的具有性质 P 的东西相似。一堵白墙与其他的每一堵白墙都相似。一位涂匠把罗马的一堵墙涂成白色,这堵墙与伦敦的每一堵白墙都相似。但是,如果相似的关系是一个真实的东西,那么罗马的这位涂匠就会在伦敦制造了大量的实体。的确,如果上帝创造了一千个世界,而一个行动者在其中一个生产了白色,他就会在每一个世界生产相似物(*OTh*. 1. 291,9. 614)。相似性适用的地方对于位置也是符合的。如果我挪动我的手指,那么手指的位置相对于世界上任何其他的东西就发生了变化。如果位置的关系是实实在在的东西,那么我通过挪动手指就在整个宇宙创造了巨大数目的相反关系。

奥卡姆并不是在说关系与其根据是同一的。"我不是说关系与其根据确实一样,而是说关系不是根据而是心灵里的意念或者概念,表示若干个绝对的事物"(*Ord*. 1. 301)。相应的词语指称作为关系的承载者的绝对的事物,但是它们是具有内涵意义的词语:它们指称一项关系、涵指另一项、并内包两项存在的方式。因此,当我们说 A 接近 B 的时候,我们并非在说"接近"是一个真正的实体,我们在指称 A、涵指 B,而且在说两者之间没有任何妨碍(*OTh*. 4. 285,312)。

奥卡姆说道,这是自然理性教导的结果:没有诸如关系这样的实体。然而，还真有点不光彩：他准备承认在某些情况下有这样的关系，因为他相信一些基督教教义——三位一体、道成肉身、圣餐仪式——需要这样的关系。这就自然而然地引起怀疑：他是一位双重真理的支持者：某些东西在哲学里是谬误的但是在神学里可以是真实的。

5. 威柯利夫与决定论

如我们所见，在奥卡姆之后的那一代人出现了反对他的唯名论和普遍简化论的思潮。在牛津大学，这一反对思潮表现为奥古斯丁主义的复兴，奥古斯丁主义的复兴进而又引起了对宿命论（predestination）和决定论（determinism）
212 的新兴趣。约翰·威柯利夫就是这次唯实论反对派的领袖。威柯利夫去世后，他获得了彻头彻尾的决定论者的名声。归于威柯利夫并受到康斯坦茨公会谴责的命题之一是"一切都因必然性而发生"。

实际上，至少在威柯利夫年轻的时候，他就形成了一个关于必然和偶然不同类型之间的关系非常微妙的和细致的理论。他区分了不少于七种必然，我们可以粗略地把它们分为逻辑必然、自然必然、永恒真理、永久真理、不可避免的真理、强迫、不可抵抗的驱动力。他坚持认为，有一些事件，例如人们的选择，是排除在必然的这些类型之外的。

在为他的理论的辩护中，威柯利夫不得不解决他为自己提出的下面的难题：

> 正如没有人能够阻止世界的形成，没有人能够阻止在适当的时间出现的结果。下面的论点是成立的：上帝决定 A 要发生，因此 A 必然会在适当的时间发生。其前因不受任何被创造的能力之控制，而且相应地完

全不可避免。所以,任何按部就班的事物均是如此。(*U XIV*. 322 - 327)

威柯利夫对此的解决方案,是假设神的意志和世界上的事件之间的关系是一个双向的关系:如果上帝的意志导致了世上事情的发生,那么在一定意义上世上事情导致了上帝的意志。

在这一方面我们应该注意到,就一个造物的存在而言上帝的意志可以被理解为一个关系、一个心理的物象,其基础在于上帝决意该造物按照其心理存在——这是绝对必然的东西——的形式以及按照该造物自身种类存在的终端形式而形成。这样的关系依赖于关系的两方面,因为,如果上帝决意彼得或者某个其他的造物应该产生,那么这个造物实际上产生这是必然的。因此,造物的存在,甚至是暂时的存在,在上帝也会有一个永恒的心理关系:它永远处于被形成的过程中但是又永远是完备地形成的。(*U XIV*. 328 - 344)

反对的论点是,如果上帝的决意是超出我们的能力之外的,那么按照上帝的决意发生的结果也是超出我们的能力之外的。对这一反对意见的回答是出人意料的。威柯利夫简单地否定了这个前项:上帝的决意并非超出我们的能力之外。

我们不能说威柯利夫的回答解决了决定论和自由意志之间的关系这一问题。当他把上帝的圣旨分成复杂的关系意志的时候,我们恰恰又会重申反对的观点:本身是这一复杂体的成分的绝对心理意志,即看起来完全超出人的控制的成分。然而,对于神的能力与世俗的偶然性这个二律背反,中世纪没有其他的神学家继而提供出令人满意的解决方案,或许可能永远不会产生令人满 213

意的解决方案。但是很清楚，把威柯利夫看成是一位极端决定论者，是大错特错的。他与他的同僚们分道扬镳的，不是在于向人的行为引入了外加的必然性，而是在于给神的意志附加了不寻常的偶然性。

第七章

心灵与灵魂

在整个历史上，心灵(mind)哲学家可以分为两类：内 214
倾型的和外倾型的。内倾型(introvert)哲学家相信知解人的心灵的方法是关照自身以及重视内省的意识现象。外倾型(extrovert)哲学家从人的可观察到的行为开始，然后探究我们把心理能力、心理状态和心理活动归因于其他人的准则。在第二个千年里，我们可以说笛卡尔和休谟是内倾型哲学家的代表，而阿奎那和维特根斯坦以不同的方式对外倾方法进行了阐释。在古代世界里，外倾型哲学家把亚里士多德看做他们的旗手，内倾型哲学家则可以称奥古斯丁为其始祖，而且直至今日仍然是其最富雄辩力的人物。

1. 奥古斯丁论内心生活

奥古斯丁常常说“内在人”(inward man)和“外在人”

(outward man)。不要把它们与灵魂和肉体的区别混为一谈。不仅仅肉体,甚至我们的灵魂的某些方面,皆属于外在人,即与笨拙的动物所相同的部分,例如感官和感觉记忆。内在人是我们更高级的部分:心灵,其任务包括回忆和想象以及理性的判断和智力的沉思(*DT* 12.1 –3)。

外在人用视觉、听觉、嗅觉、味觉和触觉这五个感官认识物体。奥古斯丁把视觉作为典型的感官。当我们看见某物时,例如一块岩石或者一团火,应该
215 考虑三个方面:所看见的客体、看见客体的过程以及奥古斯丁所谓的"intentio animi"(心灵的关注),即我们对客体的心理投射。奥古斯丁告诉我们说,这第三个东西是心灵独有的:视觉被称为肉体的感官仅仅是因为眼睛是肉体的部分(*DT* 11.2)。视觉自身不能达到时,心理的因素仍然存在,表现为看见之努力。

视觉是客体和感官两者的产物:所见的物体对感官施加一个形式,这就是所谓的视觉。它是所见事物的形似物:

> 我们不是在同样的意义上在我们所见的物体的形式与看见物体之人的感官里形成的形式之间进行区别,因为两者之间的联系如此清晰以至于没有区分它们的余地。但是,我们凭理性得出结论,除非所见物体的相似物在我们的感官里形成,那么我们要看见什么将会是完全不可能的。(*DT* 11.2.3)

心像与物体不同,尽管物体被清除的时候心像不再存在。正如把一枚指环放入液体里,液体的位移与指环的形状不同,即使指环一旦被拿走位移旋即消失。再生心像证明了所见的物体形状与它在眼睛产生的印象之间的不同。凭借对眼球的作用,产生双重视觉的可能性亦复如此。印象的形式"是如此密切地与我们所见事物的种属融合在一起,以至于它完全不被觉察,这就是视觉"

(*DT* 11.2.3)。

这一论题是否把奥古斯丁牵涉到感知的表象理论中,是评论者争论的问题。倘若“表象理论”(representational theory)指的是感知的直接对象是一个心像或者感官材料,那么很可能奥古斯丁就没有牵涉进去。根据奥古斯丁的说法,形成的心像绝非显而易见,其存在需经论证来证明。可能奥古斯丁假设心像为解释由感觉引起记忆所必需之物(*DT* 11.9.16)①。

视觉是关于世界上事物信息的来源,但是,它们当然不是我们获得这类信息的唯一方法。一个盲人看不见,但是可以通过问询别人来得知那些通过视 216
觉而得知的事物。感官感知与信息收集之间的区别是什么造成的呢?在回答这个问题时,亚里士多德很久以前启用了快乐的概念。“有感官感知就有痛苦和快乐,有痛苦和快乐就必然有欲望”(*De An.* 2.413^{b}23)。通过感官获得的信息,以及在感官帮助下所做的鉴别可以通过其他的方式达到,而且的确可以通过人类之外的能动者获得信息和作出鉴别。我们可以通过光学仪器获得视觉信息把不同的人分类,通过远距探测分类编排月球风貌的可视特征。这样的方式不是感官感知,因为它们并没有带来痛苦和快乐:装备了统计学的人类并不被视为美的或丑的,月球的风貌也没有引起恐惧或者敬畏。

奥古斯丁显得很清楚我们感觉概念的两重性,他的确强调了感官感知的快乐成分而不是认知方面。他在《论自由意志》(*On Free Will*)说道:“快乐和痛苦属于肉体感官的范围”。视觉判断颜色彼此之间是和谐的还是不和谐的,听觉判断声音是悦耳的还是刺耳的(*DLA* 2.5.12.49)。在《忏悔录》第十卷,奥古斯丁绘声绘色地列举了会诱惑我们的不同种类的感官快乐。他说道,我们必须区分两种不同的感官用途:带来快感和满足求知欲。当然了,第二方面也可以带来诱惑:我们可以通过对经验和知识的欲望而作恶(*Conf.* X.35.54)。

---

① 参见 Gareth Matthew,〈知识和光照〉(“Knowledge and Illumination”),载 *CCA* 176。关于相反的观点,参阅 Paul Spade 载 *IHWP* 63–64 的文章。

至于外部感官的客体，奥古斯丁在仅仅通过一个感官感知的客体（例如颜色和声音）与一个感官以上感知的客体（例如体积和形状）之间作了区分。奥古斯丁相信，除了外部的五个感官之外，还有一个内部感官。他说道，在动物，视觉感官不同于回避或者寻找所见事物的感官，其他的感官也是这样，它们的客体有时被快乐地接受有时被厌恶地回避。这一个感官不能看做是五个感官的任何一个，而是一个掌控着其他感官的另一个感官。尽管我们仅仅凭借推理发现这个独立的官能，但是它并不是理性的部分，因为不仅理性的人类拥有它，而且非理性的兽类也拥有它（*DLA* 2. 2. 8）。

217 奥古斯丁在描述我们的心理机能的时候，最长的篇幅是讨论记忆，而且他确实在一个非常广泛的意义上使用“记忆”（memory），几乎是“心灵”的对等词。他在《忏悔录》第十卷13节描述了记忆的一些能力。甚至在黑暗中和寂静时，我也能够随意地在记忆里产生颜色以及区分黑色和白色。我的舌头不动、我的喉咙无声，我也能唱我想唱的歌曲。

记忆是我们理所当然拥有的能力：奥古斯丁敦促我们提醒自己记忆是多么奇特的能力。人们诧异地注视着山峰、席卷而来的海浪、宽阔的瀑布，注视着荡荡茫茫的大海和斗转星移的天空。可是他们对自己以及自己的记忆力却漠然置之，而我们的记忆力容纳了苍天、大海、土地，以及其他种种。奥古斯丁说道，除非我内心里看见了高山、海浪、长河、星斗、甚至我从来没有看到过但是从他人的讲述中得知的大海，那么我很难说出大自然的奇观美景。“正如我在外部世界所看到的一样，我内心里立体地看见它们”（*Conf.* X. 8. 15）。

奥古斯丁把记忆描述为一个巨大的洞穴，里面充满了黑暗的、神秘的角落和缝隙：奥古斯丁沿袭内倾传统，设想了探索这一巨大的仓库的内在人。在这座仓库里，我可以召唤任何一个我想记起的东西；我可以用很短的时间或较长的时间取得它：

> 一些记忆的东西蜂拥而出挤在心灵里，当我寻找并想要迥然不同的东西的时候，它们跳到我的面前说道“我们是你想要的吗?”我用内心的手把它们从我记忆的面前赶走，直到我想要的从模糊一片中摆脱并从其隐藏的地方出来。(*Conf.* X. 8. 12)

奥古斯丁拥有生动地、现象学地描述想起和忘记的经验的天赋：记得面容但是忘记了名字、不能回想起一封心不在焉地阅读的信件、深深地陷入宁愿忘掉的令人不快的记忆(*DT* 11. 5. 9)。当他对记忆做哲学分析时，他紧紧地按照他对肉体视觉的描述模式进行描述。正如当我们看见某物时必须有被看见的物体、看见这个行为以及心理成像，当我们想起某物时，也有回想的记忆、实际的回想以及思想集中。倾向性记忆(我们学到并且没有忘记的东西)与记忆的插曲之间的差别，被奥古斯丁看做等同于看不见的物体与完全进入视域的物 218
体之间的差别(*DT* 11. 8)。回想被非常直率地处理为内心看见。至于内心视觉和肉体视觉，奥古斯丁均十分强调视觉活动的主动性。在谈到心理成像以及思想集中的时候，奥古斯丁是在考虑意志的作用(*DT* 11. 2. 3)。

意志可以选择是集中在肉体眼睛上还是集中在内心眼睛上。如果意志选择的是后者，那么内心的眼睛能够产生物体的如此生动逼真的相似物，以至于“理性自身都不能区分物体是从外看见的还是相似的东西是从内心想到的”。恐怖的想象可以使人惊叫，性幻想可以导致勃起。但是，并非所有这样的经验都是在主动的掌控之下：在睡眠时和狂乱的状态下，心像能够凭借某个秘密的力量“通过一种精神实体的某些精神混合物”把自身施加于心理凝视(*DT* 11. 4. 7)。

我仅仅能够回想起我所看见的东西，但是我可以想象更多更多的东西。所以，我只能回想起一个太阳，但是我可以想象两个或者三个太阳。我可以想象太阳比真实的更大或者更小。我可以想象太阳静止不动或者运行到我所想让它去的任何地方。我还可以想象太阳是正方形的和绿色的。奥古斯丁显然是把这类想象当成了内心看见的事物:他认为,我们用内心的眼睛实际上所看见的太阳,源自我们对那个唯一的太阳的记忆。但是当我们听另一个人叙述的时候又怎么样呢?这个时候我们不能把心灵的眼睛转回到记忆。发生的情况是我们凭借唤起与故事的词语相应的意义随着讲述的故事听下去。但是,这也同样依赖于记忆。

> 我第一次听到故事讲述者把词语置放在一起的时候,除非我一般地回想起他所描述的个体事物,我就不会能够理解他。一个人向我描述从一片森林突兀而出的山峰覆盖着橄榄树,其实他是在向一个回想起山脉、森林以及橄榄树的人讲述。如果我忘记了这些东西,那么我将一点也听不懂他在说什么,所以也就不可能随着他的故事听下去。(*DT* 11.8.14)

听另一个人讲故事里所发生情况,等于是为自己编一个故事。我可以把回想起的心像与其他的心像结合在一起,并且说"哟,这个、那个,或者就是这样的"。我们所想象的,都是由记忆提供的东西所构成:因此,奥古斯丁把他关于亚历山大的墙壁——他从来没有看到过——的想法,以他所熟悉的迦太基的墙壁的记忆为模式。无疑任何熟知亚历山大的人如果能够看见奥古斯丁的心
219 灵并且看见心灵里关于亚历山大的心像,就会发现那个心像是多么的不完备(*DT* 8.6.9)。奥古斯丁说道,对自己从来没有看见过的颜色、从来没有听到过的声音或者从来没有尝过的味道有任何概念,这是不可能的。他的话是后来经验主义哲学家的先导。

奥古斯丁认为,心灵最崇高的部分,即理性或者富有智力的灵魂(intellectual soul),具有两个元素。理性的高级部分,关注的是永恒的真理,而永恒的真理只有通过智力才能获得。理性的低级部分,统辖着我们现世的和肉体的事物。奥古斯丁说道,它只是高级理性的代表:可以说是处理偶然事物的特派

员。高级理性和低级理性均属于内在人(*DT* 13.1)。上帝创造亚当的时候,他觉得野兽当中没有任何一种可以与他比拟。在人类的心灵也是如此,我们与愚钝的动物所共有的那些部分,不足以使智力在我们所居住的这个世界自在。因此,上帝赋予我们实践理性(practical reason)的能力,它从富于理性的实体形成,如夏娃从亚当的躯体形成一样,而且如亚当和夏娃为一个躯体的两个人一样,实践理性紧密地与高级理性结合在一起(*DT* 12.3)。

低级理性的活动被奥古斯丁称为"scientia",他给它的定义为"处理此生事物所必需的对世俗的和变化的事物的认知"(*DT* 12.12.17)。低级理性的功能与亚里士多德赋予"*phronesis*"或曰"实践智慧"的功能很接近,而"scientia"一词的翻译会导致对其意义很深的误解。我们所理解的 science(科学)在奥古斯丁的心理活动中几乎没有什么地位,而且他一次又一次地对为了知识而探索知识颇有微词。如果我们要具有道德品性,那么"scientia"如"*phronesis*"一样是不可或缺的(*DT* 14.22)。

高级理性的功能被称为"sapientia"。对该词的翻译"wisdom"(智慧)又一次给人误解,因为这个英语单词更适合于实践理性的功用而非理论理性(theoretical reason)的功用。奥古斯丁告诉我们说:"sapientia"是内心观照:此生中对永恒真理的观照以及进入天国后对上帝的观照(*DT* 12.14)。内心观照不是为了行动,而是为了内心观照而观照。奥古斯丁不遗余力地告诫我们,涉及对永恒真理进行观照的心灵部分是"显然不仅仅男人而且女人都拥有的"(DT 12.7.12)。

220

2. 奥古斯丁论意志

奥古斯丁在《论三位一体》中用了很大篇幅探寻圣父、圣子、圣灵三位一体在人类的复制品。他发现了许多不同的三物组合体,但是上帝崇高的形象只在于记忆、智力和意志这个三能一体中(9.12.15.3)。它如何与我们刚才总结的对心灵的分析联系起来呢？当奥古斯丁集中精力解决神学中的对应物的时候,他提出人的三能一体由心灵的存在、心灵对自身的知识以及心灵对自身的爱组成(9.12)。但是他在非常广泛的且不同的语境里使用他的心灵三能一体的概念,下面我们将对其总结。记忆是思考各种各样的思想的能力,智力(其活动是"*sapientia*")是认同正确的神学思想的能力,意志(will)则是赞成作为行为计划的思想的能力。

奥古斯丁极力发挥意志的概念。一些评论者宣称,奥古斯丁这样做其实是在创造一个古代世界缺乏的概念。关于心灵哲学的断言,只能被一个哲学家从内省的立场出发来做出。对意志所做的哲学讨论,可以通过把意志看做一个内省的现象开始,即对自觉活动(voluntary action)和非自觉活动(involuntary action)做出区别的意识现象。或者,起点可以是行为者可观察的行为,并探求区别他人自觉活动和非自觉活动的外部标准。在古代世界,奥古斯丁是内省方法的杰出代表,而另一方面,亚里士多德采取的是外倾的立场,这使得内倾的哲学家否认亚里士多德对意志有任何概念。①

实际上,亚里士多德和奥古斯丁之间有很多相似之处。对于奥古斯丁如对于亚里士多德一样,人类的一切选择都源自对幸福的追求,而且他们两人均认为,个人的决定都可以看做是为了达到这一目的而采用的方法的选择。奥古斯丁说道,假设我想看到一处疤痕来证明一个伤口,或者透过一个窗子观望以便看到一个行人。"所有这些以及意志的其他这类行为都有其相应的目的,
221 我们称为意志的目的,借此我们希望生活得幸福并到达无与比拟的、对于爱者其自身就已足够的那种生活。"这与亚里士多德对实践理性的运用的描述殊途同归(*NE* 1112^{b} 18ff.; *EE* 1.1218^{b}8－24)。

---

① 参见A. Kenny,《亚里士多德的意志理论》(*Aristotle's Theory of Will*)(London: Duckworth, 1979)。

亚里士多德和奥古斯丁两人均设想意志或者实践理性为命令的发布者，而且两人均非常关注对这些命令不服从的可能性：在罪人（奥古斯丁）或者在不能自制之人（亚里士多德，*NE* 1147a32）。但是奥古斯丁更全面地阐释了这个比喻。他把身体的每一个自觉活动都看做是对意志的命令之服从，而且他很倾心于二阶命令的意志之可能性，即意志向自身发布命令。

> 心灵（*animus*）向身体发布命令，身体立刻服从；心灵向自身发布命令却遇到了抵制。心灵叫手动一动，一切都是如此顺畅，以至于很难区分发布命令和执行命令。然而心灵毕竟是心灵，手毕竟是身体的部分。心灵命令心灵实施意志的力量；一个与另一个是一样的，可是它拒绝做它被命令去做的。（*Conf.* VIII. 9. 21）

当一个人想实施意志的力量保持贞洁但是实际上却不情愿保持贞洁的时候，这到底是怎么回事儿呢？意志又怎么命令自身而又不服从呢？奥古斯丁说道，实施意志的力量的命令是半心半意的：如果是全心全意的，保持贞洁的意志就已经实施。他说道，在他自己的情况下，在他侍奉上帝犹豫不决的时候，"那个情愿侍奉上帝的我与不情愿侍奉上帝的我是同一个我；我当时既不是完全地情愿又不是完全地不情愿"。这样的内心的冲突、内心的分离发生的可能，是因为我们是亚当的子孙，我们继承了他的罪。

是在对待亚当的一个重要问题上，奥古斯丁与亚里士多德分道扬镳了。亚里士多德接受了人会逆着理性意志的命令而行动的观点，但是他认为，这是因为人的动物欲望的压力。然而，亚当在伊甸园犯了罪，那时他还没有错乱的欲望。而且，鲁西佛（Lucifer）以及他率领的天使犯了罪，尽管他们没有与动物一样的肉体。所以，奥古斯丁被引向了假定罪恶意志之没有原因的行为。"如果你寻找这样的罪恶意志的直接原因，你就会发现什么也没有。那么到底是什么让一个意志成为罪恶的因而做出罪恶的行为呢？罪恶的意志就是罪恶行为的直接原因，但是罪恶的意志没有直接的原因”（*DCD* XII. 6）。无论我们如何试图追溯罪恶行为的原因，我们早晚都会追溯到十足的罪恶意志的行为。
222 假设我们想象心灵和肉体两个相似的人，两人至今均清白无罪，而且两人均受

《上帝之城》是中世纪读的人最多以及最为人们抄录的著作。在12世纪波希米亚的一部书稿的页边草图中，我们看到一个抄写员被一只“坏坏的老鼠”引诱得分了心。

到同样的诱惑。一个投降了,另一个没有投降。那么罪人犯罪的原因是什么呢？我们不能说原因就是罪人自己:因为假设我们知道两个人至此为止均同样的清白善良。我们不得不说是没有原因的罪恶选择(*DCD* XII. 6)。这样,奥
古斯丁阐释了后来所谓的“反因自由”(contra-causal freedom):似是而非的是, 223
他掺进了强烈的决定论思想,如我们在后面的一章讨论他的宿命论的时候会看到的那样。

3. 伊斯兰思想中的能动智力

在第一个千年的中叶,心灵哲学最令人关注的发展,不是意志方面,而是智力方面,而且不是发生在基督教世界,而是发生在巴格达(Baghdad)的穆斯林院校。金第和法拉比两位哲学家均潜心阐释亚里士多德《论心灵》中费解的段落。亚里士多德在《论心灵》中说道,有两种智力:一个是“创造事物”的能动智力(an agent intellect),另一个是“事物变化”的接受智力(a receptive intellect)。

法拉比在他自己的亚里士多德天文学理论中沿着金第的线路揭示了这一点。他相信,九重天的每一个都具有理性的灵魂,其动力都是自身非物质的能动者把它作为欲望的客体作用其上。这些非物质的能动者,或曰智能(intelligence),一个到另一个传动能动源,最初的能动源来自原初能动者(the Prime Mover),或曰上帝。从第九个智能(它掌控月亮)传动出第十个能动者:这就是能动智力,也就是亚里士多德所谓的拥有创造事物能力的智力。

法拉比认为,为了解释人类的智力如何从潜在转化为实在,能动智力是必须的。在他对人的心理的描述中,我们发现有三种智力,或者说智力的三个阶段。首先是接受智力或者潜在智力,即固有的思维能力。在外在的能动智力的影响下,这一能力在实际的思维中得以实施,这样,人的智力成为实在的智

力("实在的被动智力")。法拉比告诉我们说,一个人最终"用所有的纯概念性思想完善自己的接受智力"。以这种方式完善的智力,称为获得的智力。①

我们能够把法拉比的心理学从其陈旧的天文学语境中剥离吗?如果我们
224 问为什么一个人应该认为需要能动智力,那么我们就开始理解它的意义。亚里士多德主义者的回答将会是:我们居住的世界里的物质客体自身并不适合智力的理解。我们所看见的和所感觉到的物体的本质和特征,全都嵌入在物质当中:它们是短暂的而不是不变的、是个体的而不是普遍的。用亚里士多德的话说,它们仅仅是潜在地可以思想或者可以理解,而非实在地可以思想或者可以理解。为了使它们实际上成为思想的对象,需要从可灭的和可以个体化的物质中进行抽象,并且创造概念使它们是实在地可以思想的客体。这就是能动智力的功能。

法拉比把能动智力作用于感官经验资料比作太阳作用于颜色。在黑暗中仅仅潜在地可见的颜色,凭借太阳的光芒成为实在地可见。同样,储存在我们的想象之中的感官资料,被能动智力转化为实际上可以理解的思想。能动智力在人类共同的普遍原则的框架内组织它们。(法拉比提供的例子是:"两个事物等于第三个事物,那么它们也彼此相等"。)至此,法拉比的论述看起来在哲学上是讲得过去的。然而,难点——以后几个世纪都在争论的一点——是,能动智力是等同于某个独立的超人的实体,还是应该仅仅看做是种属特有的能力?它区别人类与不能使用语言的动物。

法拉比的穆斯林继承者在更大的程度上强调智力思想中的超人因素。对于阿维森纳来说,如对于法拉比一样,第一因(the First Cause)处于十个智能序列的顶峰,在这个序列里十个智能在一个传动(emanation)的过程里一个传动另一个,第十个是能动智力。然而,能动智力对于阿维森纳比在法拉比具有更

---

① 参见 H. A. Davidson,《法拉比、阿维森纳和阿威洛伊论智力》(*Alfarabi, Avicenna and Averroes on Intellect*)(Oxford: Oxford University Press, 1992),第三章。

复杂的功能：它是名副其实的半神。首先，它通过传动创造这个世界的物质，这项任务在法拉比是被赋予九重天完成的；也就是说，它对于四元素的存在负责。其次，能动智力产生这个世界上更复杂的形式，包括植物、动物和人类的灵魂。的确，“形式的给予者”是阿维森纳描述能动智力常用的名称之一。我们又一次遇到传动：在能动智力内部没有经过区分的形式，通过必然性传递到这个世界的物质里。只有在第三阶段能动智力才实施法拉比所谓的功能，即 225
作为把人的智力从潜在导向实在的原因。①

4. 阿维森纳论智力和想象力

根据阿维森纳的观点，当一块物质发展成适合接纳一个人的灵魂的状态的时候，能动智力，即形式的给予者，把这个灵魂融入这块物质里。然而，灵魂不仅仅是人体的形式。为了证明这一点，阿维森纳使用了一个原创的论点，这个论点后来被笛卡尔重新启用。

> 让一个人把眼睛蒙住而看不见任何外面的物体，设想自己在一个单一的时刻被完全创造。同时设想他是从空中降落下来时或者在一个真空的空间里被创造的，从而他感觉不到空气的压力。再假设他的四肢彼此分离既不相连也不接触。让他在这种情况下沉思他是否会确认自己的存在。他会毫不犹豫地确认自己的存在，但是这样做的时候他将不会确认四肢、诸如心脏和大脑之类的外部或内部器官、或者任何外部物体的存在。他将确认自己的存在而无须诉诸任何长度、宽度或者深度。如果在这种情

① 参见前注，74－83页。

> 况下他能够设想一只手或者身体的其他部位，他将不会设想那是他自己的一部分或者他自己存在的一个条件。(*CCMP* 110)

阿维森纳说道，既然智力的思想没有部分，那么它们必定属于某种不可分割的以及非物质的东西。因此他得出结论：灵魂是一个不能被简单地看做身体的形式或官能的非物质实体。

阿维森纳区分了人的智力的四种不同的可能状态。当一个婴儿出生时，他具有一个没有思想的智力，即灵魂接受思想的能力。在第二个状态下，智力已经被装备了基本的智力条件：它可以理解矛盾原则，以及整体比部分大之类的普遍原则。阿维森纳把这一状态比做一个刚刚学会了使用笔墨并能写出单个字母的孩子。在第三种状态，这个人已经储备了一定量的概念和信念，但是
226 尚不能实际地在思想中使用它们。这就像一个熟练的抄写员能够随意地抄写任何文本。这三种状态都属于潜在，但是每进一个状态就比前一个更接近实在：第三种状态被阿维森纳称为“完备的潜在状态”。第四种状态是思想者在实实在在地思考一个特定的思想(一段时间内一个思想)，这就像抄写员实实在在地写下一个句子。

阿维森纳认为，在从潜在到实在过渡的每一个阶段，都有一个直接的因果作用被超人的能动智力施加于人的智力。他说道，经验不可能是第一原则的源泉，也不可能是智力获得的普遍的科学结论的源泉。经验仅仅可以提供诸如“所有的动物都移动下腭来嚼食”等归纳性概括，而这样的概括往往可以证明是不真实的(如上述概括可以被鳄鱼证明是错误的)。所以，第一原则和普遍法则必定是从自然世界以外融入我们。

很难确切地设想这一因果关系是如何运作的。它看起来像非自觉的通灵能力(telepathy)一样的东西。或许，用一个阿维森纳不知道的隐喻来说，能动智力就像一个无线电台，在不同的波长不断地播报所有的思想。人类智力从

潜在到实际活动的运动,就是把它调节到一个合适的波长之结果。为了解释一个人是如何调节的,阿维森纳提出了一个复杂的内在感觉理论。

阿维森纳相信,除了我们熟悉的五个外部感觉之外,我们还有五个内部感觉:

(1)普通感觉,用来收集五个外部感觉的印象;

(2)保存性想象,用来储存普通感觉所收集的心像;

(3)整合性想象,用来组织调度这些心像;

(4)判断能力,用来进行本能的判断,例如对快乐和危险的判断;

(5)记忆能力,用来储存判断能力的知觉知识。

我们曾经在亚里士多德和奥古斯丁那儿看到过其中一些功能①,可是阿维森纳的论述更为详细、系统。这些功能人类和动物皆有,而且它们在心灵的 227
心室里有特定的位置。

尽管大脑是外部和内部感觉(例如包括绵羊知道狼是危险的这一直觉知识)传输的适当库房,但是它不能被看做是智力思想的储藏室。当我实际上没有思考它们的时候,我所思考的思想仅仅外在于我是可获得的,即在能动智力;我对那些思想的记忆、我回忆起它们的能力,就是我随意调节到能动智力的永远不断的传输之能力。②

为获得或者保存智力思想而实施的这个能力,的确涉及感觉,但是仅仅在其方式等同于孕育中的物质的发展引起心灵的融入。整合性想象的作用在这里是关键的:当它为人的心灵准备接受智力思想的时候,阿维森纳称之为"思

---

① 参见第一卷245页和本书216页(即边码——译者)。

② 阿维森纳用对一个情况的详尽分析润饰了他那已经被精雕细琢的论证。这个情况是:某人确信他能够回答一个他以前从未回答过的问题——这个讨论与维特根斯坦在《哲学研究》(*Philosophical Investigations*)第一卷151页讨论的"现在我知道如何继续下去"现象耐人寻味地相似。

考能力”(cogitative faculty)。这个思考能力作用于记忆里保存的心像,把它们结合或者分离成新的结构:当这些新结构处于突出的位置而适合某个特定的思想的时候,人的智力与能动智力接触并思考那个特定的思想。

阿维森纳以三段推论的方法描述了想象与智力之间的互动。一个人的智力希望知道所有的 A 是否都是 B。他的思考能力在心像中到处搜寻并且产生了心像 C,而 C 是证明期待的结论的适当中项。在这个心像的刺激下,人的智力接触能动智力并获得对 C 的思想。从能动智力对这个思想的获得是一次**洞视**(insight);阿维森纳解释说,在有利的情况下能动智力会有洞视:看见智力问题的解决方法而无须经过复杂的沉思内省过程。

阿维森纳称一个人实际上思考一个智力的思想这一状态为“获得的智力活动”(acquired intellection)。这个术语很得当,因为对于他来说,每一个智力思想——甚至日常生活中最常见的思维——并非人类思想者的活动,而是来
228 自能动智力的才能。但是,他还用了一个非常熟悉的词语来表示已经掌握了所有科学真理的智力以及随意把它们唤入心灵的能力。这个词语或许更适当地称为“完备的智力”(perfected intellect)。对于一个达到这个阶段的人,感觉已不再必需;它们成了分散注意力的方式。它们就像一匹马,它已经把主人带到了所希望的目的地,现在应该放开了。

这么完美的境界在现世是可能的吗?如果不可能,还有后世吗?阿维森纳对前一个问题的回答是含糊其辞的,但是对于第二个问题他却有很多话要说。肉体的毁灭并不意味着灵魂的毁灭,整个灵魂——不仅仅智力——是不朽的。灵魂一旦与肉体分离,就不再使用某些功能,但是它们仍然是个体的,而不会转移到其他的肉体。

人死后,不死的灵魂获得不同级别的福祉。在此生能够达到完备的智力活动的人,进入天堂与天使为伴并享受完美的幸福。那些没有能够做到这一点但是在科学和形而上学获得可喜的成就之人,将享受低一级的幸福。那些

在此生有能力从事哲学研究但是没有抓住机会进行哲学研究的人，将承受最糟糕的苦难。他们要承受的苦难的确比那些过分沉溺于肉体欲望的哲学家（如阿维森纳本人）所承受的苦难更大。因为，当灵魂独自生存的时候，未满足的肉体欲望将很快枯萎并失去挑逗的能力，而未实现的哲学愿望所带来的痛苦将永无休止，因为智力的探索是灵魂的本质（*PMA* 259 - 262）。

智者的来生就到此为止。但是许多人都是阿维森纳所谓的“简单灵魂”，他们没有智力愿望和智力满足的概念。这些人死后既不会享受智力满足的快乐又不会承受智力不满足的痛苦。他们将永久平静地生活。如果他们在此生被导向相信他们将因德行得到感官快乐的回报（例如与黑眼镜的姑娘们一起生活在果园里），或者将因罪恶得到肉体受苦的惩罚（例如在地狱受烈火的炙烤），那么死的时候他们将进入相应的梦境，梦里的景象将如

229

阿威洛伊的心理学在13世纪既受人崇敬又受到攻击。那个时期的一个书稿描绘了他正在与古希腊哲学家鲍菲利谈话。

现世生活中一样生动。

如法拉比一样，阿维森纳在他的哲学体系中给预言赋予很大的作用。预言在最高等级上是洞视之至高无上的级别，在此，人的心灵与能动智力毫不费力地交流，并且无须推理就能掌握结论。在较低的等级，预言家的整合性想象以比喻的形式重新呈现预言知识，从而使之适合于与无知的人的交流。对于阿维森纳，创造奇迹的能力是预言的亚范畴：预言家的躯体内有一个特别有力的动机功能，使他仅仅凭借意志的运作就能够产生实际的效果，例如治病求雨。

我们怎样理解阿维森纳的心灵哲学呢？作为一个体系，它显然是不可思议的。把它与古代天文学的联系搁置在一边，它包含着一些内在的不一致性。内部的感觉是野兽共有的，那么整个灵魂又怎么能不死呢？做梦是大脑的活动，一个离开了躯体的灵魂又怎么做梦呢？这样的问题多不胜举。

然而，阿维森纳的哲学心理学在哲学史上是很重要的，因为他是许多在更
230 严肃的哲学家的体系里起着重要作用的概念和结构的创始人。还有许多其他的哲学家接受了他对内部感觉的分析。那些不同意他关于能动智力的本质的哲学家，却同意他对于能动智力用来完成任务的论述。其他的人出于各种各样的信念很高兴接受（无论欣然与否）受到宗教支持的他关于来生的快乐和痛苦的说教。

5. 阿威洛伊的心理学

阿威洛伊在他哲学生涯刚开始的时候，接受了一个与阿维森纳的理论很接近的智力理论。他相信，每一个个体的人都有一个物质的或者用于接受的智力，它由人固有的获得思想的倾向与超验的能动智力之间的交流产生。然

而,在很长一段时间的反思之后,阿威洛伊提出了一个极其不同的观点。他得出结论:能动智力和接受智力均不是个体人的能力。接受智力与能动智力一样是单一的、永恒的、非物质的实体。

他对这一结论作了如下论证。亚里士多德告诉我们说,接受智力接受一切物质的形式。但是,如果它自身拥有任何物质形式的话,那么它就做不到这一点。相应地,它不可能是一个物体,它也不能以任何形式与物质融合。既然它是非物质的,那么它就是不可毁灭的,因为物质是毁灭的基础,而且它必定是单一的而不是多重的,因为物质是多重性的原则。接受智力处于非物质的智能等级中最低的一级,比能动智力低一级。似非而是的是,尽管它自身是非物质的,但是它与非物质的能动智力密切相连,如同一个物体的物质与物体的形式密切相连一样。所以,它也可以称为物质智力(material intellect)。

如果我的思想栖居在超人的智力中,那么我的思想又怎么能是我的思想呢?阿威洛伊回答说,思想不是属于一个主体,而是属于两个主体。永恒的接受智力是一个主体,另一个是我的想象力。我们每一个人都拥有我们自己的个体的、物质的想象力,而且正因为这个个体的想象力在我们的思想中起着重要的作用,你和我才能说思想是我们的。

超人智力涉入个体人的心理生活的方式是非常神秘的。尽管它是比人类 231
高级得多的存在,但是它似乎是人的控制下的某个有体积的东西。任何特定思想的主动性在于想象力,而不在于接受智力。其程序在下面的文字中得以详细的描述:

> 相应地,物质智力思想物质世界的永恒性,不是一个单一的连续不断的纤维,也不是来自物质智力。它完全依赖于个体人的推理和意识,对物质世界可能的思想的全部内容由生活在特定时刻的个人在特定时刻提供,物

> 质智力在整个无限时间里的思想的延续性从生活在各个时刻的个人的思想中编织而成。①

阿威洛伊的心理学让任何现代读者都会感到奇怪,而且20世纪哲学家的观点并非与之完全没有关系。有充分的理由认为想象的内容具有一定程度的隐私性和个体性,这是智力的内容所没有的,尽管现代哲学家探讨这一点的原因通常是在社会领域而不是在天国。而且我们所有的人都倾向于不无敬畏地认为,科学(Science)蕴涵着全部连贯一致而且永恒持久的真理,任何一个科学家的大脑里容纳所有这些真理是不可能的。

对于阿威洛伊,因为思想中真正的智力因素是非人的,所以他相信人类个体不会有永生。人死后,灵魂会彼此融合。阿威洛伊说道:

> 扎伊德和阿米尔在数目上不同但是在形式上是相同的。例如,如果扎伊德的灵魂在数目上与阿米尔的灵魂不同,犹如扎伊德在数目上与阿米尔不同,那么扎伊德的灵魂和阿米尔的灵魂在数目上将会是两个,但是在形式上是一个,而且他们的灵魂将拥有另一个形式。因此必然的结论是,扎伊德的灵魂和阿米尔的灵魂在形式上是相同的。一个相同的形式本质上属于一个数目,即一个可分的多重性,但是仅仅通过物质的多重性。如果肉体死亡的时候灵魂不死,或者说如果灵魂离开躯体后拥有一个不死的元素,那么它一定会形成一个数目的统一体。

人死的时候,灵魂进入普遍的智能,犹如一滴水进入大海一样。

232 阿威洛伊心灵哲学的第一位也是最严厉的批评者,是圣阿尔伯图斯。在

① Davidson,《法拉比、阿维森纳和阿威洛伊论智力》(*Alfarabi, Avicenna and Averroes on Intellect*),292－293页。

一篇专门的论文中，圣阿尔伯图斯列举了30个赞成唯一能动智力的论点，并轮流着对其进行驳答。在另一面他提出了36个自己的论点。他认为，接受智力和能动智力均是个体灵魂的能力，有多少人就有多少能动智力。否则，富于智力的灵魂将不会是躯体的形式，而且我们的思想也就不会是我们自己的。人的能动智力的作用，是从感官资料中抽象出普遍的概念。

对于阿尔伯图斯来说，有四个等级的抽象。在人的感觉自身已经有一个等级的抽象，尽管客体是在场的，因为，我们的感觉功能里不是所感知的事物的物质形式，而是与其他事物没有联系的关注（*intentio*）。抽象的第二等级是在如此获得的关注保留在我们的想象中的时候，此时已经不受在场客体的影响，但是其特征仍然明显。这个人的形象将保持原来同样的姿势、颜色、年龄等等。第三等级发生在心像，阿尔伯图斯把它与想象区分开：我们会预期这个心像含糊不清足以呈现多物而非一物，但是阿尔伯图斯告诉我们说，它包括这个人的一些非感觉特征，例如他是否与人和睦相处、他的父亲是谁。第四等级是能动智力形成一个普遍概念时的运作，适用于一类的所有事物（*CHLMP* 603－604；*De An.* 2.3.4）。

阿尔伯图斯在保持自己的兴趣于经验主义科学的同时，还迫切地把这些不同的活动置于大脑的特定区域。内部的感觉，例如想象和心像，被置于动物精神囊或者体液囊中，而动物精神囊随着与之相关的抽象的等级的不同在敏感性上又有很大差别。

然而，阿尔伯图斯强调除了最富智力的思想形式之外所有思想的物质媒介作用，与此同时他仍然保存阿维森纳和阿威洛伊理论的一点痕迹：他确实承认神对人的智能直接的具有因果关系性质的影响。如果我们的能动智力运作而产生的普遍概念和信念是以知识的形式保存在我们的接受智力中，那么就需要从非创造的能动智力发射一道特别的光芒。如果我们想要拥有如天使和上帝等非物质事物的知识，那么这样的光照就尤其必要：这里心像和抽象无济于事。

233 6. 阿奎那论感觉和智力

阿奎那否定了需要神的特别光照来解释人正常的概念形成和探讨自然科学。[①]他认为，智力——能动智力和接受智力——是处于构成人的灵魂的各种能力的等级顶端的个体人的能力。

阿奎那接受了亚里士多德的观点，认为有三种不同的灵魂：植物的植物性灵魂（vegetative soul）、动物的感觉性灵魂（sensitive soul）以及人的理性灵魂（rational soul）。人只有一个灵魂，即理性灵魂，但是这个灵魂除了自身特殊的智能外还有与其他两种灵魂相应的能力：为了生长和繁殖的植物能力，像动物一样所具有的感觉和活动能力。在动物和理性的层面有两种能力：认知的或者信息搜集的能力以及食欲的或者追求目标的能力。在动物的层面有感知的能力和欲望的能力；在理性的层面有思想的能力和运用意志的能力（*ST* 1a 78.1－2）。

在研究阿奎那的心灵哲学的时候，重要的是记住他并非像许多现代哲学家那样把心灵与意识（consciousness）等同视之。对于他来说，心灵根本上是把人类与动物区别开的一种能力，或者说一组能力。正是人类拥有智力和意志力才把人与动物区别，而且也正是这两个能力本质上构成了心灵，即理性灵魂。

然而，要理解阿奎那对心灵的描述，思考他关于感觉的话语是很必要的，因为在他看来，理性和感觉两个能力的活动是彼此密切交织在一起的。感觉

① 参见本书第四章。

的作用，对于智力产生的概念之来源和运用都是必需的。甚至，一个现代哲学家会认为是大脑活动的，对于阿奎那来说绝大部分属于一种特殊的感觉，即想象，他所谓的内在感觉之一。

阿奎那接受了传统的五种外部感觉说：视觉、听觉、触觉、味觉和嗅觉。感 234
觉彼此之间不同，不是因为具有不同的感官，而是因为具有不同的客体：视觉与听觉不同，不是因为眼睛不同于耳朵，而是因为颜色不同于声音。感觉本质上是鉴别性能力，例如区别热与冷、黑与白等等。每一种感觉都有自己合适的客体，也就是只有它才能辨认的客体；可是也有一种以上感觉均能辨认的客体，例如形状，它既能通过视觉看到又能通过触觉感觉到（*ST* 1a 78. 3. 3）。

根据阿奎那的观点，感觉是经历由外界客体引起的特别变化的接受力。当我们看见什么的时候，颜色的形式被眼睛接受而眼睛无须着色。通常，当 F 的形式被一个物体所接受时，该物体变 F，例如一块石头接受热的形式的时候就变热。这就是变化的标准形式，即物质的变化。对于一个颜色被看见时所发生的变化，阿奎那界定为“目的性”变化。颜色的形式目的性地存在于眼睛，或者如他有时所说，颜色的目的性（*intentio* 或 *species*）在于眼睛（1a 84. 1）。

目的性不是表象，尽管阿奎那有时称之为被感知事物的相似物（*similitudo*）。一些哲学家相信，在感觉经验中我们不是直接感知外部世界的物体或表象，而是感知各自的感觉资料，从中推断外部客体和表象的实质。在阿奎那，感知者与被感知的客体之间没有这样的中间程序。在感觉过程中，感知能力并不与客体的相似物发生联系；它自身通过呈现该客体的形式而相像该客体。这一点在从亚里士多德拿过来的格言得以总结：活动中的感觉能力等同于活动中的感觉客体（*sensus in actu est sensibile in actu*）。①

阿奎那关于目的性（intentionality）的论说，并不是为了提供一个晦涩难解

---

① 参见第一卷 244 页（即边码——译者）。

的机制作为解释感觉过程的理论。它是为了作为一个哲学自明之理来帮助我们更清楚地明白到底是怎么回事儿。亚里士多德的格言并没有言外之意：如果我的嘴里嚼着一颗泡泡糖，我感觉糖的甜（我的感觉能力的活动：*sensus in*
235 *actu*）与糖对于我尝着是甜的（感官功能的活动：*sensibile in actu*）是同一回事儿。这一自明之理的重要性，正是排除了在这个领域很有诱惑力的幼稚的再现主义（representationalism）。

除了五种外部的感觉之外，阿奎那相信还有内在的感觉，他借用了阿维森纳的表述：普遍感觉、记忆、想象以及另一个能力。这最后一个在动物称为"*vis aestimativa*"，在人类称为"*vis cogitativa*"（思考能力）。*vis aestimativa* 似乎与我们所谓的"本能"相似：动物生来固有的对有用的事物和危险的事物的鉴别力，表现为筑巢活动或者逃离食肉动物的活动等。阿奎那没有成功地说明在人的能力方面对等物是什么（*ST* 1a 78.4）。

除了阿奎那之外，许多哲学家都把记忆和想象划归为内在感觉能力。他们认为这些能力是感觉，原因是他们认为其功能是产生心像（imagery）；他们把它们看做内在的，是因为它们的活动与外部感觉不同并非受控于外部的刺激物。阿奎那的确认为，内在感觉像外部感觉一样具有处于大脑不同位置的感官。

把想象看做一种内在感觉似乎是一个错误。它没有视觉具有感官之意义上的感官：眼睛可以主动地移动以便我们看得更清楚，但是身体上没有任何一部分能够主动地移动以便我们更好地想象。再者，我们就所看的东西可能产生错误，但是我们所想象的东西却不可能有错：其他人可以就我所说的所见事物检查是否正确，但是他们不可能对我想象的事物查证对错。这些都是想象与真正的感觉之间的关键差别。

幸运的是，阿奎那所说的关于想象的作用以及它与智力的关系，大部分不受五种感觉对外部事物过度吸收的影响。称想象为感觉——因而对于阿奎那是完全处于物质领域的能力——很大的优点是把它与智力区别开。许多哲学家把心灵构想成非物质的、私自的领域，即我们秘密思想的场所、我们内心独白的舞台。这是一个根深蒂固的错误。当然，人可以保持自己思想的秘密，不作声响地对自己说话以及把意象召唤到心灵的眼前。但是这一能力在阿奎那看来并非心灵：它不是智力而是想象力。

“intellectus”在阿奎那大体上是英语“intellect”（智力、理智）的对等词。 236
它是阿奎那所用的若干专门术语之一。然而同源词“intelligere”并没有英语的对等词“intellege”，而且有幸的是没有任何中世纪问题研究者曾想到杜撰这样一个词来匹配“cognize”（认知）。这个拉丁语单词常常翻译成英语的“understand”，但是阿奎那在使用它的时候赋予它更广泛的意义，更像英语的“think”一词。我们已经看到，阿奎那把智力的活动划分为两类：对非复杂事物的领悟以及合成推断和分离推断。[①]它们与两种思想相应：关于什么的思想（例如思想着一只鹰）以及内容与思想一致的思想（例如一只鹰不是一把手锯的思想）。[②] 然而，把智力等同于思想的能力并不完全是阿奎那的意思，因为，他相信没有智力的动物可能具有简单的思想。把智力视为只有语言使用者才拥有的那种思想能力，才更为准确。

对于阿奎那，智力以普遍存在的方式思想，而对普遍存在的领悟不在动物的能力范围内：一个普遍存在既不能被感觉到又不能被想象到。然而，阿奎那相信，感觉和想象的活动是人类获得普遍概念和应用普遍概念的基本前提。他说道，在现世生活中，人类智力的根本对象是物质客体的本质或实质；而且，智力通过对心像（*phantasmata*）的抽象而认识物质客体的本质。至于“心像”，阿奎那的意思是感觉和想象的释放，而且，如果没有感觉和想象的释放，智力

---

① 参见本书第三章。

② 原文为“thoughts *of*”和“thoughts *that*”。在前者，of 以后的内容是“思想”的对象，例如 He is indulged in the thought of studying metaphysics；在后者，that 以后的内容是“思想”的同位语，例如 He is indulged in the thought that he will study metaphysics abroad。——译者注

的思想是不可能的。然而,他并不像经验主义哲学家所相信的那样认为,思想产生于感觉经验,其方式是对经验特点进行抽象或者对经验特点有选择地忽略。倘若是这样,那么动物就能够与人类一样形成普遍概念,而阿奎那恰恰认为这样的概念形成需要一个种属特有的人类能力,即能动智力。另一方面,阿奎那并不像唯理性主义哲学家那样相信,每一个人生来就有个体思想。对于他来说,人在出生时的智力是白板一块(*ST* 1a 85)。

阿奎那认为,人的智力由两种具有双重功能的能力组成:能动智力和接受
237 智力。能动智力是从特殊的感觉经验中抽象普遍概念的能力;接受智力是从感觉抽象的概念和从经验所获得的信念的仓库。人在出生的时候,这个仓库是空的;接受智力起初是能动智力书写的一张白纸。可是,阿奎那说道,心像不仅对于概念的获得是必需的,而且对于概念的应用也是必要的;不仅要把思想观念放入仓库,而且还要把它们从仓库里取出来并且使用它们(*ST* 1a 79)。

当我们考虑把普遍概念应用于世界上个体事物的时候,后面的这一命题是重要的。一些哲学家认为,一个物体可以通过列举其属性的总体——也就是说,列举它所隶属的普遍性——达到个体化。但是,阿奎那否定了这个观点:无论我们把这个属性的目录列得多么长,总有可能它可以用于不止一个个体。假如智力以普遍存在的方式思想,产生个体的纯粹的智力知识也是不可能的:

> 仅仅是间接地,而且是凭借某种反思,智力才能认知个体。甚至在智力抽象出概念之后,它也不能在智力的运作中使用这些概念,除非它诉诸心像,从中抓住智力的概念,如亚里士多德所言。因此,智力通过智力的概念直接领悟的,乃是普遍存在;然而,智力间接地领悟心像所从属的个体。这就是智力形成"苏格拉底是人"这一命题的方式。(*ST* 1a 86c)

如果我很了解某人，那么我可以用很多种方式描述他；但是，除非我参照特定的时间和地点，就不会有理论上别人不满意的任何描述。只有通过指给你看或者带你去看那个人，或者提醒你你遇见他的那个场合，我才能向你说明白我脑子里想的那个人；而且，指明、眼见和记忆都外在于纯粹智力思想的领域。

有关个体的智力思想的间接性质，沿袭阿奎那坚信的两个命题：一是物质是个体形成的原则，二是一切知识的直接对象是形式。感觉感知偶然的形式，如颜色和形状；智力领悟本质的形式，如人性。思想和感觉都是形式的目的性显现的实例；但是在感觉中形式是个体的（**这枝玫瑰花**的芳香），在思想中形式 238
是普遍的（**一枝玫瑰花**的概念）。正是因为思想性质的这一概念我们至今仍说**了解**（informed）一种物质并称获得知识为获取**信息**（information）。

智力的目的性如感觉的目的性一样，在下面的格言中得以表现："思想能力的实在性就是思想对象的实在性"（*Intellectus in actu est intelligibile in actu*）。当我拥有普遍的思想时，我对普遍理念的思想也就是发生在我的脑海里的理念。一方面，智力就是思想普遍理念的能力；另一方面，普遍存在——即思想的对象——就是其存在仅仅发生在思想里的东西。

7. 阿奎那论意志

在阿奎那的体系里，除了智力以外，心灵的另一个非凡能力是意志。智力是人类特有的认知能力；意志是人类特有的欲望能力。它是具有仅仅智力能够满足其需求的能力。意志是欲望的最高形式，刻度计上的最高点，最低的一级是无生命的事物之自然生长趋向（例如火苗向上燃烧的趋向）以及动物有意识的但无理性的欲望（例如一只狗对骨头的欲望）。人类也有这些欲望——如沉重的物体如果不予支撑就会倒下，如动物一样需要食物和睡眠——但是人类也有人类特有的需要,无一例外地拥有追求幸福以及获得幸福的途径的欲望。此外,甚至人类的动物性欲望也在心灵的智力部分的控制之下,即意志。

> 在其他动物,欲望或攻击倾向是直接产生作用的:一只羊因惧怕狼会直接跑走,因为它没有高一级的欲望实施干预。但是人不是直接对攻击性的或者冲动的欲望做出反应,而是等待一个更高级的欲望的命令,即意志。(*ST* 1a 81.3)

阿奎那常常把服从的自觉活动比作内在的命令。他说道,有两种意志的
239 活动。有直接的活动(*actus eliciti*),诸如享受、打算、选择、刻意、同意等(1a 2ae 1.1 ad 2);有受命的活动(*actus imperati*),诸如行走和说话等身体主动的活动,这些活动的实施除意志之外还涉及其他能力的作用。

没有必要认为,阿奎那的意思是我每次出去散步都要跟我自己压着嗓子说"散步去!"这道命令,也不是存在着诸如纯粹意志的内在活动这类东西。拉丁语单词"actus"的意思没有必要必须是任何种类的行动:实际上意志的活动严格地讲是一个倾向,而不是一段经历(1a 2ae 6.4)。一个倾向可以在没有呈现于意识的情况下运作,如一个人想要到达某个目的地的愿望可以左右他选择路途而无须连续不断地出现在他的脑海里。

对于阿奎那,自觉活动是发自对活动做出的理性思考的活动。理性考虑的最小限度似乎是,活动应该源自对该活动的思考,犹如回应某个语言的描述,例如当有人喊道"别挡我的道"的时候马上躲开。可是阿奎那更感兴趣的是当我们具有活动的理由时:当活动可以表现为实践推理的结果的时候。活动的理由不必于活动发生之前在意识领域排练一番;但是,如果一个活动要完全是主动的,那么我们在要求之下应该能够给出理由,其形式应该是表现活动

自身的善，或者表现该活动是达到值得拥有的目的的途径。把自觉活动称为“受命的活动”，阿奎那实际上是在把我们的注意力引向命令和履行的逻辑关系与意志行使和活动运作的关系之间的类比。

一个意志（volition），在人类是一种心态，它由对会完成它的活动或事态的语言描述来界定。我的愿望是 p。p 的设定既以我的心态为条件，又标明在完成愿望的关系中恪守 p 的事态。但是，假设我的愿望不是 p，你命令我完成 p 愿望：愿望的设定具有类比的作用。发出命令的意志的隐喻是合适的且有效的。①

实践推理（practical reasoning）是一个很难说清楚的论题，迄今为止它的逻 240
辑仍然未能完全地阐述明白。它与理论推理（theoretical reasoning）的不同之一，用律师的行话说是实践推理的**可废止性**。它的意思是这样的。在理论演绎推理中，如果一个结论符合特定的一组前提，那么它同样符合包含这组前提的更大一组前提：其论点不可能因增加一个额外的前提而无效。但是在实践推理情况却是不同。一种推理的模式可以在某种愿望和信念的基础上明证某种活动，但是，如果考虑到进一步的愿望和信念，它很可能就不能明证这个活动了。

阿奎那认识到实践推理的可废止性（defeasibility），而且他把此看做意志自由的坚实基础。他说道，在人类与动物不同：

> 因为特定的实践评价系统并不是生来固有的本能，而是权衡斟酌的理性之结果，所以一个人基于自由判断而行动，而且他能够采取不同的方式。在偶然的情况下，理性可以采取这种方式或那种方式……而且在特定的情况下做什么是一个偶然的事情。因此，理性的判断在这种情况下是有多项选择的，而不是以任何一种为决定因素。所以，人类享有自由的决

① 这里的类比很相近，如我在《意志、自由和能力》（*Will, Freedom and Power*）（Oxford: Blackwell, 1975）所述。

> 断，其关键原因是人类是理性的。(*ST* 1a 83.1c)

当我们审视一个实践推理——关于做什么的推理——的时候，理论推理的类比会把我们引向期待必然的地方，我们仅仅发现一步与另一步之间的联系是偶然的和可废止的。阿奎那相信，这一偶然性是人类自由的根本基础。

阿奎那并没有采用与我们所谓的“意志的自由”相应的拉丁语表达方式；相反，他说的是“意志”(*voluntas*)和“自由选择”(*liberum arbitrium*)。选择既是智力的表达又是意志的表达：它是智力的实施，原因它是推理的结果；它是意志的实施，因为它是欲望的形式。阿奎那遵循亚里士多德的理论，说道：选择既是欲望的智能，又是推理的欲望(*ST* 1a 83c)。

智力和意志是理性的心灵——只有人类才拥有的心灵——之两个非凡的能力。除了人类才拥有的心灵之外，它也是人类所拥有的唯一心灵。阿奎那
241 的同时代人一般认为，人类同时具有动物的和植物的灵魂，加上一个肉体的形式。与此相反，阿奎那认为，理性的心灵是人类唯一的本质形式。如果人有多重形式，那么我们就不能说是同一个人在思想、恋爱、看见、听到、吃喝、睡觉，并具有一个重量和体积。

阿奎那相信，人的心灵是非物质的、不死的。心灵是纯粹的形式，不受物质的侵蚀，这一论点在下面的文字中得以陈述：

> 智力——即我们所谓的人的心灵——运作的原则，可以肯定地说是一个非物质的且独立存在的原则。因为，显然人是凭借他的智力才能认识一切物质事物的性质。但是，一个认识者要能够认识事物，他的本性中必须不包含被认识事物的任何性质。如果他的本性中包含被认识事物的任何性质，那么所包含的性质就会阻碍他认识其他的事物，如一个病人的舌头受到胆汁或苦涩的液体的感染，不能尝出任何甘甜的东西，因为所有的东

> 西对它来说都是酸苦的。那么,如果智力原则本身包含任何物质事物的性质,它也就不能认识物质事物了。(*ST* 1a 75. 2)

心灵的非物质性这一命题,与思想对象的目的性存在这一命题相辅相成。阿奎那说道:“原物质获得个体的形式,智力获得纯粹的形式”。也就是说,大金字塔的形状就是它的形状,而不是任何其他的金字塔式的物体的形状。但是,我心灵里关于金字塔的智力理念是纯粹的金字塔的理念,而不是任何特定的金字塔的理念。然而,如果心灵里有任何物质,那么理念就会成为个体的理念,而不是普遍的理念(*ST* 1a 75. 5c)。

如果这个论点成立,那么它就表明心灵不包含物质。但是,这是不是意味着心灵可以独立于物质而存在呢?即与拥有这个心灵的人的肉体完全分离地存在呢?阿奎那相信,的确是这样。智力思想是一种牵涉不到肉体的活动;但是除非它基于自身而存在,那么任何东西都不会基于自身而活动;因为只有实在地存在着的才能活动。“因此我们不说热发热,而说一个热的物体发热。所以,我们称为智力或理智的人的心灵是非物质的且独立存在的东西”(*ST* 1a 75. 2c)。

这个论点有一个问题:在其他场合阿奎那说道,正如说热发热一样是完全
错误的,说心灵①思想同样是完全错误的。亚里士多德曾说:“最好不说心灵 242
怜悯、或者学习、或者思想,是人用心灵做这些事情”(*De An.* $408^{b}15$),而阿奎那的话回响着亚里士多德的声音,他说道:“可以说心灵思想正如眼睛看见一样,但是最好说人用心灵思想。”如果我们严肃地对待这一比较,那么我们必须说,正如一只眼睛离开了躯体就不再是严格意义上的眼睛,心灵离开了躯体也

① “the soul, or the mind”。“soul”和“mind”在中世纪的哲学里均作“心灵”解,而且“心灵”和“灵魂”不分。“mind”译作“心灵”,而“soul”有时译作“心灵”,有时译作“灵魂”,即使译作“灵魂”,大多也包含着“心灵”的意思。——译者注

就不是严格意义上的心灵。

阿奎那在一定程度上接受了这一说法，但是他并没有把它当做一种归谬法(*reductio ad absurdum*)。他同意，一个人的离开了躯体的灵魂与这个人的灵魂不是完全一样的。圣保罗写道："我们若靠基督今生有指望，就算比众人更可怜"(1 Cor. 15：19)。圣托马斯在评论这句话时写道："一个人很自然地向往着救赎；但是，既然灵魂是一个人的躯体的一部分，那么灵魂就不是完整的人，我的灵魂不是我；所以，即使一个灵魂在来世得到救赎，那也不是我或者任何人。"不管阿奎那关于脱离了躯体的灵魂之信念是否前后一致，但是很值得注意的是他拒绝把这样的灵魂——甚至已得到至福的灵魂——与自我等同视之。他拒绝把一个人与他的灵魂等同视之，正如许多神学家在他之前以及许多哲学家在他之后欣然所做。

8. 司各脱对阿奎那

邓斯·司各脱的心灵哲学与阿奎那的心灵哲学截然不同，与两人在形而上学体系上的差异同声相应。阿奎那相信，个人没有纯粹的智力知识，因为个体形成是物质的结果，而智力思想完全与物质无关。但是司各脱却认为，存在着一种个体的因素，或者说"存在的个体性"，这才是知识的对象：它不完全是形式，但是足以像形式一样存在于智力。而且，因为每一个事物内在地具有一个形式的、理智的原则，因此阿奎那建立人类种属特有的能动智力的基础被削弱了。

个体与普遍存在不同，它们是生成陨灭的事物。如果智力的适当对象不
243 仅包括普遍存在而且还包括诸如"存在的个体性"之类的个体因素，那么智力
就有可能有一种东西无须在现实中存在。智力可能有一个且是同一个东西，

而且,它不存在于现实中这一可能性,正是阿奎那的目的性理论审慎避免的可能性。对于司各脱来说,一个个体的形式可以存在于心灵里,而同时相应的个体并不存在。因此,存在于智力的个体形式可以仅仅是它所体现其知识的东西的呈现,而不是与之相同。这样,一扇窗户在最高的智力知识的层面打开了,一扇允许认识论问题——自笛卡尔以来我们非常熟悉的认识论问题——进入的窗户。

阿奎那与司各脱之间的不同,就智力而言,并非司各脱明确无疑地否定阿奎那所采用的立场的简单问题,而是对司各脱立场的思考导致我们反思它在深层与托马斯主义人类学的水火不容性。但是,当我们从智力转向意志的时候,事情就大不相同了。这里,司各脱有意识地背离了在他以前的传统;他非常富于创新,而且他自己也完全意识到这一点。他认为阿奎那误解了人类自由的性质以及智力与意志的关系。

对于阿奎那来说,人类自由的根本是意志依赖于实践理性。而对于司各脱,意志是自主的、至高无上的。他提出了这样一个问题:除了意志之外还有什么能够有效地造成意志里意志实施的活动?他回答道,除了意志之外没有任何东西是意志的起因。偶然的事物一定源自未能确定的起因,而这只能是意志本身。他反对意志的不确定性是智力方面不确定性的结果这一观点,认为这是"一位老辈大夫"的立场:

> 你说道:这一不确定性是在智力方面,是在如此这样地把这种不确定性呈现于意志,如它将会这样或者不会这样。与此相反:智力不能不管不顾地把意志推向一对矛盾的一方(例如,将会是这样或者不会是这样),除非凭借证明一个并针对另一个建构一个谬误推论(paralogism)或诡辩推论(sophistical syllogism),从而得出它受了蒙骗这一结论。因此,如果偶然性——凭借这种偶然性可能是这样或者可能不是这样——源自通过相反

的结论用这种方式发号施令的智力，那么没有任何事情会凭上帝的意志或凭上帝偶然地发生，因为他不建构谬误推论，他也不受蒙骗。然而，这是错误的。(*Oxon.* 2. 25)

244 司各脱对意志的不确定性源自智力方面的不确定性这一观点的批判，是基于对他所批判的理论的误解。智力在对理性发号施令的时候并不说“将会是这样”或者“将会不是这样”，而会是“要这样”或者“不要这样”、“这样好”或者“这样不好”。如果正在讨论的问题对于所选择的目标是一个不必要的手段，智力很有可能决断某物是好的但其对立面也是好的而不出错误。再者，至于使意志成为自身自由的起因，司各脱的理论冒着自由选择的无限回归之险，即一个选择的自由取决于前一个自由选择，而这前一个自由选择取决于更前一个自由选择，这样无限下去。

司各脱并非对这一危险一无所知，他在反对他所批判的观点的时候，建立了自己的对人类自由结构的复杂分析体系，他相信，这样可以提供避免这种回归的可能性。司各脱说道，在任何自由活动的情况下，一定会有某种对立的能力。一种这样的能力是显而易见的：这就是意志的能力在没有实施意志的时候实施意志，或者促使一系列对立物发生的意志力。当然，意志可以不具有同时实施意志和不实施意志的能力，这是无稽之谈。但是当 A 在时间 t 实施意志 X 的时候，A 具有在时间 $t+1$ 不实施意志 X 的能力。

司各脱还认为，除了这一显而易见的能力之外，还有一种不明显的能力，它不是时间序列之物(*alia*, *non ita manifesta*, *absque omni successione*)。它通过想象一种情况来说明这一能力：一个被创造的意志仅仅存在短暂的一刻。在这短暂的一刻，它只能有一次意志实施，然而即使这一次意志实施也不是必需的，但是仍是自由的。尽管自由中缺少序列在想象的短暂意志是显而易见的，然而它在任何自由活动的意义上是存在的。也就是说，当 A 在时间 t 实施意志 X 的时候，不仅 A 具有在时间 $t+1$ 不实施意志 X 的能力，而且 A 同样具有在时间 t——就在那短暂的一刻——不实施意志 X 的能力。当然，这个意志的能力没有实施，但是它同样在那里。这与单纯的逻辑可能性——在这短暂的一刻 A 不实施意志 X 并不存在矛盾这一事实——截然不同，它是超越的：一种真正的积极的能力。对于司各脱来说，正是这一能力才是人类自由的核心。①

司各脱在为这种非显性能力（non-manifest power）的概念的前后一致性进 245
行辩护的时候，使用了可以追溯到阿伯拉尔的逻辑差别。请看下面的句子："在时间 t 实施意志 X 的这个意志，不能在时间 t 实施意志 X"。可以用两种方式解释它。在一种方式（"在合成的意义上"）它的意思是，"在时间 t 实施意志 X 的这个意志，在时间 t 没有实施意志 X"很可能是真实的。照这样看，该句子就是错误的，而且的确必然是错误的。在另一种方式（"在分离的意义上"）它的意思是，"很可能，**在时间 t 不实施意志** X 会内在于这个在时间 t 实际上实施意志 X 的意志"。司各脱说道，照这样看该句子完全可以是正确的（*Ord.* 4.417 –418）。

9. 奥卡姆对司各脱

奥卡姆否定了司各脱所提出的非显性能力。他说道，那不是一种真实的能力，因为如果没有矛盾它就完全不能实在化。在时间 t 不坐下的能力，应该被看做一个不是在时间 t（当我事实上坐着的时候）存在而是在时间 $t-1$ 存在的能力，即我仍然可以在时间 t 站起来的最后时刻。

① 参见本书第六章关于共时偶然性的论述。

如奥卡姆一样,我发现司各脱深奥的能力难以理解。但是,奥卡姆对它们的否定并不是完全诚心诚意。司各脱的错误,是把能力看做可确定的时间里的事件就像能力的实施一样。奥卡姆接受了某一时刻的能力的概念,并且简单地把能力的时间点提前了。但是,拥有一个能力是一个状态,它并不是像一次活动一样的短暂事件。

在时间 t 我有能力做 X,但是又不涵衍我拥有在时间 t 做 X 的能力,这完全可能是真实的。当然,在时间 t 我可能做 X,这也完全可能是真实的。然而,为了分析这样的陈述,我们必须把能力与机会区分开。要使我现在能游泳成为真实的,不仅我现在应该拥有游泳的能力(即知道怎样游泳)是必需的,而且我也应该有游泳的机会(例如周围应该有足够的水)也是必需的。司各脱和奥卡姆没有能够对此做出贴切的区别,而且,他们从时间上认证的能力,不过是能力和机会两个概念的混合物。但是机会并不是我的深奥的能力:它是其他事物的状态和能力问题,以及那些状态和能力与我的能力之实施的可共存性。①

246 尽管奥卡姆与司各脱在自由的性质上存在着截然相反的意见,但是奥卡姆在强调意志的自主性(autonomy)上与司各脱是一致的。意志的活动,既不被对幸福的自然欲望所决定,又不被智力的任何命令所决定,也不被感官欲望的任何习性所决定:它永远自由地在对立物之间进行选择。

至于心灵的认知方面,奥卡姆的著作表明,似乎他认识到亚里士多德哲学里传统的三组能力:外部感觉(我们熟悉的五种感觉)、内在感觉(想象)以及智力。然而,当他讨论智力的时候,我们不敢确定他是否在讨论亚里士多德和阿奎那描述的同一种能力。对于阿奎那,智力区别于感觉,因为智力的对象是普遍存在而感觉的对象是特殊事物;而且,个体事物可以直接被感觉认知。但是对于奥卡姆,特殊事物和普遍存在均可以直接地被感觉感知

① 参见我的著作《意志、自由和能力》第八章。

和智力认知。

对于阿奎那来说,人的心灵对某个特定的马匹的认知,是对马匹的普遍理念(种)习得之后的事儿,而普遍理念是人类特有的一个能力,它由能动智力的创造性活动从感官经验里形成。一旦这个普遍理念被获得,它就可以通过智力的反思活动应用于个体事物,这正与感官经验相反。奥卡姆认为这个结构的一切都是多余的:

> 我们可以假设,智力能够以应用于普遍存在的认知同样的方式应用于个体事物的认知。如果智力是凭借能动智力靠自身的力量得以认知普遍存在,那么能动智力靠自身的力量——我们假设——同样可以极其容易地认知个体事物。而且,正如它可以受智能形式或者心像的引导来思想某个普遍存在而不是另一个,我们同样可以假设它可以受智能形式的引导来思想这个个体事物而不是另一个。心灵无论以什么方式在获得普遍概念之后被引导去思想一个个体事物而非另一个(尽管关于普遍存在的知识同等地涉及所有的个体事物),它可以以同样的方式在获得关于普遍存在的知识之前被引导去思想这个个体事物而不是另一个。(*OTh*. 1. 493)

当奥卡姆声称智力可以认知个体事物的时候,他并不是在把自己的断言建基在个体形成的形式因素——如司各脱的“存在的个体性”——的存在之上。他抛弃了任何这样的原则,并且否认了对它的需要。凡是存在于现实世界的,都是个体事物,而且不需要什么原则使它个体化。他在上段引文的主旨 247
是:无论你如何从哲学的角度描述关于普遍存在的知识的获得和运用,同样的描述完全可以用于关于个体事物的知识的获得和运用。如果是这样,那么假定两个不同的能力有同样的功能似乎与奥卡姆的剃刀背道而驰。

事实上，奥卡姆的确区别了感觉和智力，但是每当他描述智力的运作时，它似乎仅仅是内在感觉或外部感觉的对应物。我们感觉到的同一个客体，在完全相同的条件下被智力本能地掌握；智力对所感觉的客体之掌握，与想象对所感觉的客体之呈现是相同的（*OTh*. 1. 494）。看见一个白色的物体、想象一个白色的物体、思想一个白色的物体，对于奥卡姆来说都是同一类心理作用。智力特有的一个特点，似乎是判断有一个白色的物体这一活动。这个判断不是感觉的活动，也不是意志的活动，而是智力独立的活动（*OTh*. 6. 85 – 86）。

正如奥卡姆对证明上帝存在传统的论点颇为怀疑一样，他对中世纪亚里士多德主义者证明灵魂不死的论点也颇为怀疑。他说道，如果一个灵魂是一个非物质的、不可泯灭的形式，那么：

> 不可能通过论证或者经验明确地认知我们拥有任何这样的形式。也不可能认知我们的思想属于一个这样的实体，以及一个这样的灵魂是躯体的形式。我不在乎亚里士多德怎样认为这一点，因为他似乎总是犹犹豫豫地说话。这三件事情完全是信仰的对象。（*OTh*. 9. 63 – 64）

10. 蓬波纳齐论灵魂

在中世纪将近结束的时候，对于哲学证明灵魂不死的怀疑更为普遍。支持和反对个体的人不死的论点，在蓬波纳齐（Pietro Pomponazzi）1516 年一本取名《论灵魂不死》（*On the Immortality of the Soul*）的手册中得以详细的阐述。蓬波纳齐的著作开始讨论的观点是，存在着唯一的一个不死的人类智力灵魂，而每一个个体的人拥有一个会死的灵魂。他把这一观点归于阿威洛伊和泰米斯修斯（Themistius）。他说道，这一观点“在我们这个时代被广泛持有，而且几乎

248

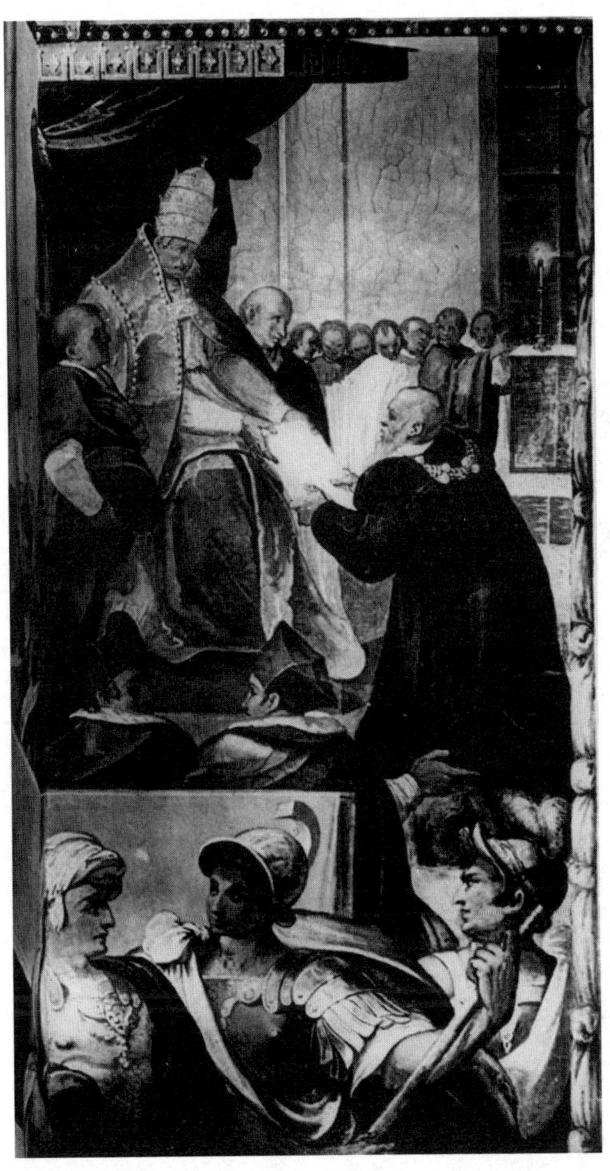

此幅壁画再现了第五次拉特兰公会谴责蓬波纳齐关于灵魂不死的学说为异端邪说。

所有的人信心十足地认为是亚里士多德的观点”,实际上,它是错误的、非理智 249
的、极端荒谬的,与亚里士多德根本无关。

为了表明这一观点是错误的，蓬波纳齐让读者参考圣托马斯·阿奎那在他的《论智力的统一性》(*De Unitate Intellectus*)里所使用的论点。为了证明它是非亚里士多德的，蓬波纳齐提出诉诸《论心灵》里的学说，即智力为了产生作用总是需要一个心像，而后者是一个物质的东西。我们的智力灵魂是物质和生物体的作用。可能有多种智能不需要一个机体的作用，但是人的智力不属于其中之一。

然而，肉体①可以作为主体或者客体产生作用。我们的感觉在两方面需要肉体：感觉的感官是肉体的，感觉的客体是物体的。但是智力不需要一个肉体作为主体，而且它可以实施任何肉体感官都做不到的活动(例如反思自身)：心灵可以思想自己，而眼睛却看不见自身。但是这并不意味着智力完全可以脱离肉体而活动。

阿奎那又一次被召来反驳另一个柏拉图主义观点，即每一个人拥有一个不死的个体灵魂，同时这个灵魂还仅仅作为相对于受动者(moved)的施动者(mover)与肉体密切联系着，如一头牛相对于一把犁。与阿奎那一样，蓬波纳齐诉诸经验：

> 正在写这些词语的我，因许多肉体的痛苦而苦恼，这些痛苦是感觉的灵魂之功能；经受磨难的同一个我，检查了一遍身体的原因以便解除这些痛苦，但是除了依靠智力之外这根本做不到。然而，如果我所感觉到的本质与我所认为的本质不同，那么怎么可能感觉的我与思想的我是同一个我呢？(c. 6, p. 298[14])

我们肯定得出这样的结论：智力灵魂与感觉灵魂在人类是一个灵魂而且是同

① 原文“body”，兼有“物体”和“肉体”之义，下同。——译者注

一个灵魂。

在这一点上,蓬波纳齐与阿奎那的观点一致;然而也是在这一点上,他与阿奎那有分歧。他说道,托马斯相信这唯一的灵魂是真正不死的,即使是会死的也是在某种意义上(*secundum quid*)。而他——蓬波纳齐——现在就开始证明灵魂是真正会死的,即使是不死的也是在某种意义上。他继续满怀敬意地 250
谈论阿奎那。“不仅在神学方面而且在对亚里士多德的阐释方面,由于如此博学的博士权威在我的心目中是如此伟大,所以我焉敢大言不惭地说与他不一致的话:我仅仅以怀疑的态度说出我的话”(c. 8, p. 302)。

从本性上讲,人的存在与其说是智力的不如说是感觉的,会死的部分多于不死的部分。我们拥有的植物性能力和感受能力,比智力能力更多;而且倾心于植物性能力和感受能力之活动的人,远远超过致力于智力开发的人。绝大多数人是非理性的而不是理性的。更严重的是,只有在灵魂独立于肉体而活动的时候才能与肉体分开。但是,亚里士多德和阿奎那两人都认为,心像对于任何思想的运作都是必需的:因此灵魂需要肉体,如果不是作为主体的话也是作为客体。灵魂仅仅被其渗透其内的肉体的物质个体化:说灵魂一旦与肉体分开就被一个永久的力赋予一个特定的躯体而个体化,这是不对的。

亚里士多德相信永生不死吗?他在《伦理学》里似乎说过,死后没有幸福。当他说这话的时候,很可能他在期望不可能的事情,而他为他的期望所提供的例子就是对永生不死的期望。圣托马斯问道,如果亚里士多德认为死后没有幸存的东西,那么为什么他希望人们死去也不希望他们以罪恶的方式活着呢?但是,似乎亚里士多德所接受的唯一的不死的智能,是个体的人死前以及死后幸存的智能。然而,蓬波纳齐说道,他不想跟亚里士多德争吵:一只跳蚤与一只大象斗结果会怎么样呢?(c. 8, p. 313;c. 10, p. 334)

蓬波纳齐最后接受的亚里士多德主义的结论是这样的:人的灵魂既是智力的又是感觉的,而且严格地讲它是会死的,只是在某种意义上是不死的。在灵魂的一切活动中,人的智力是一个机体的实在性所在,而且它永远依赖肉体为其客体。正是人的灵魂使一个人成为个体,但是灵魂自身并不是一个独立存在的个体(c. 9, p. 321)。这一立场“符合理性和经验,它不包含任何神秘的东西,不包含任何依赖信仰的东西”。按照亚里士多德的观点,死后幸存的灵魂并不是人的灵魂。当我们说灵魂不死的时候,就像灰色置于黑色背景时我们说灰色是“白的”一样。

蓬波纳齐的结论是,灵魂的永生不死是像世界的永恒不灭一样的问题。
251 哲学怎么也解决不了世界是否有一个起始;解决灵魂是否有一个终结也同样重要。他最后所说的话——不管真诚与否——是这样的:我们必须毫无疑问地说灵魂是永生不死的,可是这是一个信仰的行为,而不是哲学的结论。

第八章

伦理学

1. 奥古斯丁论如何获得幸福

奥古斯丁像古代大多数道德家一样，把他的伦理学 252
说建基在这样的前提上，即每个人都向往幸福，而且，确定这一至善(supreme good)是什么以及如何才能获得它是哲学的任务。他在《忏悔录》中说道，如果你问两个人他们是否愿意参军，一个说愿意另一个说不愿意。但是，如果你问他们是否想要幸福，他们两人都会毫不犹豫地说想要。他们关于参军的不同看法的唯一原因是，一个相信参军会让他幸福而另一个不相信参军会让他幸福(*Conf.* X. 21. 31)。

在《论三位一体》中，奥古斯丁讲述了一个舞台演员的故事。这位演员向观众许下诺言要在他们下次来看戏的时候告诉他们各自在想什么。观众下次又来了的时候，这位演员说“你们每一个人都想贱买贵卖”。奥古斯丁说道，演员这样说很精明，但并非完全正确，所以他提供了一系列可能的对立答案。但是，如果这位演员说“你们每一个人都想幸福，而且你们没有一个人想痛苦”，那么他就无懈可击了。

奥古斯丁说道，希腊人称为“伦理学”、罗马人称为“道德哲学”的哲学分支，是对至善的探索。这是为我们的一切行为提供准则的善。对至善的追求，是为了至善而向往至善，而不是作为达到某一目的的手段。一旦我们获得了至善，我们就不缺少幸福所需要的任何东西(*DCD* VIII. 8)。至此，奥古斯丁所说的一切都是古代道德家说过的话；而且他在否定财富、荣誉、肉体快感作为
253 至善的准则时，同样沿袭先贤的观点。斯多亚派以及其他学派，皆做出类似的否定，皆认为幸福在于心灵的德性。然而，他们错了，错在认为德性自身足以获得幸福，以及认为德性是通过无助的人之努力获得的。奥古斯丁超越了所有这些异教先贤，他认为幸福只有在来世见到上帝的时候才有可能获得。

他说道，首先，任何人想要幸福肯定想要永生不死。那么，一个幸福的生活在人死亡的时候就结束了，这怎么能叫幸福呢？如果一个人不愿意失去他的生命，而失去生命又是他的前途，他怎么能够幸福呢？另一方面，如果他的生命正是他乐意抛弃的，那么他又怎么能说是真正的幸福呢？然而，尽管永生不死对于幸福是必备的，可是永生不死是达不到的。声称要证明灵魂不死的异教哲学家，同样认为有轮回转世、痛苦循环的前景。只有基督教信仰给整个人类——灵魂以及肉体——允诺永久的幸福(*DT* 13. 8. 11 – 19. 12)。

> 上帝之城的至善是永恒和完满的平和，不在于我们肉体从生到死的过渡，而在于我们永远解脱一切烦恼。这是最幸福的生活，谁能否认这一点呢？与它相比，我们在此世的生活，无论多么富于外在的富裕以及精神的和物质的财富，都是痛苦不堪的。然而，任何人接受了它并利用它作为到达他所向往和希望的另一生活的手段，现在也不能不切实际地说他幸福——

> 希望中的幸福而非现实中的幸福。(*DCD* XIX. 20)

因此,现世生活的德行并不等于幸福:它仅仅是达到目的的方式,而这一目的完全属于另一个世界。再者,我们无论多么努力,都不可能在没有获得上帝的恩惠——也就是说,没有神的特别帮助,即通过基督给予那些特选子民获得拯救的帮助——的情况下避免罪孽。伟大的异教英雄的德行,在《上帝之城》中屡次得到赞扬,但是它们只不过是辉煌的罪孽,只能在罗马光荣的历史上得到回报,却不够格获得天堂真正的幸福。

许多古典思想家认为,德性是不可分的:谁若拥有一种德性,谁就拥有了全部德性;谁若缺少一种德性,谁就缺少全部德性。作为一个必然结果,一些道德家认为德性和罪孽没有程度之分,一切罪孽都是一样地严重。奥古斯丁否定了这一观点:①

254

> 一位忠实于丈夫的女人,如果其忠实是因为摩西的戒律以及对上帝的允诺所以才忠实于他,那么她是贞洁的。我不知道我怎么能说这样的贞洁不是一个美德或者只是一个微不足道的德行。忠实于妻子的丈夫亦复如此。可是有许多这样的人,我很难说他们没有罪孽,而且那罪孽——无论是什么——当然是源于不道德。因此,夫妻的贞洁在虔诚的男人和女人毫无疑问是一个德性,因为它既非什么也不是又非不道德,而且它并没有随之带来其他所有的德性。(*Ep*. 167. 3. 10)

我们都是有罪之人,甚至我们当中最虔诚的基督徒也是有罪的;但是,并非我们所做的一切都是罪孽。我们都是以这种方式或者那种方式有罪的,可是并

---

① 参见 Bonnie Kant,〈奥古斯丁的伦理学〉("Augustine's Ethics"),载 *CCA* 226 - 229。

非我们人性特征的每一方面都是罪孽。

然而,在奥古斯丁的道德学说中,有一个因素具有德性不可分这一异教命题许多相同的后果。这就是生活德性不可与神学德性分开的教义。也就是说,缺乏信、望、爱之德性的人,不可能真正地拥有智慧、节制、勇气等之类的德性(*DT* 13. 20. 26)。一个不是出自对上帝之爱的行为,肯定是有罪的;一个人如果没有正统的信仰,就不会有对上帝的真爱(*DCG* 14. 45)。

奥古斯丁常说,异教徒的德行只不过是辉煌的罪孽而已,一棵邪恶的树不会结出善良的果实。有时他甘愿妥协,说某个缺乏信仰的人可能做出个别的善事,所以并非异教徒的所有行为都是罪孽。但是,即使异教徒可能偶尔做善事,这也无助于他获得终极的幸福:他们最好的希望是,他们永无止境的惩罚比其他人的要轻些。

在整个基督教历史中,许多人要接受奥古斯丁对绝大多数人恐怖的未来的描述。在宗教改革所导致的分裂之后,卡尔文(Calvin)在新教阵营而詹森纽斯(Jansenius)在天主教阵营将对未来给予更黑暗的描述。而在19世纪,克尔凯郭尔(Kierkegaard)和纽曼(Newman)像奥古斯丁一样强调指出,最终幸福的至善之门打开得多么的狭窄。20世纪许多基督教徒的乐观主义态度,对传统没有多少因袭关系。当然,这是宗教历史的问题,而不是哲学问题。

255

2. 奥古斯丁论撒谎、谋杀和性

从哲学的角度看,奥古斯丁对于特定的伦理问题的贡献大于他对道德性质的总体看法。他很多解释《摩西十诫》中三条戒律——“不可杀戮”[①]、“不可奸淫”和“不可作假见证陷害人”——的文字,值得我们研究。

---

① 《圣经》的汉译本多为“不可杀人”。这里按照下文对其诠释译为“不可杀戮”。——译者注

奥古斯丁在《上帝之城》为未来的几代人界定了解读“不可杀戮”(Thou shalt not kill)的方式。首先,这一禁令并不扩展到杀伤非人类的造物:

> 当我们读到“不可杀戮”的字句时,我们并不把它用于没有感觉的树丛,也不用于天上飞的、水里游的、地上走的或爬的非理性动物,因为它们不是我们理性社会的一员。它们没有像我们一样被赋予理性,所以正是凭借造物主公正的法令使它们的生死附属于我们的需要。(*DCD* I.20)

其次,一个人故意地剥夺另一个人的生命并非永远是错的。奥古斯丁同意公众法官有权力对作恶者施与死刑,条件是判决的做出和实施必须符合国家的法律。而且,他说道:“那些凭借上帝的权威宣战之人”并不违背不可杀戮的戒律(*DCD* I.21)。

奥古斯丁并非吹捧战争之人:战争是罪恶,但是它可以用来防止更大的罪恶。一切造物都期望和平,甚至发动战争也仅仅是为了和平:胜利只有为了光荣的和平才有意义。“每一个人在发动战争时都是在寻求和平”(*DCD* XIX.10)。另一方面,奥古斯丁也不是福音书中“甘愿挨打”的和平主义者,如他的一些基督教先贤那样。士兵可以参加——甚至有义务参加——国家为了防卫或者为了纠正严重的非正义而发动的战争。奥古斯丁没有如中世纪和现代他的一些后继者阐发正义战争的理论那样阐明这些战争的条件。然而他清
楚地表明,甚至在正义的战争,至少一方是在犯罪(*DCD* XIX.7)。而且,只有 256
被正义主持的国家才有权利命令它的士兵去杀人。“没有了正义,王国除了是显而易见的犯罪团伙之外还能是什么?”(*DCD* IV.4)但是,他愿意提供历史上的实例说明他所认为的神圣战争:例如,抵抗东哥特人(Ostrogoth)入侵北方意大利的保卫战,它于公元405年以皇室将军斯提利科(Stilicho)在菲耶索莱(Fiesole)的辉煌胜利而告终(*DCD* V.23)。

私人公民自我防卫或者为了保护第三者的生命而实施杀人怎么样呢？似乎奥古斯丁还没有想好它是否合法，而从他的信函里可以引用很多段落说明它既合法又不合法。但是在希腊时期哲学家争论不休的一个问题上，奥古斯丁是很坚定的：自杀是违法的。“不可杀戮”这一诫令同用于他人一样用于自己（*DCD* I. 20）。

当奥古斯丁撰写《上帝之城》的时候，这个问题非常重要，因为公元410年罗马失陷的时候，很多男人和女人为了避免遭强奸或沦为奴隶而自杀。奥古斯丁说道，没有任何理由可以说明自杀正当。面对物质财富被剥夺而自杀，是懦弱的表现，并非心灵的伟大。为了避免羞辱而自杀，例如罗马人加图（Cato）不愿屈服于凯撒（Julius Caesar）的专制而自杀，只给他带来更大的耻辱（*DCD* I. 23－24）。为了逃避罪恶的诱惑而自杀，尽管是应受指责的自杀里最轻的形式，仍然是相信上帝的基督徒最无价值的行为。为了避免遭强奸而自杀，这种行为被其他一些基督徒——例如圣安布罗斯——视为英勇不屈，却受到奥古斯丁严厉的谴责，原因是遭强奸不是犯罪，而且不应该给非自己意愿的受害者带来耻辱（*DCD* I. 19）。

奥古斯丁除了在捍卫生命的权利上直截了当外，在其他的人权方面就没有这么明确了。他问道，一个法官为了让证人说出证据是否可以给他们施刑？他极为雄辩地阐述了这种做法固有的罪恶：一个第三方的证人受难，可是他并非作恶者；一个被起诉的无辜者可以声明无罪以便避免受刑；甚至当受刑者实际上有罪的时候，他也可以撒谎来逃避刑罚。总之，刑罚造成的痛苦是确切无疑的，而它的证据价值确是值得怀疑的。然而，奥古斯丁最后说道，一个有智慧的人是不能拒绝承担做法官的责任的，不管这件事是多么地令人讨厌。或许他不知道，刑罚于公元384年已经受到罗马主教公会的谴责。

奴隶制又怎么样呢？与亚里士多德不同，奥古斯丁并不认为奴隶制合乎天理。他说道，奴隶制是罪恶的结果。为了证明这一点，他例举了亚里士多德

与其他几位基督教教父不同，奥古斯丁认为，性繁殖是上帝伊甸园计划的一部分。但是，堕落使得性成为令人羞耻且不受控制之事，如这里罗马时期基督教徒地下墓地的壁画所示。

258 同样认为是不道德的奴役,即一场非正义的战争的胜利者对失败者的奴役。然而,他却没有斩钉截铁地谴责这个世界里作为一种制度的奴隶制:他被《旧约》中人类祖先的做法以及《新约》中保罗让奴隶服从他们的主人的训谕所阻慑。“作为刑罚的奴役是由责令维系自然秩序的同一个法律所颁布。”如他遇到一个棘手的社会或政治问题时常做的那样,奥古斯丁在问题的内在化里找庇护所:做善良的主人的奴隶比做自己罪恶欲望的奴隶好得多,所以奴隶应该很好地对待他们的命运,主人也应该善良地对待他们的奴隶,只在对奴隶自身有好处的时候才惩罚他们(*DCD* XIX. 15 – 16)。

正是在性伦理问题上奥古斯丁对后来基督教思想家的影响极其深远。他关于性和婚姻的学说,未经什么修改就成为中世纪道德哲学家的标准教义。在拉丁语中世纪的主要哲学家当中,奥古斯丁是唯一的一位拥有性经验之人,当然我们排除了阿伯拉尔,因为他的性史不幸是非典型的。在现代,奥古斯丁在非基督教世界获得了一个对性仇恨的厌恶女人者的名声。最近的研究表明,这个名声有待进一步考察。①

严格的基督教传统认为,仅仅在婚姻中许可性的存在,而且生育是婚姻的根本目的,因此确定仅仅夫妻之间的性活动是合法的。②的确,奥古斯丁是这个传统的规定人。但是,奥古斯丁的教义,要比他的许多同时代人和前辈人对待性的敌意更温和。诸如圣安布罗斯和杰罗姆(Jerome)等基督徒认为,婚姻是堕落的结果,在伊甸园没有性生活。奥古斯丁认为,婚姻是上帝为堕落前的
259 人类设计的原初计划的一部分,而且,亚当和夏娃尽管一直保持贞洁,他们完全可以通过性的结合生育后代(*DCD* XIV. 18)。(按照他的描述,这样的结合的确会缺乏使性生活产生乐趣的一切激情因素:在伊甸园,性生活就像接种疫

① 参见 Peter Brown,《身体与社会》(*The Body and Society*)(New York: Columbia University Press, 1988),387 – 427 页。

② Mark D. Jordan 在《性伦理学》(*The Ethics of Sex*)(Oxford: Blackwell, 2002)110 页指出,《新约》中关于婚姻的重要文本《哥林多前书》第七节并没有把婚姻伦理与生殖联系在一起;婚姻表现为对性欲望的让步。

苗一样冷静无欲;*DCD* XIV. 26。)针对禁欲主义者所谓的童贞是基督徒唯一的正当选择的观点,奥古斯丁于公元 401 年撰写了一部论著《论婚姻》(*De Bono Conjugali*),为合法的、体面的婚姻进行辩护。

奥古斯丁说道,婚姻没有罪,它本质上是美好的,绝不是比私通稍轻的罪孽。基督徒可以结婚以便生儿育女,并且享受把夫妻联系在一起的特别伴侣关系。婚姻必须是一夫一妻的,而且必须是稳固的;离婚是不允许的,只有死亡可以把夫妻分开(*DBC* 3. 3, 5. 5)。由于生育这一目的使得婚姻体面正当,所以夫妻双方都不得采取任何措施阻止怀孕。夫妻两人都应尊重对方对性生活的要求,除非性要求是为了不合天理的目的(*DBC* 4. 4, 11. 12)。但是,一旦生育完成之后,夫妻两人都应该克制自己的性生活并过一个禁欲的伴侣生活(*DBC* 3. 3)。的确,既然没有必要再扩大人类,如在一夫多妻制的希伯来祖先世代曾经有过的,终生独身尽管不是一种义务,但是是比婚姻生活更高的一个境界(*DBC* 10. 10)。

对于奥古斯丁来说,婚姻是把不对等的伙伴联系在一起的体制:丈夫是家庭的主宰,妻子必须服从。有圣保罗明确无误的教导在先,他不可能有其他的想法。他还相信,有学术的或者僧侣的社区提供的男人伴侣生活,比和睦的婚姻里男女之间的伴侣生活更可取。但是在判断性道德时,奥古斯丁没有使用偏向男人的双重标准。他说道,假设一个男人在等待有益的婚姻的时候纳了一个情妇,这个人就犯了奸淫罪,不是针对他未来的妻子,而是针对他现在的女性伙伴。然而,女性伙伴没有奸淫罪,而且的确"在她的性关系中如果她尽力去怀孕但却不情愿地被迫避孕,那么她比许多结婚的母亲更可敬"(*DBC* 5. 5)。奥古斯丁对于女性的财产权也很敏锐:他告诉我们,他想不出一个比罗马沃科尼法(Lex Voconia)更不公正的法律了,这个法律禁止女人继承遗产,即使她是唯一的女儿(*DCD* III. 21)。

既然生育是神安排给性的目的,那么自不待言只有异性的性生活才被允 260

许。“如所多玛人(Sodomite)所做的违背天理的可耻行为,无论何时何地都应受到唾弃和惩罚。即使全人类都做这种事,按照天主的法律它们仍然招致同样的罪责,天主的法律禁止人类以那种方式自渎”(*Conf.* III. 8. 15)。就在此前不久,皇帝狄奥多西一世(Theodosius)颁布敕令让公众烧死男妓。

“不可作假见证陷害人”这一诫令,在基督教解读中常常扩展为更普遍的禁令,但是,撒谎是否在任何情况下被禁止,是一个争论不休的问题。正如奥古斯丁反对那些认为为了避免被强奸而自杀是正当的基督徒一样,他同样采取了一个严厉的立场反对那些认为为了一个善良的理由而撒谎是正当的之人(例如,为了对询问的异教徒保守信仰的秘密)。他撰写了两篇讨论撒谎的论文,把撒谎界定为“用语言或符号表达一样,而内心里却想的另一样”(*DM* 3. 3)。它否认在任何情况下允许这样的撒谎,即以欺骗为目的。自然,他必须解决表面上看来一个好人会撒谎的情况。假设在你的房间里藏着一个被不公正地判罪的无辜之人,你会撒谎来保护他吗?奥古斯丁认可你把执法者扔出房外,但是你不可以故意撒谎。“因为你撒谎就会失去永生,所以,你也不能为了拯救一个现世的生命而撒谎”(*DM* 6. 9)。

奥古斯丁认为,尽管一切撒谎都是错的,但是并非一切撒谎都同等程度地错。帮助了别人而又不伤害任何人的谎言是最轻的,把别人引向宗教错误的谎言是最恶的。讲一个谬误的故事来取乐,没有任何欺骗的意向,根本不算谎言,但是它可能有令人遗憾的轻浮之嫌(*DM* 2. 2,25)。

3. 阿伯拉尔的意图伦理学

奥古斯丁的道德学说,非常重视动机(motive)或主要愿望的意义,因为行为是因动机而完成。但是,在基督教道德家当中,最重视道德行为里意图

261

阿伯拉尔关于意图的学说集中在实际的问题。在这幅取自12世纪法律文献的小插图中，一位想嫁给右侧的贵族的女士，发现自己已经错嫁了左侧的农奴。

(intention)的意义的是阿伯拉尔。阿伯拉尔在他取名为《认识你自己》(*Know Thyself*)的伦理学著作中，反驳了杀人或奸淫是犯罪的通常说教。他说道，错的不是行为而是完成行为的心理。“上帝重视的不是所做的事，而是做这事时的心理；行为者赢得的惩罚奖赏，不在于他的行为，而在于他的意图”(*AE*, c. 3)。

阿伯拉尔在意志(*voluntas*)与意图(*intentio*)或意向(*consensus*)之间作了区别。严格地说，意志是为了某物而对某物有欲望；罪孽不在于实施意志而在于行为的意图。没有意志的情况下也可能有罪(如一个逃亡者在自卫时杀人)，也有不良的意志却并无犯罪(如人不受自控的欲望)。如果我们在广义上理解“意志”，那么我们会同意一切罪孽都是自愿的，也就是说它们并非不可避免的，而且它们是某种意志的结果，例如逃亡者逃跑的愿望(*AE* 17)。意图或者意向是一种心理，与其说它与愿望联系不如说与知识相关。阿伯拉尔论说道，既然一个人可能无辜地完成一项被禁止的行为，例如与妹妹结婚而不知道她是自己的妹妹，那么罪孽不在于行为，而在于意图或意向。

因此，一个邪恶的意图会糟蹋一个善良的行为。一个罪犯可以被公正地
262 处于绞刑，但是，如果法官对他的判决不是出于对公正的热情，而是出于宿仇，那么法官就有罪了。引起更大争议的是，阿伯拉尔认为一个良好的意图可以为一个人赋予做被禁止的行为的理由。《福音书》说道：那些被耶稣医好的人，违抗了耶稣要他们保守秘密的命令。当天主命令亚伯拉罕杀死以撒的时候，他命令的事情做起来是邪恶的，下命令做一件邪恶的事情本身就是邪恶的。但是天主的意图是善良的，是测试亚伯拉罕的信仰；“天主的意图是正确的，尽管行为是不正确的”（**AE** 31）。

一个没有完成的善良的意图同一个善良的行为一样值得赞扬。两个人都决定建一所救济院，一个成功了，但是另一个在计划实施之前钱被偷去了。两个人同样地很有价值；否则我们就得说，仅仅因为一个人更有钱和更幸运就比另一个道德更高尚（**AE** 49）。

同样，邪恶的意图同邪恶的行为一样值得谴责。那么我们为什么惩罚邪恶的行为而不惩罚邪恶的意图呢？阿伯拉尔是较早的提倡确切责任学说的人，即犯罪意图（*mens rea*）不算犯罪的学说。假设一位妇女睡眠时翻身压死了躺在身边的婴儿。这个事件中没有犯罪，因为她当时根本不知道她在做什么。但是她可以被公正地处罚，以便让别人更加小心。我们惩罚行为而非意图的理由是，人的弱点是认为明显的罪恶比隐藏的罪恶更坏。但是在最后的审判时，上帝不会这样判决。

那些迫害基督徒却坚信在侍奉上帝的人，他们的行为是否值得称赞？阿伯拉尔答道，不是这样的，但是他们的罪责并不比一个在森林里捕猎动物误伤了一个人的罪责更大。然而，为了有良好的意图，一个人只是相信他在做好事是不够的。“迫害者的意图是邪恶的，他们的看法并不那么简单。”

阿伯拉尔没有清楚地区别迫害者关于杀害基督徒时的邪恶看法与他们在实施杀戮时的崇高目的，即侍奉上帝。结果，也不清楚他的意图根据论是意味着错误的良心可以免除罪责，还是良好的结果可以证明人们认为邪恶的手段是正当的。阿伯拉尔从来没有明确地区分意图中意志的成分与认知的因素。

阿伯拉尔的学说与20世纪60年代嬉皮士的座右铭很接近："只要你真 263
诚，做什么都无所谓"，而且，他的同时代人对他的说教深感惊奇也无足为怪，尽管他相信我们对天理的理解限制了道德上真诚的道德错误的可能性。桑斯公会(Council of Sens)谴责了为了上帝的信仰杀害基督徒无罪的教义；其他受到谴责的命题之一是"一个人并不因为他的所作所为而变得更好或者更坏"(DB 380)。

4. 阿奎那的伦理学体系

阿奎那与阿伯拉尔一样，在伦理学中非常重视意图的作用。但是，他把意图的概念置于对人类行为的性质更丰富的描述中，他从亚里士多德的《尼各马科伦理学》汲取营养并进一步修正了其中的观点。亚里士多德在描述人类行为的时候，使用了两个关键的概念：自愿行为[①]和目的行为。对于亚里士多德来说，如果行为者在完全没有被迫或错误的情况下做出某行为，那么这个行为就是自愿的；如果该行为是作为一生中总体计划的一部分而被选择，那么他就是一个目的(*prohairesis*)。他关于自愿的概念太宽泛，而关于目的的概念又太狭窄，以至于不能界定日常生活中多数道德选择。阿奎那在保持并完善亚里士多德的概念的同时，纳入了意图的概念来弥补自愿行为和目的行为两个概

① 廖申白所译的《尼各马科伦理学》中为"意愿行为"，商务印书馆2004年版，58页。——译者注

念之间的缝隙。

阿奎那是这样解释意图的概念的。有三种行为:以自身为目的的行为、作为达到目的的方式的行为,以及我们或许不情愿但又不可避免地伴随着前两种行为的行为。正是在中间的那种行为里,我们表现出意图:我们想要通过某种方式达到某种目的。第三种行为不是意图性的,而只是自愿的。那么,自愿(voluntariness)是最宽泛的范畴;任何意图性的行为都是自愿的,但是,并非反之亦然。意图本身尽管不如自愿宽泛,但比亚里士多德的目的更宽泛(*ST* 1a 2ae 12)。

按照阿奎那的观点,人类行为可以再分为三个类,这次是按照道德评价来区分。有些行为是善良的(例如施舍),有些是邪恶的(例如强奸),有些是无
264 关道德的(例如在乡村散步)。每一个具体的行为都将在一个特定的情况下以一个特定的目的来完成。要使一个行为在道德方面是高尚的,它必须属于不邪恶的一类行为,它必须发生在适当的场合,而且它的实施必须有一个高尚的意图。如果这些因素缺乏任何一个,那么它就不是一个好的行为。因此,一个邪恶的意图可以损坏一个善良的行为(例如出于虚荣而施舍),但是一个善良的意图不能抵消一个邪恶的行为(例如帮助穷人而偷盗)。我们不能做结果好的恶事(*ST* 1a 2ae 19 –20)。

阿奎那同意阿伯拉尔所谓善良行为之善源自该行为完成的善良意志这一观点;但是他说道,只有意志实施理性赞同的行为时,意志才是善的。我们可能对一个行为的善恶认识错误;阿奎那称这样的认识为错误的良心。我们必须凭良心行事,即使我们的良心是错的;但是,尽管错误的良心常常束缚着我们,但是它也并不总是为我们免责。虽然有关事实的错误(例如这个女人是否嫁给了某人),如果不是疏忽大意造成的,就可以免除罪责,但是有关天理的错误(例如奸淫不犯罪的观念)是不能免责的。再者,与阿伯拉尔相反,阿奎那认为,善良的意志,除非机会来临时付诸实践,就不能完全是善良的。只有在非

自愿的情况下没完成的意志，才可以免责。这样，阿奎那避免了使阿伯拉尔的意图理论陷入争论的悖论（*ST* 1a 2ae 19.5－6）。

阿奎那在谈论一个行为的道德行质是如何受到其结果的影响时，使用了他关于意图的概念。对于阿奎那来说，预见与意图不是一回事儿：一个结果可以被预见而没有被有意达到。“一个人穿过一块农田以便更容易与人私通，可能会损坏农田里的庄稼：他知道会损坏庄稼，但是并没有损坏庄稼的意图。”在这种情况下，是坏的行为导致坏的后果。从道德上讲，它们的区别是无关紧要的，因为恶行由于恶的后果而加重。但是，当我们遇到善行恶果时，区别对待就至关重要了。在讨论自卫中杀人的合法性时，阿奎那解释说，一个人保护自己的行为可能有两种后果：一种是维护自己的生命，另一种是侵害者的死亡。自卫中使用合理的暴力是允许的，即使死亡作为一个非意图的后果发生；但是一个私人公民意图杀人，是永远不会合法的（*ST* 1a 2ae 20.5）。

阿奎那在他的赞扬者和诋毁者当中，拥有自然法则（natural law）学说的提 265
倡者之誉。这个声誉不完全准确。虽然阿奎那是在犹太－基督教传统中写作，着重把上帝的戒律作为判断行为是合法的还是罪恶的之准则，但是他的伦理学理论最重要的部分，却不在律法的《圣经》概念，而在亚里士多德德性的概念。在《神学大全》的第二部分上部，有20个问题讨论德性，18个问题讨论法律；而第二部分下部，几乎完全是围绕着德性——异教徒的以及基督教徒的——布局谋篇。然而，尽管阿奎那对法律作为道德的关键因素兴趣不大，但是的确在他的道德思想中很重视自然本性的概念。

几世纪来把自然本性（Nature）看做唯一的普遍力量，是司空见惯的，而且依情绪和语境常常把自然或多或少地拟人化。这不是阿奎那的观点。作为一个亚里士多德主义者，他以人类、动物以及其他事物繁殖自身的种属这一事实为出发点，而每一事物生存的自然本性是使它从属于某一特定的自然种类的东西。生殖的程序以一种自然本性的再生结束，也就是说，生成同一个种属的另一个实例。一个事物的自然本性与它的本质是同一个东西,但是它的本质是作为活动和繁殖的源泉之意义上。

一种自然本性的再生,既是生殖程序的结果,也是该生殖程序的核心和目的。圣托马斯相信,每一种自然本性与繁殖它的程序一样,本身具有一个内在意义。显然,如果生殖本身有任何目的,那么一定会是这样。除非是一个人(being a human)除了生成其他的人之外还有一个内在意义,否则使人从无到有将会无从谈起。圣托马斯写道:“一个事物的自然本性——即它生殖的目标——自身指向另一个目标,这个目标或是一个行为或是一个行为的结果”(*ST* 1a. 49. 3)。因此很可能,是一个萤火虫的内在意义就是闪光,是一只蜜蜂的内在意义就是产蜜。显然,如果这种推理线路是正确的,那么正确看待一个人的内在意义就具有重要意义了。

阿奎那说道,一切造物都为上帝而存在;理智的造物与非理智的造物一样,只要它们按照其自然本性生长,都以其特殊的方式反映天主的公正;它们
266 在对天主的理解和关照中完满自身。人的幸福,不在于感官享乐、声望、荣誉、财富、世俗权利等,甚至也不在于技能的发挥或道德价值:人的幸福只能在对上帝的认知中得到,人在此世靠推测、传统、论证等都不能认知上帝。阿奎那相信,人可以通过超自然的、超人性的神启,只有在另一个世界看见神的本质时,才可能认知上帝。

在所有这一切,阿奎那大量汲取亚里士多德的《伦理学》中的论点。亚里士多德在这部著作的第十卷说道,人的幸福要在哲学沉思中得到,但是他为此种做法所提供的理由却前后不一致。他说:智力是我们人类最重要的特点,而且它是超人的、神圣的。阿奎那在《神学大全》(1a 2ae 5. 5)解决了这个模棱两可性。他认为,对人性的完全理解表明,人类最深层的需要和抱负,不可能在人的活动——甚至最高层次的哲学活动——中得到满足,因为这样的活动对于理性动物而言是自然的。人类只有在享受到神的超人活动时才能臻至幸

福,为此,人类需要天主恩典的超自然帮助。人类并非拥有获得至福的自然能力,反而只有自由意志,人类凭借自由意志可以求天主的帮助:只有天主可以使人类幸福。

每一个德行的性质和核心,要在对人类存在的这一至高无上的目标追求中看到。因为这一目标是超自然的,我们除了诸如坚韧和节制等德性以及诸如智慧和认知等智性外,还需要信、望、爱等宗教美德。只有那些在对神至福的观照——作为道德生活的终极目标——中分享圣托马斯的信仰之人,才能完全进入他所呈现的道德体系。但是,多亏亚里士多德主义对他的道德思想的支撑,他关于特别的道德问题的思想,才得以对世俗哲学家也很有启发意义。

阿奎那试图以下面的方式协调亚里士多德伦理学和《圣经》伦理学。对于亚里士多德,是理性为行为确定目标,也是理性提供标准判定行为是道德的或邪恶的;在《圣经》里,标准是由一个法典确定。阿奎那认为,这并没有矛盾,因为法律是理性的产品。反思人类行为和选择的本质,如亚里士多德所述,导致
形成一套终极的实践原则来指导人类繁荣寄予的合乎道德的活动。在这些终 267
极原则当中有一条是《圣经》训谕:爱你的邻居如爱你自已。阿奎那把这条原则看做人性的最重要的以及最普通的规诫,人类理性的不言自明之理。①

人类的立法者、政治团体或他们的代表,为了某个国家的一般利益,用他们的理性制定法律。但是,世界作为一个整体是由上帝的理性统治。天国——它存在于作为宇宙统治者的上帝的内心——的永恒计划,是真正法律意义上的法律。它是一部自然法则,以追求适合他们的行为和目标的自然倾向的形式生而固有于一切理性造物。正是这一倾向明确表现于实践理性的终极原则。这一自然法则就是一切理性造物都分享上帝的永恒律法。它要求我

---

① 所有这一切在 J. Finnis 的《阿奎那:道德、政治以及法学理论》(*Aquinas: Moral, Political and Legal Theory*)(Oxford: Oxford University Press, 1998)得以详细阐述。

们爱上帝以及爱我们的邻居如爱我们自己。正是通过这一原则的应用,我们获得特定的道德规定在诸如杀人、性关系和私有财产等方面支配我们的行为。

5. 作为道德家的阿奎那

在上文所述的每一个领域,阿奎那都建立了标准,但是这些标准却成了现在争论不休的问题。为了说明他解决道德问题的方法,我们可以从每一个领域选择实例进行讨论。

关于战争的问题,阿奎那向自己提出这样的问题:“从军总是恶的吗?”(2a 2ae 40. 1)阿奎那沿袭奥古斯丁的观点,①用否定回答了这个问题,但是他确定了使发动战争合法化的严格条件(2a 2ae 40. 1)。第一,权威性:只有君主可以合法地发动战争,私人公民应该向法庭申诉冤屈。第二,必须有公正的理由:敌人一定是犯了罪,未必是军事侵略,而是践踏了社会团体或其盟友的权利。第三,发动战争的目的必须是正义的:目的必须是扬善惩恶。这一条的意
268 思似乎是,用武力弥补一个伤害不能比不弥补伤害造成更大的伤害。阿奎那的正义战争论,被以后的思想家进一步发展,尤其格劳秀斯(Grotius),至今在理论上和实际上解决国际争端仍然很有影响。

阿奎那接受了由合法权威判决死刑的合法性。这一观点甚至令他的一些最忠诚的信徒也难以认可,因为它违反了人不应该做结果会好的恶事这一原则。但是,任何人只要不是和平主义者就肯定会同意:故意夺取人的生命有时是合法的。如果一个国家可以在正义的战争中合法地夺取其他国家公民的生命,那么很难说为什么绝对禁止夺取自己国家的某个公民的生命。

---

① 阿奎那还沿袭了黑尔兹的亚历山大的观点。黑尔兹的亚历山大是早期中世纪最充实地讨论争议战争的理论家之一。参见 Barnes,〈正义战争〉(“The Just War”),载 *CHLMP* 771 - 784。

当我们转向性道德的时候，我们发现，阿奎那的思想受到他所接受的亚里士多德生物学的局限。他一生中大多相信，在生物繁殖过程中，女性仅仅为男性所提供的能动原则提供营养。由于同类繁殖，所以女性是反常的或者有缺陷的男性。阿奎那把这一人性传输理论与《圣经》中创造亚当和夏娃的描述结合起来，为中世纪社会女性的从属地位提供了一个根据。下面的引文表明他对女性授神职的看法：

> 圣保罗说道，女人不应该在会众面前公开言说：其原因部分是女性生来从属于男性，如《创世记》所言，而对公众的指导和劝说是男性的任务；部分是以免引起男人的性欲；部分是女性一般没有指导公众所需的丰富智慧。预言书中所说的天主的恩典启明人的心灵，而且对男女不加区别，如圣保罗所言，但是言说涉及对他人的公开指导，这种场合与性别相关。女人把她们所拥有的智慧应用于私下指导儿女，而不是公开的教导。

当代讨论避孕和堕胎的道德问题时，常常援引阿奎那的理论。事实上，在这两个问题上他没有什么可说的。避孕与手淫一起在《异教徒驳议辑要》“错乱遗精”这个问题中得以讨论。阿奎那认为，这是违背人性的罪孽，仅次于杀人。这一观点基于这样的信念：在怀孕上只有男性提供主动的因素，所以精子
在胚胎、胎儿和婴儿的连续性中具有个体的历史。当然，男性配子和女性配子 269
实际上对于一个人的形成具有相同的贡献。一个胚胎与父亲的精子不同，它与作为出生婴儿的个体生物是相同的。对于阿奎那来说，不适合受孕的情况下的射精，与抛弃或饿死一个婴儿是一回事儿，当然程度较轻。这就是为什么他认为手淫无异于对一个可怜的人的扼杀。①

---

① 在《神学大全》1a 118 和 119，阿奎那更复杂地阐述了胎儿成长的过程，按照他的说法，母亲创始植物性灵魂，父亲创始感觉性灵魂，上帝创造智力灵魂。但是似乎他没有把这一结构运用于生殖伦理学。

至于堕胎,阿奎那基本上没有直接阐述,在他的鸿篇巨制中最多提到三次。但是他的说教与现代争论的相关性,集中在他关于人的生命的开始的论说。他并非现在声称人的生命起始于受孕这些人的同盟。成长的人的胎儿,直到拥有了人的灵魂才能算是一个人,而拥有灵魂在受孕时尚未发生,这是在怀孕达到相当程度后的事。对于阿奎那来说,独立于母亲的最初实体,是像植物一样拥有一个植物性灵魂的胚胎生命。这个实体被拥有一个动物灵魂的实体所继承并因而消失,这个实体能够汲取营养并且能够感觉。只有在较晚的阶段,理性的灵魂才被上帝注入,从而把这个活的实体变为一个人。阿奎那显然相信,后期的堕胎(甚至非故意引起的堕胎)是杀人。他说道,击打怀孕妇女的人不能赦免杀人罪(1a 2ae 64.8)。但是按照阿奎那的说法,早期的堕胎尽管也是犯罪,然而仅仅是手淫和避孕同样性质的罪孽:它是毁灭了一个人潜在的个体。

关于怀孕不同阶段三个连续的实体这一理论,似乎并没有受到很大重视。它与只有男性是人类繁殖程序中能动因素的观点密切相关,而且与智力灵魂是非物质的因而被神性注入的理论也密切相关。三个实体论模糊了连接受孕与成人生命有一个不间断的成长历史这一事实。然而,我们有与阿奎那的理由完全
270 不同的理由,来否定每一个个体的人的生命源于受孕这一说法。从受孕到胎儿生命的成长线路,并非**一个个体人**不间断的历史。在早期,一个单个的受精卵子可能变成非人的东西,或者变成一个人的东西,或者变成两个人的东西。胎儿、孩童和成人之间有一个连续的个体成长过程,这是配子和受孕卵子所没有的。

如果这是正确的,那么早期毁灭一个胚胎就未必是某种形式的杀人。确定在哪一时刻一个胚胎变成一个人,绝非易事,而且这里也不是试图解决这个难题的场合。但是似乎很清楚,实际上大多堕胎发生在达到这个时刻之后,所以也就包含着——与避孕相反——对个体生命的毁灭。阿奎那陈旧的生物学,是现代常见的一种观念的鼻祖之一,这一观念在同一个道德层面上并置避孕和堕胎。这是个错误,不管它是否导致把避孕与堕胎一样谴责为重罪、是否

导致把堕胎与避孕一样辩护为妇女的基本权利。

尽管阿奎那是认为一切财产为共有的教派成员,但是他不相信宗教团体之外的共产主义。暂且不论被盗窃的财产,偷盗他人财产就是犯了重罪。而且,只要一个人打算为了善良的目的使用所得的利润,为了盈利而做事没什么错的(2a 2ae 77.4)。然而,阿奎那不能被看做是资本主义的热情支持者:他认为,获取和保持私有财产的权利是受到严格限制的,而且挣钱需遵循严格的规则。

首先,一个人积攒的财产比他维持生活——相对于他的生活状况以及他需要维持生活的人数——所需要的多,是有罪的。其次,如果一个人拥有多余的钱财,他就有义务把它们施舍给需要的人,这是一个自然的社会公正问题,而不是博爱问题。再次,如果一个人没有能够解救贫困的人,那么这些贫困之人在急迫需要的情况下,可以不经他的同意而合法地拿走财产。“在急需的情况下,一切都是共有的。所以一个人拿走另一个人的财产并不是犯罪,因为他的财产由于需要而被充公”(2a 2ae 66.7)。托马斯增加了一条罗宾汉式的条款:在同样的情况下,一个人可以拿走另一个人的财产去解救贫困的第三者(ad 3)。

阿奎那强烈地反对高利贷,也就是,借钱收取利息,无论利息多么小。他 271
把他反对高利贷的基础建立在《旧约》文本和亚里士多德理论之上。他说道,一些东西在使用的时候就消耗了:例如,酒的使用就是喝它,一旦把酒喝了,它就不存在了。其他的东西被使用但没有消耗:我们可以居住在一所房子里但没有毁坏它。如果你试图分别收取酒费和酒的使用费,那么你就会把同一件东西卖两次;你可以在没有卖掉房子的情况下出租房子。但是,因为钱是被花掉来使用的,所以钱像酒一样,而与房子不一样;如果某人还给你你借给他的钱,你不能收取他同时使用这笔钱的费用(2a 2ae 78)。

阿奎那说道,高利贷的利润应该还给那些被错误地收取利息的人。布拉邦特(Brabant)公爵夫人问他,她没收犹太人在她的领地放高利贷挣的钱是否合法。当然合法,阿奎那回答道;他接着说,要用鲍西娅的方式,假如她的确那

《诗篇》15 祝福"不放债取利"的人。公元 9 世纪的这幅《诗篇》插图,描绘一个好人把剩余的钱财献给基督。

样做的话;如果她持有这些非法获得的钱财,她就犯罪了,而且不亚于那些犹
272 太人的罪责。她应该努力找到那些被放高利贷者盘剥的不幸的人,把他们付
出的利息还给他们(*DRI* 1. 278)。

6. 司各脱论神的律法

对于阿奎那来说,谋杀、堕胎、高利贷全都违反了天主的自然律法。但是,他并没有围绕着法律的概念建构他的伦理学体系,而是围绕着作为自我实现幸福的途径之德行的概念建构的。是邓斯·司各脱赋予了神的律法论在后来的基督教道德家的思想所占据的中心地位。司各脱同意亚里士多德和阿奎那

关于人类具有追求幸福的自然倾向(他称之为 *affectio commodi*)的观点;然而,除此之外他还提出了追求公正的自然倾向(*affectio iustitiae*)。无论我们自己的利益会是什么结果,对公正的自然愿望就是服从道德律(moral law)的倾向。人类的自由,在于在道德和幸福的冲突要求中保持平衡的能力。

司各脱在否定人类一切选择都是追求幸福的时候,不仅背弃了阿奎那而且还背弃了植根于柏拉图和亚里士多德的幸福伦理学的悠久传统。司各脱说一个人的幸福不是一生中唯一的目的,这毫无疑问是正确的。一个人可能为了另一个人的幸福规划自己的一生,或者为了某个此生不可能实现的事业的进一步发展规划自己的一生。一个女儿为了照顾卧病在床的父母,可能放弃美好的婚姻和情投意合的伴侣以及富于创造性的事业。说这些人只要在做他们自己想做的事情就是在追求自己的幸福,这难以令人信服。

在幸福论传统中,自由被认为是在追求幸福不同的可能方法中进行选择的能力,而恶行被表现为未能理解适当的方法所带来的后果。对于司各脱来说,自由不仅在于选择达到预定目标的方法,还在于对于彼此独立的,甚至彼此竞争的终极目标的选择。恶行的原因不是有缺陷的理解,而是自主性意志的刚愎自用。

意志选择的正确与错误,由该选择是否符合神的律法来决定。所有的中 273
世纪思想家,都把恶行看做对神的律法(divine law)的违反,但是对于司各脱来说,一个行为的道德性与神的法令之间的关系比对于他的前辈来说更为直接。根据幸福论传统的神学家的观点,某些行为是恶的,原因是它们与人类真正理解的追求幸福的必然条件相抵牾,而且,正是因为它们是追求幸福的障碍,上帝才禁止它们。另一方面,对于司各脱来说,一个行为不管与人性的实现与否是否有关,可能仅仅因为上帝禁止了它才是恶的。

正如司各脱的理论拓展了服从神的律法的人类意志所能做的选择之范围,它同样拓展了上帝向人类意志颁布诫令来掌控的自由之程度。司各脱在处理自然法则(natural law)与系统阐述的十诫的诫令之间的关系中探索这个问题(*Ord* 3. d 37)。圣托马斯认为,十诫的所有诫令都属于自然法则的范畴:因此上帝不可能免除它们、不可能允许人类违背它们。司各脱同意在十诫属于自然法则这一方面不可能允许有例外,但是他不同意十诫的所有诫令构成自然法则的内容。

的确有一些诫令上帝是不可能颁布的:例如,上帝不可能命令任何人仇恨他或者亵渎他。诸如"爱上帝须胜于爱一切"等自明之理必然是真的,它优先于上帝意志的任何决定。上帝不可能免除这样的一条律法,而且这样的律法是道德的核心,即真正的自然法则。司各脱在坚持这一点的同时表示,他不能认同有时所谓的道德神令论(divine command theory):按照这个理论,任何行为的道德价值仅仅在于上帝的指令和禁令。但是,只有严格地属于自然法则的诫令才具有上帝为其宗旨。

司各脱确实在有限的情况下认同神令论。超越基本的自然法则的规定之
274 外,上帝下达诫令的自由是绝对的。上帝可以撤销禁止杀人的诫令:当上帝命令亚伯拉罕祭献以撒的时候,上帝是在用一条新的、更确切的指令代替原初的普遍禁令。再者,原则上上帝拥有从不颁布"不可杀戮"这一诫令的自由。上帝可以下达指令,如禁止吃伊甸园里树上结的果实,而被指示的或禁止的行为并没有内在的对与错。在这种情况下,行为的道德价值仅仅在于它与神令内容的关系。

对于司各脱来说,十诫第二部分的诫令,介于任意的指令与本身是基本的自然法则之内容的指令之间。且不说任何神令,杀人的确是罪恶的行为,但是这只是一条偶然的而不是必然的真理。在十诫的后半部分诫令中得以表达的原则,可以说仅仅在引申的意义上属于自然法则的范畴。上帝对于这些诫令的颁布,表现出对于他的造物的公正;但是,上帝可以在必要的时候为了更高的公正撤销这些诫令,例如他允许《旧约》中人类的祖先一夫多妻。再者,上帝公正地对待他的造物并非迫于任何压力:无限的对于有限的没有任何义务。

在他的诫令中所表达的意志，是一个自由的意志，他能够在没有任何矛盾的前提下颁布杀人、奸淫、偷盗和撒谎的诫令（*Oxon.* 4. 4. 6. 1）。对颁布诫令的唯一局限，是矛盾原则自身所设置的局限：甚至神令也不能彼此前后不一致。所以，十诫的全部诫令在实施中必须构成一个前后一致的体系。

司各脱的伦理学理论导致了两个重要的结果。第一个是人类道德推理能力的局限性，第二个是罪恶概念的外在化。自然法则是能够被自然理性发现的道德律；但是，如果涉及人与人的关系的原则不是自然法则的内容，那么，无论我们怎样合情合理地为之辩护，我们只能凭借神启确信它们。违背神令的行为把一个人置于犯罪的状态，但是司各脱认为，这并不能导致犯罪者任何内在的变化。有罪（guilt）不是犯罪者的内在属性，它只是上帝决定予以惩罚的外在事实。司各脱的这两个命题，将在宗教改革时期成为争论的重要问题。

275

7. 奥卡姆的伦理学

奥卡姆的伦理学理论与司各脱的理论很相近，尽管这两位哲学家在形而上学问题上观点有很大差异。虽然奥卡姆对自由的分析与司各脱的不同，但是奥卡姆同意自由是人类根本的特点这一看法，并且认可意志独立于理性的观点。“每个人都通过亲身经历认识到，无论理性在多么大的程度上决定一个事情，他的意志可以实施这样的意志，或者不实施这样的意志，或者实施与它相反的意志”（*OTh.* 9. 88）。甚至对于终极目标的选择也是自由的：一个人可以拒绝选择幸福为他的终极目标，原因是认为，幸福是我们所是的这种人类不能达到的状态（*OTh.* 1. 443）。

与司各脱一样，奥卡姆把律法——而不是德行——置于伦理理论的核心。然而，在强调上帝颁布神令的绝对自由方面，他比司各脱走得更远。司各脱认可一些诫令(例如,爱上帝的诫令)是自然法则的内容,以及一些诫令不是从上帝的自由决定衍生威力,而是从上帝自身的性质衍生威力,而奥卡姆却认为,人类行为的道德价值完全从上帝至高无上的、绝对自由的意志衍生出来。上帝用其绝对的能力可以指令奸淫或者偷盗,如果上帝这样做,那么这类行为不仅会不再是罪孽,反而会成为义务(II *Sent*. 15. 353)。

义务(obligation)对于奥卡姆是一个核心的伦理学概念。罪恶被定义为有义务做其相反的事情的情况下所完成的行为。人类被神令赋予义务,但是,如果上帝自己要命令一个人仇恨上帝,那么上帝并没有背弃任何义务。通过上帝用意志的力量实施谋事这一事实,这事做得就正确。即使上帝直接在某人的意志里引起这样一个仇恨的行为,上帝也不会做出任何错事。上帝和人都不会犯罪:上帝不会犯罪,是因为他不受任何义务的约束;人也不会犯罪,是因为这个行为不是一个自由行为,而只有自由行为才是有过错的(II *Sent*. 9)。

与亚里士多德主义先贤一样,奥卡姆一次又一次地说道,使一个行为符合道德规范的,是它应该符合正确的理性判断以及它应该完全为了这一理由而完成。他还说道,一个人的行为应该与他的良心(即他的理性的道德判断)保持一致:他又一次沿袭传统的观点。但是,这些亚里士多德主义的论断,并不
276 与他的伦理学的基本上命令式的性质有冲突。如果说我们应该遵循理性和良心,那么这是因为上帝命令我们这样做(III *Sent*. 13)。可能,拥有绝对能力的上帝可以命令我们违背我们的良心,正如他可以命令我们仇恨神的善一样。

如果上帝的指令是任意的,那么人类能够在不受神启的情况下知道神的律法的内容吗?奥卡姆提出了在道德事务中是否能有明证的知识这一问题。在回答这个问题时,他对两种道德理论作了区别。有一种断然的道德理论,它包含神的律法和人类的律法,涉及善良的行为和罪恶的行为,仅仅因为它们是被相关的立法者指示的或者禁止的。还有一种不同的道德理论,即亚里士多德所说的道德理论,它解决的是伦理原则。奥卡姆告诉我们说,断然的道德理论不是用演绎

法推理的，而另一种道德理论的确允许为结论提供明证（*OTh*. 9. 176 – 177）。

考虑到奥卡姆一般的理论，我们会问，是否可能得出超出“服从天主的诫令”之外的任何特别的结论？可是，奥卡姆告诉我们，存在着排除特定的行为的原则（II *Sent*. 15. 352）。杀人、偷盗和奸淫，按照教会有关品行问题的决断是不能做的。“杀人”的明确意义是弄死他人，它的内涵是杀人者有义务按照神令去做与其相反的事情。这可能使我们得出这样的结论，即杀人是罪恶，但是它并不能使我们在没有得到神启的情况下判断一次特定的弄死他人——例如亚伯被该隐弄死——是不是杀人。

再者，对于奥卡姆来说，道德的真正主题不是诸如杀人和奸淫这样的社会行为，而是意志的私自的、内在的行为。任何外在的行为自身都不能具有道德价值，因为一个不能够行使道德行为的疯子都会完成任何外在的行为。与合乎道德规范的意志相符合的行为，除了实施意志自身的道德价值外，没有其他的道德价值。步行到教堂去这一行为，如果是出于虔诚，那么则是符合道德的；如果是出于虚荣，那么则是罪恶的。一个从悬崖上跳下来自杀的人，如果在落地前后悔了，那么他就从一种罪孽的状态转到合乎道德的状态而无须外在行为的任何变化。

我们在阿伯拉尔的道德学说中已经遇到过类似的相对于外在行为而强调内在行为的观点。而奥卡姆值得我们注意的是，他的理论完全割断了内在生活与外在生活的联系。一个人行使某事的意愿，是一个仅仅偶然地与实际完成 277
这个行为联系着的独立行为。当然了，我的一个外在的行为，可能与我的意志相符或者不相符，这样，有原因的行为可以完全不受我的控制。我的意志可以同样“命令”一支蜡烛在教堂里点燃，或者一条毛驴在教堂里拉屎（*OTh*. 9. 102）。

第九章

上帝

1. 奥古斯丁的上帝

奥古斯丁在《论自由意志》的第二卷提出了这样的 278
问题："我们是怎么知道我们的起源来自上帝呢?"在回答这个问题的过程中,奥古斯丁对上帝的存在进行了结构严密的论证。他的对话里的对话人埃沃狄乌(Evodius),从接受《圣经》所言的上帝存在这一简单立场出发。奥古斯丁想把这种由简单的信念导致的立场变成由知识产生的观点(*DLA* 2.1.5)。他的策略是建立不同种类存在的分级体系。

我们可以把我们在世界上所发现的事物分为三类:只是存在的无生命物体,如木头、石头等;有感觉没智能的有生命的物体,如呆钝的动物;以及存在的有生命有智能的物体,如具有理性的人类。动物与我们一样具有五种外部感官,而且动物与我们一样具有一种内在感官。

动物凭借这一个内在感官意识到其他感官的运用并且感觉到快乐和痛苦。但是,我们人类最高级的东西是“我们心灵的想象和判断”。

我们在一个等级体系中把这些官能分级,其基础是如果 A 对 B 判断那么 A 比 B 高级。这样,内在感官高于外部感官,理性高于内在感官。在我们人类,没有任何东西高于理性。但是,奥古斯丁问道,如果我们发现外在于我们有什么高于理性的,我们是否就称之为上帝呢?埃沃狄乌回答说,仅仅高于人的理性还不够,没有任何东西能够高于上帝(*DLA* 2. 6. 14)。

人的心灵里最高级的东西,是数字的知识和价值的判断。算术的真理是
279 不可改变的,它们与人脆弱的肉体不同,而且,算术的真知对于所有受过教育的人全是翕然一致的,这与私自感觉的客体不同。7 加 3 等于 10 永远是这样,而且对任何人都是这样。我们的算术知识不是源于数数的经验;相反,我们用加减规则来指出某人数数的错误。我们清楚在整个无穷无尽的数字序列——比我们一生所能预见的数目多得多的数字——中应用的规则(*DLA* 2. 8. 22 – 24)。

如算术的真理一样,有伦理的真理可谓我们人类共同的财产。智慧是关于至善的知识:人人希望幸福,而且人人希望有智慧,因为智慧是获得幸福所不可或缺的。尽管人们可能对于至善的性质认识不同,但是他们都同意诸如我们应该公正地生活、差的应该从属于好的、机会面前人人均等这样的观点(*DLA* 2. 10. 28)。奥古斯丁说道,“德行的规则和指导性知识”是真实的且永远不变,适用于每一个心灵和理性同样的沉思观照。

是什么把算术与智慧合二为一的呢?终究,有一些数学家是非常缺乏智慧的,而有一些富有智慧的人又不懂数学。奥古斯丁的反应令我们大吃一惊:

> 我根本不想说与数字的知识相比智慧是低级的。两者是同样的,但是智慧需要看见它的视力。从一处燃火我们感觉到光和热,可以说它们似乎是“同实体的”。它们彼此不能分开。热触及接近火的物体,而光扩散得

> 远而广。寄寓智慧里的智力的潜在能量，导致接近它的事物温暖，例如理性的心灵。它不会以智慧的温暖触及远离的事物，例如肉体，但是它向它们倾注数字之光。(*DLA* 2.11.32)

算术与智慧的相同之处，是它们均是真实的，而且是永远不变地真实，它们均包含在一个单一的永远不变的真理之中。

这个真理不是人类任何个体的财产：每个人都分享这个财产。那么，这个财产比我们的心灵高级、低级，还是与我们的心灵相等呢？如果它比我们的心灵低级，那么我们就可以对它进行判断，正如我们可以判断一堵墙没有达到它应该有的白度，或者一个盒子没有达到它应该有的方形。如果它与我们的心灵相等，那么我们同样可以对它进行判断：例如我们说，我们没有理解到我们
应该理解的程度。但是，我们不对德行的规则或者算术的真理进行判断：我们 280
说，永恒的**是**比非永恒的高级、7 加 3 **是** 10。我们不说，这些**应该**是这样。所以，不变的真理不是比我们的心灵低级，或者与我们的心灵相等：不变的真理比我们的心灵高级，并为我们的判断确定标准(*DLA* 2.12.34)。

我们已经发现了比人类的心灵和理性高级的东西。这就是上帝吗？唯一的条件是再也没有比他更高级的了。如果有什么比真理更优越，那么那就是上帝；如果没有什么比真理更优越，那么真理就是上帝。无论有没有什么比真理更优越，我们必须承认上帝存在(*DLA* 2.15.39)。这样，我们把起初对上帝的信念转变为一种存在的知识，无论这种知识现在是多么的不牢固。

哲学可以向我们更多地揭示上帝的性质吗？对于奥古斯丁来说，关于上帝我们能够知道的最重要的事情之一，是上帝是**纯一的**(simple)。奥古斯丁在《上帝之城》中有一段揭示了“纯一”的意义：

> 当一个性质所拥有的没有什么可以失去的时候，而且在它所是的与

它所拥有的之间没有区别的时候,这个性质被称为纯一的。一个容器盛着液体,一个物体具有颜色,天空具有光和热,一个心灵具有智慧。容器与液体不是同一个物体,物体与颜色不是同一个东西,天空与光和热不是同一个东西,心灵也不是其智慧。这样的东西可以失去它所具有的,并且会变化,即获得不同的质和性:容器可以倒空液体,物体可能失去颜色,天空可以变黑变凉,心灵可以愚钝。(*DCD* XI. 10)

如果一个存在是纯一的,那么,任何一个时刻它所是的在其他任何时刻它也必是。但是对于完备的纯一,不变尚且不够。一个纯一的存在,不仅要永远不变,还必须没有同时出现的部分。奥古斯丁年轻的时候曾经相信,上帝是有形的:他设想上帝像一个无边无际的海洋,如一块海绵一样完全渗透在被创造的世界(*Conf.* VII. 5.7)。可是任何有形的事物都是延续的,都具有在空间上彼此不同的部分。唯一的纯一的上帝不可能是有形的,不可能是空间上延续的。

我们可以沿着这条路线继续走下去。如果一个东西具有一组彼此不同的永久属性,那么它可能会是不变的和非延续的,但不是纯一的。奥古斯丁相信,上帝所有神圣属性以某种方式彼此相同,而且与这些属性固在的神圣实体相同(*DCD* XI. 10)。

281 那么上帝的神圣实体和本质是什么呢?为了调和柏拉图的形而上学与《圣经》的教义,奥古斯丁利用《出埃及记》(3:14)的文本:上帝通过摩西传达他的话:“我是自有永有的”。上帝就是其所是;也就是说,上帝是至高至善的本质,他至高至善地存在。

他给他从空无创造的造物赋予存在,但是,他没有赋予它们与他一样的至高至善的存在。一些,他赋予较大的限度;一些,他赋予较小的限度,这样他对自然物部署了本质的等级。“essence”(本质)一词源于拉丁语动词

"esse",即"to be",正如"sapientia"(智慧)是源于动词"*sapere*"一样。(*DCD XII*. 2)

奥古斯丁说道,"essentia"是一个新的拉丁语单词,为了与希腊语单词"ousia"匹配才造就的。

上帝的本质与他的属性是一样的:他最重要的属性之一是善。正如上帝赋予他的造物存在,他同样赋予它们善。他所创造的一切本质上都是善的。那么罪恶源于何处呢?奥古斯丁年轻的时候曾赞成摩尼教(Manichaean)的观点,认为有两个至高无上的原则控制着宇宙,一个是善,另一个是恶,彼此对抗。皈依基督教后,他放弃了恶的原则,但是这并不意味着他相信至高至善的上帝是恶的起源。恶仅仅是善的负性质,它不是一个实在实体,所以不需要因果原则。造物所做的任何恶,都是善的丧失:正直、美、健康或者德性的丧失(*DCD* XII. 3)。

上帝不会创造任何恶的事物,但是他的确创造一些比其他善的事物更好的事物,而且这些事物即使有缺陷也会比其他事物更好。因此,一匹跑掉的马也比一块不动的石头好,一个醉汉也比他所喝的醇酒好(*DLA* 3. 2. 15)。天主所赋予一个造物的,没有另一个造物的好,这没有什么可遗憾的:天赋的多种多样增加了世界的美,而且上帝不欠任何事物什么(*DLA* 3. 15. 45)。

但是,邪恶的意志之恶又是怎么回事儿呢?如我们所见,奥古斯丁在讨论心灵的性质的时候,[①]他相信一个人邪恶的选择没有起因。意志的自由当然是上帝的恩赐,而且意志的自由随之携带着对自由误用的可能性。但是,没有什么造成或者需要这类误用的个体情况。至少在上帝最初创造人类本质的时候是这样的。

---

① 参见本书第七章。

282 人类自由在堕落之前是随心所欲地实施的，这是亚当罪孽的严重性原因之一。但是，当亚当被逐出乐园后，随他的罪孽带来的不仅是死亡、疾病和痛苦的必然，而且还有巨大的道德衰弱。我们亚当的子孙不仅生来固有必死性，而且还继承了他的罪孽。受到原罪感染而堕落的人类，在没有天助的情况下就没有健康生活的自由：当每一次诱惑来临时，我们可能自由地抵制，但是我们的抵制不能日复一日地延续下去。我们需要上帝的恩典，不仅为了获得天堂，而且为了避免持续不断的罪孽一生（*DCG* 7）。

可以使人类避免罪孽的恩典，给了这些人而没有给那些人，不是根据他们的功过是非——无论现实的还是预见的——而定。上帝给予恩典全凭他不可思议的乐趣。如果没有生前注定，没人能够得救。上帝在他们出生和做善事或恶事很久以前就已经做出对将会得救之人的选择，以及——不言而喻——对将会贬入地狱之人的选择。

命运神定与人的德行和罪孽之间的关系，是占据了奥古斯丁晚年的问题。一位名叫贝拉基（Pelagius）的英格兰苦修者，先来到罗马，罗马失陷后到了非洲，他宣扬了与奥古斯丁的观点彻底对立的人类自由观。他说道，亚当的罪孽除了给后代树立了一个不好的榜样之外，并没有祸及他们。在整个人类的历史上，人类都保持着意志的完全自由。死亡不是罪孽的惩罚，而是自然的必然，甚至一生有德的异教徒也会享有幸福的来生。基督徒曾获得洗礼的特殊恩典，使得他们能够获得天堂里更好的幸福。这样的恩典是上帝给予那些他预见应该得到它的人的。

奥古斯丁于公元 418 年争取到迦太基一次公会对贝拉基的谴责（DB 101－108），但是这并不意味着事情的结束。非洲和法兰西许多修道院里虔诚的苦修僧抱怨说，如果奥古斯丁对自由的描述是正确的，那么告诫和指责全都没用，而且修道院里一切苦行修炼都毫无意义。既然这样，为什么修道院院长还指责犯错误的修士？如果修士注定要变好，那么上帝将会让他这样；如果修士注定不会变好，那么无论修道院院长说什么，这个修士也将持续有罪。奥古斯丁在回应这种说法的时候说道，不仅最初皈依基督教的召唤——信仰最初的搏动——完全关乎上帝的恩典，而且临近死亡的最虔敬的基督教徒锲而不舍的德性也是上帝的恩典（*DCG* 7；*DDP*）。

如果神的恩典对于救赎是必需的，那么是否只要有神的恩典就足够了？ 283
如果上帝给予你恩典，你是否可以拒受？如果可以拒受，那么人的命运中就会有一定程度的自由。一些人将以堕入地狱结束生命，因为他们从未被给予过恩典，或者他们拒受恩典。在争论的过程中，奥古斯丁的态度始终不断地强硬，甚至最后他否定了所残留的这点人类选择的成分：人类不能拒受神的恩典、不能控制神的恩典。世上只有两种人：那些被给予神的恩典之人和那些不被给予神的恩典之人，即被上帝预定得救之人和被上帝摒弃之人。我们没有任何理由说明为什么一个人被预定得救或摒弃而不是相反：

> 如果我们有两个婴儿同样背负原罪的枷锁，而且问为什么一个被带走另一个被遗弃；如果我们有两个有罪的成人，而且问为什么一个被召入天堂而另一个却没有；[答案是]上帝的判断在每一个情况都是不可思议的。如果我们有两位圣洁的人，而且问其中一位持续蒙受神的恩典直至得救而另一位却没有，[答案是]上帝的判断更为不可思议。（*DDP* 66）

奥古斯丁在希波修道院里所发动的关于预定论令人不解的神圣战争，截然不同于卡西西阿库花园里他这位人类自由的青年捍卫者。然而，正是前者而不是后者在后世产生了深远影响，并为以后几百年投下了一个持久的阴影。

2. 波伊提乌论神的预知

奥古斯丁所面对的调和人类的自由与上帝的能力的问题，只要我们情愿放弃预定论的教义便可解决。但是，对于所有相信上帝无所不知的人来说，仍然存在着神的预知（divine foreknowledge）的问题：这不仅涉及上帝**用意志的力量驱使**（willing）人类按道德规范行事并且得救，还涉及上帝**知道**（knowing）人类将会做什么和不做什么。这个问题在波伊提乌的《哲学的慰藉》第五卷得以清楚的和充满激情的讨论。

著作的这一卷针对下面这个问题：在一个由神的天道掌控的世界，会有诸如运气和机遇这样的事情吗？哲学女士说道，如果机遇意味着任意的运动在没有任何因果链的情况下所产生的事件，那么就没有诸如机遇这样的事情。唯一一种机遇是由亚里士多德界定的，即同时发生的原因所导致的未预料到
284 的结果（*DCP* 5.1）。波伊提乌问道，在这种情况下，因果网是否为人类的自由选择留有任何空间？或者，命运之链是否束缚着我们心灵的运动？问题的难点在这里。如果上帝预见一切，而且上帝的预见不可能出错，那么他所预见的一定必然发生。如果我们的行为和愿望的结果可能与上帝的预见不一致，那么上帝出错就有可能。即使事实上一切结果如上帝预见，那么上帝的预见也只是我们的猜测而不是真正的知识。

波伊提乌承认，知识本身导致被认知的事物。你可以知道我在坐着，正是我在坐着才导致你的对于我在坐着的知识，而不是你的知识导致我在坐着。但是必然性与因果关系不同；“如果你知道我在坐着，那么我在坐着”是一个必然的真理。同样，“如果上帝知道我会犯罪，那么我会犯罪”也是一个必然的真理。的确，这足以摧毁我们的自由意志，随之摧毁为人类行为得到善报和惩罚的一切辩解。另一方面，如果仍有可能我不犯罪，而且上帝认为我不可避免会

犯罪,那么他就出错了:这是一个亵渎神灵的推论!

哲学女士赞同,一个纯真的自由行为不可能确凿无疑地被预见。然而,我们可以毫无疑问地观察到目前正在发生的事情。当我们观看一位驭手驾驭着他的马匹沿着赛道奔驰,我们的所见以及其他任何事物都不会是驭手驾驭马匹的技艺的必然条件。上帝对于我们未来行为的知识,就像我们对于其他人目前的行为的知识一样:上帝外在于时间,而上帝看见并非真正地**预见**(foreseeing)。“同样一件未来的事件,当与神的知识联系在一起时便是必然的;当从其自身的性质考虑时就可以被看做是完全自由的和没有任何条件的……上帝把由于自由意志而发生的未来事件作为目前发生的而看见”(*DCP* 5. 6)。

有两种必然:明确的必然,如在“所有的人要死是必然的”,以及有条件的必然,如在“如果你知道我正在行走是必然的,那么我正在行走”。有条件的必然并不导出明确的必然:我们不能推导出“如果你知道我正在行走,我必然在行走”。相应地,上帝把未来的事情看做目前发生的,是有条件的必然,但是它们不是在我们谈论意志的自由时发生作用之明确意义上的必然(*DCP* 5. 6)。

波伊提乌在解释上帝超越时间的同时,给永恒下了一个成为经典的定义。“永恒是在一刹那对无穷无尽的生命之完全和完美的拥有”(*DCP* 5. 6)。生活在时间里的我们从过去走进未来;我们已经失去了昨天而且还没有到达明天。 285
而上帝在同一个时刻拥有他生命的全部;他的生命没有点滴流入过去,也没有点滴等待即将到来的未来。

波伊提乌对自由、预知和永恒的处理,成为大部分中世纪的经典论述。但是,尽管他以无与伦比的清晰解决了他所提出的两难问题,但是问题仍然存在。的确,事物正如上帝所看见的那样;所以,如果上帝作为目前发生的事情看见明天的海战,那么明天的海战也就成了目前发生的事情。再者,他关于永恒的观念提出的问题要比解决的问题多。如果波伊提乌被囚禁与上帝的永恒同时发生,而且上帝的永恒与罗马的陷落同时发生,那么这是否意味着波伊提乌是在罗马城燃烧熊熊烈火的时候被囚禁的？我们不能说波伊提乌被囚禁与永恒的一部分同时发生，或者罗马的陷落与永恒的另一部分同时发生，因为永恒没有部分，而是——根据哲学女士的论述——发生在即刻。[①]

3. 爱留根纳的消极神学

两百年后，斯科图·爱留根纳又回到奥古斯丁的预定论问题，[②]但是他对哲学神学的主要贡献，在于他对论及上帝时使用语言的严格限制。上帝不包括在亚里士多德的范畴之内，所以，所是的一切事物都可以被否认与上帝有关，这就是消极（"apophatic"）神学。另一方面，上帝是所是的一切事物的起因，所以一切事物都可以证明上帝的存在：我们可以说上帝是善、是光，等等，这就是积极（"cataphatic"）神学。但是，我们用来描述上帝的所有词语，全都不适当地且隐喻性地用于上帝。这一点正如用于像"善"和"公正"之类的词汇一样用于对上帝具有更明显的隐喻性描述，如把上帝描述为一块巨石或一头雄狮。当我们反思这类谓词具有意义相反的词的时候，我们就很清楚地明白这一点，因为上帝没有任何相反的事物。由于积极神学仅仅是隐喻性的，所以它与按字面意义真实的消极神学并不冲突。

根据爱留根纳的说法，上帝不是善的，而是超越善的；不是有智慧，而是超越有智慧；不是永恒的，而是超越永恒的。当然，这种语言除了添加令人敬畏的语气之外，对于否定任何这样的谓词按字面意义都真实地描述的上帝并不真正地增加什么。爱留根纳甚至竟然说，上帝不是上帝而是超越上帝。三位一体中的个体同样如此：除了在隐喻的意义之外，圣父不是一位圣父。

---

① 参见我的《哲学家的上帝》（*The God of the Philosophers*）（Oxford：Clarendon Press，1979），38－48 页。

② 参见本书 282 页（即边码——译者）。

学的观点，但是他以一种全新的、冒险的方式发展了这些观点。他的著作达到了一个其后几百年基督教哲学家不可比拟的不可知论的高度。他探讨宗教神秘领域的方法，在以后的哲学史上有很长一段时间没有看到，直到 15 世纪库萨的尼古拉出现。

4. 伊斯兰哲学家对上帝存在的论证

与此同时，伊斯兰世界的哲学家对自然神学正采取一种更为坚定的态度。爱留根纳的同时代人金第，在确立我们所生活的世界的有限性质的基础上，已经准备好提出一系列复杂的、系统的证据证明上帝的存在。金第在他的《第一哲学》(*First Philosophy*)中采用了约翰·菲洛普努斯——对于阿拉伯人以亚赫亚·阿尔－纳赫威(Yahya al-Nahwi)知名——的一些论点。下面是他的主要论点。

假设物质世界在量上是无限的。如果我们从中取出一个有限的量，那么所剩下的是有限的还是无限的呢？如果是有限的，那么倘若我们把取出的部分恢复回去，我们就有了一个有限的量，因为两个有限的量相加并不能产生一个无限的量。如果是无限的，那么倘若我们把取出的部分恢复回去，我们将会有两个无限的物体：一个(原初的)比另一个(恢复的整体)小。可是，这是荒谬的。所以，宇宙在空间上肯定是有限的。

类似的考虑表明，宇宙在时间上是有限的。时间是量化的，而一个实在地无限的量是不存在的。如果时间是无限的，那么无限数目的先前时间就得先于现在的时间。可是一个无限的数目是不能穿越的，所以，如果时间是无限的，那么我们就永远不会到达现在的时刻。这是荒谬的。

如果时间是有限的，那么宇宙必定在时间上有一个起始。但是，如果宇宙有一个起始,那么它肯定有一个自身之外的起因。这个起因也一定是宇宙中万物的起因,金第称这个起因为“真一”(the True One)。他告诉我们说,真一是宇宙里要生成的事物的起因,是把每一个造物统一在一起的始因。“因此真
289 一是第一,是统一他所创造的万物的造物主,任何摆脱他的掌控和力量之物都会回复突变并且彻底消亡。”①

基督徒以及穆斯林发现,哲学论证可以用来解释世界在时间上的创造,这样,信徒就不必单单靠信仰、靠《创世记》和《古兰经》接受这一说法。金第从菲洛普努斯引入伊斯兰世界的论点,于中世纪鼎盛时期又回到基督教世界,而且如我们将要看到,其有效性成为重要经院哲学争论的问题。

并非所有的穆斯林哲学家认可世界在时间上是被创造的。阿维森纳相信,上帝出于必然而创造:上帝是绝对的善,而善在本质上向外投射。但是,如果上帝必然是造物主,那么创造如上帝是永恒的一样是永恒的。然而,尽管物质世界与上帝一起同永恒,但是物质世界是由上帝创造的:不是直接地创造,而是通过智能的连续传动创造的。智能在第十位达到顶峰,它就是物质的创造者和形式的赋予者。②

虽然世界是永恒的,但是通过思考偶然性和必然性仍然能够证明上帝的存在。对于阿维森纳来说,在一定意义上一切事物都是必然的,因为一切都是永恒的上帝的必然创造。但是,在由于自身而必然存在的事物与从自身的角度考虑是偶然的事物之间,应该做出区别。阿维森纳以这个区别为出发点,提供了一个证据证明至少肯定有一个事物由于自身而必然存在。

从你所选择的任何实体出发,它可以是天上或地上的任何东西。如果该实体由于自身而必然存在,那么我们的命题就被证实。如果它由于自身而偶

① 参见 William Lane Craig,《伊斯兰神学中的宇宙论》(*The Kalam Cosmological Argument*)(London: Macmillan, 1979),19-36页。

② 参见本书224页(即边码——译者)。

然存在，那么它就通过其他的东西而必然存在。这第二个实体，或者由于自身而必然存在，或者通过其他的东西而必然存在。如果通过其他的东西而必然存在，那么就有第三个实体，以此类推。无论序列多么长，它都不会以自身偶然存在的事物结束，因为这将——而且整个序列将——需要一个起因来解释它的存在。即使整个因果序列是无限的，那么它也必须至少包含一个由于自身而必然存在的起因，因为，如果它仅仅包含偶然的起因，那么它将需要一个 290
外因而且不会是完整的。

为了证明由于自身而必然存在的存在是上帝，阿维森纳必须首先证明这样的存在（他为此简略地称为“必然存在”[necessary being]）肯定拥有神的决定性属性。在《形而上学》的第一篇第七部分，阿维森纳论说道，至多只能有一个必然存在；在第八篇，他阐述了独一无二的必然存在的其他属性。它是完美、它是纯善、它是真理、它是纯粹的智能，它是其他一切事物之美和壮丽的源泉（*Metaph.* 8. 368）。

必然存在最重要的特点是，它不具有其存在之外的任何本质。①如果它具有其存在之外的任何本质，就一定有一个起因来统一其本质与其存在，而必然存在就会不是必然的而是由另外的因引起的。由于它不具有其存在之外的任何本质，所以我们可以说它根本没有本质，只有纯粹的存在。如果它没有任何本质，那么它就不属于任何类属：上帝与造物之间没有任何相同的东西，而且“存在”（being）不能在同样的意义上用于必然存在和偶然存在。既然本质和实质是同样的，那么至高无上的存在就没有任何实质：也就是说，对于“上帝是什么？”这个问题根本就没有答案（*Metaph.* 8. 344 – 347）。

---

① 表示存在的阿拉伯语单词“anniya”，被翻译成拉丁语“anitas”：它是对“An est”=“Is there a …?”（存在着……？）这一问题的回答，正如“quidditas”（实质）是对“Quid est”=“What is a…?”（一个……是什么？）这个问题的回答。“anity”没有能够像“quaddity”一样成为英词语汇中的一员。如果我们想找一个词，这个词应该是“ifness”：它告诉我们是否存在着一个上帝这样的神。

291

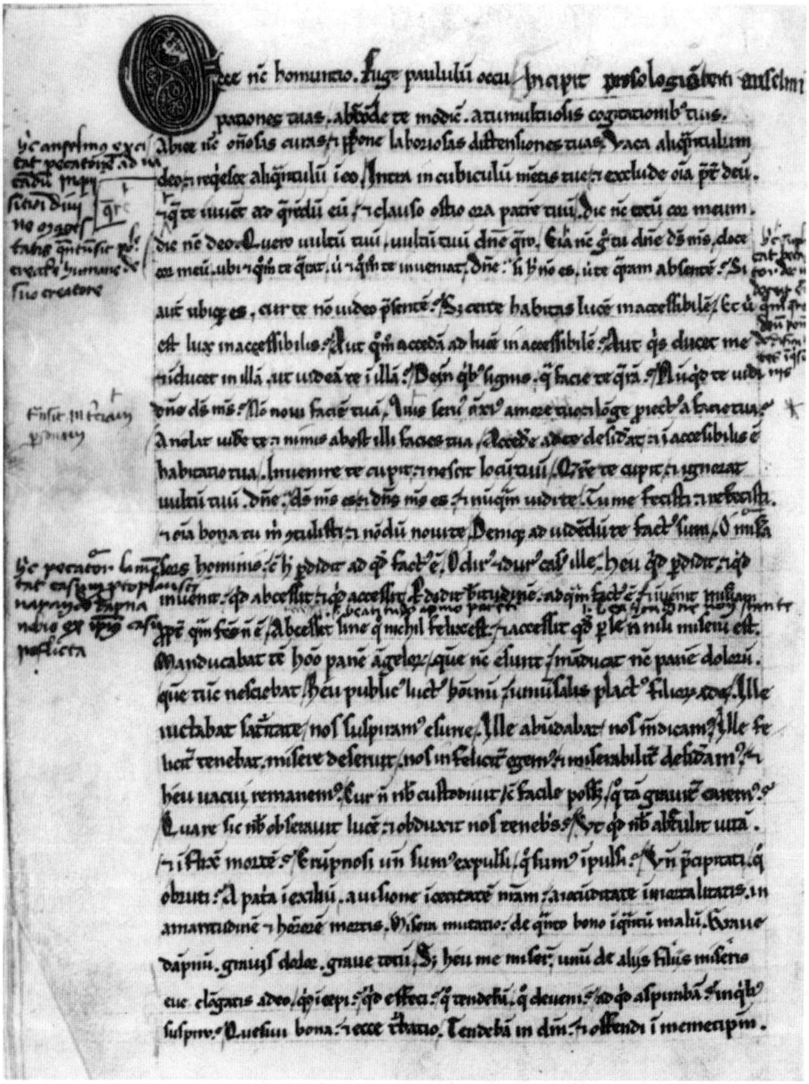

安塞姆的《散言集》，12 世纪的书稿。

5. 安塞姆对上帝存在的证明

阿维森纳的自然神学极其丰产：在他以后连续一千年里宗教哲学家的理论，经常被证明是首先在他的著作里发现的观点之（常常不知不觉的）发展。但是，有一位神学家的观点与阿维森纳的非常相似，然而他却从来没有阅读过阿维森纳的著作。这位神学家就是安塞姆，他于阿维森纳去世4年前出生，于阿维森纳的著作翻译成拉丁语40年前去世。

从表面上看，阿维森纳对于一个必然存在之存在的证明与安塞姆对于上 292
帝存在所作的"本体论"论证，彼此截然不同。但是从哲学的角度看，它们具有一个相同的结构；也就是说，它们均通过横跨我们所生活的世界与另一个世界来进行论证。阿维森纳从对可能世界的思考进行论证，他认为上帝肯定存在于一个实在的世界；安塞姆从对想象的世界出发，他认为上帝肯定存在于一个真实的世界。他们两人均假设一个实体可以认定为一个且同一个实体，无论它实在地存在与否：他们相信有一个几百年后被称之为"宇宙本体"（transworld identity）的东西。因此，他们两人均背弃了没有实在化就没有个体化的原则。

安塞姆的本体论论证是这样开始的：

> 我们相信，您是任何所想象的都不可能更伟大的存在。按照傻瓜心里说的没有上帝所言，假设没有这样一个性质（Ps. 14. 1）。但是无论怎样，当这傻瓜听见我所说的话——任何所想象的都不可能更伟大的存在——他理解了他所听见的话。他所理解的是在他的理解中，即使他并不理解它的确存在。因为，一个客体存在于理解中是一回事儿，理解该客体存在是另一回事儿。……甚至傻瓜——即便是在理解中——也一定同意，存在

> 着任何所想象的都不可能更伟大的存在；因为他听见了这句话并且理解了这句话，而且所理解的存在于他的理解中。但是毫无疑问，任何所想象的都不可能更伟大的存在，不可能仅仅存在于理解中。因为，假设它仅仅存在于理解中，那么它可以被认为存在于更伟大的真实中。所以，如果任何所想象的都不可能更伟大的存在仅仅存在于理解中，那么比其更伟大的是不可想象的这个存在就是任何所想象的都不可能更伟大的存在。但是这是不可能的。因此，毫无疑问在理解中和真实中存在着一个任何所想象的都不可能更伟大的存在。（*Proslogion*, c. 2）

安塞姆在提出这一论点的时候说道，与他早期在《独语集》提出的论点相比，他更喜欢这个论点。因为它更直接。他早期的论点——依赖于其他存在的存在一定绝对地依赖一个单一的独立存在——与阿维森纳从偶然存在和必然存在的角度的论点很相似。但是《散言集》的论点，标志着在阿维森纳的自然神学
293 基础上的进步。阿维森纳说，上帝的本质包含在他的存在内，而安塞姆认为，上帝这一概念表明上帝存在。阿维森纳的反对者，可以否定上帝和上帝的本质的真实性，但是，谁若否定安塞姆的上帝的本质的存在，似乎明显地陷入了混乱的泥淖。如果这个人没有上帝的概念，那么他也就不清楚他在否定什么；如果他有上帝的概念，那么他在自相矛盾。

自安塞姆时代至今，他的读者一致在争论《散言集》里的论点是否有效，而非常有才华的哲学家都觉得很难作出决定。伯特兰·罗素在他的自传中告诉我们，在他年轻的时候，本体论论证的有效性以如此大的威力令他折服，致使他几乎从他正在骑的自行车上掉下去。后来，罗素常常引用本体论论证的辩驳作为仅有的几个哲学进步无可争辩的实例之一。“这个[论点]由安塞姆发明、被托马斯·阿奎那否定、又被笛卡尔接受、遭到康德的驳斥、又被黑格尔重新阐述。我认为，可以毫不含糊地说，作为对‘存在’之概念的分析结果，现代

逻辑学业已证明这个论点是有效的。”①然而，这个论点并不像罗素所认为的那样已经确凿无疑。在后来的一代逻辑学家发展了可能世界的模态逻辑时，有神论哲学家使用这一逻辑使本体论论证得以复活。②

对安塞姆的论证的批判，始于他仍然在世的时候。临近一座修道院的一位名叫高尼罗（Gaunilo）的修士说道：如果这个论点是可行的，那么我们就可以通过同样的线路证明最难以置信的美丽岛屿一定存在，因为否则我们就能想象一个更为难以置信的美丽岛屿。安塞姆回答道，情况有所不同。最美丽的想象的岛屿可以设想不存在，因为设想它不再存在并没有任何矛盾。但是不能以同样的方式设想上帝不存在：任何从存在过渡到不存在的事物，无论多么辉煌崇高，都不会是上帝。

安塞姆的论证里一个弱点似乎是无关紧要的：他对上帝的定义。他怎么知道“任何所想象的都不可能更伟大的存在”表达了一个连贯一致的概念呢？难道这个表达方法不会像“不会发现比它更大的一个自然数字”一样拙劣？当然了，我们理解进入他的定义里的每一个词语，而且似乎句法也没有任何问 294
题。但是，这并不能保证这个描述表达了一个清晰的思想。20 世纪的哲学家曾经讨论过“用少于 22 个音节说不出名称的最不自然的数字”这一表达法。它听起来像一个数字的十分清晰的名称——直到我们终于明白了这个悖论：这个表达法自身用 21 个音节说出了这个数字。

安塞姆自己似乎已经感觉到这里有个问题。他很痛苦地指出，他的定义并不意味着上帝是可想象的、最伟大的存在。实际上，上帝是不可想象的：他比任何可想象的事物都伟大。至此为止一切顺理成章：说任何所想象的都不可能更伟大的存在本身太伟大了以至于不可想象，并没有矛盾之处。一架波音 747 是任何比其再大的东西都装不进我的车库的东西。这并不意味着一架

① B. Russell，《西方哲学史》（*History of Western Philosophy*）（London：Allen & Unwin，1961），752 页。

② 参见 A. Plantinga，《必然之性质》（*The Nature of Necessity*）（Oxford：Oxford University Press，1974）。

波音747可以盛进我的车库:它太大了根本盛不进去。

对于安塞姆,真正的问题是解释不可想象的东西怎么能存在于理解中。在回应这个难题时,安塞姆在《散言集》的第四章区别了我们思想一个事物或者想象一个事物的不同方式。他说道,当我们思想表示一个事物的表达方式的时候,我们以一种方式思想该事物;当我们理解该事物自身是什么的时候,我们以一种不同的方式思想。他的意思是,傻瓜仅仅在思想词语;信者在思想上帝本身。但是他的话至此没有结束,因为他接着说道,不仅仅傻瓜而且每一个人都不能理解"任何所想象的都不可能更伟大的存在"词语之后的真实。

安塞姆关于这个问题最后的话,出现在他对高尼罗的批判所写的反驳著作的第九章:

> 即使比任何可想象的伟大事物更伟大的存在本身不可想象或不可理解是真实的,那么这并不等于说"任何所想象的都不可能更伟大的存在"可以被思想和理解。没有什么能够阻止某物被称为神圣得难以言表的,即便是那神圣得难以言表的本身不能被说出来;同样,不可思想的可以被思想,即便是被正确地称为不可思想的不能被思想。所以,当"任何所想象的都不可能更伟大的存在"被说出来的时候,毫无疑问,被听到的可以被想象、被理解,即便是任何所想象的都不可能更伟大的存在本身不能被想象、被理解。

295 这一辩驳尽管非常微妙,但是事实上他等于是认输了。本体论论证的基本前提是,上帝本身存在于傻瓜的理解中。但是,如我们现在已知,如果所有存在于傻瓜(或者的确我们任何人)的理解中的是一组词语,那么论证不可能开始。

6. 达米安和阿伯拉尔的上帝全能论

一个引起 11 世纪和 12 世纪哲学家和神学家关注的问题,是神无所不能的性质。起初,界定上帝是全能的这句话的意义似乎很简单:它的意思是上帝能够做任何事情。但是问题很快就簇拥而至。上帝能犯罪吗?上帝能使矛盾的双方都真实吗?上帝能撤销过去吗?讨论的范围是在两个极端之间。彼得·达米安(Peter Damiani)于 11 世纪把上帝全能(omnipotence)拓展到无以复加的程度;阿伯拉尔于 12 世纪却非常狭义地界定上帝全能。

圣杰罗姆曾经给修女尤斯托丘姆(Eustochium)写道:"能够做任何事情的上帝,不能使一个失去童贞的女子恢复处女之身。"达米安在他的论著《论上帝全能》(*On Divine Omnipotence*)中反驳了这一说法。他告诉我们说,他的朋友卡西诺的德西德里奥(Desiderio of Cassino),在一次晚餐交谈中曾为杰罗姆辩护,说上帝不能恢复处女之身的唯一原因是他不想这么做。达米安说道,这说不过去。"如果上帝不能做他不想做的任何事情,因为上帝从不做他不想做的事情,那么结果就是上帝不能做他所做的事情之外的任何事情。这样,我们必须坦诚地说,上帝今天没有造雨是因为他不能。"上帝不能做坏事,例如撒谎;但是把一个非处女造为处女不是一件坏事,所以上帝没有理由不能做这件事。

许多人都认为,达米安在说上帝可以改变过去,(例如)使罗马从未建造过。反对的人说道,这就等于给上帝赋予使矛盾的双方都真实的能力:罗马被建造了,罗马没有被建造。然而,在赋予上帝恢复处女之身的能力的时候,达米安心里所想的很可能是一个外科手术而不是真正地撤销过去。他说道,上帝不使失去童贞的女子恢复处女之身的理由,是通过使那些淫荡的年轻男女 296
的罪孽容易被发现来威慑他们。他否定了上帝的能力扩展到矛盾这一观点。

"任何事物都不能既是又不是;但是,不存在于事物性质的东西,无疑什么都不是:您是一位严格的大师,在试图让上帝拿出不是他的东西,即空无。"但是,尽管上帝不能改变过去,他可以让过去发生。上帝也不能改变现在或者未来:现在是什么样就是什么样,未来要发生什么就发生什么。这并不能阻止许多事情是偶然的,例如今天的天气是晴天或下雨(PL 145, 595 ff.)。

阿伯拉尔进一步阐释了这个问题。他提出了这样一个问题:上帝是否能够创造比已经创造的事物更多、更好的事物?上帝是否能够克制自己不做他所做的事情?他说道,这个问题似乎难以用"是"或"否"来回答。如果上帝能够创造比已经创造的事物更多、更好的事物,他没有这么做是否意味着上帝很卑鄙?总之,这并不要上帝花什么力气。上帝所做的,或者他抑制自己没有做的,都有可能的最佳理由,只是这些理由对于我们是隐藏的。所以,看起来似乎上帝除了他实际上已经做的之外不能做其他的。另一方面,如果我们谴责任何罪人,显然他可以比他所是的更好;因为,如果不是这样,那么他就不会因其罪孽受到谴责,更不用说受到惩罚。但是,如果他可能更好,那么上帝应该使他更好;上帝能够创造比他所创造的事物更好的事物亦复如此(*Theologia Scholarium*, 516)。

阿伯拉尔选择了两难对象的前者。假设现在没有下雨,这是因为上帝的意志是这样实施的。这就意味着现在不是下雨的好时间。所以,如果我们说上帝可以让现在下雨,那么我们是在赋予上帝做愚蠢事情的能力。无论上帝想做什么,他都能做。但是,如果上帝不想做什么,那就是他不能做。的确,我们这些可怜的造物可以做我们不做的事情,这并不是什么值得骄傲的事儿,这只是我们意志薄弱的标志,犹如我们行走、吃饭、作孽的能力。如果我们没有了做我们不应该做的事情的能力,我们就会生活得更好。

在回答罪人如果要受到公正的惩罚就能够得救这一论点的时候,阿伯拉尔抛弃了从"这个罪人可能得到上帝的救赎"到"上帝可能救赎这个罪人"这一步。他说道，潜在的逻辑原则——“如果且仅仅如果 q，那么 p”包含“如果且仅仅如果可能 q，那么可能 p”——是无效的，并且遇到了许多反证。如果且仅 297

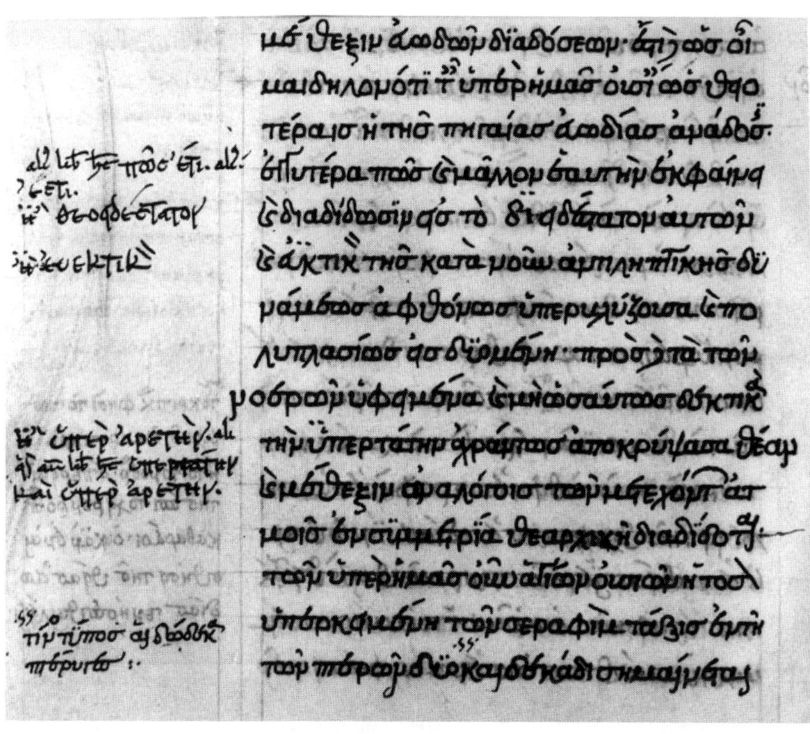

格罗斯泰斯特一丝不苟的学风在他于一部神学书稿的页边书写的内容可见一斑。

仅如果有人听见了一个声音，那么一个声音就被听见了；但是一个声音可以是可听见的而无须有人能够听见它。我们会反驳说，如果上帝不能做他所做的事情之外的事情，那么上帝就不应该得到人们对他的感激。可是，阿伯拉尔有一个回答。上帝并非迫不得已做任何事情，上帝的意志等同于使他需要做他所做的事情的至善。

阿伯拉尔的论证——这里仅仅简略地论述——是辩证思想的经典例子，他引入了或者重新发明了模拟逻辑学许多语境中一些重要的区别。然而，它很难说是对上帝全能这一概念进行辩护的一个令人信服的分析,而且它也当然没有令他的同时代人感到满意,特别是圣伯尔纳(St Bernard)。桑斯公会所谴责的命题之一是这样的:上帝可以仅仅以他实际做的或者抑制自己不做的方式以及在他实际做的或者抑制自己不做的时间做或者抑制自己不做任何事情,而不是以其他任何形式(DB 374)。

298 7. 格罗斯泰斯特论上帝全知

13 世纪,人们的注意力从上帝全能的问题转移到上帝全知(divine omniscience)的问题。罗伯特·格罗斯泰斯特撰写了一部不长但很缜密的论著论述意志的自由,取名《论自由意志》(*De Libero Arbitrio*),它以阐述下面的问题开始。请考虑这个论点:“上帝所知的一切,或者现在存在、或者过去存在、或者将来存在。A(某个将来的偶然事物)已被上帝所知。因此,A 现在存在、或者过去存在、或者将来存在。但是它现在不存在、而且过去也不存在,因此它将来存在。”两个前提都是必然的,所以结论也是必然的,因为从必然的前提导出的本身是必然的。所以,A 本身是必然的,而且世界上没有真正偶然的事物。

我们怎么理解这个论点呢? 格罗斯泰斯特说道,毫无疑问大前提是必然的。可是小前提也是一个必然的真理吗? 一些人说它是错误的,根据是上帝仅仅知道普遍存在。但是,这样说是亵渎神灵的。其他人说它是错误的,原因是知识仅仅是关于存在的,而未来的偶然事物不是要被知道的。但是,这样说会使上帝的知识经受变化:未来将会有上帝现在不知道而以后会知道的事物。

那么,我们是否可以说,小前提是真实的而又是偶然的呢? 如果我们可以这样说,那么将会有上帝知道 p 但是又可以不知道 p 的情况。再者,如果上帝可以从知道 p 的状况过渡到不知道 p 的状况,那么上帝的知识就是经受变化的。我们会说,上帝的知识的确以下面的方式发生变化:“上帝知道我将坐下。一旦我坐下,上帝将不再知道我坐下,而是知道我已经坐下。所以,上帝现在知道他以后不再知道的事物”(*Arb.* 160)。

格罗斯泰斯特抛弃了这个似是而非的论点。它没有表明上帝的知识相应于事物自身的本质而变化;它仅仅表明人类语言的动词时态的变化无常。我们必须承认,上帝现在所知的他不可能以后不知道,无论上帝的知识对象现在存在与否都是这样。“敌基督将要来临”和“上帝知道敌基督将要来临”均不能从真实的变成谬误的。假设“敌基督将要来临”现在从真实的变成谬误的。如果它现在是谬误的,那么它肯定一直是谬误的,这与它已经发生了变化的假设是抵牾的。因此,它不能以通过其实现的方式之外的任何方式变化;这一解 299
释同样适用于“上帝知道敌基督将要来临”(*De Lib. Ard.* 165)。

彼特·朗巴德在思考同样的问题——上帝是否永远知道他曾经所知道的——时,在他的《句法学》提供了一个相似的答案。他说道,预言基督将要临降的先知以及现在庆祝基督已经临降的基督徒,在关联同一个真理。

> 在那个时候是未来的现在已经是过去,所以表达它的那些词语需要发生变化,正如在不同的时间谈论同一天的时候,我们用“明天”表示它仍然处于未来,而用“昨天”表示它已经是过去。……如奥古斯丁所言,事件发生了变化,所以词语也发生了变化,但是我们的信仰永远不变。(I *Sent.* 41. 3)

然而,这并没有解决格罗斯泰斯特开始的问题。例如,在古代以色列,某人会说:“以赛亚已经预见了犹太人被囚虏。所以,他不能不预见犹太人被囚虏。所以,犹太人被囚虏不能不发生。”难道我们必须说,一切事情或者必然发生,或者必然真理所必然包含的自身仅仅是偶然的?

对于格罗斯泰斯特来说，解决的方法在于区别两种必然。如果情况曾经是非 p 是不可能的，那么则 p，这是强必然的。如果情况因此而成为非 p 是不可能的，那么则 p，这是弱必然的。在我们的论证过程中，小前提和结论是弱必然的，而不是强必然的。弱必然与自由相比拟，因此这个论证并不破坏自由意志。另一方面，我们保留这一原则，即从必然的导出的，本身一定是必然的，但是仅仅在其前提是必然的之意义上是必然的(*De Lib. Ard.* 168)。

8. 阿奎那论上帝的永恒知识和能力

格罗斯泰斯特的解决方法尽管细致缜密，却没有令后来的中世纪思想满意。托马斯·阿奎那否定了格罗斯泰斯特和朗巴德所共有的"基督将要临降"和"基督已经临降"是一个且同一个命题这一观点。他说这一观点的支持者是"古代的唯名论者"。

300

> 古代的唯名论者说道，"基督临降了""基督将要临降"以及"基督已经临降"是一个且同一个命题(enuntiabile)，因为三个陈述表示的是同一个真实，即基督临降。他们从此推断，上帝知道他曾经知道的一切，因为他现在知道已经临降的基督，而后者具有与"基督将要临降"同样的意义。但是这个观点是错误的，其原因有二。首先，如果一个句子里的语法成分不同，那么命题亦不同。其次，不言自明的是，任何命题一旦是真命题永远是真命题，这与亚里士多德的定理相悖，即"苏格拉底在坐着"这句话在苏格拉底坐着的时候是真实的，而在苏格拉底站起来的时候是谬误的。(ST 1a 14.15)

所以，如果我们把上帝的知识的对象当做命题的，那么上帝现在知道他曾经知道的一切就不是真实的。但是,这并不意味着上帝的知识是变幻无常的:它仅仅意味着上帝的知识并非以与我们的知识同样的方式通过命题运作。

对于调和神的知识与偶然性这一问题,阿奎那自己的解决方法是以两个阶段提出的。第一个阶段诉诸模态命题(modal proposition)可以被分析的两证方法,[①]这是自波伊提乌以降颇为流行的做法。"上帝所知的必然是真实的"这一命题,是模棱两可的:它的意思可以是(A)或者(B)。

(A)"上帝所知的必然是真实的"是一个必然的真理。

(B)上帝所知的是一个必然的真理。

在奥古斯丁的语汇中,(A)是一个断言命题(proposition *de dicto*):它把原来的陈述当做一个关于引号里面命题本相的元陈述。另一方面,(B)是一个参考命题(proposition *de re*),是一阶陈述。按照阿奎那的看法,(A)是真实的而(B)是谬误的,但是只有(B)与上帝对偶然真理的知识兼容。

至此为止一切顺理成章。可是阿奎那认识到,他在调和神的知识与世界的偶然性时,面对着一个更为严重的难题。在任何真实的条件命题,如果前件是必然地真实,那么后件同样是必然地真实。"如果这样或那样的事情将会发生成为上帝的知识,那么这样或那样的事情将会发生"是一个必然的真理。如果前件是真实的,那么前件就是必然地真实,因为它是过去时,而过去的事情是不能改变的。因此,后件也是一个必然的真理;所以,未来的事情无论是什么都会必然地发生。

阿奎那对于这一难题的解答,依赖下面这个命题:上帝超越时间:上帝的 301
生命不被时间度量,而是被永恒度量。永恒没有部分,它与整个时间复叠;因

① 参见本书127页(即边码——译者)有关阿伯拉尔的论述。

此,在不同时间发生的事情对于上帝都同时在场。仅仅当知者的知识与事件发生之间有一个相对于过去的未来时,我们知道这个事件是未来的。但是,上帝的知识与时间中任何事件之间的关系,永远是同时发生的关系。一个偶然的事件在成为上帝的知识的时候,并不是未来的,而是在场的;而且它作为在场的事件是必然的;因为现实的情况就是现实的情况,是任何人的能力所不能改变的(*ST* 1a 14. 13)。

阿奎那的解答本质上与波伊提乌的解决方法没什么两样,而且阿奎那使用了同样的例证来说明上帝的知识是如何超越时间的。"一个沿着一条路行走的人,不能看见那些跟在他后面的人;但是一个从山上往下看见整条路的人,可以同时看见所有在这条路上行走的人。"阿奎那的解决方案,与波伊提乌的一样受到同样的反驳:永恒与时间的每一个点同时发生这一观念,使得时间的差别不仅在此世而且在天堂彻底瓦解,并且使时间成为不真实的。我们很难说阿奎那成功地把偶然性——尤其人类自由——与上帝全知调和在一起。

阿奎那为神的另一个本质属性——全能——的概念的连贯一致性所做的辩解较为成功。他的第一个尝试的定义说道,上帝是无所不能的,因为上帝可以做逻辑上可能的任何事情。这讲不过去,因为有许多反例阿奎那自己都会接受。特洛伊城不陷落在逻辑上是可能的,但是阿奎那(与格罗斯泰斯特不同)并不认为有任何上帝改变过去的意义。事实上,与"上帝是无所不能的"这一表述相比,阿奎那更倾向于"上帝的能力是无限的"这个表述。"上帝拥有每一个逻辑上可能的能力"比更早的表述方式更为条理清楚,但是它仍然仅仅是正确定义的近似表述,因为一些逻辑上可能的能力——诸如衰弱、患病、死亡等能力——与上帝其他的本质属性抵牾。

上帝能作恶吗?上帝能比他所做的做得更好吗?阿奎那答道,上帝仅仅能够做那些是适当的和公正的事情;但是由于对阿伯拉尔的谴责,阿奎那不得不接受上帝能够做他所做的之外的事情。他解释说,这两个命题要调和在一起。

> “适当和公正”两个词，可以从两个意义上理解。在第一个意义上，“适当 302
> 和公正”被看做是与动词“是”必然连用，因此局限于对现在情况的参照，
> 而且在这个局限的意义上用于上帝的能力。如果受到这样的限制，那么，
> 这个命题就是伪命题，因为它的意义是这样的：“上帝仅仅能够做如事情
> 所是的那些适当的和公正的事情”。但是如果“适当和公正”被看做是与
> 动词“能够”——“能够”具有广延的力量——必然连用，由于仅仅作为其
> 结果与动词“是”连用，那么参照将是针对非特定的现在，这样，这个命题
> 将是真命题，它的意义是：“上帝仅仅能够做——倘若他做了——那些往
> 往是适当的和公正的事情”。(*ST* 1a 25. 5. 2)

如果我们在比较之下选择可能世界的习惯表达法而不是能力的习惯表达法，那么我们就可以用下面的方式陈述阿奎那的要点。在每一个可能的世界，上帝所做的都是适当的和公正的；上帝所做的一切在每一个可能的世界是适当的和公正的事情，这样说不合适，也不是真实的。

上帝是否能把世界创造得更好？上帝不可能用比他创造世界更好的方式创造这个世界，他以最富于智慧的和最可能好的方式创造了这个世界。上帝是否能把人类创造得更好？上帝不可能创造比现在的人性更好的人性；本性上比我们人类更好的造物根本就不会是人类。但是就个体的人而言，的确上帝可以使他更好。而且就任何实际的造物而言，无论它多么高尚尊贵，使它造得更好都是在上帝的能力范围之内。一切可能的造物中没有什么最好的，更不用说一切可能的世界中有什么最好的了。

9. 阿奎那关于上帝存在的论证

在哲学神学的领域里,阿奎那并非以他关于上帝全能全知的本质属性的论述为人们所知,而是以他用纯粹的哲学方法证明上帝存在之努力而为人们所记。上帝存在的证明,在他的著作里多处可见:例如在《论神的能力》(*De Potentia*),他把尝食辣椒和生姜作为论证的出发点。他说道,原因的适当的结果是各种各样的,但是同样产生一个共同的结果,在这种情况下所附加的共同结果肯定是借助于某个更高级的原因产生的,而这个更高级的原因的适当结果正是这个共同的结果。例如,辣椒和生姜,除了产生它们自身适当的结果,还有一个共同的结果,这就是产生热:它们借助于火的因果关系达到这一结果,而对于火,热才是适当的结果。

303

> 一切被创造的原因,在产生使它们彼此区别的自身适当的结果的同时,同样享有一个单一的共同结果,这就是存在。热是物体变热的原因,建筑师是房屋建成的原因。它们的共同之处是它们都是存在的原因;它们的不同之处是,火是火的原因而建筑师是房屋建造的原因。因此,一定有一个更高级的原因,其适当的结果是存在,而且借助于这个更高级的原因,任何其他的事物成为存在的原因。而这个更高级的原因就是上帝。(*DP* 7.2c)①

更为人们所知的是阿奎那在《神学大全》开始不久提出的五个原则(the Five Ways):(1)世界上的运动仅仅在存在着一个不动的第一原动力的情况下

① 在这段引文中,阿奎那大量使用“cause”一词,用作动词和名词,为了突显该词的意义,汉语译文也突出“原因”,但显得蹩脚,请读者见谅。——译者注

才能解释;(2)世界上作用因(efficient cause)的系列必定导致一个没有原因的原因;(3)偶然的以及会朽的存在必定依赖于一个独立的、不朽的存在;(4)世界上实在和善的不同程度必定是实在和善的独立存在之最大限度的近似;(5)宇宙里无意识的行动者的一般目的性需要一个充满智慧的宇宙组织者的存在。①

这五个原则没有一个证明上帝存在是成功的:每一个都或者包含着一个推理谬误、或者包含着一个谬误的或可争论的前提。第一个原则取决于这样一个前提:任何运动的事物都是被他物推动,这是一个自牛顿以降被普遍否定的原则。第二个原则提到的系列,不是时间(阿奎那本人承认,时间可以无尽地回溯)里原因的系列,而是同时产生的原因的系列,就像一个人挪动撬棍时同时挪动一块石头;没有理由说明为什么在这个系列里第一因一定是上帝,而不是一个普通的人。第三个原则包含着从"每一个事物都有一个它不存在的时间"到"有一个什么都不存在的时间"的谬误推论。第四个原则取决于一个柏拉图主义的但是逻辑不清的存在(being)概念。第五个原则可以说是阿奎那的论证中最有说服力的,但是其前提——"缺乏意识的事物不会趋向一个目的,除非它受到有意识和智能之物的控制,例如一支箭受射箭之人的控制"——需要比现在已经提供的更多的论证支持,尤其自达尔文以后。

人们已经做出许多努力,而且无疑还会做出许多努力,来重新阐释阿奎那的五个原则,以便清除谬误的前提和推理。但是,近来重新阐释阿奎那关于上帝存在的论证方法中最有前途的尝试之一,是从《异教徒驳议辑要》出发,而不 304
是以《神学大全》为出发点。②

论点是这样的。每一个存在的事物都有存在的原因,或在其本性的必然,

① 对五个原则的详细论述,参见我的《五个原则》(*The Five Ways*)(London: Routledge, 1969)。

② 参见 Norman Kretzmann,《创造之形而上学》(*The Metaphysics of Creation*)(Oxford: Clarendon Press, 1999),84 - 138 页。

或在其他存在的因果关系。我们永远不会接受一般存在没有任何存在的原因这种掉以轻心的说法；而且，当所说的存在是像宇宙一样遍及各处的时候，抛弃这一原则是极其荒谬的。

假设 A 是一个存在的自然物，(或许没有起始的)一系列原因与结果中的一员，它在其本性被随意地处理为存在或非存在。A 存在的原因肯定在于其他存在的因果关系。无论有多少存在可能对于 A 的存在起到作用，但是这些都不可能是 A 存在的原因，倘若在系列的最前端没有一个第一因——除了自身之外其他所有一切都必定回溯到它们存在的这个原因。

这个论点尽管很有说服力，但是它有一个关键的弱点。说“A 在其本性被随意地处理为存在或非存在”是什么意思呢？如果它的意思是“被随意地处理为继续存在或者不[继续存在]”，那么日常中偶然的存在——这个论证就是以此为出发点的——就不符合要求。偶然的事物在其本性上并非同样地被处理为存在或不存在：相反，大多数事物倾向于继续存在。另一方面，如果它的意思是“被随意地处理为开始存在或者不[开始存在]”，那么我们就陷入荒谬：在 A 存在之前，并没有任何诸如一个非存在的 A 所具有或者缺乏的开始存在的倾向这类东西。

10. 邓斯·司各脱关于无限存在的形而上学论证

阿奎那对于上帝存在的论证中的缺陷，在他去世后不久就被指出。他的批评者之一是邓斯·司各脱。司各脱提出了自己的论证来取代阿奎那的。与《异教徒驳议辑要》里的观点最接近的论点，使用了因果关系的概念来证明一个第一因的存在。假设我们有一个能够使之开始存在的事物。是什么使得它
305 开始存在呢？肯定是某物，因为空无不可能是产生任何东西的起因。肯定是

它自身之外的某物,因为没有任何东西可以是自身的起因。我们就把另外的这个东西称为A吧。那么,A是自己产生自己的起因吗?如果不是,那么肯定是一个第一因,这个第一因就是我们一直在寻找的。如果它是其他因产生的,那么我们就称之为B吧。我们用可以论证A的方法论证B。然后,我们或者就这样永久地论证下去,这是不可能的,我们或者得到一个绝对的第一因。

司各脱像阿奎那一样对两种因果系列进行了区别,一种他称之为"本质排列的",另一种他称之为"偶然排列的"。司各脱没有否认偶然排列的因果系列无休无止的回归的可能性,诸如人类这一系列,每一个人都是从上一辈的人出生的。这样的系列仅仅是偶然排列的。一个父亲可以是他儿子的原因,但是他不是他儿子生他孙子的原因。在一个本质排列的系列,A不仅仅是产生B的原因,而B又是产生C的原因,A实际上还使得B产生C。只有在本质排列的系列——例如一个园丁凭借移动铁锹来移动土——才会排除无限的回归。一个偶然排列的系列,如其所是,是一个横向的因果关系系列;一个本质排列的系列,是一个垂直的等级体系;司各脱说道:"在一个上升的次序中,无限是不可能的"(*DPP* 4, p. 22)。

甚至在对这两种因果系列进行了区别之后,司各脱的论点作为上帝存在的论证来考虑,似乎仍有几个弱点。首先,像《异教徒驳议辑要》一种解释中的论证一样,它似乎假定非存在的某物具有或缺乏开始存在的能力这一说法合情合理。①其次,我们不清楚为什么论证没有导向几个有限的第一因,而是一个唯一的无限的第一因。

司各脱实际上承认,他没有能为上帝的存在提供一个证明;但是他给出的理由并非上述两者的任何一个。阿奎那以世界上因果序列中的实际存在为出发点进行论证,司各脱与阿奎那不同,他干脆从因果关系的可能性出发。他刻

---

① 参见本书203页(即边码——译者)关于客观潜在性的论述。

意地这么做,因为他倾向于以纯粹的抽象可能性为基础进行论证,而不是以自然世界的偶然事实为基础。他相信,如果你从单纯的自然出发,你将永远跳不出有限的宇宙。

但是,这么做的结果是,至此为止论证仅仅证明了一个第一因的可能性:我们仍然需要证明这个第一因实际存在。事实上司各脱的论证比以往的论证
306 更胜一筹,他证明了这个第一因**肯定**存在。一个第一因按照定义是不可能以其他的任何东西为原因而存在的;所以它或者就这么存在,或者不存在。如果它不存在,那么为什么它不存在呢?如果它的存在是有任何可能的,那么没有任何东西能导致它的非存在。我们已经表明它的存在是可能的,因此它肯定是存在的。再者,它肯定是无限的,因为不可能有任何东西能够限制它的能力。司各脱承认,只有在一个无限的存在之概念没有前后矛盾的时候,一个无限的存在才是可能的。他认为,在安塞姆的论证中,他没有证明"任何所想象的都不可能更伟大的存在"是一个连贯一致的概念,这是一个弱点。但是,司各脱说道,如果存在的概念与无限的概念之间有什么不一致的地方,它早就应该被发现了。耳朵可以很快地听出一个不协调音,智力可以更容易地发现不相容之处(*Ord.* 4. 162 – 163)。

即使我们退一步承认司各脱所谓的上帝是始终一致的这一观念,考虑到"可能的"一词的不同意思,司各脱的论点似乎仍然不成功:逻辑可能性、认识可能性、现实可能性等。仅仅从上帝存在的逻辑可能性来看,至于上帝是否实在地存在没有结果。一个不可知论者可能承认,说不定与我们所知的相反,或许存在着一位上帝:这就是"认识可能性"的意义。但是,从逻辑可能性和认识可能性,得不出现实可能性的结果,更不用说实在性了。"可能存在着一位上帝"与"可能上帝要开始存在"并不是一回事儿。①由于神性的概念包括永久存

① 两种陈述之间的差异在英语中比在中世纪拉丁语中更为明显。(英语原文分别为"It is possible that there is a God"和"It is possible for God to come into being"。——译者注)

在,所以没有任何东西具有使神开始存在的能力。如果上帝存在,他肯定是永远存在的。也没有什么东西具有使神不存在或者使神结束存在的能力。这样的能力在概念上是不可能的,这是**上帝**的概念的性质决定的。但是,这种能力的缺失,并不表明概念是否被具体的实例证明。

对于司各脱来说,上帝的概念里最重要的是无限性。无限这一概念,比诸如善等其他概念更为纯一、更为基础:它对于神有建设性意义,而不仅仅是神性的一个属性。无限是所有神的属性里具有规定性特征的属性:神的善是无限的善,神的真实是无限的真实,等等。神的每一种完美都“具有源自本质无限性的形式完美作为其根基”(*Oxon.* 4. 3. 1. 32)。司各脱通过证明一个无限的 307
第一原则的存在,证明了上帝的存在;只有在确立了上帝的无限性之后,他才继续论证诸如独一无二和纯一等其他的神的属性。

司各脱不相信神的所有属性都能够通过自然理性得以证明。理性可以证明上帝是无限的、独一无二的、纯一的、卓越的以及完美的。然而,理性不能证明上帝是无所不能的,因为启示业已表明,上帝拥有做到理性绝不可能想象得到的事情的能力(例如生子)。但是,理性可以证明上帝拥有从空无中创造一个世界的能力,以及上帝享有如何创造世界的绝对自由。

无限的上帝在反思自己的本质的时候,看见自己的本质能够以各种各样可能的方式被部分地复制或模仿:正是这一点在创世之前造就了事物的本质,使它们以神的理念的形式存在。上帝的反思正是上帝智力的一个活动;它不是上帝意志的自由活动。

> 在某种意义上,上帝的智力逻辑上先于上帝意志的活动,造就纯粹智力上存在的物体,因而就这些物体而言上帝的智力似乎仅仅是一个自然因(natural cause),因为就除了在某种意义上以上帝的意志或上帝意志的活动为先决条件的事物之外的任何事物而言,上帝不是一个自由因(free

cause)。(*Ord.* 1. 163)

如司各脱设想的,神的心灵里的本质,原本既不是单一的又不是多样的,既不是普遍的又不是特殊的。它们像——并非偶然地——阿维森纳的马质,它既不与许多个体的马中任何一个一样,又不与人脑里马的普遍概念一样。上帝通过一个至高无上的、不能说明的意志行为颁布旨令:这些本质当中一些应该被实例证明;因此世界被创造了。上帝意志的旨令是永恒的、不变的;但是旨令的执行发生在时间里(*Ord.* 1. 566)。我们不能为上帝创造世界的旨令寻找任何原因:他并非为了任何善的缘故才创造世界,因为造物的一切善都是上帝创造世界的结果。

11. 司各脱、奥卡姆和瓦拉论神的预知

如我们所见,上帝关于可能之物的知识先于意志的活动,上帝通过意志的
308 活动使得所选择的可能的实体存在;但是,上帝关于实在之物的知识,完全依赖于他关于自己意志的知识。阿奎那认为,上帝是无所不知的,因为他把整个时间全部一眼看成现在。司各脱否定了阿奎那的这一观点。他说道,任何在上帝看来在场的,不可能是真正过去的或未来的;事物呈现于上帝的方式,就是它们存在的真实方式。对于司各脱来说,上帝知道过去一直是什么情况、现在是什么情况以及将来是什么情况,因为他很清楚自己的旨令决定着已经发生的事情现在发生的事情以及将来发生的事情。我们可以认为,对上帝全知所作的这样的解释,尤其对上帝的预知所作的这样的解释,给人类自由意志的作用没有留下余地。司各脱很认真地考虑了这个问题,但是最后还是否定了它。

司各脱说道，请思考一下下面的论点："上帝相信我明天将会坐下；但是我明天将不坐下，因此，上帝错了"。这个论点显然逻辑上是正确的。因此我们必须毫无疑问地说，根据这一论点而得来的下列变体在逻辑上也是正确的："上帝相信我明天将会坐下；但是很可能我明天将不坐下；因此，上帝可能出错"。我们在简单地运用下面的论证方式：如果 p 和 q 衍推 r，那么 p 而且**可能** q **可能**衍推 r。既然上帝不可能出错，那么这个论点似乎表明，除了上帝所预见的我实际上将会做的之外，我不可能做任何其他的事。

司各脱对这个论点的解决方案是，否定所涉及的论证模式的有效性。他提供了一个反例，我们可以把它这样表述。假设有两个箱子 A 和 B，每一个箱子我都提得动。我们再假设我在提着我的箱子 A。在这种情况下，我提你的箱子 B 就意味着我提着 A 和 B 两个箱子，这是我力所不及的。"我提着箱子 A 并且我提着箱子 B"显然衍推"我提着箱子 A 和箱子 B"。但是，"我提着箱子 A"和"我能够提箱子 B"并不在它们之间衍推"我能够提箱子 A 和箱子 B"（*Lect.* 17. 509）。

司各脱的反驳是很有力的，而且它除了神学语境之外可用于许多语境。有许多情况我能够做某事 X，但是我不做。在这种情况下，将会有对做 X 的描述，而这些描述将根据事实上我将不做 X 这一事实对它进行描述。因此，让我们假设我将吃我的蛋糕。如果我想，我就能够拥有我的蛋糕，但是我将不拥有我的蛋糕，我将吃了它。以这种情况的事实为前提，拥有我的蛋糕就意味着拥有它并且吃了它。但是，如果我想，我就能够拥有它。所以，如果这个原则逻辑上是正确的，那么我能够拥有我的蛋糕并且吃了它。司各脱为了证明人类的自由与上帝的旨令是相容的而驳倒了这一原则，因而为任何形式的相容论 309
（compatibilism）——也就是说，证明自由与决定论并不是如乍看起来那样为彼此矛盾的对立面之努力——提供了根本的基础。

奥卡姆否定了司各脱调和神的预知与人类自由的方法，正如司各脱否定了阿奎那的方法一样。司各脱说道，上帝通过了解自己的计划预见未来的事情，而且未来的事情不是必然的而是偶然的，因为上帝关于世界的旨令自身也是偶然的。奥卡姆反驳道，司各脱的论点可能足以维护偶然性，但是并不足以在确立预知的基础的同时让造物的决定自由。①

奥卡姆对司各脱的观点的批判是强有力的，但是对于神的预知与人类自由的问题他自己却没有提出解决办法。实际上，他清楚地表明他赞成（他错误地归为亚里士多德的）这样的观点：关于未来偶然事件的陈述，缺乏一个真值。但是，除非它们已经是真实的，那么未来的偶然命题是不可能知道的，甚至上帝也不可能知道。奥卡姆说道，尽管我们有这样的哲学推理，我们仍然必须认为上帝显然知道未来的偶然事件。他在一部专门论述这一问题的论著《论神的预定和预知》（*Tractatus de Praedestinatione et de Praescientia*）的结尾写道："我认为，清楚地表达上帝知道未来偶然事件的方式是不可能的。但是，我们必须承认，上帝的确知道未来偶然的事情，只是偶然地知道。"②

这是虔诚的信仰主义（fideism）与奥卡姆神学典型的哲学不可知论相结合的一个例子。他对阿奎那和司各脱关于上帝存在的论点持批判态度。他同意司各脱的观点，认为如果没有存在的一义概念，甚至想象上帝都会是不可能的（III *Sent.* 9，R）；然而他同意阿奎那的观点，认为人类心灵的根本对象不是存在（being），而是物质实体的性质（I *Sent.* 3. 1d）。

哲学推理不能证明上帝是任何事物的第一个动力因。的确，如果不要有因果关系的无限回退，那么一定要有一个第一因；但是它不必是上帝，它可以
310 是一个天体，或者某个有限的精灵（*Quodl.* 2，p. 1；*OTh.* 6. 108）。但是，甚至因果关系无限回退的不可能性，也仍然招致疑问：为什么就不应该有一个生者和被生者的系列向过去无限地延长呢？不是问是什么产生了某事物，我们最好

① 奥卡姆还否定了司各脱关于非显性能力的论点。参见本书 245 页（即边码——译者）。

② Norman Kretzmann 和 Marilyn Adams 译（Chicago：Appleton-Century-Crofts，1969）。

问是什么使得某事物存在；认为一个同时存在的事物之无限系列使得我们现在存在，奥卡姆同意说这是不可能的。他认为，这一点不能用绝对的肯定来证明，而可以通过非常合情合理的论证来证明（I *Sent*. 2. 10）。

在证明上帝存在的可能性上，这就是奥卡姆所准备做的最大程度；而且他说道，甚至这也不足以确定仅仅有一个上帝。更为确定的是，我们不能凭自然理性证明上帝是无限的、永恒的、全能的，以及是天地的创造者。至于上帝的知识，我们不能用哲学的方法证明除了他自身之外上帝还知道实际的事物，更不用说实际事物未来的自由活动了。关于上帝的所有这些方面的真理，必须以信仰的事实予以接受。

自由与天道的调和，是人文主义思想家同样关注的问题，而且他们的关注并不亚于经院哲学家。洛伦佐·瓦拉（Lorenzo Valla），尼古拉五世的宫廷哲学家，于1439年撰写了一部关于自由意志的对话录，批判了波伊提乌的《哲学的慰藉》。对话录以一个众所周知的问题开始："如果上帝预见犹大将会是一个变节者，那么犹大不成为一个变节者是不可能的"。对话录的大部分沿着经院哲学家的讨论中非常熟悉的论点和反驳的线路走，它读起来颇像对司各脱的儿童解读。但是，在接近结尾的时候，两个令人吃惊的论点被提了出来。

首先，瓦拉在讨论中引进了两个异教神祇。阿波罗对罗马国王塔奎尼乌斯（Tarquin）预言道，他将遭受流放和死亡。在回答塔奎尼乌斯的怨言时，阿波罗说道：他希望他的预言更好一些，但是他仅仅预言塔奎尼乌斯的命运，而并不决定塔奎尼乌斯的命运。任何反诉都应该诉到朱庇特那里。讨论中引进异教的神祇，并不仅仅意味着人文主义的兴起：它使得瓦拉能够分开全知的智慧和不可抵抗的意志这两种属性而避免亵渎神灵之嫌，而全知的智慧和不可抵抗的意志在基督教神学里是上帝不可分开的属性。

第二个令人吃惊的论点是，当瓦拉举步维艰的时候，他就在《圣经》的引用中得到庇护。他诉诸保罗的《罗马书》中关于雅各预定得救和以扫注定被罚的

段落。“啊,上帝丰富的智慧和知识!他的判断何其难测!他的踪迹何其难
311 寻!”①瓦拉在对话录的结尾不是在神道和人类自由之间进行哲学的调和,而是彻底否定了哲学家,尤其是亚里士多德。在自然神学的这一关键问题上,唯名论的经院哲学和人文主义的学术研究走进了同一个死胡同。

12. 库萨的尼古拉关于学问者的无知

晚期中世纪思想在库萨的尼古拉的《论学问者的无知》达到一个不可知论的高峰。自苏格拉底以降,还不曾有人如此地强调智慧在于意识到自己知识的局限。禽兽般的无知绝非美德,但是学习的过程是逐渐深刻地认识到自己所知的是多么的少。真理是足够真实的,但是我们人类仅仅能够渐进地接近它:

> 真理不容许或多或少,而永远是绝对的。除了真理自身之外,任何事物都不能准确地衡量真理,正如一个非圆不能衡量一个绝对存在中的圆。我们的智力——它不是真理——永远不可能如此准确地把握真理,以至于不留下无限地更为准确地把握真理的可能性。我们的智力与真理的关系的方式,犹如一个多边形与一个圆的关系一样:它的角越多,它就更接近一个圆,但是永远不会与之相等,即便它的角多到无限。(*DDI* 9)

对于智力把握真理总的说来是真实的,对于把握有关上帝的真理也是不容置疑地真实。

库萨的尼古拉关于理性探索的模式是衡量:我们通过参照我们已知的衡

① 《罗马书》11:33。——译者注

量未知的来探索未知的。但是我们不能希望衡量无限，因为在无限的与任何有限事物之间没有比例关系。我们为了更多地了解上帝所做的每一个努力，都揭示了我们所认为的与上帝的真正所是之间一个新的鸿沟。

我们的理性在不矛盾原则的指导下，凭借区分各种各样的事物来认识它们。
例如，我们区分大和小。但是，这个区别在探索上帝中没有用途。例如，我们会认
为是一切事物中最伟大的，是极大。当然了，没有任何事物能够比上帝更伟大。但
是，由于上帝没有体积，也就没有任何事物能够比上帝更小。上帝既是极大又是极 312
小。这只是一个普遍原则的一个例子：上帝是对立物的统一和共存(*DDI* 1.4)。

共存于上帝的一对对立物是存在(being)和非存在(non-being)。极大"与其说是倒不如说不是任何被想象的存在。而且，它同样与其说是倒不如说不是任何被想象的非存在。其存在方式等乎于一物即万物，万物即无物。其极大意义上的存在方式等乎于极小意义上的存在方式"(*DDI* 1.4)。毫无疑问，这一切听起来极其荒唐。库萨的尼古拉盛赞了那些区分了理性与智力的哲学家，他把智力看做一种直觉能力，认为它能够超越理性所发现的矛盾。语言的字面意义，不能使我们领悟神的秘密：我们必须使用隐喻和象征。库萨的尼古拉喜欢用的隐喻多是数学的。如果我们有一个有限的圆并且逐渐地增加它的直径，那么圆周的曲度就逐渐地减小。当直径达到无限时，圆周几乎成为完全直的。因此，一条直线(直的极大)等同于一个无限的圆(曲度的极小)。

其他的隐喻被用来描述上帝与宇宙之间的关系。所有的造物都包含(*complicata*)于上帝；上帝展开(*explicatus*)于所有的造物。一个造物与上帝之间的关系，犹如镜像里我的形象与我之间的关系一样，只是在上帝和造物仅仅有形象自身而没有镜子。每一个造物不仅反映上帝而且还映照每一个其他的造物。不同的造物只是上帝或近或远的形象(*DDI* 2.3)。

显然，库萨的尼古拉属于否定方法(*via gegativa*)的传统，可以回溯到大法官丢尼修(Dionysius the Areopagite)。但是，他的不可知论要比诸如爱留根纳

等他的前人更进一步。库萨的尼古拉认为,否定判断如果用于上帝,具有与肯定判断一样的误导作用。没有任何名称适合用来描述上帝。我们甚至不能称上帝为“唯一”(the One),因为对于我们来说,“一”排除了他者和多数。如果我们排除了上面所说的排他性和排多性,当我们称上帝为“唯一”的时候,我们还能剩下什么呢?我们仍然无限地远离了用任何名称描述上帝(*DDI* 1.24)。如果我们真的认真考虑这一事实,我们学问者的无知就成为神圣的无知。这里,这就是我们人类所能希望的最好的。

大事记年表

下面大事记中有些日期是大约日期,有些——尤其早期的年代——则是推断的日期。

387　圣奥古斯丁皈依基督教

430　圣奥古斯丁去世

480　波伊提乌出生

525　波伊提乌去世

529　查士丁尼一世关闭雅典的学园

575　约翰·菲洛普努斯去世

781　阿尔昆与查理曼相见

800　查理曼在罗马称帝

863　爱留根纳《论自然》发表

980　阿维森纳出生

1077　安塞姆《散言集》发表

1140　阿伯拉尔受到桑斯公会谴责

1155　彼特·朗巴德《句法学》发表

1179　阿威洛伊《哲学与宗教的和谐》发表

1188　牛津大学第一批院系成立

1190　迈蒙尼德《解惑指南》发表

1215　巴黎大学收到教皇诏书
1225　托马斯·阿奎那出生
1248　阿尔伯图斯在科隆
1253　格罗斯泰斯特去世
1266　阿奎那开始撰写《神学大全》
1274　阿奎那和波纳文图拉去世
1277　219 项命题受到巴黎公会谴责
1300　邓斯·司各脱在牛津大学任教
1307　但丁撰写《神曲》
1308　邓斯·司各脱去世
1318　奥卡姆在牛津大学任教
1324　玛西琉斯《和平的保卫者》发表
1347　黑死病流行;奥卡姆去世
1360　威柯利夫任巴利奥尔学院院长
1415　康斯坦茨公会谴责威柯利夫
1439　佛罗伦萨公会欢迎古希腊思想
1440　库萨的尼古拉《论学问者的无知》发表
1469　菲西诺撰写《柏拉图神学》
1474　彼得·德·里沃被西克斯图斯四世谴责
1513　拉特兰公会谴责庞波纳兹

引用文献缩写与常例

CCCM　Corpus Christianorum, Continuatio Medievalis 基督教著作全集,中世纪系列

CCMP　A. S. McGrade, *The Cambridge Companion to Medieval Philosophy*《剑桥中世纪哲学指南》(Cambridge: Cambridge University Press, 2003)

CCSL　Corpus Christianorum, Series Latina 基督教著作全集,拉丁语系列

CHLGP　A. H. Armstrong (ed.), *The Cambridge History of Later Greek and Early Medieval Philosophy*《剑桥希腊晚期和中世纪早期哲学史》(Cambridge: Cambridge University Press, 1967)

CHLMP　N. Kretzmann, A. Kenny, and J. Pinborg (eds.), *The Cambridge History of Later Medieval Philosophy*《剑桥中世纪哲学史》(Cambridge: Cambridge University Press, 1982)

CPA　Commentary *on 'Posterior Analytics'*《〈后分析篇〉评注》

CSEL　Corpus Scriptorum Ecclesiasticorum Latinorum 拉丁语教会经典著作集

DB　H. Denzinger (ed.), *Enchiridion Symbolorum*《基督教教义》, 33rd edn. (Barcelona: Herder, 1950)

IHWP　Anthony Kenny (ed.), *The Oxford Illustrated History of Western Philosophy*《牛津插图西方哲学史》(Oxford: Oxford University Press,

1994)

PG　Patrologia Graeca 希腊语著作集

PL　Patrologia Latina 拉丁语著作集

PMA　A. Hyman and J. J. Walsh, *Philosophy in the Middle Ages*《中世纪哲学》, 2nd edn. (Indianapolis: Hackett, 1973)

Sent.　*Commentary on Lombard's 'Sentences'*《朗巴德〈句法学〉评注》;引文插至卷、部分、文章,以及问题。

Abelard(阿伯拉尔)

AE　Abelard, *Ethics* (*Know Thyself*)《伦理学》亦称《认识你自己》

D　*Dialectica*《逻辑辩证》

LI　*Logica Ingredientibus*《逻辑学基础》

LNPS　*Logica Nostrorum Petitioni Scholarium*《以假定为论据的逻辑学》

Aquinas(阿奎那)

DEE　*De Ente et Essentia* ('On Essence and Existence')《论存在与本质》

DP　*De Potentia* ('On Power')《论神的能力》

DRI　*De Regimine Iudaeorum* ('On Jews and Government')《论犹太人与政体》; Leonine edn. Vol. 42

DV　*De Veritate* ('On Truth')《论真理》

IBT　*In Boethium de Trinitate* ('On Boethius' De Trinitate')《论波伊提乌的〈论三位一体〉》

In I Periherm.　*In II Libros Perihermeneias Aristotelis Expositio*《亚里士多德〈解释篇〉评注》,ed. R. M. Spiazzi (Turin: Marietti, 1966)

ScG *Summa contra Gentiles* （'On the Truth of the Catholic Faith'）《论天主教信仰之真理》①；引用著作和章目。

ST *Summa Theologiae*《神学大全》；引用部分、问题（q.）、文章以及（如果合适）驳论或回答。

Aristotle（亚里士多德）

De An. *De Anima*（or commentary）《论心灵》或者对其评注

EE *Eudemian Ethics*《优台谟伦理学》

NE *Nicomachean Ethics*《尼各马科伦理学》

Augustine（奥古斯丁）

引文插注至卷、章以及相关的章目。

83*Q* *De Diversis Quaestionibus LXXXIII*（'Eighty-Three Different Questions'）《问题解论》

CA *Contra Academicos*（'Against the Sceptics'）《驳怀疑论者》

CCA E. Stump and N. Kretzmann（eds.），*The Cambridge Companion to Augustine*《剑桥奥古斯丁指南》（Cambridge：Cambridge University Press，2001）

Conf. *Confessiones*（'Confessions'）《忏悔录》

DBC *De Bono Conjugali*（'On the Good of Marriage'）《论婚姻》

DCD *De Civitate Dei*（'The City of God'）《上帝之城》

DCG *De Correptione et Gratia*（'On Grace'）《论神的恩典》

DDP *De Dono Perseverantiae*（'On Perseverance'）《论持之以恒》

① 此处为英文译法。本书中译作《异教徒驳议辑要》。——译者注

DLA *De Libero Arbitrio* ('On Free Will')《论自由意志》

DM *De Mendacio* ('On Lying')《论撒谎》

DMg *De Magistro* ('On the Teacher')《论教师》

DPS *De Praedestinatione Sanctorum* ('On Predestination')《论得救预定》

DT *De Trinitate* ('On the Trinity')《论三位一体》

DUC *De Utilitate Credendi* ('The Benefit of Belief')《论信念》

Ep. *Epistulae* ('Letters')《书信集》

S *Soliloquia* ('Soliloquies')《独言集》

Averroes(阿威洛伊)

HPR *The Harmony of Philosophy and Religion*《哲学与宗教的和谐》

Avicenna(阿维森纳)

Metaph. *Metaphysics*《形而上学》

Boethius(波伊提乌)

DCP *De Consolatione Philosophiae* ('On the Consolation of Philosophy')《论哲学的慰藉》

Bonaventure(波纳文图拉)

Brev. *Breviloquium*《神学概要》

CH *Collationes in Hexameron*《六日创世论稿》

De Myst. Trin. *De Mysterio Trinitatis*《三位一体探秘》

Itin. *Itinerarium Mentis in Deum*《通向上帝的心灵之旅》

Walter Burley(沃尔特·博雷)

PAL *The Pure Art of Logic*《逻辑学的纯艺术》,ed. Philotheus Boehner (St Bonaventure, NY: Franciscan Institute, 1955)

Cusanus(库萨的尼古拉)

DDI *De Docta Ignorantia* ('On Informed Ignorance')《论学问者的无知》

Duns Scotus(邓斯·司各脱)

CCDS T. Williams (ed.), *The Cambridge Companion to Duns Scotus*《剑桥邓斯·司各脱指南》(Cambridge: Cambridge University Press, 2003)

DPP *De Primo Principio* ('On the First Principle')《论第一原则》

Lect. *Lectura*《讲演录》, in *Opera Omnia* 载《著作全集》, ed. C. Balic *et al.* (Vatican City, 1950—), vols. 1 – 3: *Ordinatio* 1 – 2《既定讲演录:一、二部》; vols. 16 – 20: *Lectura* 1 – 3《讲演录:一、二、三部》

Ord. *Ordinatio*《既定讲演录》, in *Opera Omnia* 载《著作全集》, ed. C. Balic *et al.* (Vatican City, 1950—), vols. 1 – 3: *Ordinatio* 1 – 2《既定讲演录:一、二部》; vols. 16 – 20: *Lectura* 1 – 3《讲演录:一、二、三部》

Oxon. *Opus Oxoniense*《牛津著作集》

Quodl. *God and Creatures: The Quodlibetical Questions*《上帝与创世:论辩问题》(Princeton: Princeton University Press, 1975)

Eriugena（爱留根纳）

引文插注至卷和章目。

Robert Grosseteste（罗伯特·格罗斯泰斯特）

De Lib. Arb.	*De Libero Arbitrio*《论自由意志》, in *Die philosophische Werke des Robert Grosseteste* 载《罗伯特·格罗斯泰斯特的哲学著作》, ed. L. Baur, Beiträge zur Geschichte der Philosophie des Mittelalters 9 (Munster: Aschendorff, 1912)
Hex.	*Hexaemeron*《创世记述》

William Ockham（威廉·奥卡姆）

CCO	P. V. Spade (ed.), *The Cambridge Companion to Ockham*《剑桥奥卡姆指南》(Cambridge: Cambridge University Press, 1999)
OND	*Opus Nonaginta Dierum* ('Work of Ninety Days')《九十天的著作》
OPh.	*Opera Philosophica*《哲学著作集》
OTh.	*Opera Theologica*《神学著作集》

Peter of Spain（西班牙的彼得）

SL	Peter of Spain, *Tractatus, called afterwards Summule Logicales*《讲道集》,后称《逻辑手册》, ed. L. M. de Rijk (Assen: van Gorcum, 1972)

Plato（柏拉图）

Phaedr.	*Phaedrus*《斐德罗篇》
Tim.	*Timaeus*《蒂迈欧篇》

Proclus(普罗克洛斯)

ET *Elements of Theology*《神学要旨》

John Wyclif(约翰·威柯利夫)

U *On Universals*《论普遍存在》

参考文献

General(常用书目)

ARMSTRONG, A. H. (ed.), *The Cambridge History of Later Greek and Early Medieval Philosophy*《剑桥希腊晚期与中世纪早期哲学史》(Cambridge: Cambridge University Press,1967).

CATTO, J. I. , *The History of the University of Oxford*, *i*: *The Early Oxford Schools*《牛津大学史》第一卷《早期牛津学校》(Oxford: Oxford University Press, 1984).

——and EVANS, T. A. R. , *The History of the University of Oxford*, *ii*: *Late Medieval Oxford*《牛津大学史》第二卷《中世纪晚期牛津》(Oxford: Oxford University Press, 1992).

COPLESTON, F. C. , *A History of Philosophy*,《哲学史》9 vols. (London: Burnes Oates, 1947—1975).

CRAIG, WILLIAM LANE, *The Problem of Divine Foreknowledge and Future Contingents from Aristotle to Suarez*《从亚里士多德到苏亚雷斯:神的预知和未来偶然性之问题》(Leiden: E. J. Brill, 1988).

DENZINGER, H. (ed.), *Enchiridion Symbolorum*《基督教教义》,33rd edn. (Barcelona: Herder, 1950); trans. as *The Sources of Catholic Dogma* 翻译为《天主教教理来源》by R. J. DeFerrari (Fitzwilliam, NY: Loreto Publications, 1955). [Texts of official Church documents.]

GEACH, P. T., *Reference and Generality: An Examination of Some Medieval and Modern Theories*《参考与概括:一些中世纪和现代理论审视》(Ithaca, NY: Cornell University Press, 1980)

GRACIA, J., and NOONE, T., *A Companion to Philosophy in the Middle Ages*《中世纪哲学指南》(Oxford: Blackwell, 2003).

GRANT, E., *God and Reason in the Middle Ages*《中世纪的上帝和理性》(Cambridge: Cambridge University Press, 2001).

HUGHES, PHILIP, *A History of the Church, iii: Aquinas to Luther*《教会史》第三卷《阿奎那到路德》(London: Sheed & Ward, 1947).

HYMAN, A., and WALSH, J. J., *Philosophy in the Middle Ages*《中世纪哲学》, 2nd edn. (Indianapolis: Hackett, 1973).

KENNY, A., *A Brief History of Western Philosophy*《西方哲学简史》(Oxford: Blackwell, 1998).

——(ed.), *The Oxford Illustrated History of Western Philosophy*《牛津插图西方哲学史》(Oxford: Oxford University Press, 1994).

KNEALE, W., and KNEALE, M., *The Development of Logic*《逻辑学的发展》(Oxford: Oxford University Press, 1962).

KNUUTILLA, S., *Modalities in Medieval Philosophy*《中世纪哲学里的模态》(London Routledge, 1993).

KRETZMANN, N., KENNY, A., and PINBORG, J., *The Cambridge History of Later Medieval Philosophy*《剑桥中世纪晚期哲学史》(Cambridge: Cambridge University Press, 1982).

——STUMP, E., et al., *The Cambridge Translations of Medieval Philosophical Texts, i: Logic and the Philosophy of Language; ii: Ethics and Political Philosophy; iii: Mind and Knowledge*《剑桥中世纪哲学著作译本》第一卷《逻辑

学与语言哲学》;第二卷《伦理学与政治哲学》;第三卷《心灵与知识》(Cambridge: Cambridge University Press, 1998—).

LEFTOW, B., *Time and Eternity*《时间与永恒》(Ithaca, NY: Cornell University Press, 1991).

MCGRADE A. S., *The Cambridge Companion to Medieval Philosophy*《剑桥中世纪哲学指南》(Cambridge: Cambridge University Press, 2003).

MARENBON, JOHN, *Later Medieval Philosophy*《中世纪晚期哲学》(London: Routledge & Kegan Paul, 1987).

——*Early Medieval Philosophy*《中世纪早期哲学》, rev. edn. (London: Routledge & Kegan Paul, 1988).

——(ed.), *Aristotle in Britain during the Middle Ages*《中世纪英国的亚里士多德》(Turnhout: Brepols, 1996).

——(ed.), *Routledge History of Philosophy, iii: Medieval Philosophy*《劳特里奇哲学史》第三卷《中世纪哲学》(London: Routlegde, 1998).

PASNAU, POBERT, *Theories of Cognition in the Later Middle Ages*《中世纪晚期认知理论》(New York: Cambridge University Press, 1997).

SCHMITT, C. B., and SKINNER, Q., *The Cambridge History of Renaissance Philosophy*《剑桥文艺复兴时期哲学史》(Cambridge: Cambridge University Press, 1988).

SORABJI, R., *Time, Creation and the Continuum*《时间、创造与连续物》(London: Duckworth, 1983).

SPADE, P. V. (ed. and trans.), *Five Texts on the Medieval Problem of Universals: Porphyry, Boethius, Abelard, Duns Scotus, Ockham*《中世纪普遍存在问题的五种读本:鲍菲利、波伊提乌、阿伯拉尔、邓斯·司各脱和奥卡姆》(Indianapolis: Hackett, 1994).

Augustine(奥古斯丁)

The City of God《上帝之城》, trans. H. Bettenson (Harmondsworth: Penguin, 1972).

Confessions《忏悔录》, trans. H. Chadwick (Oxford: Oxford University Press, 1991).

Confessions《忏悔录》, text, trans., and comm.(原文、译文及评注)J. J. O'Donnell, 3 vols. (Oxford: Clarendon Press, 1992).

De Bono Conjugali《论婚姻》, CSEL 41 (Vienna: Tempsky, 1900).

De Civitate Dei《上帝之城》, CCSL 47 – 48 (Turnhout: Brepols, 1955).

De Dialectica《论逻辑论证》, ed. Darrell Jackson (Dordrecht: Reidel, 1985).

De Libero Arbitrio《论自由意志》, CCSL 29 (Turnhout: Brepols, 1970).

De Trinitate《论三位一体》, CCSL 50 (Turnhout: Brepols, 1970).

Earlier Writings《早期著作》, trans. John H. S. Burleigh, Library of Christian Classics(基督教经典书系)(Philadelphia: Westminister Press, 1953).

On the Free Choice of the Will,《论意志的自由选择》, trans. T. Williams (Indianapolis: Hackett, 1993).

Soliloquies《独言集》, text, trans., and comm.(原文、译文及评注)G. Watson (Warminster: Aris & Phillips, 1990).

Treatises on Marriage and Other Subjects《论婚姻及其他》, trans. Roy J. Deferrari (New York: Fathers of the Church, 1955).

The Trinity《论三位一体》, trans. S. McKenna (Washington: CUA Press, 1963).

BROWN, P., *The Body and Society*《躯体与社会》(New York: Columbia University Press, 1988).

——*Augustine of Hippo*: *A Biography*《希波的奥古斯丁:生平》, rev. edn. (London: Faber& Faber, 2000).

DIHLE, A., *The Theory of the Will in Classical Antiquity*《古代的意志理论》(Berkeley: University of California Press, 1982).

JORDAN, MARK D., *The Ethics of Sex*《性的伦理学》(Oxford: Blackwell, 2002).

KIRWAN, C., *Augustine*《奥古斯丁》(London: Routledge, 1989).

MARKUS, R. A., 'Augustine'《奥古斯丁》, in A. H. Armstrong (ed.), *The Cambridge History of Later Greek and Early Medieval Philosophy*《剑桥希腊晚期与中世纪早期哲学史》(Cambridge: Cambridge University Press, 1967).

MATTHEWS, G. B., *The Augustinian Tradition*《奥古斯丁传统》(Berkeley: University of California Press, 1999).

MENN, STEPHEN, *Descartes and Augustine*《笛卡尔与奥古斯丁》(Cambridge: Cambridge University Press, 1998).

SORABJI, R., *Time, Creation and the Continuum*《时间、创造与连续物》(London: Duckworth, 1983).

STUMP, E., and KRETZMANN, N., *The Cambridge Companion to Augustine*《剑桥奥古斯丁指南》(Cambridge: Cambridge University Press, 2001).

WILLS, GARRY, *St Augustine*《圣奥古斯丁》(London: Weidenfeld &Nicolson, 1999).

Boethius(波伊提乌)

Boethius: The Theological Tractates and The Consolation of Philosophy《波伊提乌：神学论著与哲学的慰藉》, text and trans.(原文与译文) H. J. Stewart and E. K. Rand, rev. S. J. Tester, Loeb Classical Library (娄布经典书系)(Cambridge, Mass.: Harvard University Press, 1973).

CHADWICK, H., *Boethius: The Consolations of Music, Logic, Theology & Philosophy*《波伊提乌:音乐、逻辑、神学和哲学的慰藉》(Oxford: Clarendon Press, 1981).

MARENBON, J., *Boethius*《波伊提乌》(Oxford: Oxford University Press, 2003).

Late Greek Philosophy(希腊晚期哲学)

PHILOPONUS, *Against Aristotle on the Eternity of the World*《驳亚里士多德论世界永恒》,trans. Christian Wildberg (London: Duckworth,1987).

——*On Aristotle on the Intellect*《论亚里士多德的智力论》, trans. W. Charlton (London: Duckworth,1991).

PROCLUS, *The Elements of Theology*《神学原理》, ed. and trans. E. R. Dodds (Oxford: Clarendon Press,1992).

CHADWICK, H., *East and West: The Making of a Rift in the Church*《东方与西方:教会分裂的形成》(Oxford: Oxford University Press, 2003).

SORABJI, R. (ed.), *Philoponus and the Rejection of Aristotelian Science*《菲洛普努斯与亚里士多德科学被排斥》(London: Duckworth,1987).

Eriugena(爱留根纳)

De Praedestinatione Divina《神的预定论》,CCCM 50 (Turnhout: Brepols, 1978).

Periphyseon (*The Division of Nature*)《论自然》,ed. E. Jeanneau, CCSL 161 – 165 (Turnhout: Brepols, 1996—2003).

Periphyseon (*The Division of Nature*)《论自然》, trans. I. P. Sheldon-Williams, rev. J. J. O' Meara (Dublin: Dublin Institute for Advanced Studies, 1968—1995).

MORAN, D., *The Philosophy of John Scottus Eriugena*《爱留根纳的哲学》(Cambridge: Cambridge University Press, 1989).

O'MEARA, J. J., *Eriugena*《爱留根纳》(Oxford: Clarendon Press, 1988).

Islamic Philosophy (伊斯兰哲学)

AVICENNA, *Metafisica*《形而上学》, trans. O. Lizzini (Milan: Bompiani, 2002).

AVICENNA, LATINUS, *Liber de Anima*《心灵之书》, ed. S. van Riet, 2 vols. (Louvain-la-Neuve: Institut Supérieur de Philosophie, 1977—1983).

——*Liber de Philosophia Prima*《论第一哲学》, ed. S. van Riet, 3 vols. (Louvain-la-Neuve: Institut Supérieur de Philosophie, 1977—1983).

CRAIG, WILLIAM LANE, *The Kalam Cosmological Argument*《伊斯兰神学中的宇宙论》(London: Macmillan, 1979).

DAVIDSON, H. A., *Alfarabi, Avicenna and Averroes on Intellect*《法拉比、阿维森纳和阿威洛伊论智力》(New York: Oxford University Press, 1992).

ESPOSITO, J. L., Islam: *The Straight Path*《笔直的道路》(New York: Oxford University Press, 1991).

NASR, S. H., and LEAMAN, O., *History of Islamic Philosophy*《伊斯兰哲学史》, 2 vols. (London: Routledge, 1996).

PETERS, F. E., *Aristotle and the Arabs*《亚里士多德与阿拉伯人》(New York: New York University Press, 1968).

Anselm(安塞姆)

Anselm of Canterbury: The Major Works《坎特伯雷的安塞姆:主要著作》, ed. B. Davies and G. R. Evans, World's Classics(世界经典)(Oxford: Oxford University Press, 1998).

Opera Omnia《著作全集》, ed. F. S. Schmitt, 6 vols (Edinburgh: Thomas Nelson,

1946—1961).

Proslogion《散言集》,text with trans. M. J. Charlesworth (Oxford: Oxford University Press, 1965).

BARNES, JONATHAN, *The Ontological Argument*《本体论纲要》(London: Macmillan, 1975).

PLANTINGA, A., *The Nature of Necessity*《论必然性》(Oxford: Oxford University Press, 1974).

SOUTHERN, R. W., *St Anselm and his Biographer*《圣安塞姆与他的传记作者》(Cambridge: Cambridge University Press, 1963).

——*Anselm: A Portrait in a Landscape*《安塞姆:风景里的一幅肖像》(Cambridge: Cambridge University Press, 1990).

Averroes(阿威洛伊)

Commentary on Plato's Republic《柏拉图〈理想国〉评注》ed. E. Rosenthal (Cambridge: Cambridge University Press, 1956).

The Incoherence of the Incoherence《自相矛盾之抵牾》trans. and introd. S. van den Bergh, 2 vols (London: Luzac, 1954).

Middle Commentaries on Aristotle's Categories and De Interpretatione《中古对亚里士多德〈范畴篇〉和〈解释篇〉的评注》, trans. C. Butterworth (Princeton: Princeton University Press, 1983).

On the Harmony of Religion and Philosophy《哲学与宗教的和谐》, trans. and introd. G. Hourani (London: Luzac, 1961).

LEAMAN, O., *Averroes and his Philosophy*《阿威洛伊及其哲学》(Oxford: Clarendon Press,1988).

Twelfth-Century Philosophy(十二世纪哲学)

DRONKE, P. (ed.), *A History of Twelfth Century Western Philosophy*《十二世纪西方哲学史》(Cambridge: Cambridge University Press, 1988).

SOUTHERN, R. W., *Scholastic Humanism and the Unification of Europe*《经院哲学的人文主义与欧洲的统一》(Oxford: Blackwell, 2001).

Abelard(阿伯拉尔)

Dialectica《逻辑辩证》, ed. L. M. de Rijk (Assen: van Gorcum, 1971).

Ethics (*Scito te ipsum*)《伦理学》, ed. and trans. D. Luscombe (Oxford: Oxford University Press, 1971).

Logica, in Peter Abelards Philosophische Schriften《逻辑学》载《阿伯拉尔哲学文集》, Beiträge zur Geschichte der Philosophie des Mittelalters 15 (Munster: Aschendorff, 1919—1931), [Contains *Logica Ingredientibus and Logica Nostrorum Petitioni.*] 包括《逻辑学基础》和《以假定为论据的逻辑学》

MARENBON, J., *The Philosophy of Peter Abelard*《阿伯拉尔的哲学》(Cambridge: Cambridge University Press, 1997).

Maimonides(迈蒙尼德)

The Guide of the Perplexed《解惑指南》, trans. S. Pines, 2 vols. (Chicago: Chicago University Press: 1963).

RUDAVSKY, T. (ed.), *Divine Omniscience and Omnipotence in Medieval Philosophy*《中世纪哲学中的上帝全知和全能》(Dordrecht: Reidel, 1982).

Grosseteste and Albert(格罗斯泰斯特和阿尔伯图斯)

GROSSETESTE, ROBERT, *Hexaemeron*《创世记述》, ed. Richard Dales and Servus

Gieben (London: British Academy, 1982).

Die Philosophischen Werke des Robert Grosseteste《罗伯特·格罗斯泰斯特的哲学著作》, ed. L. Bauer, Beiträge zur Geschichte der Philosophie des Mittelalters 9 (Munster: Aschendorff, 1912).

MCEVOY, JAMES, *The Philosophy of Robert Grosseteste*《格罗斯泰斯特的哲学》(Oxford: Oxford University Press, 1982).

WEISHEIPL, J. (ed.), *Albertus Magnus and the Sciences*《阿尔伯图斯与知识》(Toronto: Pontifical Institute of Medieval Studies, 1980).

Bonaventure(波纳文图拉)

——*The Journey of the Mind to God*《通向上帝的心灵之旅》, ed. S. Brown (Indianapolis: Hackett, 1993).

Opera Omnia, 10vols.《著作全集》十卷 (Quarracchi: Collegium S. Bonaventurae, 1882—1902).

GILSON, E., *The Philosophy of St Bonaventure*《圣波纳文图拉的哲学》, trans. I. Trethowan and F. J. Sheed (London: Sheed & Ward, 1965).

Thirteenth-Century Logic(十三世纪逻辑学)

PETER OF SPAIN, *Tractatus, called afterwards Summule Logicales*《讲道集》,后来取名《逻辑学概要》, ed. L. M. de Rijk (Assen: van Gorcum, 1972).

Aquinas(阿奎那)

Leonine 版本(罗马, 1882—),将包罗阿奎那全部著作,但是目前仍不完整,而且使用不便。更为方便的是基于 Leonine 版本的 Marietti 版各篇著作的单行册,其中包括:

In II Libros Perihermeneias Aristotelis Expositio《亚里士多德〈解释篇〉评注》, ed. R. M. Spiazzi (Turin: Marietti, 1966).

Quaestiones Disputatae I (*De Veritate*)《论真之辩论的问题》之一《论真理》, ed. R. M. Spiazzi (Turin, 1955).

Quaestiones Disputatae II (*De Potentia*, *De Malo*)《论真之辩论的问题》之二《论神的能力》, ed. R. Pession et al. (Turin, 1949).

Summa contra Gentiles《异教徒驳议辑要》, ed. C. Pera (Turin, 1961).

Summa contra Gentiles《异教徒驳议辑要》, trans. as *On the Truth of the Catholic Faith* 英译本为《论天主教信仰之真理》by A. C. Pegis *et al.* (South Bend, Ind.: Notre Dame University Press, 1975).

Summa Theologiae《神学大全》, Blackfriars edn., 61 vols(六十一卷). (London: Eyre & Spottiswoode, 1964—1980).

[对于英语读者来说,这是最好的版本, 拉丁语与英语折页对照。]

DAVIES, BRIAN, OP, *The Thought of Thomas Aquinas*《托马斯 · 阿奎那的思想》(Oxford: Clarendon Press, 1992).

FINNIS, JOHN, *Aquinas: Moral, Political, and Legal Theory*《阿奎那:道德、政治和法律理论》(Oxford: Oxford University Press, 1998).

GEACH, PETER, 'Aquinas'《阿奎那》in G. E. M. Anscombe and Peter Geach, *Three Philosophers* 载《三位哲学家》(Oxford: Blackwell, 1961).

KENNY, ANTHONY, *The Five Ways*《阿奎那的五个原则》(London: Routledge, 1969).

——*The God of the Philosophers*《哲学家的上帝》(Oxford: Clarendon Press, 1979).

——*Aquinas*《托马斯 · 阿奎那》(Oxford: Oxford University Press, 1980).

——*Aquinas on Mind*《阿奎那论心灵》(London: Routledge, 1993).

——*Aquinas on Being*《阿奎那论存在》(Oxford: Oxford University Press, 2002).

——(ed.), *Aquinas: A Collection of Critical Essays*《阿奎那:批评文集》(London: Macmillan, 1969).

KRETZMANN, NORMAN, *The Metaphysics of Theism*《有神论的形而上学》(Oxford: Clarendon Press,1997).

——*The Metaphysics of Creation*《创世的形而上学》(Oxford: Clarendon Press, 1999).

LONERGAN, BERNARD, *Verbum: Word and Idea in Aquinas*《语言:阿奎那关于词语和观念》(Notre Dame, Ind.: University of Notre Dame Press, 1967).

PASNAU, R., *Thomas Aquinas on Human Nature*《托马斯·阿奎那论人性》(Cambridge: Cambridge University Press, 2001).

STUMP, ELEONORE, *Aquinas*《托马斯·阿奎那》(London: Routledge, 2003).

TORRELL, JEAN-PIERRE, *Saint Thomas Aquinas: The Person and his Work*《圣托马斯·阿奎那:人及其著作》(Washington: Catholic University of America Press, 1996).

WEISHEIPL, JAMES A., *Friar Thomas d'Aquino*《托钵僧托马斯·阿奎那》(Oxford: Blackwell, 1974).

Duns Scotus(邓斯·司各脱)

De Primo Principio《论第一原则》, ed. and trans. F. Roche (St Bonaventure, NY: Franciscan Institute, 1954).

God and Creatures: The Quodlibetical Questions《上帝与造物:论辩问题》(Princeton: Princeton University Press, 1975).

Opera Omnia《著作全集》, ed. C. Balic *et al.* (Vatican City, 1950—), vols. i–iii: *Ordinatio* 1–2 一至三卷《既定讲演录:一、二部》; vols. xvi—xx: *Lectu-*

ra 1－3 十四至二十卷《讲演录：一、二、三部》.

Opus Oxoniense《牛津著作集》，ed. Luke Wadding，12 vols（十二卷）.（Lyons：Durand，1639）.

Questions on the Metaphysics of Aristotle《亚里士多德的形而上学问题》，trans. G. Etzkorn and A. Wolter，2 vols.（St Bonaventure，NY：Franciscan Institute，1997）.

Bos，E. P.（ed.），*John Duns Scotus*（1265/6—1308）：*Renewal of Philosophy*《邓斯·司各脱：哲学的复兴》（Amsterdam：Rodopi，1998）.

BROADIE，A.，*The Shadow of Scotus*：*Philosophy and Faith in Pre-Reformation Scotland*《司各脱的影子：宗教改革前的哲学与信仰》（Edinburgh：T. & T. Clark，1995）.

CROSS，RICHARD，*The Physics of Duns Scotus*：*The Scientific Context of a Theological Vision*《邓斯·司各脱的物理学：神学视域的科学语境》，（Oxford：Clarendon Press，1998）.

——*Duns Scotus*《邓斯·司各脱》（Oxford：Oxford University Press，1999）.

LANGSTON，DOUGLAS C.，*God's Willing Knowledge*：*The Influence of Scotus' Analysis of Omniscience*《上帝通过意志实施的知识：司各脱分析上帝全知的影响》（Philadelphia：University of Pennsylvania Press，1986）.

VOS JACZN，ANTONIE，*et al.*，*John Duns Scotus*：*Contingency and Freedom*《邓斯·司各脱：偶然性和自由》（Dordrecht：Kluwer，1994）.

WILLIAMS，T.（ed.），*The Cambridge Companion to Duns Scotus*《剑桥邓斯·司各脱指南》（Cambridge：Cambridge University Press，2003）.

WOLTER，ALLAN B.，*The Philosophical Theology of John Duns Scotus*《邓斯·司各脱的哲学神学》，ed. M. M. Adams（Ithaca，NY：Cornell University Press，1990）.

Ockham(奥卡姆)

Opera Philosophica et Theologica《哲学和神学著作集》,ed. Gedeon Gál *et al.*, 17 vols. (St Bonaventure, NY: Franciscan Institute, 1985).

Opera Politica《政治学著作集》,ed. H. S. Offler *et al.*, 4 vols. (vol. i—iii Manchester: Manchester University Press, 1956—1974; vol. iv Oxford: Oxford University Press, 1997).

Philosophical Writings《哲学文集》, trans. P. Boehner (Indianapolis: Hackett, 1990).

Quodlibetal Questions《论辩问题》, trans. A. J. Freddoso and Francis E. Kelly, 2 vols. (New Haven: Yale University Press, 1991).

Tractatus de Praedestinatione et de Praescientia Dei《论神的预定和预知》, trans. Norman Kretzmann and Marilyn Adams (Chicago: Appleton-Century-Crofts, 1969).

ADAMS, MARILYN MCCORD, *William Ockham*《威廉·奥卡姆》,2 vols. (Notre Dame, Ind.: University of Notre Dame Press, 1987).

SPADE, P. V. (ed.), *The Cambridge Companion to Ockham*《剑桥奥卡姆指南》(Cambridge: Cambridge University Press, 1999).

Philosophy after Ockham(奥卡姆之后的哲学)

BURLEY, WALTER, *The Pure Art of Logic*《逻辑学的纯艺术》,ed. Philotheus Boehner (St Bonaventure, NY: Franciscan Institute, 1955).

CAJETAN, THOMAS DE VIO, *Commentary on Being and Essence*《存在与本质的评论》, trans. L. H. Kendzierski and F. C. Wade (Milwaukee, Wis,: Marquette University Press, 1964).

KILVINGTON, RICHARD, *The Sophismata of Richard Kilvington*《理查·吉尔文顿

的逻辑难题》introd. , trans. , and comm. Norman Kretzmann and Barbara Ensign Kretzmann(Cambridge: Cambridge University Press, 1990).

MARSILIUS OF PADUA, *The Defender of the Peace*《和平的保卫者》, trans. A. Gewirth (Toronto: Pontifical Institute of Medieval Studies, 1980)

NICHOLAS OF CUSA, *Devotional Works*《虔诚之书》, ed. J. Doakes (Washington: Westminster Press, 11995).

CASSIRER, E. , et al. (eds.), *The Renaissance Philosophy of Man*《文艺复兴时期人的哲学》(Chicago: University of Chicago Press, 1959).

COURTENAY, WILLIAM J. , *Schools and Scholars in Fourteenth Century England*《十四世纪英格兰的学校和学者》(Princeton: Princeton University Press, 1987).

HUDSON, ANNE, and WILKS, MICHAEL, *From Ockham to Wyclif*《从奥卡姆到威柯利夫》(Oxford: Blackwell, 1987).

KENNY, ANTHONY, *Wyclif*《威柯利夫》(Oxford: Oxford University Press, 1985).

——(ed.), *Wyclif in his Times*《威柯利夫及其时代》(Oxford: Oxford University Press, 1986).

KRETZMANN, NORMAN (ed.), *Infinity and Continuity in Ancient and Medieval Thought*《古代与中世纪思想中的无限与延续》(Ithaca, NY: Cornell University Press,1982).

插图目录

原著页码

索 引[①]

A

① 索引中有些单词拼写和页码与文本不符，现已按照文本改正。有些标注的页码，并未出现该主题词，而是仅仅涉及该主题词的内容。个别人名属于原文脚注中的名字，故未译出。——译者注

B

C

D

E

F

G

H

I

J

K

L

M

N

O

P

Q

R

S

T

U

V

W